Solicite nosso catálogo completo, com mais de 400 títulos, onde você encontra as melhores opções do bom livro espírita: literatura infantojuvenil, contos, obras biográficas e de autoajuda, mensagens espirituais, romances palpitantes, estudos doutrinários, obras básicas de Allan Kardec, e mais os esclarecedores cursos e estudos para aplicação no centro espírita – iniciação, mediunidade, reuniões mediúnicas, oratória, desobsessão, fluidos e passes.

E caso não encontre os nossos livros na livraria de sua preferência, solicite o endereço de nosso distribuidor mais próximo de você.

*Edição e distribuição*

**EDITORA EME**
Caixa Postal 1820 – CEP 13360-000 – Capivari – SP
Telefones: (19) 3491-7000 | 3491-5449
Vivo (19) 9 9983-2575 ☎ | Claro (19) 9 9317-2800
vendas@editoraeme.com.br – www.editoraeme.com.br

# MÔNICA AGUIEIRAS CORTAT
### PELOS ESPÍRITOS ARIEL E FABRÍCIO

ROMANCE MEDIÚNICO

## NAS TRILHAS DO UMBRAL

*Fabrício*

Capivari-SP

© 2020 Mônica Aguieiras Cortat

Os direitos autorais desta obra foram cedidos pela autora para Centro Espírita Amor e Humildade do Apóstolo, de Florianópolis-SC.

A Editora EME mantém o Centro Espírita "Mensagem de Esperança" e patrocina, junto com outras empresas, instituições de atendimento social de Capivari-SP.

2ª reimpressão – junho/2022 – de 6.001 a 7.000 exemplares

CAPA | André Stenico
DIAGRAMAÇÃO E PROJETO GRÁFICO | Marco Melo
REVISÃO | Letícia Rodrigues de Camargo

Ficha catalográfica

Ariel e Fabrício (espíritos)
   Nas trilhas do umbral – Fabrício / pelos espíritos Ariel e Fabrício; [psicografado por] Mônica Aguieiras Cortat – 2ª reimp. jun. 2022 – Capivari-SP: Editora EME.
   416 pág.

   1ª ed. dez. 2020
   ISBN 978-65-5543-042-4

1. Romance mediúnico. 2. Intercâmbio espiritual.
3. Umbral. 4. Suicídio.
I. Título.

CDD 133.9

# Sumário

Prólogo..................................................................................11

Capítulo 1
Uma boa nova....................................................................13

Capítulo 2
"Aproveitei cada centavo..." ............................................23

Capítulo 3
A Vila..................................................................................39

Capítulo 4
Rapaz tão bonito................................................................49

Capítulo 5
Anjos e demônios..............................................................57

Capítulo 6
Na igrejinha.......................................................................71

Capítulo 7
Revelações em um velório................................................85

Capítulo 8
Ela se chamava Paula ......................................................101

Capítulo 9
Ariel conta uma história.................................................113

Capítulo 10
As dúvidas de Fabrício....................................................131

Capítulo 11
Marília..............................................................................143

CAPÍTULO 12
As imagens e falar com Deus ...................................................165

CAPÍTULO 13
Um vazio aterrador...................................................................181

CAPÍTULO 14
O sítio........................................................................................201

CAPÍTULO 15
O julgamento ...........................................................................215

CAPÍTULO 16
Muitas vidas vividas................................................................231

CAPÍTULO 17
Revelações.................................................................................251

CAPÍTULO 18
De Martina à Paulina..............................................................265

CAPÍTULO 19
Conversa de mãe......................................................................283

CAPÍTULO 20
A colheita..................................................................................303

CAPÍTULO 21
A redenção ...............................................................................321

CAPÍTULO 22
Uma caneca d'água..................................................................331

CAPÍTULO 23
Gideão.......................................................................................353

CAPÍTULO 24
A verdade nos libertará...........................................................375

CAPÍTULO 25
Amores espirituais...................................................................393

EPÍLOGO
Subindo a montanha................................................................407

Pensamentos de Ariel, soltos ao vento...

*Se aproximem das pessoas pelas ações que elas praticam, e não pelo que elas possuem: as riquezas passam, as ações são imorredouras, te mostram o retrato verdadeiro, aquilo que realmente permanece!*

*Reparou que quanto mais orgulhosa a criatura, mais ela sofre?*

*Não é preciso vingança, Elsie. Quem planta o mal, a ele colhe de qualquer forma.*

*... se nossas escolhas moldam o nosso destino, nós também podemos moldá-las.*

*O tempo é o pai da mudança.*

*Quanto mais evoluído é o espírito, mais ele vislumbra a felicidade.*

*Trilogia dedicada a Zu Garcia*
*que é a luz de meu caminho*
*e que me enche de alegria e amor.*
*AGRADEÇO, Senhor, pela dádiva*
*desses quase quinze anos de convívio diário,*
*na fé do reencontro!*

Zu Garcia, 23/05/1952 a 25/12/2019

# Prólogo

QUE SABEMOS NÓS, QUANDO iniciamos uma missão, uma jornada, ainda que sob os auspícios do Criador, para auxiliar uma alma a encontrar um bom caminho? Ao partirmos da Colônia para localizar Fabrício em local incerto do umbral, um suicida há tantas décadas perdido na escuridão de seus próprios sentimentos, eu e Clara sabíamos da dificuldade, mas nem desconfiávamos das pessoas que encontraríamos, e das lições que seriam compartilhadas.

A riqueza do ser humano não se finda com a morte do corpo, ao contrário: sem a veste material ela se amplia! Como não atender ao desespero de Eulália, se banhando no rio a se esfregar tentando tirar uma mácula que a perseguia há quase um século? Como não ouvir a um bom pai que toma conta de um menino suicida, que ainda está no umbral, como Tobias?

Nada é o que parece, cada qual tem sua história, e a de Fabrício é a de um homem que tinha desencarnado pouco depois dos trinta anos, suicida, nascido em 1903, casado e sem filhos, no Estado do Rio Grande do Sul.

Era ateu, embora criado na fé católica. Tinha grande e forte mágoa pela mãe, dona Cínthia, que era quem pedia por seu resgate. Tínhamos sido orientados a não falar no nome dela no início, assim que o conhecêssemos, caso quiséssemos ter algum sucesso, tamanha era a rejeição que ele tinha por ela.

Hoje, sentado na varanda de minha casa, olhando para um dos vales mais bonitos da Colônia, recordo de tudo isso. Dos sustos passados no umbral durante a busca, da leveza e da força da pequena Olívia, das risadas cristalinas de Clara, e do ser mais forte que me tornei, depois de tantos dias no umbral. E agradeço a Serafim, nosso superior, que permitiu essa viagem que nos parecia tão incomum, por motivos tão sábios. Nossos superiores aqui não estão em cargos altos por acaso: eles sabem mais do que nós e agem sempre para o bem comum. Possuem acesso a informações que ainda não temos, por serem mais desenvolvidos, mais sábios.

Às vezes olhamos a montanha, e ela é tão bonita que nos basta. Se temos a montanha, por que levantar os olhos e olhar as estrelas, no infinito do céu, tão mais impalpáveis e inseguras? Tão mais misteriosas? Tanto a montanha como as estrelas são obras do Pai, mas há que se ter fé em algo maior, para não se temer as incontáveis e belas estrelas. Eu amo a montanha, mas as estrelas sempre me fascinaram.

E nós, humanos, donos de tantas existências, que carregamos conosco tantas derrotas e tantas pequenas vitórias, não devemos nos esforçar em entender o nosso semelhante? Não disse o nosso Mestre para não julgarmos? Tantas vidas passadas, erros e acertos cometidos, que tal desta vez acertar?

Muitas vezes o caminho mais difícil é o que nos traz maior luz! Mas é preciso coragem.

Nessa viagem, graças a Serafim que a autorizou, eu me lembrei disto. A regra maior que deve ser seguida é sempre a do amor.

CAPÍTULO 1

# Uma boa nova

O Vale dos Aflitos onde estávamos era frio, úmido, com árvores altas e um tanto pantanoso. Os gemidos ali eram constantes, por isso demos ao local aquele nome, pois não faltavam sons de lamentos por onde passávamos, e os espíritos do local, cegos a nós, raramente nos percebiam, atentos somente a suas próprias lamentações.

Não era à toa que Tobias tinha escolhido pequena clareira longe dos demais, mas era hora de irmos, e depois de pequena "refeição" de água fluidificada de Olívia, peguei a pequena vasilha de barro muito limpa, mas já um tanto gasta, guardei-a em meu alforje improvisado e me senti pronto para a partida, como se tivesse dezoito anos terrenos. Olhei para minha querida Clara, cabelos quase negros brilhantes e muito lisos, pele clara brilhante, com sua beleza simples, iluminada, a olhar para mim muito disposta a dizer:

– E então? Pronto? Vamos então?

Bonita em seu abrigo, eu sorri para ela. Sim, eu estava pronto. Só não tinha a menor ideia de onde ir. Tínhamos andado tanto em busca de Fabrício que não tinha a menor noção de onde estaria o moço, e começava seriamente a duvidar que encontraria o nosso suicida, que por sinal, não fazia muita questão de ser encontrado. Não estava arrependido, não pedia perdão, nenhuma luz emitia... achar tal criatura não estava fácil. Coçando a cabeça olhei para Olívia, que lendo os meus pensamentos sorriu, e sendo bem mais evoluída, subiu com facilidade por cima das árvores a me dizer:

– Espere...

Clara, vendo meu desânimo, pequena e elegante como sempre, me repreendeu:

– Eu sei que é complicado, meu querido amigo. Sempre que vamos em missão no umbral, vamos em busca de pessoas que nos chamam! Mas deve ter algum motivo para Serafim ter autorizado... nunca pensou nisso? E depois, nosso trabalho é auxiliar o próximo e fazer o bem! Não ficou feliz com Eulália e Tobias?

Tive que baixar a cabeça e sorrir:

– É verdade, minha amiga! Ocorre que só de pensar em sair procurando de novo, me dá certo desespero! Quantas estradinhas e trilhas têm nesse território do umbral? Fora os biomas por aqui, variados, que parecem crescer de acordo com os espíritos que os habitam! Que veremos agora?

Clara sorriu:

– Não sei, mas com certeza Deus estará conosco! Não esteve sempre? E ainda podemos contar com Olívia, não é uma preciosidade?

Ela estava lá, acima das árvores. Eu só via uma leve luz azulada, mas me perguntava o que ela podia ver. Quem nos visse com Olívia pela primeira vez certamente pensaria: um casal com a filha de dez anos, uma menininha deslumbrante de tão mimosa! Vasto engano. Primeiro porque eu e Clara éramos amigos de longa data, e não casados, depois porque Olívia era um espírito de um grau de pureza e elevação bem maior e mais experiente do que nós. Ela nos protegia, e não o contrário.

Desce ela para estar conosco e como sempre não toca o chão, fica ali, brilhando na nossa frente e diz:

– Já sei para onde devemos ir, mas é um pouco longe; para sairmos desse bosque me deem as mãos.

Como ela já tinha visto o território à distância, ficava mais fácil nos transportar, e ela assim fez: deu-nos as mãos, e num átimo de segundo vimos o bosque onde estávamos ao longe. Clara imediatamente se achegou em seu abrigo, dado o vento gelado que a envolveu: estávamos num descampado imenso, rochas e montanhas nuas, numa trilha larga aberta sob um sol de mormaço fraco que não esquentava quase nada. Olhei para Olívia como a perguntar se era realmente por aqui, e ela segurou novamente em nossas mãos, e nos levou para o alto de uma daquelas montanhas, onde abrigados por um ajuntamento de pedras, pudemos olhar a paisagem em volta. Já um tanto mais aquecida, Clara disse:

– Ainda bem que está conosco! Já pensou em fazer esse caminho andando, Ariel?

Do alto da montanha olhei o vale atravessado até o bosque de onde tínhamos saído. Senhor! Seriam dias de extensa caminhada, pois não conhecíamos o local para nos locomover com o pensamento! Sem Olívia, teria sido muito duro e improdutivo! Sorri para ela agradecido.

– De nada! Imagine! Agora olhe lá para baixo. Acredito que pode estar por ali.

E apontou para uma pequena trilha que levava a um campo que mais parecia uma estepe de vegetação mais rasteira, nada úmida, daquelas que parecem cheias de espinhos. Era imenso! Perdia-se no horizonte, com pequenas habitações esparsas, com pequenos e lamacentos rios aqui e ali, cortando o terreno. Clara perguntou:

– Faz frio lá também?

Olívia respondeu:

– Parece que sim. Não o frio das estepes russas, mas frio também. O frio do egoísmo humano, da maldade, do abandono. Não é uma boa área, Clara, mas segundo eu sinto, é ali que ele se encontra.

Clara suspirou:

– Bem, se quiséssemos boas áreas teríamos ficado na Colônia, não é mesmo? Mas é uma área bem extensa. Só suicidas por ali?

Olívia riu-se:

– Claro que não. Todo o tipo de gente, como em todo lugar por aqui. Bandidos, gente perdida, alguns bem maus, outros nem tanto. Como sabe, há todo tipo de gente no umbral! Esqueça todo e qualquer julgamento e entrem, meus bons amigos! Sem se esquecerem de que em vidas passadas, também podemos ter ficado por aqui, logo, a humildade é um bom conselho!

Fiquei pensativo. Nunca tinha tido muita curiosidade a respeito de minhas vidas passadas! Tinha tido uma vida tão boa e venturosa com Esthefânia, minha esposa, que não podia ter ainda muitos débitos, ou o bom Deus não teria me feito tão auspicioso. Havia, é claro, na Colônia, um local onde as pessoas tinham autorização (ou não, conforme o seu grau de desenvolvimento) para ter acesso a essas informações, mas eu nunca tinha tido essa curiosidade por um simples motivo: não tinha inimigos ou dissabores! Perdoava fácil qualquer desentendimento, não me metia em confusões, logo, não via motivo em querer saber quem tinha sido em vidas passadas! Estava feliz como era, e pronto.

Já Clara, como ela mesma tinha me contado, tinha feito algumas pesquisas, e descoberto coisas interessantes. A ligação dela com Nana de várias vidas, a diferença dos valores dela com os valores dos pais, tudo isso tinha certa explicação. Deu mesmo boas risadas com algumas delas e ficou muito triste com outras. Eu já achei melhor não "bulir" com nada disso. O que importava era daqui para frente.

Ouvindo meus pensamentos, Olívia deu um pequeno e bonito sorriso, com certo ar de mistério e só então me disse:

– Às vezes, a ignorância pode ser uma bênção, meu bom amigo. Mas, que acha? Podemos descer a montanha?

O tolo aqui pensou logo em ir se agarrando a pedras íngremes com muito cuidado e segurando Clara para que ela não se machucasse, foi quando a menina nos segurou e disse:

– Desse jeito é mais fácil!

E eis-nos ao início da trilha de vegetação, que era mais alta do que supúnhamos, numa estradinha de uns três metros de largura (do alto parecia mais fina), com arbustos realmente espinhosos que teriam pelo menos dois metros e vinte a três metros e meio. Pequenos caminhos ao longo da estradinha principal pareciam levar a lugares diferentes e eu franzi as sobrancelhas um tanto confuso. E se Fabrício estivesse num daqueles pequenos caminhos? E se passássemos por ele?

Clara respondeu a isso com uma oração, para que Deus nos orientasse ao caminho certo, e agradeceu pelos arbustos espinhentos, que ao menos barravam o frio congelante da planície. Vimos pequenos e grandes lagartos da fauna local, rápidos, correndo entre os arbustos, alguns molhados, e eu pensei nos pequenos riachos que tinha visto da montanha. Seriam realmente pequenos, vistos de perto?

De súbito, Olívia parou, e eu a vi elevar-se novamente, com o dedo indicador na pequena boca, como a pedir silêncio. Os longos cabelos voaram pelas costas num vento vindo pela trilha e eu e Clara sentimos o solo tremer um pouco. Olhamos um para o outro um tanto assustados, que faria o solo tremer daquela forma?

Pensei logo numa legião de espíritos malignos, daqueles ajuntamentos extremamente perigosos que acabam por danificar quase tudo em seu caminho. Como se esconder no meio de arbustos tão espinhosos como aqueles? Nenhuma pedra, nenhuma montanha, nada à vista para que pudesse proteger Clara!

Olhei para o alto e vi a pequena Olívia olhando fixamente para um ponto à nossa frente, bastante séria, calada, como que absorvendo informações, seu brilho azul claro se intensificando cada vez mais. Em dois minutos que me pareceram séculos, ela finalmente olhou para nós, encolhidos que estávamos pelo frio e a energia que se tornava, de repente, muito densa, e disse:

– Teremos companhia, mas não há nada a temer. Incumbiram-me de dar um recado.

Olhei para ela um tanto ressabiado: recado? O chão tremia cada vez mais forte. Perguntei em voz alta:

– É apenas uma pessoa que está vindo?

Ela sorriu:

– Ah, não! Ele tem seguidores! Esse tipo de espírito não abre mão de admiradores! É um controlador nato, e está aqui há muito tempo.

Um tanto assustada, Clara perguntou:

– Há quanto tempo, Olívia?

– Pelo menos uns trezentos anos, pelo que me dizem.

Clara franziu a testa, era um tempo razoavelmente longo de umbral. Não que não existissem outros até com mais tempo, mas eram raros, ao menos, nunca tínhamos nos deparado com um assim, tanto tempo sofredor. Ela me olhou de volta, preocupada, e eu perguntei à nossa amiga:

– Como sabe que não há perigo, Olívia? Entidades assim, ainda mais acompanhadas de seguidores... Não quer que eu tome alguma atitude, que esconda Clara e fique aqui contigo? Sei que você é forte, mas Clara é mais frágil.

O chão estremeceu fortemente aos nossos pés, o que fez com que nós dois nos apoiássemos, mas Clara me olhou muito aborrecida:

– E quando foi que me faltou fé?

Descendo quase ao nosso nível, iluminando quase tudo ao redor, Olívia disse:

– Bastante educado, Ariel, mas eles já estão chegando. Vê?

E o que era apenas uma nuvem de poeira distante numa trilha reta foi se achegando na velocidade em que andam alguns espíritos que já conhecem o local, e pararam justo em frente da iluminada Olívia. Era uma multidão de espíritos com uma aparência nada boa, de vestes carcomidas pelo tempo, alguns com uma aparência de fome, outros visivelmente doentes, num total de quase cinquenta desafortunados que ainda se acreditavam dependentes de sua aparência física no momento da morte.

Na frente deles, um ser de tamanho considerável que já tinha aprendido, em seu longo tempo desencarnado, que o perispírito era maleável à sua vontade, e com isso, tinha vertido para si mesmo uma admirável e amedrontadora aparência da qual Olívia sorriu, mas a mim e a Clara deu arrepios: tratava-se de um homem de extraordinária altura física, passando dos dois metros e vinte facilmente, vestido com toda a pompa e circunstância de sua época, como se fosse o capitão de algum navio mercante da esquadra portuguesa. O rosto era terrível, branco, como que moldado em cera, de traços cruéis e profundos, os olhos eram castanhos e coléricos, a boca um tanto descorada, mantinha todos os dentes e sorriu para Olívia num sorriso cruel.

As pessoas que vinham atrás dele, numa barulheira razoável, ao verem a menina banhada de luz, sequer nos notaram, e ficaram a olhar encantados. Alguns se encolheram de medo, alguns se ajoelharam e outros ainda se esconderam sob os espinhos da trilha. Ouvi alguns murmurando: "anjo, anjo", enquanto os cabelos dela se moviam ao vento, e rezei para ela não retrucar, como sempre, dizendo: "não sou anjo! Pelo menos, ainda não!". "Deixe que eles pensem que você é anjo, Olívia"! – pensava eu.

Mas na realidade, ao ver a pequena menina, ele ficou foi meio desconcertado. Principalmente com o sorriso amistoso dela. Provavelmente ninguém nunca lhe sorrira daquela forma em séculos! Mas o olhar dela era puro, sem medo, a luz em volta dela era inebriantemente azul, de uma claridade suave, que induzia a paz. Como nem eu, nem Clara atraíamos a menor atenção, nos sentamos à beira do caminho, a observar a cena.

Vendo-o sem saber o que fazer, Olívia ficou da exata altura do rosto dele, olhou de mais perto a peruca debaixo do chapéu de capitão, muito branca e empoada, como se nunca tivesse visto nada tão pitoresco. Sem a menor cerimônia examinou os trajes, as botas imensas cobrindo os joelhos, as calças coladas ao corpo, tudo de acordo com a sua época e a marinha portuguesa. Foi por pouco que Clara e eu não caímos na risada ao ver a "fadinha" subindo e descendo ao redor dele para analisá-lo melhor, justo a ele, que se considerava tão temível. Distraída ela estava quando ouvimos o "vozeirão" da figura em questão:

– Que se passa por aqui? Quem é você, criatura?

Ela voltou a ficar da altura de seu rosto, mas pelo menos a um metro e meio de distância dele. E respondeu:

– Ora, Abílio! Achei interessante a sua escolha! Marinha portuguesa? Bastante respeitável... e está bem alto, não?

Ele arregalou os olhos para ela, vendo-se um tanto desmascarado. Num gesto um tanto infantil, levou a mão direita à espada do uniforme como se fosse tirá-la. Olívia respondeu:

– Não seja tolo, homem. Sabe perfeitamente que isso nunca me atingiria... quer se passar por bobo na frente dos seus? Vim para lhe dar uma boa nova: Deus não se esqueceu de você!

Vi o homem se retrair de susto, mas ele respondeu:

– Deus não existe! Ou se existe, nos condenou a esse inferno eterno! Estou bem aqui, não me importune!

Observei os que o acompanhavam ouvirem a conversa, curiosos. Olívia continuou:

– A boa nova é que sua reencarnação foi confirmada. Você finalmente reencarnará. Voltará à Terra para continuar a sua evolução, quitar alguns de seus muitos crimes, responderá pelos seus atos e assim se tornará um ser melhor. Mais livre, sem tanto sofrimento. Não é uma boa nova?

Para Olívia, sem dúvida parecia uma boa nova, mas para Abílio, aquilo parecia dez vezes pior do que o próprio inferno em que vivia. Pagar pelos próprios erros? Ele empalideceu ainda mais e disse a ela bastante contrafeito:

– Veio me assustar, menina? Ninguém vive de novo! O inferno é eterno, todos os padres disseram isso! Não sabe o que passei nos meus primeiros tempos aqui, até que eu aprendesse as coisas que aprendi! Já paguei pelos meus erros! Se fosse possível voltar à Terra, voltaria pior do que antes.

Olívia cruzou os braços em frente ao peito, contrafeita. Viu que a discussão seria um tanto longa:

– Ora, vamos, Abílio, tanto tempo por aqui e não notou que alguns companheiros seus simplesmente "sumiram"? Aonde acha que eles foram? Para o céu?

Ele pareceu relembrar das dezenas de companheiros que realmente foram "desaparecendo" com o tempo. Mas, respondeu:

– Sumiram porque foram para outros lugares... sei lá para onde foram!

– Eles voltaram à Terra. Reencarnaram, foi isso que aconteceu a eles. Já ouviu falar disso por aqui, e mais de uma vez. Agora está chegando a sua vez.

Ele olhou para ela ainda bem desconfiado:

– E por que comigo demorou tanto?

Olívia sorriu tristemente:

– Lembra-se do que foi a sua vida, não lembra, Abílio? Você não foi um capitão da marinha de Portugal, não é mesmo?

O gigante Abílio sentou-se no chão, e ordenou aos que o acompanhavam:

– Deixem-me só. Não quero mais ninguém por aqui! Sumam!

Um tanto aturdidos, sem saber o que fariam, as pessoas olharam umas para as outras. "Ir para onde?", era o pensamento geral. Até que o próprio Abílio ordenou a um rapaz:

– Jorge, eles devem te seguir agora! Leve-os já daqui!

Ao ver-se assim na chefia, um rapaz magro e mais jovem seguiu trilha abaixo com o grupo, que o acompanhou em silêncio, mas rapidamente. Em pouco tempo nos vimos sozinhos com o gigante, que só então percebeu a nossa presença, e perguntou à menina:

– E esses, quem são?

Olívia nos sorriu, e respondeu:

– Não vê o brilho deles? São como eu, vêm aqui ajudar. Nada há a temer.

CAPÍTULO 2

# "Aproveitei cada centavo..."

AH... O MUNDO ESPIRITUAL! Quantos mistérios... quantas vezes vejo os encarnados se perguntando se aqui sentimos dores, se há matéria, já que somos espíritos... alguns espíritos sentem dores atrozes sim, já que se encontram intimamente ligados à matéria ou acreditam-se firmemente ligados a ela. Na medida em que o espírito se desenvolve, as coisas vão se arrefecendo e ele finalmente vai se dando conta de sua nova situação, e quanto mais puro, mais ele "flutua", como a nossa amada Olívia.

E sim, aqui encostamos nas coisas, na nossa própria matéria, nas nossas próprias moradas, nosso meio ambiente é ainda mais afetado por nós e nossa energia. Quanto mais evoluído o espírito, mais artístico e bonito o lugar onde ele habita. Se nossa Colônia já é tão linda, imagino como será nas esferas superiores! Mas que não se enganem os preguiçosos ou amantes do ócio: o trabalho aqui é uma bênção; a caridade um privilégio que sempre nos esforçamos por manter; o perdão uma questão de inteligência comum, pois não há paz sem ele. E quem quer viver sem paz?

Logo, dadas essas explicações, voltemos à cena aonde eu, Clara e Olívia jazíamos junto a Abílio, que nos olhava com curiosidade e certo mau humor. Como se não bastasse a menina, ainda teria que aturar um homem e uma mulher de aspecto meigo, mas que olhava para ele curiosa, com seus olhos castanhos imensos, que desmontavam qualquer um pela doçura. Assim era a nossa Clara.

Vendo a expressão de desagrado do gigante para a nova plateia, Olívia resolveu não perder tempo, e perguntou:

– Mais à vontade agora, para conversarmos? Se quiser, pode tirar o disfarce...

Para nossa surpresa ele sentou-se na estrada de terra seca, cruzou as pernas, e aos poucos foi se modificando como num truque de cinema. Eu observei fascinado o gigante ir perdendo a sua forma e se tornar apenas um velho de cor branca, de vestes antigas, porém bem cortadas, de um Brasil colonial. Não era calvo, ao contrário, tinha uma cabeleira basta e branca, e devia ter no máximo uns sessenta e poucos anos, ou seja, velho para a época em que desencarnou. O rosto era cheio de marcas de "bexigas", parecendo que tinha tido ou uma severa acne ou ainda uma varíola quando criança. A pele amarelada denotava uma doença séria no fígado.

Enfim, uma pessoa comum. Nada do gigante ameaçador. Apenas um homem de estatura mediana, feio sem ser medonho, que parecia ter algumas posses. Nada que chamasse a atenção. Clara sorriu e disse:

– Sinceramente, seu Abílio, prefiro o senhor desta forma: bem mais simpático! Do outro jeito dava medo na gente!

Óbvio que eu concordava com ela, mas ele a olhou de forma fria, e respondeu:

– E a moça acha que num ambiente como esse, eu poderia andar desprotegido? Sofri muito nos primeiros tempos, até aprender que poderia ter a aparência que quisesse.

Clara não se intimidou:

– De fato, o senhor é inteligente. Não são todos que conseguem esse feito. Mas por que um capitão da marinha?

Ele riu baixinho:

– Podia ter sido um pirata, pois não? Mas quando vim de Portugal para o Brasil, estive num navio em que o capitão era a pior criatura que já vi na vida. Com a parte rica do navio, era uma seda! Vim com meus pais, éramos ricos... mas tinha que ver como tratava os desvalidos! Era o início da escravidão no Brasil, muitos escravos na parte de baixo do navio. Chegamos só com a metade da carga!

E então ele deu um sorriso satisfeito. Olívia olhou para Clara que tinha os olhos, já grandes, arregalados. Pelo jeito o capitão era algum tipo de homenagem... resolvi ficar quieto e observar a cena. Meio cansada com a criatura, Olívia disse:

– Bem, então o recado está dado. Em bem pouco tempo, reencarnará. Vamos embora? Temos ainda um bom caminho pela frente.

O velho Abílio levantou-se numa agilidade de menino, raivoso:

– Como assim, vão embora? Quero esclarecimentos! Vou reencarnar como? Onde? Não sabe minha vida como foi? Que Deus é esse que quer soltar de novo uma pessoa como eu no mundo?

Olívia o olhou sem muita expressão. Pareceu pensar um pouco, e depois perguntou:

– Tem certeza mesmo de que quer saber tais coisas? Não seria melhor a ignorância?

O velho a olhou com desdém:

– Não tem as respostas, não é mesmo? Está apenas me enganando...

Eu sorri por dentro, e resolvi intervir:

– Meu senhor, esse tipo de provocação se faz a uma criança, coisa que nenhum de nós é. Mas se ela acredita que seria melhor que o senhor ficasse na ignorância, acredite! Olívia não faz o mal a ninguém. Só o avisou para que se prepare, ore e peça a Deus que tudo seja proveitoso. Ou ao menos, pare de fazer o mal.

A isso ele nos olhou, com os olhos castanhos avermelhados, e nos disse rouco de ódio:

– Mentirosos! Malditos sejam!

Nossa menina é um ser especial, nunca se abalou com xingamentos ou ódio alheio. Agora finalmente eu entendia porque ela tinha nos dito que não tivéssemos medo: não precisava realmente. Desde o início ela tinha atraído toda a atenção para si mesma brilhando daquela forma, e agora, com apenas Abílio, notei que ele não tinha poder nenhum para nos atingir, tudo tinha sido um grande teatro. Ela olhou para ele de um jeito neutro, meneou a cabecinha com o vento nos cabelos e aquele olhar esverdeado de gato, e sob aquele sol de mormaço disse a ele:

– Seus pais na sua última vida não eram perfeitos, Abílio, mas eram bons, ao seu modo. E lhe amaram, não ao que você realmente era, mas ao que você mostrava que era. Se vissem o vazio que morava dentro de você, correriam assustados, por isso, você sempre se escondeu. Deram-lhe dinheiro, posição, estudo... que tiveram em troca? Desilusão, desamparo e morte. Filho único, não foi assim? Mimado... tudo comprava. Sei que não há remorso, nunca houve, não é?

Ele a olhava sem expressão, parecendo apenas um pouco surpreso que ela soubesse do passado dele. Não baixou os olhos nem por um segundo, e Olívia continuou contando a história:

– Casou com uma moça rica, que casou contigo também por dinheiro. Nunca houve amor, nem filhos, apenas a famosa aparência e nem nisso eram bons. Depois de algum tempo ela também arrumou amantes, se apaixonou, foi descuidada... então veio a morte dela. Estava ficando mal falada, a família dela entendeu, não se vingou. Ampliou-se então a sua escala de crimes e você entrou para a agiotagem: já tinha a coragem e a fama necessária para tanto. Contava com amigos na corte, muitos escravos e muitos crimes. Mas matar negros não era crime, não é, Abílio?

Ele a olhou raivoso:

– Não seja tola, todo mundo sabe que negro não tem alma!

Ela sorriu tristemente:

– Era o que muita gente dizia na época. Foi por isso que você enjoou de matá-los? Por isso a mudança para a Corte?

O olhar dele pareceu olhar para o passado, e em seguida para as próprias mãos, que pareciam grandes para um homem de seu tamanho:

– A Corte era grande, tinha prostitutas... a vida era diferente de cidade pequena onde não se pode nem colocar a cara na rua. Tudo se compra em todo lugar, mas em lugar maior, se compra mais! E eu era viúvo! Podia sair com quem quisesse!

– Não preciso lhe lembrar das moças que faleceram em suas mãos. Da confusão que isso causou na polícia e do quanto você pagou para que um inocente fosse preso. Sua morte chegou bem mais tarde, com uma cirrose por maus hábitos e uma vida já quase sem recursos... sozinho, numa casa paupérrima da Corte. Só e pobre, como as pessoas de quem sempre desdenhou.

Ele a olhou cheio de raiva por lembrá-lo deste momento difícil:

– Terminei pobre, é fato. Mas aproveitei cada centavo! Bebi, tive as melhores mulheres, os melhores lugares, tudo do melhor!

Eu tive que rir:

– O senhor me perdoe, mas não "teve" as melhores mulheres. Pagou por algumas mulheres durante períodos curtos de tempo, eis tudo! Quanto a beber, muitos mendigos vivem fazendo isso com igual resultado. Os melhores lugares? Está há três séculos no umbral, acredite, existem lugares melhores! Não é um bom negociante, meu senhor! Aproveitou cada centavo? Tem mesmo certeza disso?

Ele olhou um tanto desacreditado:

– Três séculos? Tanto tempo assim?

Olívia olhou-o triste:

– Muitos crimes, Abílio, todos com muita crueldade. Seu gosto pela tortura o tornou famoso em sua época... foi complicado encontrar pessoas que o aceitassem no seio de sua família para um novo encaminhamento. Afinal, seu caso não é nada simples! O senhor tem uma propensão ao mal, ao egoísmo e a atingir ao outro sem motivo, que assusta! E usa de sua inteligência para se sair bem... certos acertos tiveram que ser feitos para seu desenvolvimento.

Finalmente vi nele certo receio, olhava para o chão de terra, levava a mão aos cabelos brancos, como se finalmente notasse que as coisas tinham preço, que o seu "inferno", ao qual já se encontrava "adaptado", era apenas uma passagem. Depois de um tempo, perguntou à Olívia:

– E que família é essa que aceitou me receber? Com certeza não me conhece, ou não me acolheria!

Olívia sorriu mais alegre:

– Engano seu, conhece sim! Na realidade, a mulher que será sua mãe foi uma de suas antigas vítimas, era uma moça da Corte, que você atacou e torturou. Depois de reencarnar duas vezes, ela agora aceitou lhe ter como um dos filhos dela, já que está mais forte e é muito religiosa. É no seio dela que você renascerá.

Ele a olhou horrorizado:

– Vou nascer como filho de uma das minhas vítimas? Que horror! Ela há de me maltratar muito ou tentar me matar!

Olívia riu:

– Claro que não, seu tolo! Ao contrário do que pensa, ela é uma pessoa excelente, que há muito já lhe perdoou, e se não tivesse lhe perdoado, ainda assim não se lembraria de quem você é. Pode ter certeza que sendo esta a pessoa, não terá a menor antipatia. Mesmo porque, na forma em que você nascerá, precisará de atenção e cuidados.

Ele a olhou, ainda ressentido:

– Minha antiga mãe não me quis? Dizia me amar tanto...

Olívia respondeu com paciência:

– Esqueceu-se de suas atitudes para com ela? De que foi o responsável pela sua passagem prematura? Ela já o perdoou há muito, Abílio, e reza pelo seu amadurecimento! Mas não tem nenhuma obrigação de reencarnar junto a você. É justo o contrário: você possui dívidas sérias com ela, das quais ela abre mão. Ela se decidiu por ajudar outras criaturas, e tem auxiliado a muitos outros nesses séculos que se foram. Você é que teima em se manter estacionado no mal, mas mesmo isso mudará agora.

Aborrecido com o rumo da conversa, ele pareceu se lembrar de algo:

– O que quer dizer com a "forma que vou reencarnar"? Vou ser pobre? É isso?

Olhei para Clara e ela para mim: criminosos contumazes como aqueles não costumavam ter reencarnações muito fáceis. Olívia, por sua vez, não titubeou com a resposta:

– E que fez com a riqueza na vida passada? Ajudou alguém necessitado? Gerou empregos? Alforriou algum escravo?

Abílio lhe fez uma careta de desagrado, e ela lhe sorriu, continuando:

– Sei... acobertou seus crimes, satisfez seus apetites, incriminou outros pelo que fez... ainda assim, terminou pobre. Não, nada de riquezas desta vez. Mas não passará fome também. Será de família numerosa, mas honesta e trabalhadora, terá mais do que possuía quando morreu. E isso lhe será necessário, pois o trabalho, para você, não será uma escolha.

Ele a olhou muito assustado quando perguntou:

– Como assim? Não poderei trabalhar?

O semblante dela ficou sério quando respondeu:

– Na sua última existência terrena você não teve um único dia sequer de trabalho honesto, e agora quer ter... será? O que lhe afeta é não poder escolher trabalhar, não é? Mas sim, é verdade. É um espírito de uma inteligência engenhosa, apesar de tão mau, Abílio... não é à toa que nunca foi preso. Continuará inteligente, que isso não se muda, posto que é uma conquista sua, mas o seu corpo não responderá à argúcia da sua mente.

Ele se levantou, seu olhar estava horrorizado para a menina, que brilhava calmamente e que o olhava de um jeito mais triste com a reação dele. Entendi perfeitamente: não eram boas notícias. O homem quase gritou para ela que se afastou um pouco:

– Como assim o meu corpo não responderá à minha mente? Que tipo de tortura é essa? Esse tipo de coisa não existe!

Olívia olhou para o chão de terra seca, pareceu respirar fundo, e só então o olhou profundamente:

– Não notou que já está perdendo as suas forças por aqui? Você já começa a ser gerado. Recolha-se e peça a Deus força e paciência para obter um novo aprendizado nessa nova vida que começa! Esse Criador, que é puro amor, lhe prepara uma nova fase para minorar essa eternidade de sofrimento em que você entrou pelas suas escolhas!

Ele a olhou com ódio:

– Num corpo que não responde à minha inteligência?

A luz dela brilhou mais forte:

– Sim. No momento de seu parto algo acontecerá que causará um dano ao seu cérebro, que o impedirá de falar de forma inteligível, se movimentar com desenvoltura, e terá ainda muito pouca visão. Dependerá da ajuda alheia durante toda a sua vida, os entenderá, mas eles terão uma dificuldade enorme de entendê-lo. Ouvirá perfeitamente, mas dependerá da sua paciência, e da de quem lhe vê, fazer-se entendido. Dependerá assim da bondade humana, dessa forma, quem sabe, não a valorizará?

No olhar dele vimos um horror absoluto, como se todos os seus medos tivessem se cristalizado de uma só vez, nas palavras daquela menina que mais parecia um anjo de Deus! Sem palavras, ele chorou, e eu não sabia se de medo ou de ódio, mas chorou. Lágrimas grossas desciam pelo rosto feio, até que ele se recompôs um pouco e disse:

– "A vingança é minha – disse o senhor!", e o tolo aqui não ouviu os padres! Depois de séculos neste inferno ainda passar por isso! É esse o Deus que ama Seus filhos? O Deus bom? Deixasse-me aqui neste inferno, ao qual já me acostumei... já que tenho que voltar à Terra, por que não voltar normal, como qualquer homem? Não quero voltar aleijado!

Olívia o olhou de forma paciente:

– Não seja difícil. Olhe como um pai olharia para seus filhos: você tem várias crianças e uma delas tem a mania, vai saber o porquê, de quebrar vidros e ferir as outras. Que se faz com essa criança? Expulsa-a de casa? Fura ela com o vidro até que ela desfaleça? Não! Coloca-se ela de forma a não atingir as outras crianças, até que ela entenda que para viver junto a elas tem que desenvolver *empatia*. É apenas isso que Deus lhe deseja, Abílio, empatia: entender e se importar com o que outra pessoa sente! Seu novo corpo defeituoso vai ser a sua oportunidade para que seu espírito se torne mais perfeito! Com ele terá a oportunidade de aprender novos valores como a humildade, a paciência, a gratidão e o companheirismo. Se fosse novamente perfeito e rico, procuraria por esses valores?

Ele não quis olhar para ela. Estava zangado, ferido, apavorado. Não acreditava em bondade humana, já que nunca tinha tido um gesto de boa-fé para com ninguém. Acabrunhado, ele foi se retirando de nossa presença seguindo pela estrada rapidamente, como se quisesse esquecer que nos tinha visto. Olívia deu de ombros:

– Pelo menos eu dei o recado que me pediram. Ele já está percebendo que algo está acontecendo e é claro que não está nada feliz.

Nossa doce Clara olhou para ela:

– Sujeito complicado, não? Matou muita gente, foi?

Olívia deu um sorriso amargo:

– Era uma época estranha, Clara. As leis eram raras, polícia também. Se você matasse um indígena ou um negro, isso sequer era levado em conta. Acho tão engraçado quando as pessoas dizem que o mundo "anda piorando"... há menos de cem anos um pai de família matava o filho criança ou a esposa e a chance de nem ser julgado era grande! Imagine na época dele. Matou dezenas, quase uma centena.

Pensei numa coisa que ele nos disse:

– E ainda nos afirmou que desfrutou de cada centavo que herdou! Foi-lhe dada a prova da riqueza, e que fez com ela? Abusou de seu semelhante, humilhou os mais desventurados, assassinou, corrompeu! Não há crime na riqueza material, mas na forma em que ela é usada! Abílio é de assustar seu semelhante!

Clara me olhou com doçura:

– Vamos nos lembrar de não julgar, Ariel...

Olívia ponderou:

– Na realidade, a prova da riqueza tem sido manancial de muitos erros para os seres humanos! São poucos os que escapam do orgulho e da vaidade ao se depararem com o conforto material. Alguns escapam até da lei quando cometem crimes horrendos. Entre os que ele assassinou estavam também brancos, doze almas. Quase foi pego por isso.

Assustado, foi a minha vez de perguntar:

– E escapou da polícia como? Suborno?

– Sabia de segredos, distribuiu dinheiro, escapou de vinganças... era esperto. Sempre foi. E depois, matava gente pobre, "sem importância"... o pai ele matou com veneno, a mãe o protegeu e com isso, morreu de tristeza.

Eu e Clara nos calamos, pensando na figura estranha e em seu destino. Ele não tinha nenhuma luz, ao contrário, parecia um vácuo sem fim, raivoso e infeliz. Deixou a mim e a Clara numa espécie de cansaço como se nos tivesse "sugado" alguma energia, Olívia riu-se de nossos rostos meio fatigados e disse que era normal:

– Essas pessoas passam uma energia tão pesada, que para nos resguardar desprendemos o dobro de energia. Não é à toa que estão tão cansados... venham aqui.

Ela nos deu as mãos e nos levou mais à frente, perto de uma clareira e um rio lamacento, onde uma árvore mais frondosa dava uma sombra boa e um tanto mais confortável. Jogando nossos mantos no chão, aquietei-me com Clara, e ela disse:

– Agora vamos descansar um pouco, que logo a noite vem.

Deitada em seu manto, no meio de uma grama seca, Clara perguntou a ela:

– Olívia, estava aqui pensando no que você disse a Abílio... sobre os corpos que limitam a inteligência da alma...

Olívia, que estava na árvore, olhou para ela já adivinhando o que ela queria saber, mas disse:

– Sim...

Visivelmente sem jeito, mas curiosa e querendo aprender, Clara perguntou:

– Na minha última existência, sempre que eu via alguma pessoa com dificuldades físicas eu não deixava de me fazer essa pergunta: por que Deus faz umas pessoas tão perfeitas, algumas lindas até, e outras com tamanhas imperfeições físicas? Pessoas que não andam, não enxergam ou não escutam... todas elas têm um passado com dívidas sérias, mais ou menos como o Abílio?

Olívia deu uma pequena gargalhada:

– Você nunca conheceu uma pessoa fisicamente muito linda e muito má?

Foi a vez de Clara franzir as sobrancelhas:

– Já! Para ser franca, tive uma conhecida na cidade que era uma peste, mas era uma belezura.

A menina continuava sorrindo:

– Isso não responde a sua pergunta?

Vi Clara ainda mais confusa, e resolvi ajudar:

– Minha querida Clara, acho que Olívia quer dizer que independente da condição, espíritos mais ou menos evoluídos vêm à Terra nas mais diversas aparências. O livre-arbítrio deles é que decide o que vão fazer com seus corpos, as lições que aprenderão com eles.

Clara concordou, mas apenas em parte:

– Mas Abílio, por exemplo, vai ter vários empecilhos para não ser tão mau como era antes. Pessoas que nascem com essas dificuldades vêm assim para não causar o mal?

Vendo que nossa amiga estava realmente confusa, Olívia resolveu ser mais explícita:

– Cada caso é diferente de outro caso, minha amiga. Na realidade, muitos espíritos evoluídos já vieram nessas condições e deram um testemunho belíssimo de humildade, amor ao próximo, amor ao trabalho quando habilitados para isso, paciência ou fé. Erra grandemente quem acha que pessoas que reencarnam dessa forma estão apenas pagando por pecados de vidas passadas. Algumas, e não são poucas, vêm como forma de exemplo. Muitas são exemplos anônimos, mas que deixam legados de amor, paciência e resignação. Sofrem sem queixas, preocupam-se com o próximo e apesar das duras dificuldades, costumam não perder o ânimo.

Lembrei-me de uma moça que vivia perto de minha morada com Esthefânia, paraplégica, e que era alegre como um passarinho. Hábil na costura, ajudava minha mulher na feitura de roupas para os pequenos de lares pobres, e nunca se queixava de nada. Era uma daquelas almas de quem Olívia falava... tive que sorrir. A menina continuou:

– Almas desse tipo de grandeza costumam aprender tanto em uma só existência, que dificilmente precisam reencarnar novamente na Terra. É uma empreitada difícil, mas quando encarada com sucesso, de uma vitória imensa.

Lembrei-me de outros casos comentados na Colônia, por amigos em comum e comentei:

– Na realidade, Clara, é bem como ela diz mesmo. Não existe um caso igual a outro caso quando se trata de pessoas com limitações físicas sobre a Terra: num outro dia um amigo comentou sobre sua irmã que atualmente está reencarnada e está tetraplégica. Trata-se de boa criatura, mas perdida em melancolia, já se suicidou em duas existências, e nesta de agora viverá apenas o tempo que lhe restava de vida na última. Voltará entre nós brevemente, ainda antes dos vinte anos de idade.

Minha amiga arregalou os olhos:

– Tão cedo? Pobre mocinha! Nascer com um problema desses e ainda morrer tão nova!

Olívia sorriu do bom coração de Clara, e eu continuei:

– Na realidade, minha querida, você se esquece de que nosso verdadeiro lar é aqui. Ela já está lá há quinze anos, sem reclamar. Aprendeu a paciência e a tolerância que lhe faltavam, não pensou em suicídio nem uma única vez e está sendo cercada de amor e carinho pela família que a adora. Quando voltar para cá, voltará vitoriosa, para seu companheiro que a aguarda há um bom tempo e que está muito orgulhoso dela. E quer ouvir o mais engraçado?

Curiosa, ela respondeu:

– Claro! Que é?

Suspirei fundo me lembrando da história:

– De acordo com o que me contaram, ela está sendo muito mais feliz nessa existência do que na outra que teve antes, quando se suicidou. Na vida anterior foi rica, até bem bonita, perfeita de corpo, mas com uma família fria e distante. Não tinha amigos verdadeiros, mas invejosos constantes, sentia-se frequentemente só. Desta vez reencarnou numa família simples, mas extremamente amorosa, trabalhadores, alegres. A avó é espírita, lhe ensina a nunca reclamar e levar a vida com alegria e fé, o pai só faz mimá-la e a mãe, apesar de mais "fechada", acompanha ela em cada passo do caminho velando por seu bem-estar. Não a deixa se sentir, por nem um minuto, vítima ou menor que os outros.

Olívia ponderou ao me ouvir:

– Como nota, minha amiga, há gente de todo o tipo passando por essa experiência, e ela não precisa realmente ser ruim. Depende da alma que está dentro deste corpo, e ainda das pessoas que a cercam. Para essas, então, o aprendizado é ainda mais valioso.

Clara perguntou:

– Os pais de crianças com essas necessidades especiais são sempre consultados antes de reencarnarem, no plano espiritual? É uma grande responsabilidade, não lhe parece?

Novamente Olívia sorriu levemente:

– Sim. E a resposta é a mesma de sempre: depende de cada caso. Em espíritos mais evoluídos, sempre existe essa consulta. Entre os mais primitivos, essa escolha é feita por mentores mais evoluídos. Nem sempre a pessoa que gerou essa criança é a que vai ser a responsável por criá-la, afinal, como bem se sabe, muitas são abandonadas quando nascem aqui na Terra. É bom lembrar que quem assume o cuidado de uma dessas crianças acaba por desenvolver qualidades raras como a paciência, o altruísmo e a generosidade. Acaba sendo uma dádiva quando um ser humano acolhe outro dessa forma por puro amor e desprendimento.

Ouvindo-a, tive que dizer:

– O triste é notar o imenso preconceito que alguns seres humanos têm com pessoas de necessidades especiais. Soubessem eles da lei da reencarnação, de como devemos tratar com amor e respeito esses nossos semelhantes que, às vezes, estão passando por provações que podem ser tão ásperas, e de como o mundo pode dar voltas, as coisas seriam bem diferentes.

Olívia observou:

– Se julgássemos menos, e amássemos mais... Deus toma conta, Clara.

– É... e o que pode parecer um castigo para alguns, na verdade pode ser uma nova oportunidade aos olhos do Criador – respondeu ela.

Pensei comigo mesmo que mesmo para almas profundamente embrutecidas, que só se importavam consigo mesmas, ali estava novamente a chance de Deus. Ficasse, segundo a fé de alguns, em sofrimento eterno no inferno, de que isso adiantaria? Nascer de novo, aperfeiçoar-se, aprender eternamente e com isso, cada vez mais entender a alegria que sentem os bons.

Abílio vivia a prisão dos sociopatas, e não se dava conta disso, como um peixe das profundezas não se dá conta da luz e ao pressenti-la, se assusta e volta ao mais profundo do mar. Quem sabe se a prisão do corpo enfermo não abrirá nele a pequena brecha de luz necessária da humildade, onde hoje há tanta soberba? Não há sabedoria sem humildade, nem há amor onde não existe empatia.

Orei por ele, que era o que podia fazer, e orei com fé. Quando terminei a oração dei com Clara também em oração por ele, ajoelhada, ao lado da árvore: tínhamos tido os dois a mesma ideia... sorrimos um para o outro e fomos dormir. O dia seguinte prometia. Será que finalmente encontraríamos Fabrício?

CAPÍTULO 3

# A VILA

SOM DE ÁGUA CORRENTE, corredeiras e um vento frio a cortar-me os ouvidos. Acordei debaixo da clareira e vi, há poucos metros de mim, Clara e Olívia em animada conversa feminina. Sentei-me e observei que pela posição do sol devia ser pelo menos nove horas da manhã. Nunca veria um dia de céu azul no umbral? Que saudade da minha Colônia! Dias azuis, sol quentinho... aqui esse mormaço e vento frio. Definitivamente, eu não estava bem-humorado.

Passei a mão no solo seco à minha frente: já tinha visto solos que eram puros pedregulhos, lamaçais insalubres, desertos frios e tinha recentemente saído de um lugar um tanto pantanoso. Onde o capim verdinho de minha aprazível cabana na Colônia, com minha esposa, minhas pequenas coisas, minha casa...? Olhava aqueles arbustos espinhosos e imensos à minha volta imaginando o tipo de espíritos que habitariam por ali, quando Olívia, me pegando quase que de surpresa, lendo os meus pensamentos, me disse:

– Aqui fica gente sem esperança, gente fria, que não compartilha. Por isso você está tão mal-humorado!

Olhei para ela um tanto assombrado: será? Tinha me contagiado com a "energia do ambiente"? Cruzes!

Ela riu-se:

– E por que não se contagiaria? Não somos humanos, todos nós aqui? Se pudesse subir como eu e olhar aqui por cima, veria que estamos cercados de pequenas moradas e que mais adiante há até um pequeno ajuntamento de casas. Não é gente muito agradável não, mas se formos por esta pequena trilha aqui, dará certo.

Pequenas casas? Se eu não me sentia muito bem longe, fiquei imaginando como me sentiria perto deles. Não me senti muito animado! Provavelmente sentindo meu estado de espírito, Clara veio se aproximando com um belo sorriso nos lábios:

– Já fez suas orações hoje? Levantei meio chateada, mas foi só orar que melhorei!

Era isso! Podia estar sendo influenciado pelo ambiente, e para isso, orações eram fundamentais! Ajoelhei-me e fiz minhas orações como de costume, pedindo paz, proteção, sabedoria e principalmente boa vontade para com todos que encontraria naquele dia. Pedi sinceramente que o Senhor me lembrasse sempre de nunca julgar a quem quer que fosse, e de espalhar o seu amor e a sua palavra, sempre. Sentindo-me já cheio de paz, Olívia me perguntou:

– Melhor? Podemos ir?

Eu sorri, ainda meio sem jeito, mas respondi que sim. Começamos então a caminhar pela pequena trilha e para minha surpresa, a vegetação de arbustos espinhosos começou a mudar para a de pequenas árvores do tamanho de macieiras, sem frutas, meio tristes, mas também sem tantos espinhos. Ouvia ainda o rio, agora um pouco mais perto e imaginei que estávamos mais próximos das casas. Em local que tem casas, costuma ter rio.

Caminhamos naquele mormaço, eu já mais curioso porque nunca tinha estado numa "vila" no umbral. Eram sempre moradas afastadas umas das outras, como se as pessoas não gostassem muito de viver perto umas das outras. A desconfiança era comum, será que as pessoas que encontraríamos seriam diferentes? Finalmente eu veria uma pequena sociedade?

Lendo meu pensamento, Olívia respondeu:

– Não vejo porque não: na nossa amada Terra mesmo, não há alguns meios sociais bem primitivos em matéria de valores morais? Ainda assim eles vivem juntos, coabitam, trabalham. Por que não existiriam aqui no umbral? Há mesmo alguns com razoável luxo.

Clara admirou-se:

– É mesmo? Nunca imaginei!

Olívia riu:

– Nada que você fosse admirar ou gostar muito, minha querida Clara, pois nem tudo que demanda luxo, tem bom gosto ou é artístico. Mas denotam certa inteligência e esforço. Enfim, são pessoas muito diferentes de você, tão delicada!

Começamos a ver árvores mais frondosas, ainda que espaçadas, e a estradinha ia se alongando. Perguntei em pensamento se não seria mais rápido se ela nos pegasse pelas mãos e nos levasse para lá, depois de visualizar o lugar. Ela me respondeu da mesma forma: "Não, Ariel... paciência. Quero que vocês se acostumem com a energia do local aos poucos. Há pessoas espalhadas pelo caminho, vamos devagar e sempre, para que vocês se habituem. Acredito que através de informações deles chegaremos até Fabrício".

Entendi. Teríamos que chegar até essas pessoas, conversar com algumas delas para descobrir onde, naquela Vila ou próxima dela, finalmente estaria o nosso Fabrício!

Fiquei subitamente animado! Finalmente o conheceríamos, depois de tantas caminhadas! Renovei minha fé e segui confiante e observei que Clara tinha partilhado os mesmos pensamentos, e ia mais alegre também. Notei minha amiga aguçando os ouvidos aqui e ali, prestando mais atenção e perguntei a ela:

– Que é que tanto presta atenção?

Clara me respondeu baixinho:

– Ora, ela disse que pode ter gente por aqui... quem sabe não encontramos alguém por detrás de algum mato? Nunca se sabe... uma pessoa que a gente pode pedir alguma informação.

Olhei para ela meio sério enquanto Olívia ia bem acima de nós, olhando ao longe, e disse:

– Não acha que se ela visse alguém, nos diria?

Ela olhou Olívia meio na dúvida, mas respondeu:

– É... mas pode ser que passe despercebido.

Balancei a cabeça como quem diz que achava muito difícil que algo escapasse à menina, mas Clara continuou caminhando prestando bastante atenção, numa das últimas curvas que fizemos, eis que surge diante de nós uma enorme clareira, com dezenas de casas baixas e o rio ao fundo. Para meu espanto vislumbrei até mesmo algumas ruas sem nenhum calçamento, e um rudimentar comércio. Admiradíssimo, olhei para Olívia:

– Meu Deus! É uma pequena Vila mesmo! E se estende por um razoável território. Nunca pensei ver algo assim por aqui! Mas parece algo antigo, ao contrário do desenvolvimento da nossa Colônia!

Ao meu lado, Olívia observou:

– Eles vivem conforme viviam na Terra, só que como a maior parte não tem a menor ideia de como fazer eletricidade, mal possuem água encanada. A maior parte usa água de poço, e muito suja. Ainda acreditam que têm que fazer a maior parte do que faziam quando estavam vivos. Nessa Vila, eles se acreditam numa espécie de purgatório.

Clara olhou para ela muito admirada:

– Jura? Então eles são religiosos?

Olívia apontou para a igreja um pouco afastada de onde nós estávamos: era feita de madeira escura, com uma única torre alta, e um crucifixo simples. Olhei bastante admirado de ver uma casa de oração no umbral, mas isso, eu não sei bem o porquê, me apertou o coração. Já em Clara o efeito foi um tanto diferente:

– Uma igreja! Mas que bênção! Alguém para falar de Jesus no umbral!

Ao me ver calado e notar Olívia um pouco séria, ela parou de falar, olhou novamente, e então nos perguntou:

– Que foi? Algo errado com a igreja?

Olívia suspirou, mas disse:

– Não, Clara! Nada impede que um dia, ela seja realmente um lugar para se falar de Deus no umbral. Aliás, não é isso que nós fazemos aqui sempre? Nós e tantos outros? Deus não abandona, minha amiga, quem sabe um dia não conseguimos iluminar essa pequena igrejinha com o amor do Criador?

Clara olhou a construção pensativa, e só então notou como realmente era escura e triste. Olívia deu-nos as mãos em oração, oramos e em seguida ela nos envolveu em sua luz azul e disse:

– Vamos vibrar juntos. Por enquanto é melhor que não nos vejam, vamos observar essa comunidade e ver se assim conseguimos ter alguma informação sobre o nosso amigo Fabrício. Não quero chamar a atenção por aqui.

Era bem sábio da parte dela. Adentramos pelas ruas de chão batido e notamos pessoas vestidas com simplicidade, mas sem nenhuma vulgaridade. As mulheres não usavam nenhum adorno, nem maquiagem. O rosto era lavado, os cabelos presos, as golas altas e os vestidos compridos. Os homens trajavam roupas simples de algodão, também sem enfeites, sérios, poucos sorrisos, um tanto tensos. Pareciam agricultores, ou algo assim, fiquei um tanto confuso, pois pareciam ter pressa encaminhando-se para algum lugar. Passaram por nós sem nos perceber, e quando notamos, boa parte deles estava indo para um galpão que estava um tanto afastado da Vila, mais próximo ao rio.

Notamos então as mulheres entrando nas casas, algumas com um olhar preocupado, outras com um ar satisfeito e fiquei pensando no que será que estava havendo por ali. Para que será que os homens estavam se reunindo? Por que as mulheres não iam junto? Será que estávamos em algum regime patriarcal, em que os homens eram os chefes e as mulheres obedeciam?

Clara observou:

– É o que parece. Não foi assim durante milênios na nossa Terra? Que acham de irmos ver a reunião?

Olívia riu:

– Que temos a perder, não é mesmo?

E fomos. Adentramos o galpão velho sem a menor dificuldade e pudemos ver pelo menos uns trinta homens, de variadas idades, sentados nos bancos de madeira, conversando entre si como que a esperar que alguém chegasse. Sentíamos, no ambiente, vibrações de sentimentos variados como medo, egoísmo, mesquinhez, desconfiança e inveja. Afastamo-nos do público o mais que podíamos para nos preservar e enfim notamos um "alvoroço" quando entrou um senhor de presumíveis cinquenta anos, cabelo visivelmente grisalho, traços fortes, magro e alto, vestido com uma camisa cinza e um terno velho e negro. As pessoas o chamavam de pastor Franz.

Era carismático o pastor, impunha silêncio com a própria presença, e parecia ser quem controlava a Vila. No rosto dos presentes vi que o temiam e o respeitavam a seu modo, mas a reunião do dia era sobre como proteger a Vila de maus elementos que pudessem querer invadi-la, e das medidas que adotariam com os infratores.

Olhei para minhas companheiras dando graças aos céus por não estarmos visíveis, pois as punições de que ele falava eram de um exagero bíblico, e se fossem aplicadas a um espírito primitivo, ele poderia realmente sentir-se mal. Ouvimos então as artimanhas do pastor com seus afiliados contra possíveis invasores, entendi até certo ponto o seu receio, pois estávamos no umbral e realmente ali ficavam malfeitores de toda a espécie, mas não compartilhei de sua satisfação em punir tão duramente o nosso semelhante.

Mas, a plateia pareceu bastante animada. Fiquei pensando comigo mesmo no porquê do ser humano gostar tanto da ideia de ferir o outro, mesmo quando ainda não foi ferido por ele. Só pelo simples fato dele não pertencer ao seu grupo, ou poder representar algum perigo... não simpatizei com o pastor Franz, e nem com seu rebanho. Que tal acolher antes ao estranho que chega e perguntar o que ele deseja, e só tirá-lo da Vila se ele representar perigo? Não seria mais de acordo com o Cristo?

Clara comentou:

– Pode ser que eles tenham tido pessoas como o Abílio e seus comparsas por aqui. Se foi assim não é à toa que estão animados em puni-los.

Lembrei-me do "gigante" e seus asseclas, e tive que dar razão a ela. Eles ao menos pareciam organizados e até certo ponto pacíficos, perto de muitos espíritos que tínhamos encontrado no umbral. Saímos do galpão e caminhamos pela pequena vila, observando melhor as casas e seus quintais. Na maior parte víamos pequenas ou médias hortas improvisadas, com uma fertilidade conseguida a duras penas: pequenas e mirradas plantas aqui e ali. A vida era dura no umbral.

Notei que Olívia olhava penalizada para as pequenas plantinhas e não foi preciso muito para que flutuasse por cima delas, estendendo as mãos, como se em abençoada prece. Foi de se admirar o efeito que fez em pequenas sementes brotando na terra, brotando em folhinhas tenras e as outras plantas, um tanto castigadas, ficando com mais viço! Era isso que faltava: amor! Dela ia saindo uma luz mais dourada, leve como uma bruma, um pequeno raio de sol banhando as plantas e os canteiros daquela horta. Eu e Clara seguimos o exemplo e nos aproximamos de duas casas mais próximas e fizemos o mesmo, cada um em uma horta, se não com o mesmo efeito, com um bem similar, e ao final de alguns bons minutos tínhamos, nós três, hortas bem mais bonitas, as folhinhas verdes, brilhando no mormaço.

Pensávamos em continuar, mas estavam vindo os homens do galpão, animados com suas conversas de proteger melhor a Vila, as mulheres surgiam às janelas das casas, e achamos melhor nos retirarmos à margem do caminho. Foi quando uma das senhoras veio buscar o marido ao portão, e na volta para a casa, olhou para a sua horta, e disse ao esposo:

– Veja, Requião: como estão as plantas! Estas parecem que finalmente vão vingar!

O homem coçou a cabeça e olhou o chão, meio desconfiado:

– Será? É... estão mais verdes mesmo! Estranho... há tanto tempo não chove! Jogou mais água do poço nelas?

Ela corou:

– Sabe que não aguento puxar muita água por conta das minhas costas! Mas agora vou fazer um esforço. Veja como estão bonitas! Vamos ter a horta mais bonita daqui.

Requião riu-se. Uma horta bonita era mesmo coisa para exibir-se naquelas bandas pobres. Olívia sorriu e disse:

– Vaidade ou não, ao menos espantamos a preguiça!

Clara riu-se:

– Mas ficaram lindas, não foi?

Sim. Realmente tinham ficado bonitas. E cresceram bem durante a noite. No dia seguinte a vizinhança veio notar a horta das três casas, que diferia do resto, e logo inventaram de trocar receitas de "adubos" ou algumas simpatias. Foi divertido de observar.

Havia pequenas rusgas na Vila, pequenas infidelidades, inveja... não havia crianças e o pastor mantinha um controle ferrenho naqueles espíritos, muito pelo medo da exclusão. Eles tinham pavor de sair dali, e ficarem expostos do lado de fora da Vila. De uma forma ou de outra sabiam que ali estavam "protegidos" de espíritos muito mais perigosos ou maldosos, que estavam espalhados pelo território ao redor. A moralidade que o pastor pregava era absoluta, e para o bem deles mesmos, por isso confiavam nele cegamente.

Depois de dois dias na Vila, soubemos que novos integrantes eram aceitos apenas quando indicados por alguém da comunidade, e mesmo assim só depois de conversar muito com o líder. Devia se submeter a certas regras, ou não permaneceria na comunidade, onde o trabalho era estimulado (boa coisa!), os vícios eram punidos e a virtude era uma obrigação. De início me lembrei de algumas igrejas luteranas de meu tempo na Terra, mas não era bem assim: eram bem mais rígidas, e os textos citados nas reuniões não eram os do Cristo, mas antes os do Velho Testamento.

Ou tentavam parecer do Velho Testamento... verdade seja dita, ninguém ali parecia ter um grande grau de conhecimento, logo, o pastor fazia as alterações que queria ao seu grau de entendimento, quando lhe interessava, o que deixou a mim, Olívia e Clara de olhos muito arregalados durante um de seus sermões. A aflição e o medo infligidos eram uma constante aos olhos dos fiéis. Dizia ele, muito magro e com a voz um tanto aguda, mas possante, num desses sermões na Vila:

– Somos, então, sabedores da ira do Senhor, posto que estamos neste purgatório a expiar os nossos pecados, à espera do juízo final! Mas o Senhor é justo! E já nos mostrou o início do inferno, quando vemos esses irmãos apodrecidos que por vezes enfrentamos! Querem apodrecer junto a eles? Sentir as dores que os afligem? Ou arder num fogo ainda mais vertiginoso e impuro? Sim... pois que há punições ainda piores!

Lembro-me que a essa altura eu olhei para Clara pensando que ao menos o vocabulário dele era amplo. Mas a que punições esse senhor se referia? Eu já ia saber... ele continuou:

– Pois esses coitados, que vocês hoje veem em sofrimento, não tinham ouvido a palavra de Deus. Vocês ouviram! Aquele que ouve a palavra de Deus e ainda assim peca, será triplamente punido! Está num inferno tão profundo que para ele não haverá o juízo final. Nada de esperança para quem trai o Senhor. A vingança é Minha, disse o Senhor!

E por aí ia o sermão, infindável. Isso quando não discorria sobre os pecados mais infames como cobiça, inveja, luxúria... Encolhidos no fundo da igrejinha, muito embora achasse a coisa interessante, já começava a me perguntar se Fabrício estaria mesmo naquela Vila. Seria o quê? Um daqueles que estava ali? Mas eles acolheriam um suicida? Não acreditava nisso. Eram preconceituosos demais!

Saindo da pequena igrejinha em direção ao pequeno pátio em frente, antes que o sermão acabasse, disse à nossa Olívia:

– Olívia, não creio que Fabrício ficasse por aqui. Era um homem bem-educado, pertencia a uma família de posses: as pessoas aqui são de origem mais humilde, ele não se identificaria, assim como elas também não. E ainda por cima, ele era um suicida! Elas não o deixariam ficar entre elas!

Olívia me olhou tristemente:

– Neste ponto você tem toda a razão, meu bom Ariel. Ele realmente é um homem estudado, e as pessoas realmente não acham o suicídio digno de respeito por aqui. O preconceito pode ser um pecado bem feio!

Olhei para ela sem entender:

– Então ele está por aqui? Mas, como?

Ela deu um suspiro:

– Ainda não sei onde, mas está...

CAPÍTULO 4

# Rapaz tão bonito...

Olhei para ela tão aturdido que mais parecia uma criança quando leva um chute que não estava esperando:
– Como assim está aqui e você não sabe onde? Já estamos aqui há dois dias, e essa Vila não é tão grande assim! Sabe ao menos a aparência física dele?
Ela disse:
– Claro que sei. Mandaram-me uma imagem dele, sei perfeitamente como ele é... mas não o vi por essas poucas ruas! No entanto, eu o "sinto", ele está por aqui!
Sentei-me num banco perto da igreja, acompanhado por Clara. Tanto tempo atrás de Fabrício e tão pouco sabíamos dele: nascido em 1905, no Rio Grande do Sul, tinha nascido de família abastada com uma única irmã, Carolina, mais nova que ele coisa de dois anos. Formado em Direito, casou-se, não teve filhos e suicidou-se aos 32 anos de idade, com um tiro na têmpora direita.
Era filho de um estancieiro já falecido, e de uma senhora de nome Cínthia, que era quem tinha pedido o favor de resgatá-lo. Nosso superior, Serafim, prontamente acedeu a nosso pedido. Mas, como era a aparência de Fabrício? Sabedor de que Olívia

iria conosco, não me ocorreu de perguntar! Eu o tinha imaginado louro e de olhos verdes como a mãe, que eu já havia conhecido, mas a verdade é que ele poderia, com facilidade, ter herdado os traços paternos, que eu nem fazia ideia de como tinha sido.

Impaciente comigo mesmo, perguntei à Clara:

– Você tem ideia de como é Fabrício?

Clara baixou a cabeça um tanto envergonhada, olhando o chão como se não soubesse o que responder, mas depois me disse:

– Ainda não vi nenhum retrato dele assim como você, meu bom Ariel. Mas acredito que quando encontrá-lo vamos distingui-lo dos demais.

Olhei minha amiga num meio sorriso:

– Esqueceu-se, minha amiga, que Fabrício não está arrependido de seu gesto, que ainda não existe nele sentimentos de paz ou de fé? Pelo que sabemos ele se encontra numa atmosfera bem conturbada, como a maior parte das pessoas por aqui. Logo, não emitirá nenhum "sinal" para que o identifiquemos.

Clara me olhou relembrando a situação, e me disse:

– É verdade! Ele não pediu para ser resgatado! Isso é pedido de sua mãe! Logo, não há nenhuma luz especial que o diferencie dos outros. Se Olívia não soubesse como ele é, passaríamos direto por ele, sem o enxergar!

Olhei a linda menina e pedi:

– Olívia, não tem como nos mostrar a aparência dele? Assim podemos procurá-lo com mais sucesso também.

Ela sorriu, e respondeu:

– Claro! Fechem um pouco os olhos.

A telepatia entre os espíritos não é só com palavras, mas também com imagens: logo se formou em minha mente as feições de um homem jovem, com a barba curta, cabelos castanho claro não muito curto, pele muito clara, nariz afilado e olhos expressivos, magoados e verdes, como os da mãe.

Os dentes alvos eram separados na frente, mas não eram feios, ao contrário, era apenas uma leve separação. E enquanto a mãe dele tinha uma beleza vulgar, Fabrício era bonito, fazia no conjunto uma bela figura: alto, bem-vestido, o rosto de traços agradáveis. Parecia ter nascido em altas rodas, as mãos longas e pálidas nunca poderiam ter trabalhado na lavoura ou na carpintaria. Eram mãos de artista: fortes e bonitas.

Assim que a imagem cessou, Clara disse:

– Rapaz tão bonito, parecia ter tudo na vida! Que pena que se suicidou! Tirando a cor dos olhos, não o achei parecido com a mãe. Você achou, Ariel?

Tive que concordar com ela:

– Nada parecido. Dona Cínthia é bem diferente, digamos, mais popular. Ele deve ter puxado, nos traços, inclusive, à família do pai.

Olívia observou:

– Às vezes, Clara, "ter tudo na vida", pode ser um peso sem fim!

Clara riu-se:

– Como assim?

Olhei para Olívia num rasgo de compreensão, e respondi:

– Pessoas que "têm tudo na vida" às vezes são extremamente cobradas pelos seus semelhantes. Isso fora os invejosos que os cercam... se cometem o menor erro, ou caminham para um lado diferente do que os outros esperam, são duramente criticados. Espera-se deles simplesmente a perfeição, pois afinal, "eles têm tudo na vida, como podem errar"?

Olívia sorriu concordando, e disse:

– É isso mesmo, e depois, quem é que tem "tudo na vida"? Apenas o homem perfeito, e isso não existe sobre a Terra. É natural do ser humano querer sempre algo mais, emocionalmente ou materialmente. Mesmo nós aqui, espíritos, não buscamos sempre evoluir?

Clara riu-se:

– Sábias palavras. Agora, ao menos, sabemos como ele é. Mas devo dizer que realmente sua figura quando encarnado não combina em nada com essa Vila. Rapaz tão elegante e fino... não acho que ficaria por aqui! Não que essas pessoas não estejam à altura, que isso por aqui nada importa, só os acho muito diferentes dele.

Mal falamos a respeito disso e passou por nós uma senhora de seus cinquenta anos, vestido comprido, cobrindo as canelas. Levava uma cesta coberta por um guardanapo bem lavado, mas simples. O sermão já tinha acabado há meia hora, e essa mulher agora se dirigia, sozinha, em direção a uma mata com a cesta em um dos braços.

Ela ia rápido e como tinha a cabeça coberta por uma espécie de xale, nos esgueiramos por trás dela, que pareceu nos "sentir", e parar diversas vezes olhando para trás. Olhava desconfiada com seus olhos castanhos e vivazes, ajeitava o xale na cabeça, prendia a cesta nos braços, e seguia o seu caminho apressadamente. Depois de uns dez minutos de caminhada eis a surpresa: uma espécie de galpão que mais parecia uma grande casa de madeira, com correntes nas portas, e um cadeado que ela não custou a abrir. Paramos os três a uma boa distância como a nos perguntar: entramos? Não entramos? Que será que ela guarda ali dentro? Será que iríamos querer descobrir?

De dentro do casarão uma luz pálida fez-se, murmúrios, gemidos... não me sentia muito tentado a entrar lá. Já tinha visto tanta coisa estranha no umbral, que não era absolutamente nenhum medo. A sensação que tive foi de nítido *desconforto*. Não era bom estar lá, tanto eu como Clara sentíamos isso.

Observei a luz se movendo de um lado para o outro dentro do casarão, parecia que a mulher se movimentava lá dentro, indo de um canto a outro. Olhei para Olívia como se perguntasse: o que fazer? E ela nos respondeu:

– É noite, está tarde, vamos nos aconchegar por aqui, deixar que ela se vá. Amanhã pela manhã entramos lá, sem ela por perto, combinado? Vamos refazer nossas energias primeiro.

Um *ambiente de dor*, foi isso o que senti. Afastamo-nos um pouco para dentro da mata e num espaço entre as árvores, no frio daquela noite, busquei por gravetos, que eram abundantes, e fiz logo uma pequena fogueirinha. Naquela luz observei Olívia, e pela primeira vez a vi um pouco cansada, parecendo também ter um pouco de sono. Assim sendo, Clara acomodou a menina em seus braços, recostada num tronco em seu abrigo de peles, e ela dormiu quase que imediatamente... os cabelos brilhantes castanhos claros em contraste com o rosto de minha amiga. Ela me disse em voz baixa:

– É engraçado: ela não pesa quase nada, e é quentinha, confortável. Isso sem falar na sensação de paz...

Observei a nossa menina de perto, o cheirinho de lavanda, a pele muito clara em sono tão profundo. Tive que sorrir do nosso próprio encantamento com ela e pensei em minha esposa, seu amor por crianças durante a sua vida encarnada e ainda agora na Colônia, acolhendo os pequeninos que sempre apareciam por lá.

– Crianças possuem uma mágica especial, não acha, Clara?

Ela sorriu:

– Nem me fale! Sempre fui louca com os pequenos. Claro que são almas muito antigas como qualquer um de nós, apenas iniciando sua jornada pela Terra, mas a inocência que eles nos passam em seus olhos, nos fazem esquecer propositadamente de que ali estão espíritos que já viveram muito, às vezes sabem muito mais do que nós, em outras necessitam de cuidados redobrados para que não se percam pelo caminho da vida!

Lembrei-me da história dela, que desencarnou quando a filha era ainda uma criança de três anos de idade, e de sua constante preocupação com ela no mundo espiritual. Clara me sorriu ao ler meu pensamento:

– Nossos benfeitores espirituais foram bons ao deixarem-me acompanhar o desenvolvimento de minha filha Júlia. Ela até hoje me diz que não se sentiu sozinha nos seus momentos mais tristes, que parecia ter um "anjo da guarda" com ela. Mal sabia que era eu! – ela riu-se.

Sabendo que seu caso não era comum, observei-lhe:

– Clara, sabe muito bem que a maior parte das pessoas não possuem essas permissões. Não fosse você extremamente equilibrada, não tivesse sempre trabalhado muito conosco e se esforçado tanto para aprender o que era preciso, sua permanência em muitos momentos com Júlia, não teria sido permitida. Você foi benéfica com sua filha, lhe trouxe paz e esperança.

Ela sorriu lembrando:

– Ela já estava sem a minha presença física, Ariel. Se não fosse para levar paz, para que eu iria até ela?

Aos poucos o sono foi chegando, e quando notamos, o sol cortava as nuvens do mormaço e incidiu bem em cima de nós. Último a acordar, dei com Clara e Olívia colocando mais gravetos na fogueira e Olívia com a minha velha caneca cheia de água de rio, à qual ela tinha adicionado algumas ervas de cheiro característico, mas que eu não conseguia identificar. Levantei curioso, vendo a caneca no meio da fogueirinha, já fumegando bastante.

– Que é isso? – perguntei.

– Uma espécie de chá – respondeu-me Clara. – Olívia diz que é bom para purificar e dar energia. Vamos precisar disso por hoje.

O cheiro não era ruim, espiando dentro vi umas raízes também... onde será que elas tinham achado aquelas coisas?

– O senhor proverá... aqui é uma mata bem sortida! Acha que só na Colônia temos uma infinidade de plantas?

De certo que o Criador não abandonaria as pessoas do umbral. Já bem acordado, sentei-me ao lado da fogueira pensando em quanto tempo levaria para o chá ficar pronto, quando a menina me disse:

– Anda, Ariel! Pode tirar o chá da fogueirinha! Está pronto!

Olhei para o chá, para a alça da caneca, para o fogo que não estava muito baixo (não estava alto também), mas vi a fumaça saindo por todos os lados. As duas me olhavam divertidas e Clara me deu um pano para que eu não me queimasse ao tocar na alça. O certo é que eu nunca tinha sido um cozinheiro, nem mexido em apetrechos domésticos no fogo.

Olhei, estudei o melhor método, tentei me aproximar, mas a fumaça me entrava nos olhos e no nariz. Fiquei numa dança ridícula em que dava um passo e recuava outro, já que fagulhas voavam aqui e ali, enquanto eu abanava sem muito sucesso o pano que Clara tinha me dado. Quando finalmente consegui tocar a alça, o pano tocou uma chama, incendiou-se e eu saí a dar uns pulos, muito frustrado com toda a operação. Só então olhei as duas, que se continham para não gargalhar com o meu desespero.

Sem falar nada, Clara caminhou até o rio com outro pano, encharcou-o, caminhou até a fogueirinha, espremeu o pano apagando o fogo, e com ele ainda úmido tirou o caneca e nos serviu o chá. Olhando-me penalizada, ela disse:

– Foi para isso que lhe dei o pano.

Tomamos o chá em silêncio, e que coisa maravilhosa o chá... realmente encheu-me de energia e bem-estar! Que bom era estar ali com elas, e que Deus nos ajudasse naquele novo dia, que pudéssemos ajudar a quem precisasse, que conseguíssemos nos manter equilibrados!

Olhando para Olívia, disse:

– Seu chá é maravilhoso! Vamos lá naquele galpão, hoje? Nunca vi um ambiente tão pesado... mesmo aqui no umbral.

Ela me respondeu:

– Eu já vi muita coisa em minha existência, Ariel, me lembro mais do que você se recorda. Às vezes não se lembrar pode ser uma bênção. Não posso dizer que seja a pior coisa que já vi, mas sinto que não é um ambiente onde fluam coisas positivas. Como nós humanos podemos nos perder quando nos trancamos no orgulho, no egoísmo, na inveja e no preconceito!

Com sua sensibilidade típica, Clara perguntou:

– O que há naquele galpão, Olívia? Gente presa?

Olívia sorriu do jeito mais triste que eu já tinha visto:

– E todos eles aqui não estão presos de alguma forma? Não gostei do que senti lá perto, dos pensamentos que ouvi, das imagens que me passaram. Acreditem, eu mesma fiquei cansada: precisava desse chá tanto quanto vocês.

Notando o nosso espanto com as palavras dela, ela terminou:

– Mas desde quando nosso trabalho foi fácil? Oremos ao Senhor e agradeçamos pela confiança! Ele estará conosco como sempre! E depois, quanto mais dura a jornada, maior a recompensa...

E nos dirigimos para lá.

CAPÍTULO 5

# ANJOS E DEMÔNIOS

UMA COISA COMUM ENTRE espíritos com um grau de desenvolvimento maior é a empatia, que é a capacidade de se identificar como outra pessoa, entender como ela se sente. Quanto mais desenvolvido, maior é a capacidade empática. Ao contrário dos sociopatas que simplesmente não se identificam com o próximo, o ser, rico em empatia, sente e se identifica com o próximo com grande facilidade, chegando a ponto de "ler suas intenções", e despidos da carne, conseguem se comunicar por pensamentos mesmo por longa distância. Sendo mais evoluída, Olívia dispunha de qualidades que ainda não entendíamos, mas ela chegava a vidas passadas dos espíritos com quem lidava, com facilidade, e o que era mais louvável, sem o menor julgamento.

Jamais ouvi dela uma crítica sequer ao comportamento passado de alguém, ao contrário, sempre lembrava-nos que nenhum de nós estava sem pecado quando se referia ao passado, o que era uma grande verdade. Logo, sair julgando os outros era de uma vaidade muito tola, já que quem reencarna muitas vezes, também já cometeu muitos erros. O importante era evoluir.

Mas na condição de empatia em que Clara e eu estávamos,

era preciso muita fé e controle para estar por muito tempo em certos ambientes. É fácil explicar isso: quem nunca esteve perto de pessoas extremamente problemáticas ou negativas na Terra? Nunca se sentiram incomodados diante de determinadas pessoas por sua negatividade? Sentíamos em profundidade, tanto os bons como os maus sentimentos, e sofríamos com eles. Aqui não temos a carne, que é ainda um bom isolante, estamos expostos em energia. Não bastasse isso, ouvimos pensamentos e intenções como que amplificados, e as cargas alheias nos chegavam em intensidade. Estávamos ainda aprendendo a não sermos tão influenciados por isso, principalmente por um número tão grande de espíritos como numa Vila.

Claro que isso desperta imediatamente a nossa caridade, se na Terra, apenas visualmente temos pena dos que sofrem, imaginem aqui, quando além da visão, podemos entender a dor moral. Por isso oramos, damos passes, tentamos ajudar e entender a quantos precisam. Aplacar a dor alheia e encaminhá-los à felicidade que é servir ao Pai é a nossa maior alegria, pois assim se firma um equilíbrio. A luz nos olhos de nosso semelhante é um prêmio muito aguardado, e nos enche de alegria!

Mas é preciso coragem... sabemo-nos pequenos, às vezes. E ao entrar naquele casarão, eu e Clara oramos com grande fé, e lá entramos invisíveis aos olhos dos que lá estavam. Olívia proporcionou-nos esse detalhe envolvendo-nos com sua luz azul clara, enchendo-nos com sua paz. Lidar com um número pequeno de espíritos era fácil, mas ali pareciam ser bem mais. Passamos pelas portas e as correntes da construção espiritual, e nos deparamos com algo que não esperávamos.

O teto era alto, duplo, com telhas de argila já desgastadas pelo tempo. O chão de terra batida, muito limpo, asseado. Pequenos quartos, como baias, se espalhavam pelo recinto... uma quantidade boa deles, não pude contar de imediato, mas pareciam tranquilamente mais de vinte, separados por um corredor no meio. Portas de madeira frágil fechavam às entradas impedindo a visão interna. Era no meio da manhã, e não vimos um espírito sequer pelo corredor ou se movimentando por ali.

Olhei para Olívia e perguntei mentalmente: "é um hospital?", ela me olhou com a testinha franzida, e respondeu: "os que estão aqui não se encontram bem. Mas não acho que vão melhorar..."

Notei que ela subiu, acima das paredes de madeira, e pôs-se a olhar para dentro dos quartos, com uma expressão muito preocupada. Olhava, franzia de novo a testa, ia rápido para o outro lado, enfim, fez uma vistoria no local, e depois nos chamou para sair de lá, ao que eu aceitei imediatamente. Fora de lá, perto de nossa fogueirinha apagada, eu perguntei a ela:

– E então, o que foi que viu?

Ela me olhou com aqueles olhos esverdeados como o mato, e disse:

– Tem umas quinze pessoas lá, e elas dormiam profundamente. Não quis acordar ninguém... vai que a noite tenha sido dura, ou extenuante. Há uma espécie de cozinha lá atrás também, bem primitiva! Ervas de variados tipos, e umas jaulas. Não gostei nada das jaulas! É um lugar limpo, até demais, mas os espíritos estão maltratados. Alguns até parecem envelhecidos, sofridos..., mas tenho uma notícia boa: achei Fabrício!

Clara não se conteve de alegria:

-Achou? Louvado seja Nosso Senhor Jesus Cristo! Estava num dos quartos?

Olívia abaixou a cabecinha:

– Não, estava numa das jaulas. Bem lá atrás, mas também dormia, em cima de um colchão.

Fiquei um tanto pasmo, mas perguntei:

– Está numa jaula? Feito um bicho feroz? Tem mais gente nas jaulas?

– Não... só ele. Mas tem outras vazias. Acredito que seja uma espécie de castigo ou algo assim. Nem parece o moço da imagem que me mostraram. Voltaremos lá um pouco mais tarde e falaremos com ele. Entraremos pelos fundos desta vez.

Já que ele estava nos fundos do casarão, achei lógico. Será que ainda estaria vazio? Bom, de qualquer forma eles não veriam mesmo... o lugar, apesar de limpo, tinha um cheiro de ranço, de coisa velha, que nunca pega o sol.

Fiquei esperando pacientemente enquanto as duas observavam a flora local, bonitas, pegando uma ou outra erva, conversando como as mulheres fazem quando acham algo interessante. Pensei que pela primeira vez em tantos anos de umbral eu via uma vila, com seus costumes e até suas leis. Era estranho, mas por que não haveria? Eram pessoas, e pessoas quando têm afinidades, formam sociedades.

Nada como na Colônia, onde a tecnologia era muito além da Terra, a arte atingira um patamar indescritível aos olhos e ouvidos humanos. Aqui tudo era mais limitado, simples e rústico, mas existia conforme a obra dos espíritos que aqui habitavam. E da sua forma, eles também estavam evoluindo, ainda que mais lentamente.

Não sabia ainda o que estavam fazendo naquele galpão, mas a jaula em que estava sendo "tratado" Fabrício me colocou em alerta. Vai ser preciso tirar ele de lá o quanto antes, ninguém merece ficar em jaula, e certamente ali não era um bom lugar para um depressivo suicida.

Será que tirá-lo de lá seria muito difícil? Apiedei-me de sua situação sem sequer conhecê-lo, e quando pensei em levantar e ir falar com minhas amigas, vi Olívia ao meu lado:

– Temos primeiro que ver se ele vai querer vir conosco.

Olhei para ela surpreendido:

– Acha que vai preferir ficar preso numa jaula?

Ela meneou a cabecinha:

– Não sei, o que não falta é gente estranha por aqui. Mas, vamos lá. Com sorte não vai ter ninguém e conseguiremos falar com ele!

E lá fomos nós de novo, entrando pelos fundos dessa vez. Passamos por um estreito corredor, vimos as jaulas, e lá estava, sentado num colchão, um homem de cabelos pela nuca, um tanto compridos, desgrenhados, lisos. A têmpora direita empapada por um pouco de sangue, da bala de pequeno calibre disparada contra a cabeça, o olho direito também tingido de sangue, pálido, vestido com um terno bem cortado, o bonito moço chamado Fabrício.

Tinha as mãos longas, como as de um pianista. Era magro, mas musculoso, tinha as sobrancelhas unidas numa triste contemplação. Um relógio de ouro brilhava no pulso, assim como uma aliança de ouro larga, no dedo anelar esquerdo. Olhava em volta sem nada ver, mas ao mínimo ruído lá fora se assustava e se afastava das grades.

Olhamos cuidadosamente em volta para ver se alguém estava pelo local e infelizmente ouvimos um ruído como que de latas batendo uma nas outras, e entrou pela porta da cozinha imensa, uma senhora morena bem clara, de cabelos cacheados, possíveis trinta anos, de compleição forte, ombros largos, quadris também largos, como se tivesse sido criada na lavoura. Não era uma bela mulher, mas era forte, e não estava bem-humorada! Ao entrar jogou logo umas três latas grandes por cima de um tanque e exclamou para Fabrício, que não se mostrou animado com a sua presença:

– Não sei por que o Pastor ainda mantém esses demônios por aqui! Só dão trabalho! Tudo da pior qualidade... prostitutas velhas, suicidas, ladrões! Tem até assassino! Para dar o exemplo, ele diz! Mostrar o que acontece com quem peca!

Não demorou muito, a senhora em questão notou algo de diferente no ambiente, e pareceu olhar em volta, e deu com Fabrício, encolhido em seu canto da jaula de metal. Perguntou então a ele:

– Andou vindo gente diferente por aqui? Está um cheiro diferente por essa cozinha... nunca senti isso antes. Viu algo, "príncipe"?

Ao notar o olhar gelado dele, ela deu uma risadinha amarga:

– Claro que não vai falar com a Nádia aqui, não é? Claro! Nunca fala com ninguém, o "príncipe"! Bem-vestido, relógio de ouro, mas com uma bela bala na cabeça! O inferno lhe espera, basta o dia do juízo chegar. Acha que não sabemos dos seus crimes? Aproveite a jaula, depois que sair daqui vai ser bem pior!

Então se chamava Nádia, aquela senhora. Olívia olhava para ela pacientemente, absorvendo a cena, enquanto eu notava a revolta de Clara, que me sussurrou:

– Mas, já se viu! Ficar incomodando assim a uma pessoa que já está em sofrimento! Que malvada! Só Deus sabe o nosso futuro!

Estávamos invisíveis, mas não de todo inaudíveis, por isso, Nádia ouviu algum som. Foi o que bastou: a mulher pegou de uma colher de pau e a brandindo disse:

– Em nome de Deus, quem estiver aí que se apresente! Sei que ouvi alguma coisa dessa vez! Não estou doida! Apareça!

Na realidade, poderíamos ter continuado bem escondidos, mas Olívia resolveu que aparecer seria melhor, e foi o que fez, causando na senhora um bom susto, que a fez cair sentada bem por cima das latas. Eu, que sempre fui um cavalheiro, muito gentilmente me dispus a socorrê-la, dando-lhe a mão, o que quase me custou um golpe da colher de pau. Ao que Clara, com pena do susto dela, finalmente disse:

– Não tenha medo: acreditamos e servimos ao mesmo Deus! Abençoado seja Nosso Senhor Jesus Cristo!

Ao ver o sorriso de Clara e o brilho forte de Olívia, Nádia pareceu se convencer, mas erroneamente, nos tomou por anjos, principalmente a Olívia, a quem perguntou:

– Onde estão suas asas?

Ao que Olívia respondeu:

– Faz mesmo questão de asas? Mas eu não sou anjo! Ainda não...

Notei a decepção estampada no rosto da mulher. Depois seu pensamento confuso: "como ela brilha tanto se não é anjo? Deve estar brincando comigo. Tão linda, só pode ser anjo!". Notando tudo aquilo, a menina lhe disse:

– Uma coisa é certa: jamais lhe faríamos qualquer mal.

Olívia soltava um leve cheirinho de lavanda que perfumava o ar e acalmava o ambiente. Acostumados que estávamos com o aroma, eu não tinha percebido antes, mas a senhora Nádia com certeza o percebeu, pois espantou o cheiro de mofo do lugar. Assumi minha postura habitual, muito ereto, junto com Clara, faceira com seu habitual sorriso cheio de luz e ela nos olhava como se fôssemos habitantes de outro planeta, observando as nossas roupas, nossa pele, nosso brilho, enfim... tudo! Depois de um exame daqueles minuciosos, ela enfim disse:

– Mas vocês são tão diferentes! Tão "limpos"! E essa menina, então? Ela "flutua"! Flores brilhantes nos cabelos! Se não são anjos com essa pele que chega a brilhar, o que são? Demônios?

Olívia riu, enquanto Clara não viu graça nenhuma na comparação. Tive que responder:

– Senhora, não acha que se fôssemos demônios já a teríamos agredido, ou a colocado numa dessas jaulas?

Ela arregalou os olhos e deu dois passos atrás, olhando as jaulas um tanto receosa. Não tinha a menor vontade de ser trancada numa delas. Respondeu:

– É... pode ser. De fato, se fossem maus poderiam ter me atacado, estão em maior número e parecem ser "mágicos". Mas eu – disse isso e agarrou-se na colher de pau – sou uma crente em Deus. Ordenei e vocês apareceram, não foi?

Foi ela falar isso e vibrando diferente dela, eu desapareci diante dos seus olhos, para seu grande espanto, coloquei-me por trás dela e só então reapareci dizendo:

– Nós também somos crentes em Deus, Nádia. Isso não é privilégio seu.

Finalmente convencida de que não éramos demônios, a mulher se aquietou, e sentando-se, nos olhou sem tanto medo, perguntando-nos:

– Afinal, por que estão aqui?

Olívia e Clara me fizeram um sinal de que iam olhar dentro dos quartos, e dar passes quando achassem necessário para o restabelecimento dos espíritos que lá estavam, e eu assenti com a cabeça. Resolvi conversar com ela e assim distraí-la e obter informações que pudessem nos ajudar a tirar o nosso Fabrício dali o quanto antes.

– Viemos para ajudar. Você não é cristã?

Ela logo fez o sinal da cruz:

– Claro! Batizada na minha fé e na minha igreja!

– E não disse o Cristo que devemos amar e ajudar o nosso próximo? Fique tranquila, viemos em nome de nosso Pai todo-poderoso, em nome do amor fraternal. Não é isto que o Cristo prega?

Vi nos olhos dela um tanto de dúvida e um tanto de fé. Tentava se lembrar do que o pastor pregava nos cultos... "falava de amor fraternal?". Não se lembrava. Mas parecia ser bom, então, ela concordou comigo:

– Sim. Deve ser isso – ela me respondeu.

Olhei para ela começando a simpatizar e lhe dei um sorriso. Interessado na vida dela, perguntei:

– Você sabe ler, Nádia?

Ela ficou corada, sem jeito, sem lugar para colocar as mãos de tão envergonhada. Mas, me respondeu:

– Ora, senhor, sou só uma "burra velha"! E depois, na nossa igreja, mulher não é incentivada a essas coisas. Homem é que tem que aprender leitura, fazer contas, ser a cabeça da casa. Como eu não nasci bonita, acabei não casando, por isso, Deus me colocou trabalhando na igreja. Trabalho de graça, mas nada me falta, que o pastor não deixa nada me faltar. Ganho até roupa, no Natal. Não fosse a igreja não sei o que seria de mim. De certo até fome eu passaria.

Olhei admirado para ela, que se não era uma beleza estonteante, também não era feia em demasia. Poderia com facilidade arrumar um companheiro e ser feliz à sua maneira, tantas mulheres em igual situação haviam conseguido!

– Nunca teve um pretendente?

Ela corou novamente:

– Tive um, uma vez. Mas o pastor disse que ele só queria tirar proveito de mim. Deram uma corrida nele, e ele sumiu. Protegem-me por aqui, dizem que sou boa de serviço! – e sorriu, orgulhosa.

Não gostei nada da história, mas, fazer o quê? Isso devia ter acontecido há tanto tempo... outras encarnações viriam com certeza, ela o reencontraria e tudo poderia ser resolvido. Resolvi mudar de assunto, mas antes opinei:

– Pois eu acho a senhora uma moça bem respeitável e que o rapaz que casasse consigo ia ter muita sorte! – ela sorriu, pela primeira vez. – Mas diga-me, dona Nádia, o que é esse galpão? Vocês tratam desses espíritos por aqui? Eles estão doentes?

Ela me olhou já com confiança e baixou a voz como se fosse me fazer uma confidência:

– Ah, então o senhor notou, não é? Viu como eles estão depauperados... realmente, são muito difíceis! Não acredito em cura para eles! Já fazemos isso há tanto tempo, e nenhum deles se curou.

Um frio me percorreu a espinha: um tratamento que não curava ninguém? Já que aqui ninguém morria, o que acontecia então? E que pacientes eram aqueles?

– E quem são esses pacientes, dona Nádia? Como chegaram aqui?

Ela me olhou com um ar de quem sabia algo de que eu nem desconfiava, e contou:

– Ora, alguns eram parentes de gente daqui. Vieram em busca de auxílio, mas não quiseram ouvir as palavras de Deus... gente descrente, perigosa, adúltera ou viciada em jogo. Alguns até assassinos, acredita? A vida fora daqui pode ser bem difícil, existem lugares onde não se tem a paz que temos aqui. Há gente vingativa ou violenta... têm vítimas que esperam por seus algozes, outras que têm prazer em torturar os mais fracos, enfim, gente de todo o tipo. Eles chegam até nós buscando sossego. Vivemos em relativa paz, esperando pelo juízo final, que é quando o Senhor virá buscar nossas almas para o paraíso.

Ouvi aquilo tudo pensativo, realmente algumas áreas do umbral eram bem mais primitivas que aquela Vila, com seres bem mais malévolos soltos por toda a parte. Não seria difícil alguém querer buscar abrigo num lugar onde certa quietude parecia existir. E é claro que um habitante do lugar buscaria por trazer seus parentes que estivessem destinados a permanecer no umbral por sua sintonia de pensamentos.

– Então muitos tentam trazer seus parentes sanguíneos para cá? E o pastor permite?

Ela me olhou um tanto atônita com a pergunta:

– Na maior parte dos casos, sim. Ele costuma dar sempre uma chance da pessoa se consertar. Não é o que manda o Cristo? Acolher a todos? E eles são avisados de que devem respeitar as regras da comunidade, ou serão expulsos. O problema é que muitos não seguem as leis, acolhemos "serpentes junto ao nosso peito", como diz o pastor. Mas não desistimos deles de imediato: eles servem de exemplo para que os nossos membros não pequem, e ao mesmo tempo, é dada a chance deles se arrependerem e se tornarem pessoas melhores. Por isso estão aqui: para pagarem seus pecados!

Olhei para Fabrício, que da jaula, sentado, ouvia a conversa com um sorriso sarcástico. Perguntei:

– Ele tinha algum parente aqui?

Ela virou a cabeça para olhá-lo:

– O "príncipe"? Ele não... entrou aqui fugido de alguma coisa que eu não sei o que era, e tinha já esta mesma figura. Não fosse o tiro na cabeça, era até um homem bonito, não? Suicida... esse não tem perdão. Nem Deus perdoa quem se mata, todo mundo sabe disso!

Olhei o rapaz que olhava a mulher com um ódio contido, e virava o rosto como se tentasse não ver mais nada que lhe lembrasse aquele funesto lugar. Nádia abaixou a voz para que ele não a ouvisse:

– Sabia que o pastor no início tentou levá-lo para o bom caminho? Tentou até limpar o pouco sangue que tinha na ferida, mas ele sempre ficava sujo de novo! Acho que é o castigo dele! E se isso não bastasse, se julga superior a nós: xinga a gente de cada nome que até Deus duvida! A maior parte das palavras que ele usa, só o pastor que entende, e ele diz que não é coisa boa! Quer ver?

Dito isso ela se levantou, pegou numa das latas e arrastou-a pelas barras de ferro da jaula, fazendo um barulho ensurdecedor. Fabrício levou as mãos aos ouvidos, como se ouvisse um barulho insuportável, e por fim gritou:

– Pare já com isso, anencéfala!

Eu tive que segurar o riso, podia explicar que ele a estava acusando de não ter cérebro algum, mas para que magoar Nádia? Ela comentou:

– Viu só? Ele cria palavras do nada! Diz cada coisa, só para "atazanar" a gente!

Perguntei:

– E por que não o expulsam daqui, simplesmente?

Ela me olhou, meio brava:

– Para ele ir contar aos outros onde fica a nossa Vila? Não senhor... só sai daqui depois do "tratamento completo".

Vi vindo pelos corredores, Clara e Olívia, com uma expressão um tanto carregada de tristeza. Nádia ao ver as duas, levantou-se e abriu um sorriso para Olívia, que não estava sorrindo, ao contrário, mantinha-se séria e, às vezes, olhava para trás, como se vigiasse os pacientes que tinha deixado. Olhou para Nádia com um olhar triste, e disse:

– Eles já estiveram nessas jaulas, não é mesmo?

Nádia olhou como se não entendesse o porquê da pergunta:

– Sim, já. Por isso estão assim, mais calmos...

– É o pastor que supervisiona os tratamentos? – perguntou a menina.

– Claro, nós só fazemos o que ele manda – respondeu Nádia.

Olívia não chorava, mas dessa vez estava triste quando disse:

– Seu pastor nunca lhes falou, Nádia, em tratar com amor o seu semelhante? Os espíritos que ali estão, "calmos", como a senhora afirma, já não respondem a estímulos externos. Por isso não há trancas nas portas, nem necessidade de cuidados maiores: parecem em estado vegetativo!

Olhei para Olívia sem acreditar no que ela dizia, levantei-me rapidamente e segui para um dos pequenos quartos em questão, e abri uma das portas: lá estava uma moça que devia ter não mais do que vinte e cinco anos terrenos, vestida de forma moderna, década de mil novecentos e cinquenta, talvez, cabelos curtos e morenos, tez clara, extremamente pálida. Olhava para o nada, sem nenhuma expressão... não vi nela nenhuma marca que denotasse suicídio ou sinal de morte aparente, apenas uma moça, de classe média, descalça, numa cama sem lençóis, razoavelmente limpa, mas quanto abandono ali! Nenhuma expressão no rosto que antes devia ter tido alguma beleza! Era a *morte dentro da morte!* O desalento...

Apiedei-me imediatamente dela, que parecia tão jovem! Pus-me a orar e a dar um passe vigoroso em sua cabecinha pequena, que como o resto do corpo parecia estar um tanto desidratado e sem vida! Nenhuma reação, para minha surpresa... imaginei que Olívia e Clara já deviam ter tentado o mesmo, até que ela de repente, pareceu piscar de leve os olhos, como se percebesse uma réstia de luz, para voltar novamente à obscuridade de antes.

Como um pai que vê uma filha em sofrimento atroz, acariciei os cabelos curtos, secos como a palha fina, pensando comigo mesmo: que fazer em casos desta natureza? Que foi que fizeram com ela? Foi quando olhei para a porta e lá estava Nádia, olhando-me com reprovação:

– Está com pena dessa aí? Pois não devia! Foi uma das que mais nos deu trabalho! Para que acalmasse foi necessária muita força.

A que força, Senhor, aquela senhora se referia?

CAPÍTULO 6

# NA IGREJINHA

DESDE ENCARNADO, EU ME perguntava o que fazia com que uma pessoa achasse que tinha o direito de machucar ou se sentir superior a outra pessoa. Liberal por natureza, nascido ainda no período da escravatura e com a graça de Deus, tendo assistido ao final dela, muitas vezes em sociedade me senti como o pequeno pássaro fora do ninho.

O que dava à Nádia o direito de se achar superior àquela moça, que ali estava em estado catatônico, fosse qual fosse o crime que ela tivesse cometido? Tentando compreender, perguntei a ela:

– Como é o nome dela, Nádia? Que foi que ela fez de tão errado?

De braços cruzados à entrada do quarto, a mulher olhou para a outra com desdém, e só então me disse:

– Não se engane, meu senhor! O nome dela é Isaura, e trata-se de uma adúltera, que pega pelo marido no ato, foi expulsa de casa, abandonando os filhos, e dedicando-se à prostituição! Se estivesse aqui quando ela confessou seus crimes, ficaria horrorizado! Imagine o senhor que ela ficava só com homens comprometidos! Morreu "tísica" (tuberculose), castigo de Deus.

Tive ainda mais pena da moça. Se tinha errado e caído na prostituição, devia já ter sofrido muito. Se era boa mãe e foi proibida de ficar com os filhos, castigo ainda maior. Perguntei:

– E o marido dela, sempre foi fiel?

Nádia sentiu-se incomodada com a minha pergunta:

– Ora, sabe bem como são os homens, para eles as coisas são diferentes! Não sei do marido dela, e nem me interessa. Mas essa cobra aí, quase que envolve um dos nossos irmãos casados daqui. Não fosse a nossa vigilância e era mais uma família destruída!

De fato, a moça tinha traços bonitos, pode ter gerado alguma inveja nas mulheres locais, ou alguma maledicência. Perguntei, curioso:

– E por que ela se encontra dessa forma? Como fizeram para conseguir isto?

Nádia deu um sorriso ladino, como quem guarda um segredo precioso:

– A união faz a força, senhor! E a fé move montanhas!

Ouvindo a resposta, Olívia interferiu:

– Pena que essa "união" a qual Nádia se refere seja tão malévola. Já entendi como funciona, quer mesmo saber, meu bom Ariel?

Notei nossa amada menina com um rosto curiosamente sem expressão, quando me fez essa pergunta. Uma leve e incômoda sensação me percorreu a alma quando assenti com a cabeça, para que ela me contasse:

– Pois bem: quando aparece alguém nesta Vila que não corresponde aos "valores morais" deles, ou que não agrada ao pastor, este acredita que deve "levá-los para o bom caminho", "amansar sua vontade rebelde ao Senhor", para que eles não caiam no inferno quando chegar o dia do juízo final. Estou correta, Nádia?

Franzindo a testa, a mulher que tudo escutava com atenção, respondeu:

– É verdade: temos que levá-los para o bom caminho! O pastor sempre diz isso!

Olívia continuou:

– Como boa parte dessas pessoas aqui presentes pensava diferente do pastor, o questionava ou decidiu partir, ele os trouxe para cá, um por um, colocou-os nas jaulas que vocês viram "para que refletissem e confessassem" seus crimes, convocou parte da Vila para que passassem algumas noites por semana em torno deles por algumas horas, a bombardeá-los com as lembranças de seus próprios crimes, a infundir-lhes a culpa de forma perene, numa fonte de energia constante, por semanas e semanas, às vezes, meses a fio. E nesse tipo de isolamento, assim sugados de toda energia positiva, de todo descanso, e de constantes humilhações, eles foram ficando assim quietos.

Foi a vez de Clara e eu ficarmos estáticos. Tortura firme e continuada, de vários espíritos, em cima de um só, fortalecendo a sua culpa, acabando com a autoestima, infundindo o pavor de uma punição futura e sugando qualquer energia positiva que restasse. O resultado era aquele: espíritos como plantas em cima de uma cama. Ainda assim, estranhei:

– Mas por que "guardá-los" em quartos fechados, aqui? Não seria melhor, abandoná-los? Muito menos trabalhoso...

Notei Nádia ficando subitamente sem jeito, mas Olívia respondeu:

– Se os abandonam, eles podem melhorar, e sair daqui. Eles não querem que eles melhorem, pois podem urdir algum plano de vingança ou invasão da Vila. Por isso mantêm aqui "vigilantes", para manterem a situação dos que aqui estão, e providenciam para que os que estão na jaula, fiquem iguais a estes.

Saí do quarto e olhei para Fabrício, visivelmente amedrontado no canto de sua gaiola, triste e irritado. Perguntei a Nádia:

– Há quanto tempo ele está aqui?

Sem dar mostras de culpa, ela me respondeu:

– Esse aí? Há um mês e meio, dois! É inteligente e teimoso! Mas, com os pecados que tem, não podemos desistir dele: não é só um suicida, tem um outro pecado ainda maior.

Ouvindo a conversa, Fabrício se encolheu, tapando a face, envergonhado. Perguntei:

– E que pecado tão grande é esse?

Nádia sorriu satisfeita:

– Pois acredita que um homem desse, nascido com tanto conforto e mimo, bem-apessoado, casado, é um afeminado? Isso mesmo, um pederasta, como chama o nosso pastor! Pecado mortal!

Clara e eu olhamos o rapaz com novo interesse: seria esse o motivo de seu ato tresloucado? Ver-se impedido de ser aceito socialmente por sua condição sexual? Encaminhei-me para ele, lendo o pensamento de Nádia, que erroneamente acreditava que eu ia humilhar o rapaz. Não podia estar mais enganada! Minha piedade por ele era real, e encostando a mão em sua jaula, tentei lhe dizer em pensamento: "não se preocupe, rapaz! Tudo há de acabar bem!".

Para minha surpresa, ele me olhou com aqueles olhos claros, um ainda com vestígios de sangue, e me perguntou em pensamento: "e quem é você para me dizer tal tolice? Quando foi que algo terminou bem para mim?".

Espantado com o orgulho e a raiva dele, me afastei da jaula, mas antes respondi "só vai depender de você". E era a pura verdade. Nada poderíamos fazer se ele não quisesse. E isso vale tanto para os vivos quanto para os desencarnados.

Ao notar que me afastei dele, Fabrício me deu um olhar magoado, como se esperasse que eu o convencesse do contrário de seus pensamentos pessimistas. Notei que teríamos ali um trabalho grande a ser feito, era vaidoso e incerto aquele nosso novo amigo! Como devia sofrer em suas novas condições... gente vaidosa em excesso sofre muito, principalmente se exposta a humilhações.

Notei, assim como Olívia e Clara, que não adiantaria em nada tentar convencer Nádia de que a atitude do pastor era errada, e do crime que estavam praticando contra aqueles pobres espíritos que ali estavam, mas uma revolta se instalou no meu íntimo pelas condições dos que ali estavam. Que tipo de escuridão permeia o coração humano para que um ser se sinta no direito de tratar o outro desta forma? Não conhecem a lei do retorno? Para que adquirir esse tipo de dívida infame?

Pensei em perguntar a Nádia em que lucravam ao maltratar tanto aqueles seres, mas sabiamente notei que ela podia não saber me responder. Parecendo ouvir meus pensamentos, Clara não se fez de rogada, e perguntou:

– Que esperam ganhar os mantendo assim, quietos, sem reação? Acham que o Criador vai aprovar que ajam dessa forma com Suas criaturas?

A mulher não pestanejou ao falar:

– Mas é claro! Estamos impedindo que eles pequem mais! São almas muito sujas, assim elas se purificam e Deus nos recompensará! Prefere que elas sigam para o fogo do inferno?

Os olhos de Clara se encheram de lágrimas:

– Não vê o sofrimento deles? Por que se acham no direito de julgá-los?

Nádia a olhou francamente confusa, e respondeu:

– Como pode dizer isso? Somos pessoas honestas, nunca pecamos como eles!

Ah... – pensei eu – o engano de não saber que já se viveu antes! De achar que se tem apenas uma vida! Que saiba o ser que acredita na reencarnação, da importância de nunca se julgar a quem quer que seja! Acaso se lembra dos seus crimes no passado? Das faltas que cometemos todos nós? Que isso não nos traga a culpa, já que estamos todos em evolução, mas sim a humildade de não julgarmos o nosso semelhante com tanta ferocidade.

Notando que Nádia não estava ficando nada feliz, Olívia disse:

-É hora de irmos. Nádia, que a paz do Senhor esteja contigo, que lhe abra os olhos e lhe guie por um bom caminho. Luz e paz, nossa irmã em Cristo!

Sem saber o que fazer, Nádia assentiu, e nós saímos de lá sem que ela nos visse. Clara estava inconsolável, triste a não mais poder... perguntava-se como poderia ajudar a semelhantes criaturas perdidas naquela escuridão que parecia sem fim!

– Não há escuridão sem fim, minha querida! – disse Olívia.

Ela olhou para nossa menina ainda magoada:

– Fácil falar, já que não estamos entre eles...

A menina disse:

– É bom lembrar que a maioria deles não tem fé, ou sequer se arrependeu dos males que tenha causado. São também espíritos que insistem em se manter nos mesmos erros, estacionados, o que torna o nosso acesso a eles muito difícil. Lembra-se do livre-arbítrio?

Clara a olhou surpresa:

– Pois é justamente isso que está sendo tirado deles! Como poderão evoluir se eles estão sem o livre-arbítrio?

Tive de intervir:

– Realmente eles acreditam que os estão salvando do inferno, mas os estão atrasando indefinidamente! E num sofrimento sem fim, em que eles relembram suas dores sem descanso. Não há nada que podemos fazer, Olívia?

A menina, que flutuava à nossa frente em nosso pequeno e escondido "acampamento", parecia pensar, como que indecisa sobre o primeiro passo a tomar. Depois de titubear por um breve momento, ela nos disse:

– Sempre há algo a fazer. Mas primeiro, temos que tirar Fabrício de lá, caso ele queira vir. Não acredito que isso vá ser muito fácil, Ariel. A essa altura, Nádia já deve estar alertando todo o povo da Vila sobre nós. Que será que ela anda dizendo?

Clara sugeriu:

– Não sei... não era bom ir dar uma olhada?

Invisíveis aos olhos deles, dirigimo-nos para a Vila e notamos as pequenas ruas vazias, sem vida alguma. Não foi preciso muita inteligência para irmos para a igrejinha e vermos todos reunidos. Lá estava Nádia reunida com os aldeões contando a história mais fantástica que eu já tinha ouvido: anjos que desceram do céu e falaram com ela! O jeito como descreveu Olívia, que mais parecia uma pequena fadinha com flores que brilhavam nos cabelos louros, arrancou suspiros dos ouvintes. Clara foi descrita como se fosse uma santa de tão bonita e singela, e eu, como um senhor muito sábio e sério. Não preciso dizer que fiquei lisonjeado: sábio, eu? Ora, vejam só...

O pastor Franz ouvia aquilo tudo com ares de desconfiança, não estava apreciando nada a história de desconhecidos de um plano superior aparecerem por ali. Na sua mente eu lia seus pensamentos de forma clara: "que história era essa de 'anjos'? Se fossem 'anjos' iriam falar comigo, e não com essa 'burra falante', pois anjos respeitam hierarquia!".

No entanto, esperou até que todos se deslumbrassem com a narrativa de Nádia que gesticulava a olhos vistos, vendo-se pela primeira vez na vida como o centro das atenções, contando como "sumíamos" e "aparecíamos", conforme nos dava vontade, e dizendo como tínhamos estranhado o tratamento que eles estavam dando aos espíritos pecadores. Foi então que o pastor Franz se manifestou:

– Como assim? Não aprovaram o tratamento que estamos dando aos espíritos que contrariaram as leis de Deus?

Vendo que o pastor tinha ficado irritado, Nádia ficou sem saber o que responder, mas optou pela verdade:

– Parece que tiveram pena dos espíritos. Sabe como é... anjos são pessoas muito boas, têm pena de todo mundo!

O pastor observou a plateia, que o olhava com certa reserva, a observá-lo como agiria:

– Eles se disseram "anjos", Nádia? "Anjos do Senhor"?

Nádia avermelhou-se como um pimentão maduro, e gaguejou:

– Não, senhor... muito modestos. A que parecia mais anjo, então, disse que ainda não era anjo... e perguntou se eu queria que ela tivesse asas. Mimosa como ela só! Flutuava no ar, linda, uma luz brilhante, azul celeste! Os outros brilhavam também, mais suave, bonitos, limpos! Só que tinham os pés no chão, ao contrário da menina...

O pastor sorriu com satisfação:

– E o que levou você a pensar que seriam anjos?

Nádia sorriu, satisfeita, lembrando-se:

– Primeiro foi o cheiro de flor, maravilhoso, que ficou no ar... depois a luz que vinha deles, era forte, mas não feria a vista. E eram bondosos, não ofendiam, falavam em Jesus, amor ao próximo, perdão. Não consegui ficar triste do lado deles, nem medo tive! Um pouco de receio, às vezes, mas foi só.

Vendo que as pessoas se encantavam com a narrativa, ela continuou ingenuamente:

– Mas eles não gostaram das jaulas, nem do estado dos espíritos nos quartos. A moça quase chorou, ficou triste. Entendi que eles acham que Deus não vai aprovar o que fazemos com aquelas criaturas!

O pastor Franz ficou branco de ódio ao ver-se questionado, pois praticamente todos ali tinham sido induzidos a participar dos "tratamentos" que ele fazia com aqueles espíritos que lá estavam. Sentiu os olhares de todos nele, a perguntarem se tinham feito algo que tinha desagradado a Deus, e aquilo foi o bastante:

– Mulher tola! Não notou que eram demônios a testá-la? Se fossem anjos teriam admitido que eram! Abriu nossas portas para demônios, Nádia! Eles a confundiram!

Assustada, a boa mulher levou as mãos ao peito, e exclamou:

– Não senhor, não eram demônios! Falavam em Jesus! Em Deus Nosso Senhor!

O pastor Franz não deixou por menos, estava possesso ao ser questionado:

– Eles ludibriam com qualquer palavra para atingir os seus fins! Está impura, mulher! Eles te iludiram para lhe jogar contra mim, que sempre lhe dei teto, comida, vestimenta! Não nota o mal lhe rodeando? Impura! O demônio só entra nos corações em que reina o mal!

Notei Nádia empalidecer cruelmente, enquanto o resto da assistência a olhava em dúvida, com pensamentos que iam desde querer acreditar em sua narrativa, a não ousar duvidar do pastor. A maior parte deles estava em um conflito cruel: tão bonita a história que Nádia tinha contado, anjos com cheiro de flor... mas se eles tinham desaprovado a forma como eles tratavam os doentes, não podiam ser coisa boa. O pastor não errava! Não ia condená-los ao inferno!

E tudo aconteceu muito rápido, na medida em que escutávamos aquele burburinho ensurdecedor de pensamentos em que o medo da reprovação divina se misturou com a raiva e a inveja de Nádia ter visto anjos, e eles não. Foi quando uma mulher de meia-idade, muito loura, gritou da audiência:

– Impura, atraindo demônios sobre nós!

– Não respeitou nem a caridade que o pastor sempre teve com ela! Ingrata!

Nádia, que minutos antes era a "estrela da festa", agora se encolhia, ante o olhar irado do pastor e as vozes irritadas que diziam vociferando ou em comentários sussurrados coisas como: "eu nunca confiei muito nela", "ela não devia ficar conosco", ou ainda "vai ver isso tudo é mentira".

A esse último comentário o pastor escutou:

– Será possível que você tenha inventado isso tudo para se fazer de importante, Nádia? Foi tudo uma mentira?

Súbito silêncio se fez na igrejinha diante daquelas dezenas de espíritos ali presentes. De repente uma paz atingiu-me em cheio, e sem entender direito, eu olhei em volta e vi Olívia, perto do mastro principal, olhos fechados em concentrada prece, bem acima de todos, os braços um pouco abertos e das mãozinhas emanavam suaves fluidos como que para pacificar o ambiente. O cheiro de lavanda dela exalou suavemente, mas apenas eu e Clara vimos um brilho entre o dourado e a prata a iluminar seu corpo astral, os cachos dos cabelos numa suave brisa.

Parei para observar o efeito nas pessoas e não podia ser mais singular: a raiva, a inveja e o medo tinham sido trocados pela curiosidade do que Nádia responderia ao pastor. Este mesmo, antes tão tocado pelo ódio, parecia mais calmo, e aguardava pela resposta dela, como se estivesse disposto a ouvi-la. Já sem pavor, Nádia respondeu sua pergunta, em voz alta e clara, como se estivesse iluminada por Olívia:

– Pastor, não foi mentira. Mas lembrando-me de tudo agora, penso que foi um sonho, daqueles tão cheios de vida, que a gente se confunde nele! O pastor já teve um sonho assim, que parecia real? E depois, imagina se anjos iriam aparecer para uma burra como eu... se aparecessem iriam falar com o pastor, que é um homem cheio de qualidades!

Ouvindo isso, o pastor franziu a testa, e perguntou:

– Então foi um sonho? Só um sonho?

Nádia suspirou calmamente:

– Mas, só pode ter sido! Meu medo agora é do sonho ter sido inspirado por demônios! O pastor não me passa uma penitência para que esses sonhos não voltem? Não quero mais passar por esse castigo! Pareciam anjos, mas eu sou tão burra! – a esse ponto ela se ajoelhou aos pés do pastor – me passe uma penitência, pastor, que Deus se apiede de mim e eu não sonhe mais com essas coisas!

A esse tipo de atitude dela, o pastor prontamente relevou tudo, fez um longo sermão sobre o perigo da tentação do orgulho e de como se livrar dos demônios que podem nos perseguir e "tentar nos enganar". Quando dei por mim Olívia estava do nosso lado e nos chamando para voltarmos ao nosso acampamento, o que fizemos sem mais demora.

Nossa amiguinha estava um tanto cansada, sua "oração" tinha lhe causado algum desgaste, mas ela parecia feliz como sempre. Clara disse a ela:

– Fez muito bem. Acredito que a pobre Nádia, a essas horas, estaria numa situação bem ruim, não fosse a sua "ajuda".

Olívia sorriu:

– A ideia do "sonho" não foi tão ruim, foi? No fim até ela acabou acreditando.

Tive que comentar:

– Isso sem dizer que não ia ser nada bom ter um monte de gente atrás de nós ou reforçando a segurança dos "doentes". Será que o pastor acreditou?

Olívia respondeu:

– Não muito, mas percebeu que Nádia acreditou. Ela é transparente como uma gota d'água, não é bom que nos veja mais. Não sei o que o pastor fará de agora em diante, não sei se ele sabe das Colônias, se acredita realmente em "fim dos tempos", nunca estive perto dele tempo suficiente para entender isso.

Clara comentou:

– Já percebi que é um homem impiedoso, solitário, dominador. Extremamente rígido com os outros... mas não sei se a hipocrisia é uma de suas características. Talvez seja honesto e acredite realmente no que prega.

Olhei para Clara, pensativo, e disse:

– Há quanto tempo será que desencarnou? As vestes são mais modernas do que da minha época, e eu desencarnei por volta de 1910. Uma gente clara, parece uma pequena comunidade rural... aqui tem pessoas desde vinte e cinco anos até setenta. Nenhuma criança, graças a Deus. Nenhum deles parece ter tido uma educação muito refinada, o que parece ter um pouco mais de estudo, ainda é o pastor. Mas, não me parece um homem chegado à ciência.

Minha amiga me respondeu:

– Nas mulheres, a educação parece ser a da subserviência antiga, dos regimes patriarcais. Não sei se tem nem a educação formal que os homens possuem. Os papéis aqui são extremamente tradicionais, mas elas sequer se enfeitam, andam atrás dos maridos, conversando apenas entre elas mesmas. Parece que retrocedemos no tempo, Ariel! Quando encarnada, e mesmo aqui, sempre gostei de um enfeite!

Lembrei-me de Esthefânia, minha amada esposa, tão amiga de seus enfeites, de seus laços de fita, de suas rendas... tão delicada e tão atraente! Que graça teria o mundo, Senhor, sem as mulheres e seus pequenos detalhes e cheiros? Que bom que finalmente já tínhamos achado Fabrício, ao menos voltaria para casa... a luz no fim do túnel já aparecia finalmente!

Clara me pediu que acendesse o fogo, o que fiz sem dificuldade, e acomodou-se perto de uma árvore de tronco mais grosso. Observei Olívia deitando-se junto a ela e tirando um de seus cochilos, parecendo profundamente adormecida. Os cachos bonitos dos cabelos dela caíam pelos ombros pequenos e frágeis e Clara aproveitou para cobri-la com o seu manto de pele, numa atitude profundamente maternal, para depois comentar comigo:

– Não é incrível o que ela pode fazer? Não fosse a intervenção dela, seu amor e sua fé, e Nádia hoje teria passado por duras provações. Espero que não tenha ficado muito exausta, Ariel, que a energia lá estava muito pesada naquele momento! Não é à toa que permanecem aqui no umbral: tanto ódio, inveja, orgulho!

Eu sorri, me lembrando da cena:

– É... e de repente, me vi invadido por uma lufada de ar que parecia de pura paz... olho e vejo a menina abrindo levemente os braços lá do alto daquela igrejinha simples, como se fosse um anjo, derrubando pedaços de luz! E o cheiro? Será que sentiram? Tenho minhas dúvidas...

Clara me olhou com seus honestos olhos castanhos:

– Também eu as tenho! Não poderemos nos mostrar por aqui, o resultado seria imprevisível... mas temos que soltar Fabrício, caso ele queira vir conosco. E, francamente falando, os outros espíritos aprisionados também me incomodam muito!

Olhei para Clara um tanto confuso, mas com o coração também compungido pela sorte daqueles infelizes:

– A mim também constrange a situação daqueles infelizes, Clara. Eles estão sem livre-arbítrio ali, mas, não sei como interferir! Sabe que se eles estão aqui, no umbral, é muito por escolha deles. Vou orar a Deus para que Ele nos esclareça em como agir melhor nesse embate!

Clara me olhou pensativa:

– Nossos irmãos que estão em cargos superiores, certamente nos orientarão sobre como agir para o bem comum. E depois, temos Olívia. Ela pode nos ajudar também!

Olhei para a menina que era pura bondade e pensei comigo mesmo que era praticamente impossível que ela não quisesse ajudar aos espíritos tão enfermos. Mas, sabedora de coisas que às vezes nem desconfiávamos, talvez ela tivesse uma resposta diferente. A fé traça caminhos estranhos por vezes, e o tempo nos mostra que, nem sempre o que parece o certo é a melhor resposta.

Vigiando o pequeno fogo na fogueirinha, observei minhas duas amigas adormecerem, enquanto eu vigiava. Não tinha sono... a última reunião na igrejinha tinha me deixado preocupado. Que gente era aquela, de onde tinham vindo? Há quanto tempo existia aquela Vila? Eram tantas as perguntas, que eu quase me esqueci da principal: que religião eles seguiam? Não eram católicos. Seriam batistas? As regras eram extremamente rígidas e nas poucas vezes em que vi o pastor falar, ele frisava sempre a culpa, o inferno, os castigos eternos... uma religião guiada fortemente pelo medo.

Orei, finalmente, por orientação e adormeci quase no raiar do dia, e fui acordado por Olívia, novamente radiante na minha frente. Ela me disse:

– Bom dia, meu amigo! Pediram-me para te dar um recado!

Olhei para ela, linda como um raio de sol. Recado? Quem me mandaria um recado? Ela não me deixou nem perguntar.

– Ora, não orou ontem pedindo por orientação?

– Orei, mas...

Ela me sorriu:

– Pois, então... o recado é esse: "uma coisa de cada vez. Primeiro, vá conversar com Fabrício".

Olhei para ela meio confuso. Não respondia muito a minha pergunta, mas ao menos, já era um início. Vi Clara se aproximando de mim animada e sentando-se no chão ao meu lado, perguntando-me:

– E então? Vamos logo para lá? É bom que Nádia não nos veja mais, não é mesmo?

Com certeza. Nada de aparecer para a pobre mulher, que podia acabar enlouquecendo, ou me acertando com sua colher de pau!

CAPÍTULO 7

# Revelações em um velório

Resolvidos a não aparecer mais ao povo da Vila para evitar qualquer futura confusão, lá fomos nós em direção ao galpão. Adentramos sem qualquer dificuldade, passamos pelos quartos dos doentes que mais pareciam "baias", de tão pobres, e não vimos Nádia por lá, mas sim um rapaz de seus trinta anos, um tanto rude, a varrer o chão. Irritado de estar ali, maldizia Nádia por ter se comportado tão mal, inventando ter visto "anjos", ou ainda "sonhado com eles". "Ora veja se aquela burra iria ver anjos de verdade!"– pensava ele. "Queria era se fazer de importante!".

Mas, pelo sim ou pelo não, ele varria o chão e olhava de vez em quando para o teto alto do galpão... "vai que aparece algum mesmo?" eu e Clara sorrimos um para o outro, e Olívia disse, faceira:

– Que acha? Damos um susto nele?

Olhamos os dois assustados para ela, que nos disse:

– Brincadeira! Só temos que esperar um pouco e ele logo sai daqui. Não é de ficar aqui o tempo todo como Nádia.

E ela tinha mesmo razão. Enquanto a moça não tinha para onde ir e ficava um grande tempo no galpão, o rapaz mal varreu o lugar e saiu, proporcionando-nos uma liberdade inesperada. Observamos com alívio ele se dirigir para um pasto adiante, perto de um de seus companheiros e ficar conversando, com todo o jeito de quem não ia voltar tão cedo.

Dirigimo-nos então para onde estava a jaula de Fabrício, e o encontramos sentado, abraçado aos joelhos, a cabeça entre os braços numa atitude de pura prostração. Ao nos fazer visíveis ele ergueu a cabeça e nos encarou por uns breves segundos, para depois voltar a sua posição original. "Ainda depressivo..." pensei eu.

– E como poderia ser diferente? – disse-me Clara.

Pensei em como entabular uma conversação com quem não parecia nada disposto a conversar. Tinha já sido avisado a não tocar no nome da mãe dele, pois isso só tornaria a conversa ainda mais difícil. Segundo informações que tínhamos, durante a vida eles tinham tido algumas dificuldades de relacionamento, apesar de ter vindo dela o pedido de resgatá-lo. A quem Fabrício tinha amado durante sua vida? Por que tinha se matado? Eu não sabia.

Observei em seu pulso esquerdo um bonito e grande relógio de ouro. Herança talvez? Lembrança de alguém querido? Resolvi arriscar a conversa por aí.

– Que belo relógio. Foi presente?

Deu certo. Surpreso de alguém, em anos, estabelecer com ele uma conversa num tom meramente social, ele olhou para o relógio com certo orgulho, e disse:

– Foi de meu avô. Meu pai me deu de presente quando fiz dezoito anos.

Moveu o braço para que eu o visse melhor, e eu observei a bela peça, com os marcadores de rubi.

– Vê que coisa fina? – ele sorriu – enterraram-me com ele. Eu nunca o tirava do pulso, peça elegante. Sabe que aqui tentaram tirá-lo de mim? Nunca adiantou: ele sempre volta para o meu pulso.

Eu sorri, não era a primeira vez que ouvia uma história daquelas. Se ele acreditava que o relógio era seu, era o que aconteceria. Lembrava-me de que quando era encarnado, as pessoas sempre diziam que do mundo, nada se levava. Não é bem assim: levamos as lembranças, os sentimentos, as mágoas, os afetos...

Alguma coisa de forte o unia àquele objeto em especial, e não era o valor do ouro ou dos pequenos rubis nele incrustados, já que tinha por ele aquele apreço em especial. Resolvi dizer:

– Era o filho mais velho? Seu pai devia gostar muito de você.

Ele me olhou com um olhar desconfiado no rosto bonito e machucado, mas respondeu:

– Sim. Tive apenas uma irmã depois. Meu pai faleceu eu tinha uns vinte e dois anos... não veio a me conhecer de fato. Mas nos dávamos bem, tentei, ao menos, ser um bom filho para ele. Era um homem inteligente, educado, ao contrário de outras da família...

Estava explicado: o relógio era o amor dele pelo pai, e a lembrança do amor do pai por ele. Nada tiraria isso dele, enquanto essa lembrança permanecesse, o belo relógio ficaria ali, plasmado em seu pulso esquerdo.

Notei, para minha surpresa, que estava só. Olívia e Clara, ao ver-nos conversando, pareciam ter arranjado alguma outra coisa para fazer. Imaginei que deviam estar com os outros doentes e procurei logo um lugar onde pudesse me sentar para conversar melhor com o moço, que finalmente dava mostras de querer falar um pouco.

Olhei em volta e finalmente vi, na cozinha imensa do galpão, um banco de razoável estatura, e o puxei para perto daquela jaula horrorosa, e sentei-me praticamente à altura dele, já que ele estava por cima de uma carroça improvisada, como se assim fosse mais fácil deslocá-lo para algum outro lugar. Notando como ele me observava curioso, perguntei:

– Espero que não se importe. Posso me sentar aqui?

Ainda muito cismado, ele respondeu:

– Não pertence ao umbral, não é? De onde vem o senhor?

Eu sorri. Que bom que tinha notado que eu não pertencia ao umbral, quem sabe assim não se estabelecia ao menos uma relação de confiança?

– Eu venho de uma Colônia mais ou menos distante daqui. Sabe o que é uma Colônia?

Ele ficou nitidamente interessado, disse que já tinha visto alguns seres de luz passando pelo umbral, mas que não tinha ideia de onde vinham. Imaginava que viessem do céu...

– Então se chamavam de Colônias? E como era isso? – quis ele saber.

Expliquei do meu próprio jeito, ao que ele ouviu bastante admirado quando eu falei da arquitetura, do grau de desenvolvimento tecnológico, da beleza da música, das plantas, da paz que havia lá. De início, tentava entender de toda forma aquele tipo de sociedade que eu descrevia, onde parte dos espíritos já lia perfeitamente o pensamento alheio sem muita dificuldade, onde feridas, como as suas, eram curadas ao espaço de pouquíssimo tempo, e a caridade era estimulada continuamente.

Há tantas décadas que ninguém falava com ele com voz branda e amiga que ficou ouvindo como que encantado, e só então disse:

– Então, é para lá que vão os bem-aventurados... os que não pecaram?

Olhei para ele de forma espantada. Eu tinha me explicado muito mal!

– E existe isso de gente que nunca pecou? Eu sinceramente não conheço nenhum, ao menos não pessoalmente!

Ele me olhou magoado e confuso:

– Mas para merecer todas essas benesses, hão de ter feito muito bem durante a sua vida! Um lugar belíssimo, sem assassinos ou ladrões à sua volta. Onde a caridade é continuamente incentivada... sem fome, frio ou dor! Nunca matei ou roubei ninguém em toda a minha vida, e veja como estou! Deus seguramente me abandonou!

Vendo-o da forma que se encontrava, profundamente machucado, numa jaula com o chão sujo, sendo submetido a tais torturas mentais com frequência, entendi o seu sofrimento. Que sabia eu de sua existência de fato? Quase nada... um moço rico, que tinha se casado e se suicidado aos trinta e dois anos, e que Nádia tinha descrito como homossexual. Seria de fato? Nada em seus modos ou trejeitos demonstrava isso, mas o que sabemos nós dos outros? Caso o fosse, poderia ter passado por sérios problemas emocionais em sua época, desencarnando em 1935. O preconceito de então era feroz. Olhei para meu novo amigo e perguntei:

– É um espírito, meu amigo. Por que se deixa ficar preso nessa jaula? Não quer sair daí?

Ele me olhou tão surpreso como se eu tivesse lhe dado um sonoro tapa no rosto, e então riu um riso amargo:

– Acha que não tentei sair? De início sim, mas parecia que uma força qualquer me mantinha preso aqui. Agora, perdi completamente a vontade... sabe como é fora daqui? Nessas trilhas parece que tenho "suicida" escrito em letras imensas logo acima de minha cabeça: onde chego eles me xingam, atiram coisas, acreditam que podem me constranger! Somos os párias do mundo espiritual! Os covardes, os fracos!

Estando já no umbral há algum tempo, eu sabia que coisas assim aconteciam, e respondi apenas:

– Quem mais julga os outros dessa forma, Fabrício, costuma ser quem tem os pecados mais graves. Não deixe que se aproveitem de você, afaste-se de gente desta natureza, ninguém se encontra aqui por acaso.

Ele me olhou, cheio de mágoa:

– Será? Eles sempre se julgam tão melhores... depois de muito tempo a gente acaba acreditando. Quando coloquei a bala em meu crânio, eu era ateu. Acreditava tão firmemente que tudo acabaria... caí no meio do meu escritório, de olhos abertos e uma dor de cabeça infame, latejante e sem sentido. Não me acreditei morto, mas não conseguia falar, embora ouvisse perfeitamente tudo o que se passava na casa.

Imaginando o que teria se passado com ele, perguntei:

– Ficou muito tempo preso ao próprio corpo?

Ele deixou verter algumas lágrimas com a lembrança:

– Eu era jovem, com trinta e dois anos, e cheio de vida. Estava depressivo há um tempo, bebia desregradamente, mas sempre quieto, de forma tranquila... o som do tiro, às três da manhã num dia do mês de agosto, foi um estampido surdo, que a pistola de fato era pequena, e só me acharam lá pelas sete e meia da manhã do dia seguinte, branco como a neve, o sangue manchando o tapete caro, e eu ouvi o grito da empregada, que correu a chamar minha esposa. Finalmente comecei a me dar conta de que algo diferente estava se passando, pois um fenômeno estranho aconteceu: eu finalmente lia os pensamentos dos presentes! Não conseguia falar com eles, mexer, nem pensar... a dor na cabeça finalmente começava a passar, mas o pensamento deles vinha claro feito a água e me invadia os sentidos!

Notei ali, que estava diante de um espírito razoavelmente desenvolvido, pois espíritos primitivos não possuem essa característica. Não o invejei... ler os pensamentos alheios nem sempre é agradável no momento de nossa morte, e demanda um certo grau de compreensão humana para que não nos magoemos com os pensamentos alheios. Não são todos os que pensam coisas nobres a nosso respeito! Ele continuou:

– Mas, como eu continuava a sentir-me vivo, imaginei que o tiro na cabeça tinha me dado um novo sentido! Por que me diziam morto? Ninguém chamaria um médico? Minha mulher chamou de imediato a minha mãe e minha irmã, que logo chegaram e juntaram-se numa choradeira sem fim, e depois, finalmente apareceu o médico de nossa família, doutor Celso, que ao ver-me colocado em cima de uma mesa grande na copa, coberto por um lençol, ao invés de me examinar, lavrou ali mesmo um atestado de óbito, depois de me auscultar o coração e o pulso.

Ele riu de forma baixa, como que rindo de si mesmo:

– Acredita que nem assim acreditei estar morto? Fecharam-

-me os olhos e pronto! Eis-me cego! Vociferei tamanhos insultos em minha cabeça que devo ter atingido até a terceira geração do médico. Incompetente! Como não tinha visto que eu estava vivo! Louco dos infernos, daquela forma seria enterrado e morreria no caixão, asfixiado! Começou ali a triste comédia daquele que queria se matar e que, morto, agora lutava pela vida! Só então os pensamentos alheios começaram a chegar em ondas, dilaceran-do-me. Começou por minha esposa, que me jurava uma paixão eterna e que ameaçava se matar toda vez que eu queria a separa-ção. Pensava ela: "Tão bonito meu marido... mas antes ele morto que a separação! Que vergonha seria ser uma mulher separada! Perder esta casa, minha posição... não, melhor assim. Ao menos não tivemos filhos, e estou nova".

Olhei para ele e comentei:

– Você deve ter se magoado...

Fabrício olhou para a frente, como se tentasse avaliar a situa-ção da ex-esposa:

– Paulina era fútil, um tanto dramática, vinha de família tra-dicional. Nunca fui apaixonado por ela, o casamento foi arranja-do por minha mãe e os pais dela, que achavam que ela já estava passando da idade de se casar. Já tinha vinte e três anos, imagine! Numa época em que as moças casavam no máximo aos vinte! E como eu tinha vinte e nove, as famílias acharam que seria per-feito unir o útil ao agradável: duas famílias com posses, perfeita-mente plausível. Ela se apaixonou de início, eu não... mas nunca a tratei mal. Era uma mulher comum, nem bonita, nem feia. Se não me incomodasse tanto, teria sido ótimo.

Estranhei esse jeito de falar do casamento, justamente a mim que tive a sorte de ter tido uma união extremamente feliz, o que admito, ser raro. Mas um rapaz tão jovem, ser tão desiludido, era até meio triste.

– Nunca se apaixonou, Fabrício? Um rapaz tão bem-apessoa-do? Não lhe devem ter faltado oportunidades!

Ele me olhou com um jeito triste, um meio sorriso como

se lembrasse de algo há muito esquecido, que fosse dolorido de lembrar:

– Ah, meu bom senhor, não são todos que têm a sorte de poder viver com quem simpatizam. A fortuna nos traz algumas coisas, mas nos tira outras! No meio onde cresci, as convenções sociais tinham seu peso, e minha mãe, que vinha de origem mais humilde e tinha sido alçada à alta sociedade pelo casamento, levava as regras sociais muito a sério.

Eu tive que sorrir. Nada como pessoas que dão excessivo valor ao dinheiro para cultuar a aparência! Tudo tinha que aparentar estar perfeito, a família, a imagem, as roupas e mesmo as opiniões sociais. Mesmo em minha época na Terra isso era tão comum, as pequenas e grandes intrigas sociais, as maledicências, as "conversas de comadres"... eu e minha mulher fugíamos disso o tanto que podíamos, gostávamos das reuniões sociais dos abolicionistas, dos republicanos, sendo que ela estava sempre envolvida em obras sociais. Mas não apenas doando dinheiro, que éramos apenas o que se chamava de "intelectuais", ou seja, eu era advogado, havia dinheiro, mas não sobrando em demasia. O trabalho de Esthefânia era dando aulas aos menos favorecidos, gratuitamente, e nem sempre isso era "bem-visto".

– Entendi perfeitamente – respondi a ele. – Nessas regras sociais às vezes há muita hipocrisia, não acha? Sem dizer que é uma perda de tempo tentar sempre agradar aos outros. Quem sabe o que os outros pensam a todo momento?

Fabrício deu uma risada amarga:

– Adoraria vê-lo falando com minha mãe sobre essas suas ideias, que por sinal, fazem total sentido. Ela atormentava meu pai com frases como "o que os outros vão dizer?", a todo momento. Isso quando não gastava enormes quantias com enfeites de gosto duvidoso para a casa e para ela mesma, para ostentar riqueza ou coisa do gênero. Meu pai era sóbrio, minha mãe o achava "sem graça".

Comecei a entender o relacionamento familiar, e a ter uma

certa pena do pai de Fabrício. Certas mulheres podem ser difíceis de conviver, mas ao menos, ela tinha lhe dado dois filhos... isso já era alguma coisa. Perdido em suas lembranças, ele continuou:

– Depois, ainda no velório, chegou minha mãe. Preso ainda no corpo e cego pelos olhos fechados, a reconheci pelo perfume característico e doce! Mas, verdade seja dita, ainda que não tivesse se perfumado, eu a reconheceria pelos gritos e gemidos que deu, subindo as escadas do sobrado, fazendo tal entrada triunfante que deve ter arrancado lágrimas dos que lá já estavam! Justo eu, que a exemplo de meu pai detestava qualquer tipo de escândalo, estava ali agora a ser sacudido, despenteado, chacoalhado e amarrotado por aquela senhora, que em vida, nada tinha de parecido comigo!

– Era sua mãe, Fabrício. Provavelmente lhe amava muito.

Ele me olhou e nesse olhar, eu vi a irritação que ele deve ter sentido:

– Amado? Será que semelhante criatura amou algo na vida que não fosse ela mesma? Achava-me elegante, educado, inteligente. Por ela, me exibiria como um pavão, coisa que eu nunca permitiria, pois sempre tive senso de ridículo. E lembre-se, meu amigo, eu agora estava com uma característica nova: os pensamentos deles estavam devassados para mim. E o senhor não faz ideia do que pensava aquela senhora!

Fiquei a olhá-lo curioso. Que podia pensar uma mãe no velório de seu filho? Em seu sentimento de perda, é claro! Sempre imaginei que uma mãe que tinha tido todo o conforto para criar o seu rebento, não teria motivos para não gostar dele devidamente. Vendo meu olhar curioso, ele riu:

– Então não acredita que ela tenha pensado nada de impróprio, só por ser minha mãe? Quando vivo, eu já não lhe tinha muita simpatia, mas aquele velório foi realmente uma "caixinha de surpresas". As coisas que a gente descobre quando os pensamentos são desnudados!

De repente ele me olhou um tanto desconfiado:

– É um homem preconceituoso, senhor Ariel?

Eu sorri:

– Sei da pluralidade das vidas, logo, como posso ser preconceituoso, senhor Fabrício? Vivemos tantas vezes e de tantas formas... quem sou eu para julgar quem quer que seja? Se nem o mestre Jesus julgou...

– Então, não vou chocá-lo com nada que lhe diga?

Eu sorri:

– Meu bom senhor, andando pelo umbral já há algumas décadas, acredite, já vi algumas coisas estranhas. Não lhe digo que não me choco com nada, mas há uma boa chance de que eu lhe entenda e olhe as coisas com isenção. Nada tema de mim, não há "santos" por aqui.

Ele suspirou. Só então disse:

– Está certo. Minha mãe, assim que cansou de chorar e lamuriar-se, aceitou de bom grado um chá calmante que lhe trouxeram, e sentou-se numa cadeira ao lado de meu corpo, recebendo as condolências. Eu, ainda me sentindo vivo, já que acreditava firmemente que a morte era o fim, e eu nunca me sentira mais presente, finalmente me senti mais confortável sem ela em cima de mim, puxando as minhas roupas. Não fosse o pavor de me enterrarem vivo, vítima de alguma catalepsia, eu não reclamaria tanto.

Ele olhou as próprias mãos, pálidas, bonitas, os dedos longos e bem-feitos:

– Se eu acreditasse em algo, teria rezado. Mas com a imobilidade passei a prestar atenção aos pensamentos da sala: alguns realmente lamentavam o meu ato. Ouvi uma mocinha pensar: "rapaz tão bonito... será culpa da mulher dele? Se eu fosse casada com ele, seria feliz... não se mataria!". Ou ainda um amigo dos tempos de escola: "um homem tão brilhante! Por que justo esses acabam se matando? Às vezes dou graças a Deus por não ser tão inteligente!", deste eu ri por dentro, se soubesse o que eu sentia naquele momento, não me acharia tão esperto. Os empregados da casa, por incrível que pareça, gostavam de mim. Eu sempre os havia tratado com urbanidade, ao contrário de minha mulher, sempre tão exigente! Foi quando ouvi um pensamento realmente maldoso sobre a minha morte, e veio justamente de minha mãe.

Olhei para ele surpreso, e perguntei:

– Maldoso como, Fabrício? Alguma questão de herança?

Ele riu-se:

– Antes fosse. Minha mulher e eu casamo-nos com um acordo pré-nupcial, que em caso de minha morte ela teria o direito de permanecer na casa e uma pensão vitalícia até o caso de casar-se novamente. De resto, ia tudo para minha mãe e irmã. Minha genitora tinha se precavido.

– Então, o que foi?

– O pensamento que veio, palavra por palavra, foi "ainda bem que ninguém nunca vai saber de nada. Melhor ele morto do que alguém desconfiar desse vexame! Mil vezes ele morto do que sujando o nome da nossa família!".

Olhei para ele atônito, que tinha feito de tão mal que "sujaria" o nome da sua família?

– Que foi que você fez, rapaz, que era assim tão grave? Dívida de jogo?

Ele deu a risada mais amarga que eu já tinha escutado em minha vida:

– Não... apaixonei-me por outro homem.

Olhei para ele um tanto pasmo, pois ele nada tinha de afeminado, como alguns homossexuais que eu tinha conhecido. Nem o menor traço. Parecia, realmente, o mais normal dos homens, viril, que poderia ocultar sua situação pelo resto de seus dias. Lembrei-me dos soldados romanos que também tinham essa característica: valentes guerreiros que amavam outros guerreiros. Era esse o medo que ele tinha? De que eu o julgasse por isso?

– Era sobre isso que você temia que eu o julgasse?

A vergonha estava estampada em seu rosto.

– E não é de envergonhar? Culpei-me por isso a vida inteira!

Não duvidava disso. Criado numa sociedade paternalista, Fabrício tinha mesmo motivos para se preocupar com seus desejos e aspirações numa época em que apenas comentar o assunto representava um tabu imenso. Ainda assim respondi:

– As coisas não são assim tão simples, meu bom amigo! Não há motivo para tanta culpa assim! Querendo, conversaremos sobre o assunto. Deus ama a todos os Seus filhos, sem distinção!

Nisso, ouvimos um barulho qualquer e nos viramos para olhar em direção ao ambulatório onde estavam os doentes. Fabrício levantou-se um tanto assustado, como se temesse qualquer pessoa que entrasse ali:

– Que foi isso? Eles voltaram? Mas, ainda é dia!

Notando seu desespero, tratei de acalmá-lo:

– Calma, vou dar uma olhada.

E tornando-me não visível, fui caminhando pelo estreito corredor, na esperança de enxergar algo. Foi quando dei com Olívia e Clara no terceiro quarto, que estava com a porta entreaberta. Na cama dura estava um senhor de idade indefinida, de tez clara, que parecia seco como uma uva passa, boca aberta, dormindo seu sono de pedra. No minúsculo ambiente estava Clara, agachada, olhando por debaixo da cama e Olívia flutuando, olhando por cima do beiral dos outros quartos, como se procurasse algo. Vendo as duas tão entretidas tive que perguntar:

– Foi daqui que veio o barulho? Parecia que algo estava caindo, ou sendo derrubado...

Saindo debaixo da apertada cama, Clara disse:

– Até que enfim achei! Veja só! Foi isso que caiu: Olívia trouxe de outro quarto, jogou para mim e eu deixei cair para debaixo da cama. Não é uma tigela ótima?

E mostrou-me uma tigela de madeira do tamanho de um prato de sopa, que eu, acostumado com a minha pequena panelinha de barro desbeiçada, achei um primor. Bom, se o barulho era só aquele, fiquei tranquilo e voltei a Fabrício, que olhava tudo meio cismado.

– São só nossas amigas que deixaram cair uma tigela de madeira. Aliás, as pessoas da Vila costumam vir aqui todas as noites?

Mais tranquilo ele respondeu:

– Dia sim, dia não... às vezes ficam dois ou três dias sem vir. Ontem não apareceram, e hoje, Nádia não apareceu. Será que aconteceu algo com ela?

Contei parte do que se passou na igrejinha da Vila, e para minha surpresa, Fabrício comentou:

– Bem-feito! Se tem uma pessoa que adora me torturar, é ela! Parece uma tonta, não é? E, realmente, não é muito esperta, mas se notar que tenho sede, ou frio, faz de tudo para que eu sofra cada vez mais. E quando eles se reúnem para vampirizar os que estão presos aqui, é sempre uma das primeiras da fila.

Não duvidei do que ele disse. Às vezes pessoas se revelam quando estão em posição de superioridade... se quiser conhecer o verdadeiro caráter de uma pessoa, veja como ela trata alguém que a serve. Muito fácil tratar bem aos nossos superiores, e esquecer que, mesmo ao longo de uma única vida, essas posições são efêmeras e que podem se inverter... o que se dirá diante da eternidade! Olhei para Fabrício que ainda se mostrava magoado, e perguntei:

– Por isso é que lhe pergunto, meu amigo: o que é que ainda lhe mantém aqui? Não pensou em fugir, se passa boa parte do tempo sozinho?

Ele me olhou um tanto atordoado:

– Estou desgostoso, meu senhor! Sair daqui e ir para onde? Ficar andando a esmo nesse lugar detestável, com gente que assim que me vê deduz logo o motivo da minha morte e desata a gritar: "Suicida! Suicida!". Ao menos os daqui eu já conheço, são os torturadores de sempre! Gente ignorante, dominada por um pastor que se acha o representante de Deus neste inferno. Que me importa o que pensam? Gente primitiva, a maior parte nem leitura tem, mal sabem fazer contas, mas como são orgulhosos!

Orgulhosos? Achei graça... era gente humilde, de mão calejada pela lida com o solo duro, sem instrução... perguntei:

– Como assim, orgulhosos? São gente simples, Fabrício. Se ainda fossem ricos, ou com muito conhecimento... orgulhosos de quê?

Ele gargalhou de forma feia, sentida, tirou o cabelo da testa e me olhou francamente irritado:

– Orgulhosos da virtude que acham que têm! Acreditam-se os seres mais virtuosos do Universo, os que sempre têm razão, os que nunca pecam, os que serão os únicos eleitos de Deus. Existe algum orgulho maior que este?

Olhei para ele aturdido, e perguntei:

– E se é assim, por que não estão no paraíso? Sabem que estão desencarnados, não sabem?

Ele sorriu:

– O pastor é um bom orador, meu senhor! Diz que estão todos esperando pelo juízo final, quando todos receberão o que merecem, por isso ainda estão no purgatório. Ele conta que para merecer o céu devem permanecer sem pecar, e punir os pecadores. Ele sabe ou desconfia das Colônias que você me descreveu, mas ilude os outros... o orgulho deles é este: acreditam serem os únicos escolhidos por Deus.

Lembrei-me da infinidade de crenças que tínhamos na Colônia, e sorri. Mas meu sorriso foi logo substituído por uma ruga de preocupação: aquele tipo de orgulho não era nada bom, era um tipo de vaidade absurda, sem mérito algum, pois o Senhor ama a todos os Seus filhos, mesmo aos que não acreditam n'Ele. Mesmo com estes Ele tem paciência, pois sabe que com o tempo, tudo se resolve. É como diz Olívia: dê uns trezentos anos ao indivíduo que ele se conserta! Que são trezentos anos para o Criador?

Sabendo que ficando ali ele teria sua força vital cada vez mais drenada, como aqueles doentes que Clara e Olívia agora visitavam, resolvi insistir com ele:

– Meu bom amigo, se saísse agora, não estaria mais só, e existem vários lugares no umbral. Falando francamente, de todos os lugares em que estive por aqui, este me parece o mais perigoso para você. Não notou como esses outros espíritos ficaram doentes e imóveis ficando por aqui? Eles parecem "mortos" dentro da própria morte!

Fabrício me olhou com um olhar frio:

– E o que acha que desejo? Parar de sofrer é o que desejo há tantas décadas! Há quase um século almejo um esquecimento completo de minhas dores! Quem sabe se estes seres perturbados que aqui estão, não conseguem finalmente o que eu não consegui, darem finalmente um desfecho ao meu espírito?

Ao ouvir isso, senti a presença de Olívia ao meu lado, desta vez emanando uma luz lilás, ela olhava fixamente para Fabrício, num olhar sem julgamento, mas também sem a inocência infantil. Nunca a tinha visto naquela expressão tão adulta, justo ela que sempre era tão doce. Sem perder tempo ela destrancou a jaula, cadeado vindo ao chão para a grande surpresa dele, estendeu-lhe a pequena mãozinha e disse-lhe:

– Venha, nunca viu um desses doentes de perto, não é? Vamos visitar um deles...

CAPÍTULO 8

# ELA SE CHAMAVA PAULA

OLÍVIA ERA DESSAS CRIATURAS a quem não se diz "não". Fabrício sentiu isso quase que imediatamente, quando pegou na sua mão e saiu da jaula em que estava. Fosse eu que estivesse ali, estendendo a minha destra, ele sairia? Não sei... mas à menina ele obedeceu prontamente, como se a conhecesse há milhares de anos.

O fato é que saiu com ela sem receio algum, caminhando por entre as portas dos quartos até que chegou a uma determinada porta que estava fechada, de onde exalava um cheiro que parecia ser de flores mortas. Ela parou e suavemente abriu a porta e nós vimos então uma pessoa que parecia ter desencarnado ainda jovem, uma mulher de no máximo vinte e cinco anos, pele muito clara, cabelos escuros, encolhida na posição fetal. A pele era como a dos outros doentes, profundamente desidratada, como uma uva passa, e nos cabelos castanhos alguns fios raros de cabelos brancos, as unhas compridas, mas limpas. Um "fiapo" humano, encolhida e triste, vestida de algodão, num vestido que lembrava os anos de 1940.

Fabrício que nunca tinha visto um dos enfermos de perto, estranhou muito a situação da mulher, e disse:

– Meu Deus! Ela parece quase que mumificada! Sabia que eles estavam dormindo, mas não que estavam assim...

Olívia respondeu:

– Ficam assim depois de muito tempo tendo suas energias "drenadas", para o que eles chamam de "combater seus pecados". Parece que ela está em paz para você?

Eu olhei a mulher e ela tinha no rosto uma expressão de tal exaustão que eu não sabia se era de dor ou de total abandono. Fabrício, que já tinha passado por algumas sessões com eles, estremeceu de pavor. Olívia não perdeu tempo, e segurando a mão esquerda de Fabrício, fez uma espécie de "corrente" e levou sua mão esquerda à fronte da enferma dizendo:

– Você verá, meu bom amigo, o que sente esta pobre irmã neste estágio de sua doença. Depois me diga se deseja realmente passar por semelhante castigo!

Sem precisar que nos tocasse, dado o nosso grau de empatia, Olívia mostrou também a mim e a Clara através de imagens mentais, o que se passava no íntimo da pobre criatura.

Ela se chamava Paula, ou ao menos foi esse o som que ouvimos alguém se dirigir a ela em suas lembranças, em seu sono conturbado. Sentia ela naquele momento uma sede intensa, e vimos, com o poder da memória, a sua imagem quando viva: uma bonita moça de seus vinte e poucos anos, cabelos cortados à altura dos ombros, vestido simples, mas bem cortado e bons sapatos de couro, que pareciam ser o seu orgulho. Uma moça de família de classe média, comum, sem aliança nos dedos, que parecia voltar para casa depois do seu trabalho. Ela se lembrava de um dia de verão, um bonde cheio de gente, apertado, onde ela segurava sua bolsa sobre o peito num final de tarde.

Não gostava de ter de usar o bonde, de ter de trabalhar longe de casa, olhava com os belos olhos castanhos para os carros bonitos, e lamentava um pouco a sua sorte de ter sempre de levantar tão cedo, enquanto outras pessoas pareciam viver apenas para o deleite! "Vida dura!", pensava Paula. "Mas, quem sabe um dia não me caso com alguém melhor de vida?".

Sonhos de moça, pensei eu. Observei Clara e vi que ela pensava o mesmo: se casar com um bom marido que lhe suprisse as necessidades era o sonho da maioria das moças de então.

Salta, então, Paula do bonde, já noite escura, numa das ruas de um bairro já mais simples e afastado, iluminado pelas lâmpadas de mercúrio. Vai rápido, passa por um campinho onde um grupo de rapazes joga o futebol de campo e outros observam a partida, maldiz que os pais morem tão longe! Resolve atravessar um terreno baldio para chegar mais cedo em casa, e é então que tudo acontece: dois homens, vindo Deus sabe de onde a cercam, usando de violência indescritível a submetem a seus desejos, rasgando um de seus melhores vestidos, e depois, com medo que ela contasse a alguém, a matam batendo com uma enorme pedra de calçamento na cabeça, esmagando o bonito crânio.

A cena por si só foi tão aterradora que me deu ânsia de vômito: quem minutos antes sonhava em ter um bom casamento, estava agora surrada, humilhada, ofendida, destroçada em solo encharcado com o próprio sangue!

A moça revivia a própria morte, a exemplo do que acontece com muitos dos que convivem com uma mágoa infinita! Mas, por que aqueles infelizes vampirizavam uma vítima de estupro, já tão vitimizada? Aquilo não fazia sentido! Ela revivia o seu pior momento, por que aquilo? Estavam punindo-a por ir para casa e ter sido atacada?

Olhei para Clara e vi nela as mesmas dúvidas, os mesmos questionamentos. Foi quando Olívia nos disse:

– Ainda não terminou...

A próxima imagem que ela nos mostrou foi de Paula recebendo socorro de um senhor que parecia ser seu avô paterno, cheio de luz, dizendo-lhe para que não ficasse por ali, que viesse com ele para ser amparada, e assim cessar seu sofrimento! Junto com ele, outra senhora de idade indefinida sorria para ela de forma extremamente afetuosa, dizendo que não se impressionasse, que ela agora voltava para o seu verdadeiro lar, e que lá estaria melhor do que na Terra.

Outras entidades luminosas começaram imediatamente a desatá-la do corpo físico que tinha sido tão machucado, e tentavam acalmá-la de toda sorte, mas era em vão: tomou-se de tal fúria com o acontecido, olhava para o corpo com ira a vê-lo de tal forma destroçado, que gritava: "o que fizeram comigo? Eu era jovem! Eu era bela! Ia ter um futuro! Existe justiça divina nisso?".

Olhou para o senhor e a senhora que a atenderam e disse: "vocês eram velhos, tinham vivido a sua vida! Eu mal tinha vinte e quatro anos! Anos vividos tentando dar orgulho aos meus pais, que nunca fizeram nada por mim! Acha que vou dar sossego a estes que me fizeram mal? Nunca!".

As entidades luminosas, que a estavam libertando de seu corpo físico, estavam terminando o trabalho. O senhor que era seu avô a olhou com uma tristeza grande em seu semblante, quando disse: "minha neta, não imagina a dor que me causa essa sua atitude! Claro que compreendo a sua revolta, afinal, passou por momentos pavorosos, mas creia em mim! O bom Deus agora está lhe enviando auxílio! Não vire as costas ao amor do Criador, Paula! Sei bem que nunca foi religiosa, mas veja bem agora: passado o portal da morte, a vida continua! Não está só. O tempo a tudo responde, minha neta! Seus algozes também terão a sua resposta".

Mas o rosto dela era uma máscara de dor e fúria. Naquele descampado frio ela não tirava os olhos de seu bonito rosto, agora completamente desfigurado. Foi com lágrimas nos olhos que respondeu: "olha para este corpo, avô. Desde criança eu era a mais bonita da escola. Com pais rígidos como tive, sempre primei pela minha honestidade. Tentei acreditar em Deus, ia à missa aos domingos, como todo mundo fazia, mas o que ganhava com isso? O que meu pai ganhava, mal dava para que nos vestíssemos de acordo, num bairro pobre, eu tinha apenas pretendentes pobres.

Eu sempre quis mais, estava cheia daquela comida contada, de roupas que ganhava, de ter que ser sempre tão educada! Se meu pai fosse um homem mais competente, eu não teria que ir trabalhar como secretária no centro!".

O avô a olhou de forma triste, respondendo: "seu pai sempre foi honesto, e nunca faltou nada de essencial em sua casa!". Ela riu-se: "é fato... e o senhor acha que uma moça, precisa apenas do essencial? Estava cansada, avô, de invejar os vestidos novos das amigas, de ter apenas dois pares de sapatos, um para a casa, outro para o trabalho. Quer saber a verdade, avô? Odiava meus pais! Por conta da pobreza deles, morri dessa forma!".

Ao ouvi-la falar assim, o ancião resolveu se afastar, junto com a senhora e as outras entidades de luz. Breves imagens a mostraram sobre a Terra a perseguir os seus assassinos até a morte deles, e depois, ainda cheia de mágoa, prosseguir de bar em bar pelo nosso planeta em busca de alguma diversão ou ainda caminhando pelo umbral, em busca de companhia. Agora, ali estava ela revivendo o dia de sua morte. Tive verdadeira piedade por ela, tão sozinha naquela cama dura, teimosa em continuar sua infelicidade!

Olhei para Fabrício que tinha visto toda a história, graças ao contato com Olívia, e nos encarava bastante assustado com as visões que tinha tido. A menina finalmente soltou de sua mão esquerda, e ele, muito pálido, perguntou:

– Ela, então, está revivendo o dia de sua morte, ininterruptamente? Mas, por quê?

Olívia respondeu:

– Sim, está. Para ela este foi um dia que marcou. Influenciou profundamente sua vida espiritual, seus atos de até então. Ela escolheu estar por aqui, fez sua opção... podia estar numa situação muito melhor, sem passar por nada disso, mas é o livre-arbítrio dela.

Ele franziu as sobrancelhas tentando entender:

– Então ela mesma está se "dando este castigo"? Mas que absurdo!

Clara riu-se:

– Não é verdade? É mesmo uma coisa tão sem sentido! Alguns seres humanos parecem que acham graça em se punir todos os dias! Às vezes, é só falta de conhecimento, ou mesmo lógica. A Paula mesmo: nasceu em família boa, honesta, e ficava invejando os vestidos das amigas. Sabia, por acaso, o que se passava na casa das amigas ricas? Não! Prendeu-se apenas no que a interessava: os vestidos! Tanta coisa mais importante que os vestidos, como o amor que se tem em casa, a honra, os costumes! O importante não é "ter", é "ser"! O que você tem, o tempo tira! O que você é, a eternidade mantém!

Fabrício olhava para Paula assustado. Que diferença da moça bonita das imagens para aquela que ali estava! Não conseguia acreditar em escolha tão cruel.

Disse a ele:

– Óbvio, meu bom amigo, que ela não escolheu estar assim! Ela escolheu perseguir seus inimigos, ficar pela Terra, permanecer no umbral. Escolheu permanecer longe das boas companhias, cultivar o ódio e a revolta, alimentar o próprio ódio e com isso, atraiu para si mesma espíritos da mesma natureza.

Olívia explicou:

– E ao chegar nesta Vila encontrou o preconceito. Vendo-a descrente a Deus e vilipendiada pelos homens, a culparam pelo próprio estupro. Não são poucos os que culpam a vítima pela própria desgraça, chamando-as de desfrutáveis ou dizendo que elas provocam os infratores pelas vestimentas inadequadas. Pobre Paula, suas escolhas a trouxeram para cá.

Escolhas e consequências. Será que quando fazemos uma escolha, podemos enxergar mais além? Olívia olhou para Fabrício e perguntou:

– E então, ainda quer ficar como eles? Aprisionado em algum momento a revivê-lo continuamente? Isso parece acontecer com muitos que estão aqui.

Ao ouvir a pergunta, ele pareceu querer ficar mudo, então eu tive que observar:

– Meu bom amigo Fabrício, Olívia, parece viver um dilema intransponível: em vida, ele queria morrer para terminar com as suas dores. Agora, que ele notou que desencarnando outra vida surge, ele tenta "morrer na morte". Não existe isso de findar a vida, aprendeu isso agora, Fabrício? Ao tentar isso você apenas arranja outra prisão!

Ele me olhou com um olhar ressentido, como se estivesse sendo tolhido de um direito que devia ser seu. Sorri para ele:

– Nunca ouviu dizer que somos feitos à "imagem e semelhança de Deus"? Quem somos nós, tão pequenos, para compreender o Criador? Mas uma coisa sabemos: assim como o Criador, somos eternos! Trocamos de veste, mudamos de corpos, mas o espírito, este é imortal e ao iluminar-se de amor e fé, evolui numa rapidez maravilhosa. E essa evolução é o que nos aproxima de Deus. Quanto mais evoluído é o espírito, mais ele vislumbra a felicidade.

Clara e Olívia tinham saído para fazer algo, muito companheiras. Levei meu amigo para a cozinha ampla, para conversarmos melhor. Ele estava incomodado com algo que eu havia dito:

– Felicidade, Ariel... ora, faça-me o favor!

Tive que sorrir. Era o mesmo que descrever cores a um cego de nascença.

– O que não deixa um ser humano ser feliz, Fabrício?

Ele me olhou meio perplexo, nunca tinha pensado nisso! Ficou me olhando com aquele jeito de quem não atinava na resposta que ia dar, quando eu resolvi ajudar:

– Ora, vamos, você é um homem inteligente. Que acha que falta para uma pessoa na Terra ser feliz?

Homem letrado como era, ele foi pelo lado social:

– Primeiro de tudo, um homem não pode passar necessidades, como frio, fome, sede. Uma pessoa que sofre essas necessidades não pode ser feliz, pois está privada do básico para sua sobrevivência.

Assenti com a cabeça:

– Concordo. Veja, espíritos evoluídos vão para ambientes muito além da Colônia, e na Colônia já não temos fome, frio ou sede. Imagine no local onde eles vivem... este já é um bom ponto para a felicidade deles. O que mais torna uma pessoa feliz?

Lembrando, talvez, de sua própria vida e de seus próprios problemas, o olhar de Fabrício entristeceu-se:

– É complicado ser feliz em meio a pessoas que continuamente julgam, delimitam padrões de comportamento, agridem. No meio da humanidade não há como ser feliz! Há muita inveja, orgulho, preconceito! Sem falar na cobiça que sempre nos cerca, em gente interesseira sempre tentando levar vantagem! A vida na Terra pode ser um suplício!

Olhei para ele e tentei lembrá-lo:

– Estamos falando de espíritos evoluídos, e olhe que temos alguns deles sobre a Terra, em missão! Então, vamos falar deles: um espírito que já evoluiu o bastante, não possui inveja, não vê motivo para ser orgulhoso, já que o verdadeiro sábio possui a característica da humildade, e não costuma tolerar o preconceito, já que costuma intuir quando encarnado sobre a multiplicidade das vidas. Não são materialistas, então, não possuem cobiça tampouco! Claro que se chocam com a violência da Terra, mas costumam também ter fé, e sabem que tudo isso é transitório, o que lhes alivia muito os seus contratempos. "Tudo passa...", nunca ouviu essa frase?

Fabrício sorriu tristemente:

– Certas coisas, como esse meu sofrimento e a busca pelo meu alívio de não existir, parecem não passar nunca!

Olhei para ele penalizado:

– É você mesmo que cultiva esse sofrimento. O Universo é tão extenso, Fabrício, por que se apegar apenas a coisas tão pequenas como o pensamento alheio? Acaso merecem mais sua atenção do que os seus? Quem lhe disse que os outros importam mais do que você mesmo?

Seu olhar pareceu me atravessar, como se eu tivesse dito algo *muito importante*. Ele me respondeu:

– Engraçado... a vida inteira dona Cínthia, minha mãe, me disse o quanto era importante a opinião alheia. Meu pai sempre achou graça disso nela, mas na realidade, fui criado o tempo inteiro tentando corresponder às expectativas do que ela achava que seria melhor para mim. Minha mãe não só me disse isso, que as opiniões dos outros eram mais importantes do que as minhas, ela me ensinou que a opinião dos outros eram vitais!

Eu sorri, e comentei:

– Meio difícil agradar a todos e ser feliz, não acha?

Ele pareceu pensar um pouco, refletir por um breve momento, para só então me perguntar:

– Nesse lugar onde você vive, nessa Colônia, homens como eu, que tiveram esse defeito de desejar outros homens, não são aceitos, são?

Eu tive que achar graça:

– Fabrício, espíritos não têm sexo! Reencarnamos diversas vezes nos dois sexos, não é isso que determina a nossa aceitação na Colônia! E sim, temos diversos espíritos como você por lá: vocês nascem dessa forma! Acaso escolheu ser assim?

Ele corou violentamente:

– Não. Luto com isso desde a infância, sempre muito agarrado ao meu pai, tentando não lhe dar nenhum desgosto, eu o imitava em tudo! Tive mesmo uma namorada, e gostava dela! Bela moça, tornou-se muito minha amiga, mas por conta de algumas situações, não deu certo. Quando meu pai morreu, nos separamos.

Claro, pensei eu, cessava ali o motivo para o namoro. Estava explicado o motivo de nenhum trejeito, ele escolheu o pai como modelo, imitou-o durante toda a vida, sentiu-se seguro dessa forma. Admirei-me de tamanha disciplina, que devia ter cobrado seu preço. Mas seria mesmo isso? Nada é tão simples nessa vida. Tive que perguntar:

– Em sociedade, nunca desconfiaram de seus sentimentos?

Ele riu:

– Jamais! Eu era, inclusive, bastante rígido com os homossexuais que ousavam deixar transparecer seus trejeitos! Contrário a eles mesmo! Como podiam cometer tal desatino de ficar daquela forma em público? Eram uma afronta à sociedade!

Fiquei um tanto triste com a declaração, e comentei:

– Então, também em você estava o preconceito. Não pensou que talvez eles possuíssem alguma característica física diferente da sua, que não os permitissem ser diferentes? Como cobrar a compreensão alheia para ser feliz, se você mesmo negava a sua? Esqueceu a compreensão pelo semelhante?

Ele me olhou como se nunca tivesse pensado em tal ideia. Não criticar semelhantes criaturas afeminadas? Mas eles pareciam pecar muito mais do que ele...

– Eis outra característica dos espíritos felizes, Fabrício: eles não julgam! Sabem que cada criatura que o Senhor colocou sobre a Terra é importante para Ele, relembram suas vidas passadas, seus erros e acertos. Uma pessoa que julga outra o faz para se sentir superior a ela... a não ser que se seja um juiz sobre o planeta, cumprindo assim uma função social, não há motivo para isso: a verdadeira justiça vem de Deus, não dos homens.

Ele me olhou assustado, talvez me imaginasse mais de acordo com a sociedade de sua época, patriarcal e cheia de preconceitos. Perguntou-me:

– Com que então, esses pederastas são aceitos no reino de Deus, ao contrário do que pregam todas as religiões?

Respirei fundo antes de responder:

– O que vale, Fabrício, é o que está no coração humano! A conduta de cada um, os valores morais de cada ser! Claro que a promiscuidade fere a quem a pratica, pois o sexo é uma força poderosa, que pode elevar ou rebaixar o ser que a pratica, mas que quando praticado com amor e respeito, é uma energia vital válida, que nos coloca em intimidade com o ser amado. Pena que venha a ser tão rebaixado por todo o tipo de pessoa, chegando a níveis de depravação e humilhação entre homens e mulheres ou homoafetivos que macula as suas almas. Isso independe de gênero.

Notei nele certo desconforto, continuei:

– Nada é assim tão simples! Quantos homens e mulheres heterossexuais mantêm condutas tão imorais que fariam corar a um imperador romano? Ao passo que alguns homossexuais se mantêm com o mesmo parceiro por décadas, fiéis e tranquilos. O sexo é apenas uma das características do ser humano, também há que se ver o caráter, a bondade, a honestidade, a caridade, a capacidade para o trabalho... Nenhuma pessoa é apenas uma coisa ou outra: somos a soma de diversas características. O afeminado que você julgou pode ser uma excelente pessoa que pratica a caridade com os menos afortunados, por exemplo. Que conheceu você de sua vida?

Fabrício baixou os olhos, e respondeu:

– Ao menos, ele me parecia mais feliz do que eu. Talvez fosse isso que me irritava tanto!

Colocando a mão no queixo, ele pareceu pensar:

– Talvez esse rapaz fosse mais feliz por ter sido amado. Uma pessoa que não recebe amor, não pode ser feliz. Ninguém é feliz estando só, a solidão nos enfraquece e nos deixa tristes.

Olhei para ele pensativo, e disse:

– A felicidade, então, estaria em ser amado?

Ele me olhou com seus olhos claros, decididos:

– Claro! Se eu tivesse sido amado como realmente era, ao invés de ser cobrado o tempo inteiro, teria sido muito feliz! Ninguém nunca me conheceu de fato, logo, nunca ninguém me amou!

Olhei para ele curioso:

– E você, amou?

CAPÍTULO 9

# Ariel conta uma história...

Ele me olhou bem assustado com a pergunta, como se não a esperasse. Nunca tinha lhe passado pela cabeça a importância daquilo, de amar realmente alguém. Desejar, achar intelectualmente interessante, criticar, isso tudo era válido e até mesmo rotineiro, mas amar? Essas perguntas varreram sua mente em décimos de segundo. Já tinha se apaixonado, mas eram coisas que duravam no máximo duas semanas de desvario, não se podia chamar aquilo de amor! A resposta dele veio depois de um tanto de reflexão:

– Amor? Não... não creio. Tive uma admiração muito grande por meu pai. Uma fixação por outra pessoa, mas não sei se foi amor.

Tive por ele uma pena grande, eu tinha amado tanto na vida: minha esposa, meus amigos, parte de minha família. Decepcionei-me algumas vezes, é claro, mas minha vida foi sempre cheia de afetividade! Que homem realmente rico eu tinha sido, tantas vidas tinham me tocado e tantas eu, humildemente, toquei! Lembrando-me de uma história que tinha lido, disse a ele:

– Há muito tempo li uma história a respeito do amor. Posso lhe contar? É muito interessante, nunca esqueci.

Ele me olhou curioso, e fez que sim com a cabeça, então, eu comecei:

"– Há muito tempo atrás, na Grécia, existia uma jovem senhora extremamente boa que veio a ter um lindo bebê. Como essa mulher era cheia de méritos, e muito querida pelos deuses gregos, Hera, a rainha das deusas apareceu a ela e disse: 'faça um pedido para seu filho, e eu atenderei'. A mulher olhou para o lindo menino, deitado em seu colo, e pensou na vida dura de todos os gregos na época, com as guerras, traições, fome. E, pensando em proteger seu menino não titubeou e pediu: 'quero que todos, sem exceção, amem o meu filho, assim que puserem os olhos nele!'.

"A deusa olhou a mulher, de quem gostava muito, e perguntou: 'tem certeza de que é este o seu desejo?', e a mulher respondeu: 'Sim, meu filho, sendo amado, será protegido. Ninguém lhe fará mal!'. E Hera, que protegia as famílias, sabiamente disse: 'se um dia mudar de ideia, basta que me chame, e eu lhe concederei outro desejo!'. A mulher agradeceu, nada disse, mas estava convencida de que estava certa ao pedir aquilo.

"O menino, que se chamava Cássio, foi crescendo, e para a alegria da mãe, ninguém nunca lhe negava nada. Sempre havia um presente em sua casa para agradar ao pequeno, que crescia forte e encantador, admirado por todos, querido e muito amado. Se tinha uma pequena febre logo todos chamavam as melhores rezadeiras do lugar; no treinamento militar era o único a sair sem um único arranhão; e se fosse cruel com os amiguinhos, era tido como 'valente e audaz'.

"A mãe se enchia de orgulho de seus pequenos feitos e escondia suas pequenas falhas, e assim ele foi se desenvolvendo, protegido por quase todos os lados, amado por todos, e os que, apesar de amá-lo, tentavam corrigi-lo, corriam sério risco de serem mal interpretados. Na escola, alguns professores tentaram impor disciplina como aos outros alunos, mas como resistir ao sorriso encantador, ao carisma irresistível? Assim sendo, o caráter do menino foi sendo moldado como se nada lhe fosse proibido, e tudo pudesse ser 'ajeitado'... o 'caminho mais fácil' foi trilhado muitas vezes, com colegas fazendo-lhe os trabalhos e professores exagerando nas notas. E o menino que era inteligente por nature-za, aprendeu muito menos do que deveria."

A este ponto Fabrício sorriu e disse, gostando da história:

– Na infância as coisas são fáceis. Quero ver o que vai acon-tecer com esse seu belo grego quando chegar a adolescência com esse dom de "despertar o amor"...

Tive de sorrir de volta, e continuei:

"– Com Cássio na adolescência aconteceu o inevitável: moças incontáveis se apaixonaram, e ele desdenhou da maioria delas, quando não ficava com elas apenas por uma noite e nada mais. Sua mãe, notando isso, pedia-lhe que mudasse o comportamen-to, que assim ele causava sofrimento real. Mas, ele dizia com cer-ta razão que eram elas que o procuravam. Muitas vezes a mãe pediu e chorou, até que a confusão se tornou tal, que os moços da Vila onde ele morava, ao verem tal rival, apesar de gostarem dele, resolveram que era melhor que ele não existisse ou morasse longe dali.

"Um desses moços, que o amava como amigo, comunicou--lhe a decisão do grupo, e ele fugiu, deixando a mãe só, numa tristeza e preocupação jamais sentidas. Foi então o rapaz para longe de sua morada, levando a magia de que todos o amariam assim que colocassem os olhos nele. Conheceu, então, pela pri-meira vez o medo e o desconforto de não ter para onde voltar à noite, de saber que apesar de gostarem dele, poderiam causar--lhe algum mal, e chegou até Cássio dois inteiros desconhecidos: a fome e a solidão."

Fabrício comentou:

– Deve ter sido duro. Mas Cássio não agiu nada bem... era mau-caráter?

Respondi logo:

"– Não creio. Era imaturo, jovem demais... os moços se incomodaram com a concorrência desleal. Após caminhar por dias seguidos, finalmente chegou a outra Vila, um pouco maior que a sua, e pedindo água numa casa, o dono da morada, simpatizando extremamente com ele como era comum, ofereceu-lhe também comida e hospedagem, tratando-o como se da família fosse. Era casado com uma boa senhora, que logo se tomou por ele de amores maternais, e tendo perdido um filho recentemente, resolveram ajudá-lo a começar uma vida nova.

"O jovem que tinha sido escorraçado de sua Vila e passado por bons apuros durante a sua viagem, sentiu-se no paraíso e em segurança finalmente. Eram boas pessoas, a casa era bonita, a comida farta. Agradeceu aos deuses tanta sorte! Quem sabe ali não teria mais sucesso? A verdade é que tinha tido uma boa educação, apesar dos mimos constantes, e era inteligente. Aceitou de bom grado a gentileza do casal e pensou logo em arrumar uma ocupação para poder contribuir nas despesas, no que, conversando com o senhor, ele logo o chamou para trabalhar junto a si, na ferraria que possuía, a atender os clientes já que possuía uma estampa tão fina e falava tão bem.

"Ah, a magia dos deuses! É certo que o moço tinha uma estampa bonita, e era educado. Mas não fosse a magia de Hera, a vida teria sido tão fácil logo de início? Provavelmente não. O dom de ser amado ali estava, e junto com ele talvez o dom do egoísmo, já que não demorou muito tempo e o rapaz começou a sair novamente e despertar nas moças o mesmo efeito que surtia em sua antiga Vila.

"Era jovem, tinha feito alguns amigos na nova Vila, e por isso tomou alguns cuidados. Nada de aproximar ou falar com as preferidas dos camaradas, não queria provocar ciúmes. Mulheres casadas nem passava por perto, embora muitas se insinuassem, a mandar recados e presentes. Estava nessa vida de conhecer novas mulheres descomprometidas quando, finalmente, ele conheceu numa taverna uma moça pálida, de cabelos negros e olhos castanhos que entrou numa noite e parecia completamente em desacordo com o ambiente: vestia-se de forma clássica, era uma moça de família, séria. Entrou e foi diretamente para o atendente do balcão, perguntando por alguma pessoa, e só neste momento ele viu seu rosto, de uma beleza grega estonteante: os olhos grandes, o nariz reto, a boca delineada e vermelha. Ele pensou: "é uma deusa!", mas da mesma forma que ela entrou, saiu rapidamente.

"Cutucando o amigo para saber quem ela era, ele respondeu: 'é Verônica. Linda, não é? Deve estar atrás do pai, a mãe deve estar doente de novo...'.

"Não se conformou de saber tão pouco, que nunca tinha visto uma moça tão bela. O companheiro de festas riu-se dele respondendo: 'desiste, sujeito! Aquela é moça séria, não é para seus brinquedos! Vai se dedicar à religião, quer manter-se pura!'.

"Nosso amigo não se conformou, conseguiu o endereço, disse que moças podem mudar de ideia, que iria falar com ela. O outro riu-se e comentou: 'com tanta moça na Vila, cismar justo com aquela? Verônica pertence aos deuses!'. Não adiantava, ela se apaixonaria como as outras, ele tinha certeza.

"Finalmente Cássio conhecia o que despertava nas moças, a paixão! Ficou imediatamente cego a todas as outras. Que lhe importava que servisse num templo dedicado a qualquer deus grego? Se casaria com ela se preciso fosse!"

Fabrício perguntou:

– A moça era uma sacerdotisa grega? Era isso que Verônica estava tentando ser?

"– Sim – respondi – tinha se dedicado à vida religiosa. Essas mulheres eram respeitadas em sua comunidade, embora Verônica ainda fosse uma adolescente. Era justamente nessa idade que elas começavam seus estudos seriamente.

"Cássio não levou nada disso em conta, e tão logo levantou no dia seguinte seguiu para a casa da família da moça na esperança de vê-la durante o dia, de mais perto. No fundo tinha a esperança de ter sido ludibriado pelo vinho, e que a moça não passasse de beleza comum, igual a de tantas outras gregas que via todos os dias.

"Lá pelas nove horas da manhã vê surgir uma pequena figura de moça, usando uma veste escura, cabelos longos e negros com cachos largos e sedosos a bater pela cintura fina, pele muito branca a segurar com delicadas mãos na cabeça um vaso de argila delicada, a ir pegar água na fonte no meio da praça. Ia com o rosto um tanto coberto por uma espécie de xale que também lhe protegia a cabeça do vaso de argila, mas ele não teve dúvidas: aproximou-se como que de forma casual, a beber água da fonte.

"A moça não se assustou: tirou o xale deixando ver o mais belo rosto que Cássio já tinha visto, os olhos imensos que estavam da cor do mel ao sol, as pestanas incrivelmente negras, as sobrancelhas bem desenhadas, a pele tão branca que parecia uma nuvem no céu. Ela sequer o olhou, encheu o vaso, colocou-o de volta na cabeça e voltou para casa no mesmo passo apressado de antes, olhando para o chão. Apenas quando passou pelo portão de madeira da casa ergueu os olhos, e cruzou o olhar com o dele, entrando rapidamente. Foi como se dissesse 'eu te vi'.

"Cássio enlouqueceu como nunca antes. Finalmente entendia o que era o tal 'amor' de que tanto os outros lhe falavam! Era então aquele perder de fôlego, aquela euforia? Verônica não lhe saía dos pensamentos, não havia como trabalhar, nem como conversar que não fosse falando nela!

"Contou àqueles que o hospedavam, sobre a moça, cuja família eles conheciam, e disse de suas boas intenções. Eles não ficaram muito animados, que a menina estava prometida aos deuses, e provavelmente eles não a cederiam em casamento. Mas tanto Cássio fez, que o velho senhor que o tinha acolhido, um homem muito honrado e conhecido, marcou com o pai de Verônica e lá foram falar com ele.

"A magia que cercava o rapaz logo teve seu efeito, e o pai da moça encantou-se com ele. Ao sabê-lo trabalhador e honesto, disse que iria falar com a mãe de Verônica e pedir ao oráculo que lhe desse permissão para realizar o enlace. A isso, o rapaz que já via a moça todos os dias à distância, perguntou se poderia dirigir algumas palavras a ela."

Fabrício riu-se:

– Eles ainda não tinham sequer se falado?

Foi a minha vez de rir:

"– Não. Ela tinha sido criada para ser uma religiosa, não dava mesmo muito assunto a quem quer que fosse. Só saía de casa sob a ordem da mãe ou do pai. Mas, enfim, o pai concordou, desde que fosse na varanda da casa.

"Cássio aguardou por esse dia, ansiosamente. Banhou-se, vestiu seu melhor traje, e finalmente dirigiu-se para a casa da moça. Foi recebido pela mãe, que apesar de simpatizar com ele, não parecia muito feliz. Encaminhado para a varanda que era ampla e arejada, ele se sentou num banco e ficou esperando pela moça, que logo apareceu iluminada pelas lamparinas. Trajava uma roupa simples, sem enfeites, mas de bom tecido, o que apenas valorizava a beleza dos traços e do porte impecável. Sentou-se de frente a ele, e numa voz doce, perguntou:

"– Então o moço deseja falar comigo?

"Cássio ouviu a voz de moça que ainda tinha um leve traço infantil, e de repente deu-se conta de que ela teria, no máximo, quatorze anos, e que ele já tinha vinte e três. Era a idade que muitas gregas constituíam matrimônio na época, ele a amou mais ainda por isso. 'Uma menina-mulher', pensou. 'Hei de ter muito cuidado com ela, para não a magoar'.

"Ele explicou que ali estava para conhecê-la melhor, ela sorriu, mas parecia não entender o motivo. Explicou que desde criança ia ao templo, que serviria aos deuses, que esse era o seu destino. Cássio perguntou se ela não pensava em ter uma família como a mãe dela teve, filhos... a tudo isso ela corava, e se calava. E ao final da conversa, que já durava quase uma hora, ele perguntou:

"– Mas, será que não gostou nem um pouco de mim?

"Justo a essa hora o pai dela chegou à porta sem que Verônica o notasse, e ela respondeu:

"– Mas é claro que gostei do moço. E quem não gostaria? É bom, gentil, educado... não vi defeitos no senhor!

"Ao ouvir isso o pai dela se convenceu, e no dia seguinte foi com Cássio no oráculo, pedir a permissão para o desligamento da filha para contrair o matrimônio. A palavra dada pela sacerdotisa seria a decisão final, e eles aguardavam ansiosos pela resposta: caso os deuses dissessem não, Verônica ficaria a serviço deles.

"A representante dos deuses apareceu duas horas depois, e olhou para Cássio algo contrariada: não gostava de perder uma aluna dedicada como Verônica. Disse a ele em alto e bom som:

"– O rapaz é protegido da rainha das deusas, a deusa Hera, desde o nascimento, não é verdade? Ninguém desagrada a essa deusa por aqui.

"Muito surpreso, o pai de Verônica olhou para Cássio com um novo respeito. Não o sabia com tal proteção. Ela continuou:

"– Por isso, eles decidiram que a moça deve decidir. Ela estará livre para escolher o caminho que quer tomar, sem a nossa influência, nem a dos pais, nem a do futuro marido. Apenas Verônica deve escolher seu destino, e cabe a todos nós aceitar sua decisão. Caso não aceitem, os deuses se vingarão.

"O pai dela e Cássio ficaram muito felizes, agradeceram muito à sacerdotisa, que sorriu e entrou no templo, sem mais nada dizer. Correram para casa para contar à família a decisão dos deuses, e no meio das comemorações, Verônica entrou em seu quarto, e de lá não mais saiu.

"O jovem havia visto o amor nos olhos da moça, os pais da moça já o tinham aceito, correu a contar em casa aos seus anfitriões o acontecido, e eles celebraram também. Pensava em viajar e chamar sua mãe para o casamento, momento único em sua vida, quando um chamado em sua porta tomou-lhe sua atenção. Era o pai da moça, que o chamava com urgência.

"A moça antecipava sua ida ao templo para de lá não mais sair, tinha arrumado em seu quarto suas coisas para doação e apesar de não saber do trato feito com a sacerdotisa, não se via casada com ninguém. Preferia voltar ao templo, e dedicar sua vida aos deuses e aos que precisassem da ajuda deles."

Fabrício me olhou muito admirado:

– Então o encantamento de Cássio não funcionou com ela?

Eu sorri:

"– Deixe-me contar a história: o rapaz ficou transtornado! Tantas mulheres o quiseram, e ele desfez delas! Algumas tentaram até pôr fim à própria vida, e agora essa moça, a quem ele tinha dedicado tanto carinho, tanta atenção, o deixa para ir tratar de pobres e servir aos deuses! Não podia ser! Será que alguém tinha dito a ela de sua vida de pecados e ela agora não confiava mais nele? Falaria com ela!

"Correu até a sua casa e deu com a mãe de Verônica conformada, mas triste. Pediu para falar com a moça, no que foi atendido e a viu ainda em seu quarto, sentada na cama, com margaridas brancas nos cabelos negros trançados. A imagem da pureza dela colocou lágrimas em seus olhos, e ele perguntou:

"– Não me ama, Verônica? Justo você, não consegue me amar?

"Ela ergueu os olhos imensos de pestanas muito negras sobre ele:

"– Não lhe amar? E o que é o amor? É isso de não deixar de pensar na pessoa um só instante? Perder o fôlego quando se vê o ser amado? Imaginar um futuro eterno que pode se desfazer em alguns meses? Tenho visto muito desses amores pelo templo, as moças e os rapazes falam dele o tempo inteiro, alguns morrem por ele. Entendi como ele funciona quando lhe conheci. Esse amor, senhor Cássio, costuma passar rapidamente.

"Cássio olhou para ela como se não visse mais ali nenhuma criança, mas uma mulher muito mais sábia do que ele. Ela continuou:

"– Nos templos nós vemos as oferendas feitas aos deuses para que os amores voltem, para que os rivais morram, para que o ser amado se prenda. Eu lhe amo, senhor, mas não dessa forma: não desejo que se prenda a mim, nem que alguém que lhe ame faleça, nem quero que fique solitário. Meu desejo é que fique feliz com alguém que lhe complete e lhe dê filhos, pois meu destino é diferente nesta terra: eu devo cuidar dos velhos que não têm cuidado, dos filhos que não têm mãe e que recorrem ao templo de Héstia, a deusa do lar. Mas continuo lhe amando e lhe desejando todo o bem possível, só não serei sua esposa.

"A isso ela levantou-se, e com a roupa do corpo foi para o templo de Héstia, onde já lhe aguardavam. Impossível descrever a angústia de Cássio ao ver-se privado de seu primeiro amor, que apesar de também amá-lo, também amava a humanidade, por isso, não caiu vítima dos encantos de Hera."

Fabrício me olhou admirado, não acreditando no que ouvia:

– Ia bem a sua história até aqui... vai me dizer que uma menina de quatorze anos tinha toda essa sabedoria?

Eu sorri para ele de volta, e expliquei:

– Esqueceu-se que era uma sacerdotisa, Fabrício? E que muitas delas eram escolhidas pela mediunidade? O que acredita que era "falar com os deuses", a não ser falar com os espíritos? Alguns deles eram muito elevados...

Ele riu-se:

– Médiuns? Tivemos alguns desses charlatões em nosso tempo, sempre pedindo dinheiro, fazendo seus "trabalhos", feitiços... não eram gente séria! Minha mãe é que consultava uma. Farsa pura!

Observei:

– Sem dúvida existe muita gente desonesta se aproveitando da crendice alheia, mas também existem os verdadeiros e bons médiuns. Estes atuam a serviço da humanidade e não costumam cobrar, atuam por caridade e já se sentem muito bem pagos!

Ele me olhou com descrença:

– Será?

Eu sorri:

"– É a coisa mais fácil de se verificar no mundo espiritual. Você mesmo verá, quando sair daqui. Bons e maus médiuns, todos em aprendizado, e alguns deles, em missão abençoada. Nossa Verônica, pelo que disse, era uma dessa que atraía os bons e evoluídos espíritos. Mas, voltemos a Cássio.

"Notando a decisão da pequena moça, sua paixão lhe cobrou o preço do desespero, pois ele não era mau, e nem sequer passou-lhe pela mente obrigar a menina a ficar com ele, raptando-a ou cometendo alguma violência. Não obstante ficou sem o menor apetite, o sono lhe foi tirado, e ele ficou a vagar pelas ruas, perto do templo de Héstia, não adiantando os apelos dos amigos e das moças enamoradas a tentar chamar-lhe a atenção. Um dia, depois de várias semanas, resolveu voltar à casa da mãe, saudoso que estava dela. Talvez escutasse dela algum conselho, alguma luz que lhe aliviasse a saudade que tinha de sua Verônica, que tinha lhe fechado as portas de sua felicidade de forma atroz.

"Levando desta vez mantimentos suficientes, colocou-se junto à estrada e caminhou triste de volta à sua antiga Vila. Já não temia mais os antigos rivais, pediria desculpas a eles, pois finalmente entendia o desespero que tinha afligido seus corações: agora entendia o que era o amor. Se a mulher de sua vida tivesse preferido outro, como se sentiria? Tentaria acabar com ele, sem dúvida. Era agora um membro da raça humana, com fraquezas iguais a tantos: Verônica o tirara da indiferença, mas a que custo!

"Conhecendo agora o caminho, em poucos dias chegou à casa de sua mãe e cabisbaixo bateu à porta e ela atendeu. Estava da mesma forma, no fogão à lenha o mesmo cheiro de comida apetitosa, e ela soltou um pequeno grito quando finalmente o reconheceu: o jovem que tinha fugido dali assustado, era altivo, pele brilhante! Voltava agora com os cabelos sem brilho, o olhar embaçado, quilos mais magro a sorrir tristemente para ela! Assustada, pois nunca o tinha visto abatido, ela perguntou: 'que se passou, meu filho? Alguém lhe tratou mal?', ao que ele respondeu: 'não minha mãe... todos me trataram bem, como sempre. Mas, eu me apaixonei'.

"A mãe ficou feliz, pois era tudo que ela sempre almejara, que ele se apaixonasse e lhe desse netos! Sabia que pelo seu pedido a Hera, moça nenhuma deixaria de amar seu filho, e perguntou onde estava a noiva. Só então Cássio contou a sua história. E desdisse a única vez que tinha amado na vida, pediu a mãe que pedisse a deusa que nunca mais deixasse que semelhante sentimento se apossasse de seu coração. Não queria mais amar, jamais! Era muito mais feliz antes, quando não amava ninguém.

"A mãe era uma pessoa extremamente caridosa, e por incrível que pareça, entendeu a reação da moça ao rejeitar seu filho por uma vocação. Pensou na vida que seu filho tinha levado até ali, alimentou-o, colocou-o para descansar e saiu a meditar no seu lindo jardim, que era humilde, mas cheio de ervas curativas para ajudar a quem precisasse. Foi quando a deusa Hera lhe apareceu, como se ouvisse seu pensamento, e disse a ela:

"– E então, mulher... já se passaram vinte e três anos desde que me fez seu pedido, para que seu filho fosse amado por quem quer que pusesse os olhos nele. Está ele agora em sua casa, triste e desiludido. Ainda quer manter esse mesmo pedido?

"A mulher olhou a deusa, bela em toda a sua majestade, ponderou que em toda a sua existência seu rapaz tinha sido adulado, conseguido as coisas sem esforço, e acreditado ser justo que acontecessem as coisas dessa forma. Nunca tinha visto o filho fazer um gesto de ajuda a quem quer que fosse, nem se apiedar com o sofrimento alheio, e agora que finalmente tinha se apaixonado, não queria mais saber do amor, ao contrário: pedia de volta a indiferença. Sem pensar duas vezes pediu a grande Hera.

"– Desejo mudar meu pedido, se isso for possível, grande Hera.

"A deusa sorriu curiosa:

"– E o que deseja para seu filho, agora?

"Suspirando fundo, a mulher pediu:

"– Desejo que ao invés de ser amado sem questionamento, que ele ame. Que ele ame com puro amor todas as pessoas à sua volta. Que deseje o bem delas, não com paixão, mas com o amor verdadeiro.

"A deusa Hera sorriu, acariciou a cabeça da mulher que lhe pedia isso com lágrimas nos olhos, e disse:

"– Quem sabe você não tenha muito mais sorte desta vez?

"E sorrindo, se foi.

"A mulher entrou na casa, olhou seu rapaz que dormia profundamente, e sentiu que seu amor por ele em nada tinha mudado, ao contrário, uma esperança tinha nascido: quem sabe agora o seu menino não teria uma chance de realmente ser feliz?

"A verdade é que no dia seguinte Cássio levantou-se cedo, e foi logo abraçar a mãe, coisa que raramente fazia, feliz de estar com ela. Depois avisou-a que ia visitar alguns amigos e desculpar-se pelo comportamento que tinha tido com alguns deles. Não sabia bem o porquê, mas sentia-se culpado de ter agido descuidadamente com alguns. Foi achando que seria bem recebido, mas não foi o que aconteceu: sem a magia da deusa, a maior parte dos antigos amigos não o tratou nada bem, mas ao menos os pedidos de desculpas fizeram com que o deixassem viver por ali em paz.

"Cássio, ao contrário, os achava interessantes pela primeira vez na vida. Finalmente os enxergava: notava a inteligência de um, recordava o bom humor de outro. Pensou que assim que pudesse gostaria de refazer essas amizades, pois realmente eram boas pessoas com as quais gostaria de conviver, via, finalmente, o mundo como se não girasse em torno de si mesmo.

"As moças da vila que antes suspiravam por ele, o olhavam nitidamente embaraçadas. É fato que ele tinha uma bela figura, mas nada que chamasse tanta atenção! Passavam por ele agora e viravam o rosto, como que envergonhadas de lhe terem dado tanta atenção antes. Ele sorriu: moças tão simpáticas, devia tê-las tratado melhor! O fato é que toda a vila passou a lhe tratar com certa antipatia, enquanto ele relevava a quase tudo, pois lembrava perfeitamente de seu comportamento anterior.

"Abaixando a cabeça, tornou à casa de sua mãe, que o esperava com o almoço pronto e perguntou como foi o seu dia. Ele lhe contou como tinha sido, mas engraçado: não reclamou! Entendeu o comportamento das pessoas, surpreendendo a genitora, e dando-lhes toda a razão. A mãe agradeceu intimamente à deusa, e apoiou o filho, dizendo que com o tempo as pessoas começariam a gostar realmente dele."

Fabrício olhou desconfiado:

– Vai me dizer que gostaram dele? Sem a magia?

Eu ri:

– Com o tempo, é claro que Cássio colheu decepções, como toda gente, e alegrou-se, como toda gente. Mas amou! Amou incondicionalmente, não apenas se apaixonou e cobrou tudo em dobro dos outros! A mãe pediu que ele amasse as pessoas, como elas eram, e não que criasse uma ilusão! E o amor, Fabrício, não é cego! A paixão é cega e surda, o amor enxerga muito bem, e ouve além das palavras! O amor é extremamente empático! Aonde a paixão gera o egoísmo, o amor liberta!

Ele me olhou tentando assimilar. Era um homem que tinha certa leitura, apelei para isso:

– Nunca leu Coríntios, a segunda carta de Paulo para os cristãos? É extremamente famosa...

Ele me olhou um tanto zangado:

– Nunca me interessei de fato por essas crenças. As poucas vezes que fui à igreja foi por ditames sociais... nem meu latim era lá essas coisas!

Citei Paulo, apóstolo tardio de Cristo, em bom português:

"– Ainda que eu falasse as línguas dos homens e dos anjos, e não tivesse amor, seria como o metal que soa ou como o sino que tine[1]."

---

1.   1 Coríntios 13:1

Ele ficou pensativo com as palavras de Paulo, de dois mil anos atrás. O filósofo do cristianismo, que o trouxe ao povo gentio, ampliando os ensinamentos do Mestre ao oriente e ao ocidente. Continuei a falar com ele:

– A verdade é que um homem pode ter todo o conhecimento, todo o ouro do mundo, todo o poder, mas sem amor, ele nada é. A antiga história grega, de muito antes de Cristo, apenas conta isso. Um dos caminhos da felicidade está em amar sem exigir retorno. Não em tecer ilusões, mas em exercer a caridade verdadeira, em nossa conduta moral, vendo as pessoas como elas realmente são e ainda assim orando a Deus para tentar ajudá-las, respeitando seu livre-arbítrio e seu próprio tempo.

Notei que era muita informação para ele, que franzia a testa tentando acompanhar meu raciocínio, mas que ao menos tinha entendido que éramos de confiança. Perturbado durante décadas de umbral por seres infelizes que o fizeram se sentir ainda mais miserável do que ele achava ser possível, pela primeira vez ele tinha contato com espíritos que não pareciam querer "crucificá-lo", ou deixá-lo ainda pior do que estava, para puni-lo por seus pecados.

Pensei que o umbral tinha mesmo alguma sintonia com alguns ambientes terrenos, onde certas pessoas tentam incansavelmente tirar vantagem de outras o tempo inteiro, num julgamento sem fim para ver "quem sobrepõe o outro", num misto de inveja, orgulho e preconceito. Isso quando a preguiça e a cobiça não entravam no meio. Em minha última encarnação tinha tido a sorte de conviver em um meio extremamente pacífico, com minha esposa adorada e amigos leais, e me afastado de gente que eu tinha achado muito "complicada". Aqui no umbral eu os via em profusão.

Mesmo em Fabrício eu podia detectar o preconceito bem definido por seres que haviam nascido afeminados. Sabia ele por acaso se esses seres tinham tido alguma escolha? Conhecia-os o suficiente para dizer de seu verdadeiro caráter, como se apenas uma característica, que em nada os prejudicava realmente, fosse essencial?

Tinha nascido em uma família abastada, com acesso à educação, e mesmo sabendo de sua natureza escolheu casar e manter um papel social. Tantos faziam assim, era comum na época e ainda nos dias atuais, como julgar? Mas, o que mais tinha feito de sua existência? Que caminhos tinha seguido para terminar escolhendo fim tão trágico?

O moço rico olhava em volta finalmente se dando conta do que fora e de onde estava, olhava para os quartos que mais pareciam baias fechadas, com doentes que murchavam como uvas passas, alguns relembrando continuamente o dia de sua morte. Eu via seu pensamento no rosto ainda ferido pela bala de pequeno calibre que tinha causado a sua morte, o olho direito ainda embaçado pelo sangue do caminho da bala, triste como ele só, perdido.

Ele levantou-se e olhou em volta da cozinha relativamente espaçosa e pobre onde estava, fitou a jaula horrenda onde tinha ficado por tanto tempo, e baixou a cabeça envergonhado. Só então disse:

– Que vergonha o senhor me conhecer neste estado, nesse ambiente! Soubesse de onde eu vim, a educação que tive, as oportunidades que desperdicei! E me encontrar agora nessa jaula imunda, tal qual um animal subjugado, sujo, cercado por pessoas que antigamente sequer eu contrataria para que me servissem! Iletrados, ignorantes! Um bando de selvagens que se dizem religiosos!

Ele jogou para trás a cabeça bem-feita, tentando ajeitar os belos cabelos ainda um tanto sujos de sangue seco, a resgatar um pouco de sua dignidade que julgava estar perdida pela sua situação de cativo. E continuou:

– Acredito que tenha sido uma das maiores fortunas de minha região, mas tinha a discrição necessária. E agora eis-me aqui, preso por pessoas que aram o chão pedregoso com as mãos imundas, mal têm dentes, falam errado e me cospem! É essa a punição de seu Deus para o suicídio, senhor Ariel? Essa humilhação sem tamanho? Essa tortura sem fim? Não me lembro de ter cuspido em alguém durante minha vida inteira! O inferno não pode ser pior que isso!

Olhei para ele vendo que ao menos o orgulho próprio estava sendo recuperado, e disse:

– Mas não precisa ficar aqui. Pode vir conosco, é um espírito, é livre para sair.

E era verdade. Mesmo na vida da Terra, somos livres, apenas não nos apercebemos disso. Na vida espiritual isso é ainda mais certo, com a vontade e determinação, nada prende um espírito. Por isso a fé é tão poderosa!

Ele me olhou como se eu estivesse mentindo ou sonhando. Depois disse:

– Com que, então, Deus os mandou aqui para que me tirassem desse suplício?

Olhei para ele bastante sério, analisando a pergunta e pensando em que resposta iria dar. Será que ele achava que o Senhor do Universo tinha falado conosco em pessoa, e ordenado que o tirássemos dali? Não era bem assim que as coisas tinham acontecido. Falava a ele de dona Cínthia? De Serafim, meu chefe, que tinha permitido a nossa vinda? Se falasse a ele da mãe, era possível que ele preferisse ficar. Mas eu não podia mentir. Ele me olhava impaciente:

– Então? Não foi Deus que lhe mandou aqui?

Vendo que ele achava que podia ser "outra pessoa" que tinha me mandado falar com ele, zanguei-me:

– Ora, ora, o senhor me respeite! Sim, vim aqui à sua procura para que o senhor escolhesse se quer ficar aqui sofrendo o que anda a sofrer, ou se deseja uma vida melhor. Estou a serviço de espíritos superiores sim, este é o meu trabalho que cumpro e que me tem dado muito aprendizado e muitas alegrias ao longo de quase um século. Mas, é de seu livre-arbítrio vir ou não.

Quanto a trabalhar para o bem ou para o mal, é simples: esses que aqui estão, ainda estão perdidos na ignorância do mal, isso lhe responde?

A esta resposta ele arregalou um pouco os olhos, mas ainda assim perguntou:

– E o que ganha com isso? Eu não pedi nada, nem por socorro, nem por ajuda!

Ao ouvir isso, eu fechei os olhos e respirei fundo. Era preciso paciência com ele!

CAPÍTULO 10

# As dúvidas de Fabrício

AO OUVIR FABRÍCIO DIZER que não tinha pedido ajuda nem socorro, e com isso insinuar que poderíamos ter algum ganho que ele mesmo considerasse razoável de acordo com as suas próprias convicções, eu fechei meus olhos para poder raciocinar melhor, mas a primeira coisa que me passou pela cabeça foi gratidão por Clara não estar por perto para ouvir semelhante coisa.

Sim, tinha sido a doce Clara que tinha me feito o pedido de tentar resgatar um espírito sem fé, nem arrependimento, por conta do desespero da mãe dele, que se encontrava finalmente na Colônia, depois de prolongado período no umbral. Lembrava-me perfeitamente de minhas dúvidas a respeito e até de uma secreta esperança que tinha tido de que nosso superior, Serafim, negasse o nosso pedido. Afinal, era quase que uma norma (não que no mundo espiritual existam normas extremamente rígidas, cada caso é analisado individualmente) resgatar espíritos que se arrependam ou que peçam por socorro, esses são muito mais fáceis, inclusive, de se localizar. Mas Serafim acedeu ao pedido, misterioso como ele só, e aqui estávamos...

Não odiei Fabrício pela pergunta até certo ponto ofensiva,

entendi perfeitamente que estando no grau de evolução em que estava, era compreensível que ele pensasse que eu quisesse levar alguma vantagem escusa, já que as lembranças que tinha de sua vida terrena e do umbral, eram de pessoas desse tipo de natureza. Mas, infelizmente, tomei-me de antipatia por ele. Acreditei sinceramente que nada mais havia a fazer por ali, e que o tempo, senhor da razão, cuidaria dele como cuidou de todos nós. Ao menos tínhamos tentado com toda boa vontade ajudá-lo, com toda certeza haveriam outros que responderiam melhor à nossa ajuda.

Assim pensava quando senti um pequeno toque no meu braço esquerdo, abri os olhos e dei com o rosto iluminado da pequena Olívia, a me dar um meio sorriso, os olhos esverdeados a me olhar docemente:

– Ora, vamos! Não vai ficar ofendido agora, vai?

Olhei em volta, procurando por Clara, mas felizmente não a vi. Ela me respondeu:

– Muito ocupada cuidando de umas pessoas lá atrás. Concordo contigo nisso. Para que aborrecer Clara, que sempre foi só amor e boa intenção? Ia ficar meio triste ouvindo isso...

E olhou para Fabrício, que olhava a menina com os olhos bem arregalados. Ela voltou os olhos para mim, continuando a conversa:

– Sabe que temos também o nosso livre-arbítrio, não sabe, Ariel? Notou quantos doentes temos aqui? Eu e Clara estamos examinando vários deles! Tantas as histórias tristes que você sequer faz ideia! Aquela moça mesmo que visitamos, depois de uns passes, desenrugou um pouco e começou a dormir profundamente!

Alegrei-me de imediato. Pegando-me pela mão, a menina me levou ao pequeno quarto e eu pude observar-lhe a expressão: ainda estava bem desidratada, mas a angústia que estava estampada no rosto, tinha se esvaído como que por milagre! Paula estava finalmente tendo um pouco de paz!

Olívia ia saindo do quarto quando notou Fabrício na porta, olhando muito admirado a face da doente. Vendo-o no caminho, disse de forma muito educada, mas já dando pequeno empurrão:

– Licença, que quero mostrar outras coisas ao meu amigo aqui!

Ele saiu do caminho imediatamente, ao que ela me levou a outro quarto, onde um homem, em estado parecido com o de Paula, estava também num leito, mas não limpo como o dela. Infelizmente o cheiro ali era de bílis, e sua pele não parecia a de uma uva passa, mas também era extremamente ressecada, descascando em vários lugares. Também em sono profundo, mas parecia ter dores. Ela pediu que eu colocasse as mãos sobre ele, para que formasse, eu mesmo, a minha opinião.

Respirando fundo, fiz uma pequena oração e me concentrei naquele irmão que ali estava. Tinha desencarnado ainda no tempo da escravidão, morava em pequena cidade e tinha escravos domésticos. Seu grande mal tinha sido o alcoolismo, que o tinha levado a falecer antes ainda dos cinquenta anos de idade. Tirando o vício físico, não tinha grandes vícios morais: não era mau com seus poucos escravos, não tinha se casado ou tido filhos... mas o álcool dizimou o patrimônio, colocou a mãe e as irmãs na miséria, direcionou-o ao jogo e como a preguiça também era uma companheira fiel, durante a sua vida e após a sua morte, causou muitos prejuízos e muita vergonha aos seus.

As lembranças e a culpa turvavam a sua mente, após sua desencarnação foi chamado de suicida, sem que entendesse o motivo, e andou por bares e casas de tolerância alimentando seu vício, até que, finalmente, por mero "acaso", acabou naquela vila. Confundido com um demônio, ali estava agora, ao menos, sem alimentar o próprio vício há um bom período, sem sequer entender o que estava acontecendo. A angústia, os vômitos, o medo, a inconsciência, tudo isso atormentavam o homem, que eu agora sabia chamar-se Mateus, que não era exatamente um homem mau, mas inconsequente... e cheio de culpa!

Olhei para Olívia, e disse:

– Esse daqui ao menos já se deu conta de seu erro! Seria bom que ao menos limpássemos esse quarto... esse cheiro não ajuda em nada!

E me dirigi à cozinha para pegar água e sabão. Passando por um dos quartos de portas abertas, dei com Clara fazendo a mesma coisa, limpando o leito de uma paciente que também não estava nada bem. Sorri para ela:

– Muito serviço, é?

Ela me sorriu:

– Nem me fale! Essa pobre moça suicidou-se porque foi abandonada, acredita? Esses jovens não têm mesmo muito juízo! E estava grávida!

Comecei a entender o motivo delas estarem tão ocupadas dentro dos quartos: empatia, caridade, amor ao próximo. Havia muito trabalho ali! E fazia sentido, se a Vila julgava, nós tentaríamos auxiliar!

O problema era que a tarde já ia chegando ao fim, o sol já quase se punha no horizonte e eu pensei se o rapaz não voltaria para olhar pelos doentes, ou mesmo para vigiar Fabrício mais uma vez. E o moço estava solto, se ele o visse assim, certamente teríamos problemas. Pensei em falar com Olívia, que estava entretida com Paula.

– Olívia, temos que ver se o rapaz que vigia isso aqui não vai voltar logo...

– Estou prestando atenção nele, não demora estará por aqui. Pode deixar que aviso a hora de irmos.

Olhei para ela bem admirado, mas não deixei de dizer:

– Temos que conversar com Fabrício. Para podermos ajudar essas pessoas, o povo da Vila não pode saber que estamos aqui.

Ela entendeu perfeitamente, e disse:

– Deixe que eu falo, você já está meio cansado de lidar com ele.

Não discordei. Observei a pequena e graciosa menina flutuar na direção dele, que observava a nossa movimentação de amparo aos doentes, esquecendo-o literalmente. Olívia não perdeu tempo:

– Vai voltar para sua jaula?

Ele a olhou como se estivesse "ouvindo coisas":

– Eu? Voltar para minha jaula? Como assim?

Olívia franziu a testa, como se quem não estivesse entendendo, fosse ela mesma:

– Óbvio. Não quer ir conosco, acha que temos algum "interesse" em levá-lo, o que dessa forma, não nos interessa. Se vai ficar, não é melhor voltar para sua jaula? Se o rapaz que vigia isso aqui lhe pega aqui fora, vai arrumar uma confusão danada! Vai enfrentá-lo, então?

Tive que segurar para não rir do medo que se instaurou no rosto do rapaz, mas a pergunta que ela fazia era cheia de lógica. Só que ela não lhe deu tempo de responder, continuando:

– Devo avisar, no entanto, que não deve alertá-los de nossa presença. Se o senhor não precisa de nossa ajuda, existem outros aqui que necessitam dela e pretendemos voltar nos dias seguintes. Esses pobres espíritos nada têm a ver com as suas decisões, e estão sendo privados de seu livre-arbítrio.

Ele a olhou um tanto enfurecido, talvez em voltar para sua jaula:

– E por que não devo dizer-lhes de sua presença?

Olívia sorriu de um jeito encantador:

– Talvez pelo senhor ser um homem inteligente, que reconheça quando vê espíritos livres, com um conhecimento maior do que o seu, recursos maiores e uma melhor condição atual. Nada que o senhor não possa adquirir com o tempo, perseverança, estudo, determinação e principalmente amor. Eu tenho uma noção do que o senhor é capaz de fazer, mas terá, o senhor, uma leve ideia do que um espírito dotado da fé e do amor de Deus pode realizar?

Achei graça em Fabrício empalidecer, como se devesse "temer" Olívia. Ele perguntou:

– A menina, então, me ameaça de algo se eu contar?

Olívia me olhou, franzindo a sobrancelhas castanhas, e só então rindo, disse para mim:

– Nossa! Ele diz cada coisa, não é mesmo? Eu, ameaçá-lo? Não é à toa que você ficou meio irritado...

Fiz-me de "desentendido", já que ela tinha razão. Não simpatizava mesmo com o rapaz, e não me orgulhava disso. Ela continuou, ainda rindo, para um Fabrício que cada vez entendia menos:

– Preste atenção, rapaz! Olhe a situação em que se encontra! Ameaçar-lhe de quê? Tirar-lhe o quê? Já não possui quase nada... já é em si, uma ameaça para si mesmo! Se contar a eles, corre o risco de eles acharem que mente ou que está possuído. Respeitamos seu livre-arbítrio de querer ficar aqui, ou sair, caso seja de sua vontade. Mas há outras pessoas neste recinto que precisam de nós. Usaremos todos os nossos recursos para ajudá-las.

Fabrício nos olhou como se não acreditasse no que ela dizia, e só então perguntou, como que ofendido:

– Então, vão se dedicar a esses pobres coitados que nem sabem mais onde estão?

Deus que me perdoasse, mas a atitude dele estava me deixando meio cansado. Respondi:

– Acredito que sim. Eles nos inspiram cuidados, e nunca deixamos de atender a quem precisa.

Notei claramente o desapontamento dele, que certamente intuía que estávamos ali por sua causa, e que agora parecíamos nos desviar para outras pessoas. Lendo o pensamento dele, Olívia me olhou e me pediu que mantivesse a calma.

Ele continuou meio confuso:

– Mas vão atender a essa gente sem "eira nem beira", alguns perdidos em seus próprios excrementos, malvestidos, cheirando mal, com os mais diversos crimes nas costas? Que ganham com isso? Parecem anjos de tão limpos e puros, perto dessa escória humana que habita por aqui... belos, iluminados, desaparecendo na hora que querem! Que podem querer com semelhantes criaturas?

Ouvi aqueles impropérios todos, mas devo confessar que já estava quase me acostumando. Ele era daquele jeito mesmo. De que adiantaria me irritar? Na expressão de Olívia não havia o menor desapontamento com as dúvidas dele, e foi com a maior simplicidade que respondeu, encolhendo os frágeis ombros de menina:

– O que eu quero? Ah! Que um dia sejam felizes e iluminados como nós! E vão ser... só depende deles mesmos!

E dito isso, ela chamou Clara que cuidava de um paciente passando um pano sobre sua face, o pobre suava frio enquanto tinha um pesadelo. Ela olhou para fora e vendo que a tarde já caía, levantou-se apressada, colocou sua vasilha nova debaixo da cama do paciente, e saiu apressadamente conosco.

O que Fabrício fez, se voltou ou não para sua jaula? Não sei... nem me importou. Voltamos para o nosso cantinho onde eu tirei os abrigos de pele que tínhamos escondido e forrei o chão, debaixo das árvores que tinham ganhado nova força com a nossa presença. Acendi nova fogueirinha enquanto Olívia e Clara, com a própria luminescência pegavam algumas ervas aqui e ali. Fiquei feliz, teríamos sopa?

Estava cansado. Gente complicada sempre me deixa exausto, é como se travássemos uma extensa luta energética com eles, e tivéssemos de nos defender continuamente. E Fabrício era extremamente complicado, vaidoso, orgulhoso... enfim, cansativo!

Não me sentia mais ofendido por suas observações, o que parecia é que ele tinha levado uma vida muito diferente da que eu tinha levado, onde tudo o que fazia era tendo em vista alguma vantagem pessoal. Ainda não conhecia a alegria de ajudar ao próximo por querer vê-lo melhor, e assim simplesmente ficar feliz com isso. Lamentei sinceramente por ele. Quando você fica contente com a alegria alheia, tem imensas chances de ser mais feliz, mas para isso, é preciso desprendimento e generosidade genuínas!

Porém, a antipatia por ele era real, não que eu fosse me recusar a ajudá-lo, mas, ficar perto dele? Se pudesse, eu evitaria. Estava eu nessa linha de pensamentos quando ouvi os murmúrios de minhas duas companheiras voltando para nosso abrigo, nos braços alguns feixes de ervas variadas, Olívia como sempre flutuando a um palmo do chão. Logo ao ver-me disseram:

– Ariel, vai pegar um pouco de água naquele riacho. Hoje vai ter sopa!

Nem me fiz de rogado, levantei logo e pegando de minha tigelinha de barro fui enchê-la enquanto as duas picavam com as mãos as ervas. "Sopa de mato" – pensei.

Interessante! No geral Olívia pegava água pura e colocava lá dentro a sua energia, e funcionava que era uma maravilha! Passava cansaço, dava uma disposição louca. Já tinha visto curar feridas do perispírito em poucos segundos, ou deixar uma pessoa tonta ou em estado de sono profundo em pouco tempo. Ouvindo a conversa das duas, notei que Clara pedia a amiguinha algumas explicações sobre como ela fazia as tais "sopas espirituais" e acredito que Olívia, que amava Clara, tinha resolvido passar a ela algumas de suas receitas.

Passando por elas, mostrei a vasilha bem cheia de água e me sentei por perto, para apreciar a companhia, numa noite estrelada de umbral. Olívia sorriu para mim:

– Na realidade, como já expliquei antes, a água é uma excelente condutora de energia! E como vocês já sabem, nós todos somos feitos de energia concentrada. O que eu faço, depois de algum tempo de treino, é utilizar de minha fé e deixar fluir a energia certa para a água, e assim ela passa para vocês. A luz que brilha, é só a liberação dessa energia, em maior ou menor grau. Estava explicando à Clara que o "mistério" está na fé, que ela já tem o suficiente, e no amor puro e desinteressado. Ela pode fazer "sopas" muito boas, que com o tempo e o aprendizado dela, vão ficar muito potentes!

Clara sorriu:

– Viu? E hoje quem cozinha sou eu, afinal, alguém tem que ser minha cobaia. Por isso pegamos essas ervas, ao menos o gosto vai ser bom!

Olhei para as duas tentando dar um sorriso de encorajamento, mas já notando que ia comer umas ervas cozidas, sem sal, e com alguma energia de uma cozinheira iniciante. Não posso dizer que fiquei animado, mas, como desanimar Clara? Só pude dizer:

– Claro, minha querida! Vamos lá...

Sabia, por conhecer a história de Clara, que ela jamais tinha cozinhado em sua vida passada. Mas, como era graciosa! Pegou das ervas, colocou-as no fogo por poucos minutos, retirou do fogo, esperou esfriar um pouco o vasilhame e se afastou para colocar na água a sua energia, conforme Olívia tinha ensinado a ela. Ficamos eu e a menina a olhar um leve clarão detrás das árvores, que aos poucos foi se tornando mais forte e foi quase se tornando da cor lilás, ao que Olívia sorriu e me disse:

– Não é que ela está acertando? Só espero que não se canse muito. Se o gosto não estiver bom, finja que está, ouviu?

Olhei para ela muito ofendido:

– É claro! Vai estar ótimo, de qualquer jeito!

Mais alguns momentos e eis Clara, um tantinho despenteada, mas bem feliz: sobre a tigela uma pequena luz lilás um tanto rarefeita, mas estava lá! Olívia fez uma festa!

– Muito bem! Olhe que eu nem esperava tanto de sua primeira vez!

Eu também estava admirado, e fui logo pegando uma cuia para experimentar, foi quando notei que estava longe de estar ruim, estava muito bom! Claro que não tinha sal, mas a sensação de bem-estar era imensa e as ervas lembravam-me o hortelã e o limão terrestre. Olhei para ela admirado!

– Ande Clara! Tome um pouco! É uma das melhores que já tomei!

Ela estava cansada, mas pegou de outra cuia e tomou também:

– Ora, não é que é verdade? Ficou bom mesmo!

E a isso, depois de tomar sua própria sopa deitou-se de lado, em cima de seu manto de peles, e tirou um sono dos justos. Olívia sorriu:

– Temos muita sorte de ter Clara. Nunca se queixa, sempre alegre, corajosa, ela é um raio de sol!

Olhando a pequena mulher que dormia tranquilamente, concordei:

– É verdade. E nunca se cansa de aprender, está sempre em constante aprendizado, seja o que for. Minha mulher Esthefânia é muito amiga dela, acho que é a maior fã de Clara.

Olívia me olhou com seriedade e só então me disse:

– Ariel, notei que Fabrício está longe de se encaixar na Colônia. Temos por aqui mais de uma dezena de espíritos em uma situação que está longe de ser perfeita.

Brinquei com ela, embora soubesse perfeitamente ao que ela se referia:

– E existe perfeição no umbral, fadinha? Eu sei a que você se refere: eles estão tão depauperados que mal podem exercer seu livre-arbítrio. Mas, tenho dúvidas: minha vontade é ficar e ajudar, mas gostaria da opinião de Serafim, nosso superior hierárquico. Muitos diriam ser essa uma provação que eles devem passar...

Olívia olhou para mim com uma expressão nada infantil no rosto, como se tivesse uma eternidade de experiência:

– E você, o que acha disso?

– Acredito que nada é por acaso, e que se o bom Deus nos colocou aqui, é para que socorramos tanto o justo quanto ao pecador. A verdade é que eles "estacionaram", e essa "imobilidade" a eles nada ensina! Mas, que sei eu? Ainda assim gostaria da permissão de Serafim, que tão bem nos instrui sempre.

Ela sorriu aquele sorriso alegre de menina de onze anos, e respondeu:

– Está certo, vou ter com ele e depois volto aqui. Ao amanhecer estarei de volta. Vou levar a ele os seus argumentos.

E se foi, como os espíritos evoluídos fazem, sem o menor ruído, deixando no ar o cheiro de lavanda. Claro que eu sentia falta de casa, de minha mulher, da paisagem de minha varanda no ambiente da Colônia. A saudade era grande, mas ver aqueles seres em semelhante condição, fosse qual fosse o seu passado, tinha me sensibilizado. Orei para que Serafim decidisse o que fosse melhor para todos, sempre confiando na vontade do Pai, pois Deus sabe o que faz, e a gente nem sempre sabe o que pede. Mas, daria-me enorme prazer ficar ali ajudando.

Não conseguia me imaginar passando por semelhante suplício de ficar preso num pesadelo sem fim, definhando dentro da própria morte, sem esperança de redenção. Pela primeira vez em muitas décadas, antipatizava-me com alguém, e dessa vez, sabia eu lá o porquê, a antipatia era séria.

Como que me sabendo confuso e em falta, orei por esclarecimento e acabei adormecendo ao lado de Clara, que dormia como um anjo, protegidos que estávamos por nossa própria fonte energética que nos tornava invisíveis aos demais. Um novo dia chegaria, e com ele, a nossa Olívia trazendo notícias.

CAPÍTULO 11

# MARÍLIA

ACORDEI, O SOL JÁ ia um pouco alto, com o som de folhas sendo levemente pisadas. Lembrando-me onde estava abri os olhos imediatamente e sentei-me, dando com Olívia e Clara por perto, minha boa amiga com um sorriso, parecendo alegre:

– Bom dia, dorminhoco! Acordado até tarde ontem? A manhã já vai pelo meio, e Olívia já chegou faz um tempinho. Quer um pouco de água?

Aceitei de bom grado. O clima estava até agradável, embora ainda um pouco frio. O sol brilhava embora algumas nuvens o ameaçassem de nublar um pouco, e Olívia me olhava com a mesma carinha amigável de sempre:

– Trago notícias, estive com Serafim, e ele mandou-lhe lembranças! Estive também com Nana, Clara. Estava doida por notícias suas.

Clara olhou para ela curiosa:

– Minha querida Nana? E como vai minha amiga? Dona Cínthia, mãe de Fabrício, ainda está com ela?

Olívia riu-se:

– Sabe como é Nana, sempre tentando ajudar todo mundo!

Mas dona Cínthia é um tanto "reclamona", lamentava-se toda hora, pedia coisas a todo o momento. Nana acabou se chateando um pouco. Resultado: mandou dona Cínthia procurar outro abrigo onde ela teria que trabalhar um pouco, ou ao menos estudar para se ocupar. Fez muito bem, ou acabaria "atrasando" a evolução da amiga fazendo-lhe as vontades.

Clara riu-se:

– Ora vejam só, não bastava Nana ter sido minha babá e doméstica a vida inteira, e agora no mundo espiritual dona Cínthia a confundi-la com uma serviçal dela! Fez muito bem! Era o que faltava!

Pensei que certos hábitos eram difíceis de perder, mas que certamente dona Cínthia agora estava aprendendo que na Colônia, valemos pelo que somos, e não pela herança financeira que herdamos, ou pelo que o marido dá. Mas, lembrando-me de algo mais importante, perguntei a Olívia:

– E Serafim, Olívia? Respondeu às minhas dúvidas?

Ela me olhou com aqueles enormes olhos esverdeados:

– Claro. E me deu orientações para você também. Conversamos bastante, e ele concorda comigo.

Fiquei curioso ainda mais:

– Orientações é? Como assim? Concorda contigo em quê?

Ela abriu seu mais formoso sorriso:

– É certo que nunca mentimos, e ele não vê mais razão, dado o comportamento dele, para ocultarmos de Fabrício porque estamos aqui. Se ele perguntar de novo a qualquer um de nós, responderemos a verdade, que a mãe dele pediu a Nana, e que por intermédio de Clara, pedimos a Serafim. É a verdade.

Concordei com ela. Clara também. Ele já não queria ir para a Colônia mesmo. Que diferença faria? Olívia continuou:

– Quanto a esses nossos irmãos aqui, nessa experiência tão dolorosa, ele disse que confia em nós o suficiente para que ajudemos a essas criaturas, mas diz que não devemos esperar nem milagres nem agradecimentos, uma vez que existem aqui pessoas com um temperamento extremamente complicado entre os doentes. Mas, acho que já sabíamos disso, não é mesmo? E depois, podem existir boas pessoas por aqui também.

Eu tinha estado pouco tempo com os doentes, mas pelo pouco que tinha visto, sabia que não havia santos ou anjos deitados naquelas baias que gentilmente chamávamos de "quartos". Mas se fossem santos, não precisariam de ajuda, não é mesmo? Lendo meu pensamento, ela sorriu.

– De fato. Se fossem perfeitos, não estariam aqui. Sugiro deixar Fabrício de lado, se ele quer ficar aqui, que fique. Cuidemos dos outros, para restituir-lhes um pouco de força em seus corpos espirituais, para que decidam ao menos se querem deixar essa Vila. Alguns podem estar aqui por discordarem do pastor.

Nossa querida Clara se manifestou:

– Eu concordo, Olívia. Tudo tem seu tempo, mas deixá-los ao menos em condição de escolher se querem ficar na Vila ou sair dela, já seria uma caridade imensa. E quem sabe se um deles não tem seu coração tocado e não se volta para Deus? Nunca se sabe...

Olívia sorriu:

– É verdade... nunca se sabe! A preocupação principal de Serafim era com o bem-estar de vocês por tanto tempo nessas regiões, mas notou que estando nós três juntos, vocês dois ficarão bem. Mas depois daqui da Vila, subiremos à Colônia. Merecem um bom descanso, mesmo porque aqui vai ser cansativo.

E assim ficamos conversando até o início da tarde, quando nos dirigimos ao casarão e vimos umas seis pessoas entrando e saindo dele, com um semblante carregado. Tornamo-nos invisíveis, resolvemos entrar pela porta dos fundos e lá vimos novamente Fabrício encolhido na jaula, muito abatido, com uma grossa corrente nos pés, olhando para as pessoas, enfurecido, enquanto um rapaz jogava uma água suja nele, e ele vociferava:

– Pois saiba que eu tenho amigos anjos, e que eles vão voltar e acabar com vocês! Tudo isso aqui vai virar pó, é só eu pedir! Vou pedir, dar a minha alma e vocês todos vão parar no inferno!

Ouvi tudo aquilo muito assustado! Quem tinha dito àquele sujeito que tínhamos o poder de mandar "almas ao inferno"? Que imaginação ele tinha. Clara me olhava abismada, perguntando com o pensamento: "o que ele acha que somos? Demônios?". Eu dei de ombros, não tinha como explicar a loucura alheia. Ele continuava vociferando, irritado com a água suja, provavelmente:

– Pensam que estou mentindo? Pois não sabem o que estão fazendo! Um dia eles ainda vão levantar esses pobres diabos todos que vocês largaram como defuntos! Esperem e verão!

Aquele comentário me deixou bravo, tínhamos pedido tanto que ele nada dissesse sobre a nossa intenção de ajudar aos desfavorecidos. Notei Olívia por trás de Fabrício, ela sorriu e flutuando por trás dele levantou as duas mãos e posicionou-as por sobre as têmporas dele, dando-lhe um "passe" energético bastante forte, ao que ele se acalmou e dormiu profundamente. Não adiantou jogar água, dizerem impropérios, nada disso. Aos poucos ela caminhou entre os outros moços, acalmando-os também e logo eles foram para fora, rumo a um paiol e adormeceram profundamente. Feito isso, nos disse:

– Ótimo. Agora vamos poder trabalhar. Não vão voltar tão cedo!

Lendo o pensamento dos moços que tinham saído, notei que tinham estranhado muito encontrar Fabrício escondido, fora da jaula. O tolo tinha tentado se esconder dentro da própria cozinha, o que tinha causado seu descobrimento sem maiores dificuldades quando deram com a jaula aberta. Lendo o pensamento dele agora, adormecido, me dava conta do terror que ele tinha passado quando as mãos calejadas dos colonos, o pegaram pelo colarinho e o trancafiaram lá novamente. Bem que Olívia tinha avisado: era melhor ter se protegido! Mas, dono de um orgulho fora do comum, ei-lo agora preso depois de vociferar e ainda ser tomado por louco.

Clara olhou-o como se estivesse um tanto irritada, e comentou:

– Meu bom Ariel, viemos para cá na intenção de resgatar semelhante criatura, que parece achar que somos "anjos" que devemos servi-lo e obedecer às suas ordens... já se viu semelhante bobagem? Está aí agora, adormecido em relativa paz por conta da bondade de Olívia, senão ainda estaria em profundo desespero! Coisa mais doida!

Olhei para o rapaz, no meio da palha suja do chão da jaula, e balancei suavemente a cabeça, concordando com ela:

– É verdade, Clara. Reparou que quanto mais orgulhosa a criatura, mais ela sofre? Isso de se achar superior aos outros pode ser mesmo uma desgraça das maiores. Está nessa situação, aprisionado por gente simples, que antes ele sequer olharia duas vezes ou sequer cumprimentaria. E como isso lhe dói! O que lhe atormenta não é a rispidez do toque, mas ele ser feito por mãos sem trato, duras e calejadas! "Como se atrevem a tocar em mim, fidalgo de nascimento!", ele pensa.

Clara me olhou com aqueles olhos castanhos cheios de dúvida, já que ela mesma não se lembrava de como era ser orgulhosa:

– Será, Ariel? Ainda existe gente desta natureza?

Eu sorri da pureza dela:

– Claro, minha amiga. Não sabem que reencarnamos diversas vezes em raças diferentes, e condições sociais das mais diversas. Faz parte de nossa evolução. Não há na Colônia cursos para quem deseja conhecer encarnações passadas?

Ela me sorriu:

– Sim, há. Nana foi fazer, e contou que em vida anterior já tinha sido muito rica, mas que não tinha sido nada feliz. O marido era violento, e ela se sentia muito só. Branca como um floco de neve, alemã, acredita? E nasceu agora essa negra maravilhosa, que só trouxe o bem a quem a conheceu. Não sei o que seria de minha vida e da de Júlia, minha filha, se não fosse Nana!

Lembrei-me da amada amiga de Clara, sempre de bom humor, prestativa, caridosa. Então tinha ido ver uma de suas vidas passadas, hein? Tive que sorrir. Nana sempre tinha sido naturalmente bondosa, dedicada a outras pessoas, uma mente simples de coração gigante. Clara me olhava curiosa, e só então perguntou:

– E você, sempre tão estudioso! Não foi ver ainda sua encarnação anterior?

Olhei para ela um tanto sem jeito, mas respondi com sinceridade:

– Sabe que não, minha amiga? Minha última vida foi tão maravilhosa, que não quis ver a penúltima. Tive receio de lembrar antigas mágoas ou ressentimentos, algo que me atrapalhasse, ou nublasse minha alegria de viver. Eu e minha mulher tivemos anos muito felizes, tive bons amigos, não fui rico, mas nada me faltou. Tentei ajudar a todos que pude, e não fui além de minha obrigação, pois retribuía apenas o que Deus tinha me presenteado. Não quis estragar o que já estava perfeito!

Ela sorriu:

– Eu entendo. Também não tive grandes mágoas, e o que está no passado, no passado permanecerá. Sou feliz agora, tenho tudo que preciso, para que relembrar coisas que podem me entristecer?

Olhamos novamente para Fabrício, deitado no chão sobre a palha seca da cela, dormindo profundamente. Tinham retirado-lhe o velho colchão como castigo. Clara observou:

– Já imaginou se ele descobre que em uma vida passada tinha sido um escravo ou coisa parecida? Eu não me importaria, que nunca fui orgulhosa, nem racista, mas ele, que susto não ia levar!

E riu. Tive que rir com ela, pois já tinha visto situações semelhantes na Colônia, de gente que se julgava "muito fina" e que tinha tido na realidade reencarnações como gente muito humilde. É como digo: gente orgulhosa sofre à toa!

Vimos uma luz saindo de um dos quartos, e nos encaminhamos para lá. Olívia estava flutuando acima de uma doente que estava deitada encolhida de barriga para cima, as pernas contraídas finalmente pareciam se alongar, enquanto a menina, também flutuando na horizontal, fechava os olhos e parecia emitir uma espécie de prece. Ficamos, eu e Clara, um tanto extasiados com a cena: Olívia a não mais que um metro acima da mulher, flutuando na horizontal, os cabelos caindo como uma cascata de luz, enquanto os membros da doente, antes todos contraídos, agora pareciam descontrair-se e tomar a forma de membros normais em descanso.

O cheiro de lavanda encheu o ambiente, antes não tinha como ver o rosto da paciente, pois as mãos crispadas tapavam toda a sua face, mas agora, Clara as notou relaxadas, e as colocou junto com os braços dela, ao lado do corpo, que ajeitou sobre a cama.

A mesma coisa acontecia nas pernas, finas sim, mas não mais arqueadas pela dor. O vestido sujo e cheio de dobras mostrava a posição mantida, sabe lá quanto tempo, mas Clara ajeitou-o, de modo a cobrir parcialmente, ao menos, as pernas agora eretas da paciente.

Dessa forma ali estávamos, o que antes era só uma cópia de ser humano num feixe de dor contínua, agora era uma moça de seus vinte e poucos anos, muito magra, deitada num leito muito pobre, e sujo. Não era uma moça bonita: tinha os traços comuns, o nariz um tanto largo, os lábios finos demais, os olhos pequenos. Os cabelos eram crespos e de um castanho muito claro, quase louro, e viam-se os ossos de seus joelhos e ombros. Se bem-vestida, poderia até mesmo ser uma moça vistosa, não era feia também. Comum, era isso que se podia dizer dela: um tipo de moça que encontramos todos os dias.

Cessando um pouco o seu brilho, Olívia voltou para o nosso lado um tanto pensativa, o rostinho sério, deixando a mim e a Clara um tanto preocupados de que ela tivesse se cansado em excesso. Ela logo nos tranquilizou:

– Não, não estou cansada. Ao menos ela está sem dor agora. Mas certas pessoas são um tanto complicadas, não é mesmo?

Observei a moça na cama, que tinha realmente passado por

uma transformação espetacular, e parecia agora como um espírito comum, apenas adormecida. A energia bondosa de Olívia ainda estava em todo o ambiente, e eu não conseguia captar nada da paciente, por isso perguntei:

– Viu algo da vida dela, Olívia? Deve ter visto muito, pelo processo que passou e a energia que empregou na cura dela.

A linda menina deu de ombros, e respondeu:

– Sabe que acabo absorvendo as coisas com muita facilidade, é um processo natural do desenvolvimento pelo qual vocês também passarão. Acredito, assim como vocês, que devolver o livre-arbítrio a esses espíritos seja o certo, mas essa moça se encontra em séria confusão mental. Ela antes de parar por aqui e ser aprisionada por essas pessoas, fez coisas bastante questionáveis, e pode ser que volte a fazer.

Clara ficou preocupada, e perguntou:

– Que tipo de coisas, minha linda? Pode nos contar?

Olívia passeou em volta da cama, olhando para a paciente pensativamente, e nos respondeu:

– É melhor que eu conte, mesmo por que Serafim disse que a decisão seria nossa. Ela ainda dormirá por um tempo, então, é melhor que eu "mostre"...

E fez-nos sentar no chão, pegando nossas mãos e fechando nossos olhos para que víssemos o festival de imagens que ela tinha visto.

O nome da moça era Marília, e ela morava em uma comunidade pobre numa pequena cidade no sul do país. Não tinha desencarnado há muito tempo, vinte anos no máximo, e na cena que víamos, estava ainda morando com os pais e dois irmãos, uma moça mais nova, bonita como ela só, e um irmão que trabalhava como mecânico. Marília tinha deixado os estudos e ficava com a mãe em casa, brigavam muito as duas, pois a moça não era muito dada aos afazeres domésticos.

A mais nova estudava e trabalhava. Sendo bonita atraía vários admiradores, o que gerava certa inveja da irmã já que os pais também admiravam a mais nova, e cobravam da mais velha igual atitude. Pequeno drama assim se desenhava por um par de anos até que Antônia, a irmã, apareceu em casa e apresentou o noivo para os pais. Celso era um rapaz bem-apessoado, bancário, ganhando bem para os padrões dos pais, o que encheu Marília de mais inveja. Apesar de tudo, esta disfarçou, começando a querer se aproximar da irmã finalmente, saindo junto com os noivos com a desculpa de querer conhecer um pretendente também.

A bela Antônia não viu perigo naquilo e quis ajudar a irmã. Que mal haveria? A mãe não viu graça no trato, mas não quis interferir. O noivo, querendo agradar, aturava a cunhada, que quando podia se insinuava ou "tentava alertá-lo" para os defeitos de Antônia e as qualidades dela mesma. Eu sorri nessa parte, tudo muito pueril e tolo, não achei que ela lograria algum sucesso. O fato é que o bom Celso começou a pedir à noiva que saíssem um pouco mais sozinhos, ao que ela atendeu, mas nada disse à irmã para não a melindrar.

Vendo-se preterida das saídas da irmã e do noivo, Marília imaginou logo a irmã com ciúmes de Celso, e fantasiou que tinha realmente chances com ele. Confundiu as gentilezas do cunhado com um amor correspondido, e logo a pôs como empecilho à sua felicidade eterna. "Pobre Celso" pensava "agora que estávamos nos acertando, Antônia percebe e nos afasta!".

O fato é que Celso nunca havia estado mais feliz, amava Antônia de todo o seu coração, finalmente estavam chegando a um estágio mais profundo de seu namoro sem a interferência de Marília, e aos oito meses de namoro, Antônia engravidou. Não tinha sido uma gravidez planejada, mas assim que foi confirmada, os dois contaram aos pais dela e foi feito o pedido de casamento, pois Celso estava radiante: finalmente ia morar com ela em seu apartamento!

A mãe de Antônia achou tudo muito rápido, mas gostava do genro e a família ficou feliz com a chegada do neto, mas Marília, assim que soube da notícia, correu para o banheiro e vomitou amargamente. A inveja que sempre tinha sentido da irmã transformou-se em ódio ferino, daqueles que dilaceram a alma, e ela pensava consigo mesma: "desgraçada! Conseguiu prendê-lo! Mas isso não fica assim, eu darei um jeito nisso. Tudo nessa casa sempre foi para Antônia, pois não será mais assim!".

Com esses pensamentos correu para o espelho, lavou o rosto, enxugou as lágrimas, empoou o nariz e passando um batom cor-de-rosa abriu o seu mais belo sorriso e foi cumprimentar a irmã, que abriu os braços para ela sem desconfiar do que se passava em seu íntimo.

Eles decidiram por um casamento simples, dali a dois meses, para que Antônia ao menos providenciasse um pequeno enxoval. Tinha quase tudo no apartamento de Celso, mas ele adiantou um bom dinheiro a ela para que comprasse pequenas coisas a seu gosto. Porém, Antônia não passava bem: pequenas tonturas e muito enjoo, coisas da gravidez, conforme dizia o médico. Emagrecia a olhos vistos, nada lhe parava no estômago! A mãe, preocupada, fazia-lhe sopas leves, mas ainda assim ela vomitava.

Logo parou de ir ao serviço e coisa de um mês depois do resultado, Antônia infelizmente abortou, teve um sangramento feio, apesar de ter feito repouso como o médico tinha mandado. Mas, qual! Celso, desesperado, tentava consolar a amada, mas ela sequer tinha forças de levantar da cama, de tão deprimida! Marília comportava-se como a melhor irmã do mundo, consolava Antônia, dava-lhe os remédios recomendados, orava constantemente ao seu lado, tentava animar Celso. A família surpreendeu-se com ela, que jamais a tinha imaginado ser tão prestativa.

Mas a verdade é que a moça parou de comer, a beleza antes tão comentada por todos, ficou etérea, os olhos imensos no rosto. Antidepressivos foram dados, o vômito nos dias finais até parou um pouco, mesmo por que ela não comia, mas o mal que a tinha acometido tinha sido forte demais, e ao final de dois meses, a bela Antônia se foi, deixando para trás uma família triste e enlutada, e um Celso desesperado por ter perdido o amor de sua vida.

Por dentro de si, Marília vibrava. Tinha finalmente estabelecido com Celso a ligação que desejava, tinham ficado amigos, quase confidentes. Quando queria desabafar era a ela que ele procurava! Pena que falasse sempre da irmã, quando se declararia? Não tinha o belo rosto de Antônia, mas tinha um corpo bem feito, isso ninguém negava! E ele certamente estaria carente do toque feminino, era um homem, e homens precisam de mulheres!

Perdida nesses pensamentos, no dia do enterro da irmã, ela ia de rosto coberto por um véu negro, ao lado do cunhado, sem soltar uma lágrima sequer. Tudo tinha saído perfeitamente bem, o veneno de rato em pequeníssimas porções, administrado quase que diariamente, tinha feito o seu papel. Nunca mais Antônia a incomodaria! Se tinha se arrependido ao ver as dores da irmã, ou o aborto? Jamais! Só Deus sabia o sofrimento que tinha sido viver com semelhante criatura durante todos aqueles anos! Sempre a mais bonita, sempre a mais capaz, sempre a mais inteligente! Pois agora estava ali, debaixo de sete palmos de terra, e ela viva, para consolar o seu amado noivo!

Pensei comigo mesmo: que mal Antônia tinha lhe feito naquela vida? Nenhum! A infeliz inveja tinha sido a causa de sua morte! Ao contrário, a irmã a tinha levado a passear, sido uma boa companheira, tantas vezes tinha até lhe emprestado roupas, que Marília não trabalhava para comprar as suas, e agora tudo isso.

Lembrai a oração do Cristo: "livrai-nos do mal..."; está com uma pessoa cheia de maus sentimentos pelo próximo? Ore por ela, mas afaste-se!

Tola Marília, que assassinara talvez quem lhe daria amparo em sua velhice. Ela que não gostava de trabalho nem de estudo. Por uma ilusão vã, sacrificara a vida da irmã e do filho que ela carregava. Não sabe ela que tudo volta? Que tudo tem seu preço?

Olhei a mulher na cama pobre, já sem muita simpatia, mas as visões me chamaram de volta: Olívia queria mostrar mais. Ao contrário do que ela pensava, o moço Celso não foi se aproximando dela, mas afastando-se. Dizia que a proximidade com ela o fazia lembrar-se do sofrimento que sua amada tinha passado em seus últimos dias, e que se a mantivesse por perto, enlouqueceria. Dessa forma, despediu-se da família e disse que assim que se recuperasse os visitaria novamente. Os pais de Antônia o entenderam perfeitamente, mas Marília quase enlouqueceu. Passou a persegui-lo com telefonemas e quando isso não mais adiantou, plantava-se fora do serviço do rapaz, que finalmente foi ríspido com ela, dizendo que só a aturava por conta da irmã, que era um anjo de doçura e pedia a ele que assim agisse. Que agora que Antônia estava morta, não tinha mais por que falar com ela.

Marília ao ouvir aquilo se transtornou: então ele não a amava? Não era Antônia um empecilho à felicidade dos dois? Celso a olhou como se louca fosse, sobrancelhas erguidas na surpresa das palavras, e respondeu com aspereza: de onde tinha ela tirado semelhante ideia? Não se enxergava? Querer comparar-se com Antônia, que além de bondosa, era bela e inteligente? Ela podia estar morta, mas a lembrança sempre persistiria!

A essas palavras Marília tentou bater nele, que a empurrou no meio da rua e a fez cair sentada no chão. Não era de empurrar mulheres, mas a insistência dela o fez perder a cabeça, não aguentava mais os telefonemas e as perseguições que não cediam mesmo com as negativas dele! Marília não se conformou, levantou-se e gritou aos quatro ventos na rua que aquele homem a tinha agredido, tentando chamar a atenção dos guardas, mas como Celso não tardou em se afastar e como ela não parecia machucada, ninguém lhe deu a menor atenção. Só então pegou o ônibus e foi para sua casa na comunidade.

Se por um lado ela sofria pela rejeição de Celso, a mãe de Antônia sofreu duro golpe com a morte da filha tão amada! Tinha se ido aquela que era sua companheira mais preciosa, quase que sua confidente, a que lhe fornecia amparo emocional e por muitas vezes, o financeiro. Generosa, a filha mais nova sempre estava atenta para as necessidades da mãe, que tinha se dedicado apenas ao lar por toda a vida. Dona Solange, a mãe das irmãs, que nunca tinha ficado sem trabalhar no serviço doméstico, simplesmente caiu de cama, depressiva e sem forças, só fazia chorar e reclamar de fortes dores de cabeça.

O marido estranhou bastante, não bastasse a morte da filha querida, agora estava sem a mulher a lhe fazer comida, sem lavar as roupas, e não conseguia se conformar com ela sem comer nada, na cama o dia inteiro. Veio-lhe o medo de perder a mulher tão amada! O irmão mais novo desesperou-se e Marília logo se viu cobrada como nunca tinha sido antes, para seu desespero completo: nunca tinha se imaginado a ter que fazer todo o serviço doméstico e ainda ser rejeitada tão duramente por Celso! As brigas na casa se tornaram terríveis, sua vida tornou-se fatigante e infeliz como nunca!

Precisava agora tomar conta da mãe (tinha esperança que voltasse ao normal, não aguentava o serviço da casa!), cozinhar, lavar, passar... o pai era exigente, a comida ficou simples, sem muito agrado, já que Antônia não mais existia para levar as coisas de que a mãe e eles todos gostavam. As roupas da irmã, dona Solange num arroubo de generosidade doou para a igreja, dizendo que não suportava ver as vestes da filha sem ter ela por perto. Marília foi ao desespero, agora nem roupas novas e bonitas ela teria! Mas o que a deixava realmente sem sono, era Celso: não se conformava com a reação dele. Não tinha feito tudo aquilo para ficar sozinha, trabalhando como uma moura, numa comunidade! Ele seria dela!

Embora de formação católica, conhecia uma senhora famosa por fazer uns "trabalhos" espirituais. Diziam que cobrava caro, mas nisso se dava um jeito. Uma conhecida tinha lhe dito que o amante dela tinha ficado "preso" assim, e era verdade. O casamento do homem tinha acabado mesmo; no caso dela era mais fácil, nem casado o Celso era!

Num dia de verão à tarde ela subiu o morro, vestida de forma a não chamar atenção, e foi com a amiga na casa da referida senhora. Era uma casa simples, no quintal algumas galinhas, duas crianças até bem vestidas, cabelinhos bem penteados, bonitas e negras na frente da varanda muito pobre, mas limpa, da casa de madeira. Logo na sala uma figura gigantesca de um Exu vermelho, entidade muito cultuada nos terreiros, servindo tanto ao bem como ao mal, mas que para Marília lembrou um "demônio" imenso, ao que ela, por tradição católica, se benzeu três vezes.

Nesse ponto eu e Clara tivemos que rir, com que então, vai pedir um trabalho espiritual maligno e se benze? Faz isso algum sentido? Na parede da sala, um quadro de razoável tamanho tinha os dizeres: "Nessa casa, se busca o respeito pelo bem.". Aquilo me aliviou um pouco o coração, mas Marília não levou o quadro a sério.

A pequena sala era colorida, várias entidades, inclusive a bela Iemanjá, faceira, a um canto, com seu manto azul. Pensei na imensa mistura de crenças brasileiras, e de como Deus abençoava todos os Seus filhos! Lembrei-me do colorido dos deuses hindus, e em como tudo aquilo era parecido. E as cores não pertencem ao Criador? Quem disse que tudo deve ser cinza?

Apesar de meu bom humor e do de Clara, que comigo já havia presenciado muitas entidades de luz em centros assim coloridos, ali estavam algumas que careciam de algum desenvolvimento, não era um lugar muito positivo. A senhora que as recebeu era magra, usava um turbante colorido, colares de contas e apresentou-se como dona Chica. Difícil de saber a idade, mas calculei algo entre os cinquenta e os setenta. A pele negra não é sujeita a rugas e a dela ainda era boa, mas os olhos a traíam um pouco, assim como os gestos. Olhou para Marília como que a avaliando: teria dinheiro para a consulta? Não teve muita certeza, por isso perguntou:

– A moça sabe o preço?

Olhando o "demônio vermelho" às suas costas, Marília apressou-se em retirar algumas notas amassadas de sua bolsinha e estender à senhora. Tinha vendido um relógio que Antônia tinha lhe dado no último Natal, e ali estava o dinheiro, para comprar o "amor" de seu noivo. Apesar de contar o dinheiro, a mulher não a olhou com muita simpatia, embora sorrisse. Por detrás dela, uma moça sussurrava-lhe no ouvido algumas coisas sobre sua cliente, e ela ergueu as sobrancelhas. Era realmente uma médium, pelo que notamos. Olhando para Marília ela disse:

– A moça veio me pedir um trabalho de "amarração"? O rapaz era noivo de sua irmã, não era?

Ao ouvir a senhora falar dessa forma, ela quase caiu da cadeira onde se sentava, mas em seguida olhou a colega que estava ao seu lado, e pensou: "essa daí deu com a língua nos dentes para essa feiticeira", e respondeu que sim. Tinha sido noivo de sua irmã, mas que ela já tinha morrido. Perguntou se era possível, pois o moço ainda estava sozinho, e o quanto ia custar. A mulher tirou um pequeno charuto de sua bolsa, acendeu e olhou para ela do meio da fumaça, e então riu baixinho quando disse:

– A moça não andou agindo direito... já tem uma dívida séria! A amarração pode ser feita, mas o moço tem proteção. Quer tentar assim mesmo?

Na mente de Marília veio a figura do bonito Celso, seu apartamento caro, seu bom salário, muito maior do que o do seu pai. Celso dizia que não queria nada com ela, por lembrar-se sempre do sofrimento de Antônia a cada vez que a via. Perguntou se havia chance de sucesso, ao que a mulher disse:

– Chance de sucesso há... mas não posso garantir. Pode ser que dê errado! A moça tem uma dívida grande...

Ela perguntou:

– E que acontece se "der errado"?

A mulher deu de ombros:

– Pode acontecer de você não conseguir o rapaz, entre outras coisas. Minhas entidades costumam ser justas.

Pois se são justos, pensou Marília, eu os pagarei e eles me darão o Celso. Como está eu já não o tenho mesmo. E deu o resto do dinheiro pagando a "amarração". A mulher lhe deu prazo de um mês para ver o resultado.

Fechado o trato, a entidade às costas da senhora deu sonora gargalhada, que fez com que eu e Clara nos olhássemos tristes. A mulher realmente fez o trabalho com entidades que habitavam nos arredores de sua residência, aumentando assim sua dívida espiritual e a deles. Com o passar dos dias localizaram Celso em seu apartamento, triste, mas não sozinho: junto dele, tal qual uma luz silenciosa, estava Antônia, a tentar consolá-lo, já que não passava um dia em que ele não chamasse por ela.

Embora tivesse sido socorrida no momento de sua desencarnação, foram tantos os pedidos dele, que ela voltou à Terra para ficar junto de seu amado e lá estava em oração, quando duas ou três entidades, na forma de sombras, começaram a se aproximar, e deram com o belo quadro da moça a consolar o namorado, a tentar desfazer os pensamentos de suicídio dele, e incentivá-lo a continuar a vida.

Ela brilhava em oração, sem nenhum egoísmo, numa pureza de amor raramente vista, sem ódio, mágoa ou tristeza. Falava-lhe de um tempo futuro onde estariam juntos, e que seria pleno de paz, sem as vicissitudes da Terra. Mas que antes seria preciso que ele seguisse o seu caminho, que tivesse fé, que não se queixasse, pois Deus não o abandonaria, e mesmo ela sempre estaria por perto para socorrê-lo em momentos de angústia ou desalento. "A morte é só uma ilusão, Celso...", dizia ela.

A paz e o amor que emanava dela paralisou as criaturas que ali tinham ido para influenciar o rapaz, e encantados por ela, perguntaram quem era e o que fazia ali. Antônia era um espírito antigo, e sabendo que eles não podiam lhe fazer mal algum, contou-lhes quem era, e a triste história dos dois. Ao que eles lhe perguntaram então, de que ela tinha morrido, e ela respondeu que, infelizmente, tinha sido assassinada pela própria irmã, inimiga de outras vidas, que tinha nascido com ela para findar a inimizade, mas que infelizmente, não tinha logrado sucesso. A irmã tinha sucumbido ao ódio novamente!

As pessoas esquecem, frequentemente, que entidades são apenas gente, emocionam-se e tomam partido como todo mundo faz. Justamente por isso, às vezes os trabalhos "dão errado". Claro que existem também os charlatões que cobram por "trabalhos" que não existem, mas aquele não era o caso. E essas entidades tomaram-se de tamanha revolta com a história das duas irmãs, que contaram a ela o que estavam fazendo por ali, o que causou novas lágrimas em Antônia, deixando-a ainda mais preocupada com o noivo.

E elas, que tinham simpatizado muito com a moça, disseram que ela não se preocupasse, que nada aconteceria a Celso, que eles já tinham sofrido em excesso. Elas cuidariam para que o mal cessasse. Inocente, Antônia agradeceu muito, e elas se retiraram.

Em sua casa, Marília esperava contando os dias para que Celso aparecesse ou ligasse para ela. Tinha gastado sua última reserva de dinheiro com aquele "trabalho" e não aguentava mais esperar, mas tinha se passado apenas quinze dias. Fazia já planos, no meio de seus afazeres domésticos, para quando se casasse com ele: teria uma empregada e uma faxineira. Nunca mais varreria um chão! Ficar cheirando a alho então, Deus me livre! Antônia tinha lhe dito que ele logo pegaria o cargo de gerência... imagine só! Mulher de gerente!

Um dia, quando foi levar o almoço da mãe, finalmente encontrou-a com o semblante um pouco melhor, sentada na cama, tentando pentear os longos cabelos. Foi quando por trás dela vislumbrou um vulto luminoso, que parecia a irmã falecida, e largou o prato no chão: a irmã parecia olhá-la com um ar extremamente magoado! Dona Solange assustou-se ao ver o prato quebrado, a comida espalhada pelo chão de madeira que estava sem ser encerado há tempos! Mas Marília nada disse, correu a pegar a vassoura e o pano de chão benzendo-se, e limpou tudo reclamando como sempre, pensando que só faltava agora ser assombrada pela defunta! Ao ver a filha fazer o sinal da cruz, com um olhar assustado, a genitora estranhou muito, e disse:

160 | Mônica Aguieiras Cortat | Ariel e Fabrício (espíritos)

– Que se passa, Marília? Andou vendo assombração?

A moça quis desconversar, mas viu que não adiantava. Só então disse:

– Quando entrei me pareceu ver um vulto como o de Antônia, mas com certeza foi só impressão...

A mãe emocionou-se muitíssimo, falando:

– Ah! Minha pobre filha me visita! Tanto que me amava, deve estar preocupada com a minha doença. Antônia nunca suportou me ver doente, era cheia de cuidados! Por isso estou sentindo-me um pouco melhor.

Notamos nitidamente a expressão de raiva no rosto de Marília, quando esta disse:

– Então, eu me mato tomando conta da casa, dando comida para a senhora que não sai da cama, e quando a "madame" melhora é por conta da defunta? Ora, faça-me o favor!

E saiu do quarto irritada, batendo a porta, mas dona Solange não importou. Tinha sentido realmente a presença de Antônia nos últimos dias, e saber que ali tinha realmente estado em muito minorava a sua saudade!

Do lado de fora da porta, Marília passou as costas da mão na testa fria, imaginando se por castigo de Deus começaria agora a ver a irmã morta a andar pela casa. Sacudiu a cabeça em negação: aquilo não acontecia, ou todos os assassinos ficariam loucos nas prisões, tinha sido apenas um golpe de luz qualquer na cortina do quarto. O trabalho doméstico realmente cansava a quem não tinha o costume, e ela o detestava. Quando Celso viria e a tiraria daquele inferno?

Fazia já quinze dias, pensava ela. Não havia nada demais em ir à casa da mulher que tinha feito o trabalho e perguntar como estavam indo as coisas. Chamaria a sua amiga e iriam lá de novo, apenas "assuntar", ver como tudo estava indo, mesmo porque até agora, o rapaz não a tinha procurado.

A amiga estranhou a outra chegando, mas entendeu perfeitamente a angústia de Marília. Afinal, quinze dias podem parecer uma eternidade para quem pede um trabalho desta natureza, não obstante, afirmou, para o descontentamento da amiga:

– Recorda que ela lhe disse que não podia garantir, lembra? Aliás, foi a primeira vez que eu a vi não dar garantia.

Marília não desanimou, embora sentisse um aperto no peito:

– Mas também não disse que era impossível. Se eu não fizesse o trabalho é que ia ser impossível, o moço diz que eu o faço lembrar-se de minha irmã, e que por isso não pode ficar comigo! – mentiu ela.

A amiga, que conhecia Antônia e Marília, sabendo as duas extremamente diferentes, tanto fisicamente como de gênio, estranhou a resposta, mas fez outra pergunta:

– Que dívida era aquela que a mulher disse que você tinha?

Empalidecendo, a moça respondeu:

– E eu lá sei... cismou comigo, eu acho. Você também não tinha nada de ter contado que eu tinha perdido minha irmã e que o rapaz era o noivo dela! Fiquei mal!

A amiga riu-se:

– Pois saiba que eu nada disse a ela, nem a ninguém. Não tenho essas intimidades com dona Chica. Ela é reservada como ela só, não gosta de fofocas com ninguém da comunidade.

A isso, Marília arregalou os olhos. Teria ela adivinhado? A fama da vidente corria a cidade toda, vindo gente de todo canto consultar com ela, por isso mesmo o trabalho não custava pouco. Lembrou-se do olhar da mulher, que lhe varria a alma, e teve um leve arrepio, pensou em voltar para casa. Mas, lembrando-se de Celso, continuou a subir o morro, decidida.

Chegando à casa pobre, as duas meninas estavam no pequeno quintal, muito lindas, enfeites coloridos nos cabelos, brincando com pintinhos amarelos como o sol. Mas a antessala das consultas, aquela com a enorme estátua do Exu vermelho, estava com três pessoas aguardando consulta, duas senhoras de meia-idade, e um senhor de seus quarenta anos, todos com roupa bem-feita, e só então Marília notou dois carros caros parados quase que na porta da casa de dona Chica.

Como dentro da casa não havia mais onde sentar, foram para o lado de fora, e sentaram-se num banquinho de madeira, no quintal, aguardando no sol de verão até que as pessoas fossem atendidas. A amiga reclamou um pouco, mas ficou por solidariedade e um pouco por curiosidade. Mais ao final da tarde, a mulher as atendeu:

– Tinham marcado consulta? Não me lembro... seu trabalho ainda não leva uma quinzena.

Marília desculpou-se apressadamente, mas o semblante de dona Chica não era nada bom. Disse que passava por um período difícil em casa, com os pais, e que o casamento com Celso era sua única esperança de uma vida melhor. A mulher olhou-a sem muita simpatia, e depois dela reclamar por um bom tempo, disse:

– Não sei se a moça se lembra, mas não lhe garanti sucesso! Foi confirmada a proteção do rapaz! Devido a seu comportamento, as entidades não estão nada felizes com a moça! Aliás, sobra irritação... fosse eu a moça, suspendia o trabalho imediatamente! Eu cobro só o custo das velas!

Observei as sombras por trás da médium, que lhe davam por sinal um bom conselho, que não desejasse o mal de Celso, que se arrependesse. Mas o coração de Marília parecia se despedaçar dentro do peito, de desespero, ódio e frustração. Rubra de raiva, ela vociferou:

– Como assim? Gastei o que não tinha para pagar essas entidades! E assim que me casar posso pagar bem mais! Mas exijo o serviço feito, quero Celso a meus pés, ou não tem mais dinheiro algum! Suspender trabalho tinha muita graça... sabe há quanto tempo desejo esse moço? Tem de ser meu! E apaixonado! Eu mato e morro por ele!

Dona Chica não se abalou, com certeza já tinha visto cenas piores em sua vida, cruzou os magros braços em torno do peito e olhou firme para ela:

– Não duvido, mas não sou só eu que lhe ouço. Acha que tudo se compra com dinheiro? Acaso eu lhe dei certeza de algo? Há coisas que se pode ter, outras não. Se não quer que o trabalho se desfaça, não será desfeito, mas arque com o peso do que há de vir, então. Falei para o seu bem. O moço tem uma proteção forte, não há de ser seu...

E apontou para a porta da rua. A amiga de Marília pediu imediatamente desculpas por ter incomodado dona Chica, pois não queria saber de problemas com o Além, mas Marília estava possuída de tanto ódio. Sentia-se lograda, enganada, como se a mulher tivesse lhe tirado, além do rico dinheirinho, todas as esperanças de um futuro belo e tranquilo.

Olhou as imagens à sua volta, limpas, ricas e enfeitadas, na casa pobre e simples, e lembrou-se das imagens de santos que eram a riqueza de sua mãe dentro de casa, e pensou: "pois se me roubou, agora vai pagar", e rapidamente pegou a linda imagem de Iemanjá e a arremessou na grande estátua do Exu vermelho, que veio ao chão, partindo-se as duas em pedaços grandes e pequenos. Dona Chica vendo aquilo deu um grito da cozinha, tão sentido quanto uma católica que vê uma imagem sua sendo destruída, ao que Marília apenas disse:

– Pronto, agora estamos quites! Também lhe dei um prejuízo!

Saiu correndo da casa, um tanto desesperada por ter ouvido que nada de seus sonhos seria concretizado. A amiga, pálida, assim que pararam de correr, lhe fez séria reprimenda:

– Enlouqueceu! Quebrar assim as imagens dela? É uma feiticeira conhecida, vai lhe atrasar a vida!

Marília deu de ombros:

– Se fosse poderosa mesmo, tinha me trazido o Celso!

De dentro da casa pobre, dona Chica abraçava os cacos das imagens que tanto gostava, e com lágrimas nos olhos dizia:

– Maldita! Bem que não queria recebê-la em minha casa! Mas ela que não ache que isso termina assim... meu Exu, minha rainha, todos quebrados! Eu hei de vingar-me dela!

Clara continuava olhando a cena, um tanto espantada. Lembrava-se de sua avó e o seu amor com a estátua de São Jorge, mas o caso ali parecia muito mais sério, dona Chica estava enfurecida. Olhando-me muito admirada, ela me disse:

– Nossa, Ariel, já vi gente triste por imagem quebrada, mas nunca tão furiosa!

Olívia sorriu para ela, e perguntou:

– E você não sabe o porquê?

CAPÍTULO 12

# As imagens e falar com Deus

Depois de ver tudo aquilo da vida de Marília, notar o lindo rosto de Olívia brilhando suavemente foi uma bênção. Durante muito tempo em nossas vidas tínhamos presenciado pessoas admirando imagens de santos dos mais variados tipos nas igrejas católicas, tanto eu, como Clara. Na época em que habitávamos a Terra, as primeiras décadas do século vinte, não existiam os terreiros de umbanda, logo, viemos a conhecê-los do plano espiritual, assim como as suas imagens. A realidade é que algumas religiões, tanto no ocidente como no oriente, usam imagens.

Clara esperava pela resposta de Olívia, sobre o porquê de dona Chica ter ficado tão furiosa com a quebra das imagens dela. Olívia, nos desvinculando da vida de Marília, resolveu nos dar esta pausa, para explicar melhor:

– Deus é amor, Clara, e sabe-nos pequenos. Na realidade, como Deus criou todo o Universo, Ele está em todo lugar e principalmente dentro de nós mesmos, quando nos aprofundamos na prática do bem, da caridade verdadeira, do amor ao próximo. Mas algumas pessoas gostam de alguns "lembretes", e de histórias que lhes lembrem de Deus, ou Jeová, ou Krishna, ou qualquer um dos nomes que queiram dar ao Criador.

Clara sorriu:

– Lembretes? Como se fossem bilhetes espalhados pela casa?

Olívia sorriu também:

– Pode-se dizer que sim! Mas bilhetes de papel se perdem com o vento, não é verdade? E ninguém sabe de fato como é a fisionomia do Criador. Sabem, mais ou menos, como foi o Cristo e seus santos. Os orientais sabem como foi o Buda, e os indianos, de suas muitas fábulas e histórias, tiraram a fisionomia de seus muitos deuses! Como são matéria, criam imagens de matéria para orarem e se lembrarem sempre do mundo espiritual. E funciona assim, na maioria das vezes, como uma espécie de "lembrete".

Achei a explicação bem poética, e complementei:

– A verdade é que alguns desses objetos, dada a fé que as pessoas acabam depositando neles, ficam quase que "imantados" de energia. Mas é a energia humana, e não do próprio objeto. Se assim eles se sentem mais perto do Altíssimo, que é tão generoso conosco, que mal há? Se pedem proteção através dele, buscam por arrependimento pedindo aos seus santos de devoção, quem diz que não há por ali um bom espírito guardião, ou mesmo um "anjo da guarda", feliz de ouvir palavras de fé? O bem também tem seus caminhos, minha boa amiga!

Olívia balançou a cabeça em aprovação, e Clara observou:

– É verdade! Se soubermos olhar direito, veríamos o Criador nas plantas que nos cercam, nas fases da lua, no vento fresco da noite e em tantas pequenas coisas que nos cercam. Mas, como não ver Deus na mãe que reza em frente a uma imagem pedindo proteção para o filho, que padece doente? Ou para a moça que pede um marido, o lavrador que pede chuva? Somos pequenos... e o Criador sabe disso e ainda assim nos ama!

Nos olhos dela eu vi a lembrança da Terra, da fazenda dos avós, das vezes em que rezou pela filha... mas então ela perguntou:

– Mas que fez dona Chica ficar tão brava com as imagens quebradas, Olívia? Triste, eu reconheço, pois eram peças que pareciam antigas. Mas ela ficou transtornada!

Olívia coçou a cabecinha, e respondeu:

– Dona Chica é uma médium vidente, que tem perdido um pouco de seu dom, pois não tem feito bom uso dele. Seu papel no mundo era o de disciplinar alguns espíritos sofredores, e ela realmente encaminhou alguns para o bem, por isso os dizeres na porta de sua casa. Mas a pobreza andou falando mais alto, e com isso ela se perdeu um pouco.

Olhei para Olívia um tanto surpreso, pois "trabalho de amarração" não podia ser considerado "coisa boa". Ela levantou os ombros num gesto muito feminino:

– Ora, meu bom Ariel, não seria a primeira pessoa que vemos falhar em sua missão, não é mesmo? Mas a verdade é que os espíritos que se aproximam dela realmente são doutrinados a respeitar o bem, quando o notam. Por isso não atacaram Celso, e se revoltaram bastante com a maldade de Marília. Por esta eles criaram verdadeiro ódio. Se ao procurarem Celso tivessem lá visto promiscuidade, inveja, ganância, enfim, esses sentimentos de baixa vibração, teria sido fácil para eles. Mas tudo o que viram foi o imenso amor de Antônia, e um homem verdadeiramente triste, bom e acabrunhado de ter perdido a amada de uma forma atroz. E Antônia infundia-lhe a vontade de viver!

Clara sorriu. Lembrava-se da cena, não via o rosto dos obsessores, mas recordava o da moça, que olhou para eles como que pedindo ajuda, destruindo a intenção de qualquer mal. Olívia continuou:

– As estátuas, embora de origem humilde, estavam com dona Chica desde o início de sua função, carregada de sua própria energia e da dos seus guias espirituais. Ela se sentia protegida com elas, dado o tanto que já tinham sido rezadas e cultuadas pelo povo da própria comunidade. Podiam trazer novas, mais caras e mais bonitas, mas para dona Chica, nunca mais seriam a mesma coisa. Suas preciosas entidades tinham ido embora, e trazê-las de volta, iria custar muita oração!

Clara respondeu:

– Então, ela as acreditava "encantadas"?

– Sim. Para ela, entidades moravam dentro das imagens, e quebradas, tinham ficado ofendidas e se foram para outra médium. Vingativa como suas entidades, iria querer se vingar de Marília.

Olhamos os três para o corpo de Marília na cama. Clara com as sobrancelhas franzidas, observando a melhora dela, mas imaginando o que ela devia ter passado. De súbito, um barulho chamou nossa atenção, Fabrício parecia estar acordando. Devia ser por volta das duas da tarde pela posição do Sol, e ele começou numa gritaria ímpar:

– Olá! Estão aqui? Apareçam!!! Tenho sede, esses infelizes sequer água me dão... por que não aparecem? Sei que estão por aqui, sinto o cheiro da menina!

Olhamos eu e Clara para Olívia, que realmente cheirava à lavanda como sempre. Ela, meio sem jeito, deu de ombros:

– E como quer que eu cure esses coitados? Quando curo, meu cheiro vem!

Tivemos que rir baixo, os três, era verdade! Tratamos de desaparecer já que não tardou para um dos rapazes que agora tomava conta do casarão aparecesse e interpelasse Fabrício:

– Que quer? Por que tanto grita?

Ele não se fez de rogado:

– Só falo se me trouxer água! Morro de sede aqui!

O rapaz o olhou desconfiado, mas encheu uma gamela e entregou a ele, que bebeu sofregamente. Depois perguntou:

– Agora fale! Viu alguma coisa?

Arrogante como sempre, Fabrício disse:

– Não sente o cheiro de flor, desastrado? Não tem olfato também?

O rapaz o olhou com uma cara de poucos amigos, mas respirou profundamente. Não satisfeito, aspirou de novo:

– Cheiro de flor? Está doido mesmo! Aqui cheira mal como todos os dias! Também, com esses doentes imundos, o que sinto é o cheiro deles! Mas, não se preocupe: logo estará cheirando assim também. Nosso pastor sabe como amansar demônios, afeminado!

Ao ouvir semelhante comentário, Fabrício se retraiu, e o rapaz se retirou xingando-o de outros nomes bastante ofensivos. Observei o rapaz sentando-se ao fundo da cela, colocando as mãos na cabeça ainda ensanguentada, chorando silenciosamente. Clara, dona de um coração sem limites, quis ir consolar... eu observei:

– Podemos até ir consolá-lo, mas lembre-se que ele vai colocar todos os outros em risco, nos delatando por aqui sempre que puder. Tem certeza de que quer ir? Sabe que não está pronto para a Colônia...

Clara suspirou:

– É fato... mas me deu uma pena! Não posso ver ninguém chorando!

Olívia disse:

– Vamos nos concentrar primeiro naqueles que nem chorar podem!

Voltamos então ao quarto de Marília, onde ela nos esperava em sono profundo, Clara observou:

– Sinceramente, essa moça não tem um temperamento fácil. Estou até um pouco cismada com o que vamos ver.

Olívia nos deu um de seus olhares enigmáticos, mas respondeu:

– Lembre-se Clara, nós estamos no umbral...

E nos demos as mãos:

As cenas então voltaram, com Marília chegando em casa, e a mãe já na cozinha, tentando fazer o jantar. A moça, a esse quadro, sorriu, pensando que quebrar as imagens de dona Chica tinha dado era bom resultado, já que ao menos a janta ela não teria que fazer! Alegando forte dor de cabeça foi ao quarto remoer suas decepções. Pensava: "para que tinha que acreditar em mãe--de-santo? Todo mundo sabia que aquilo era enganação... tinha gastado dinheiro à toa, perdido tempo! Se queria Celso, tinha que ser da forma usual!".

E a vimos então voltar a rondar o serviço do rapaz, olhando-o ao longe, em seus horários de almoço e na saída do trabalho. Mas as passagens de ônibus eram um luxo, e não se sentia bem pedindo à mãe o dinheiro, então começou a fazer as unhas das clientes no salão do bairro, começando assim a ter finalmente como comprar as suas próprias roupas. A mãe finalmente animou-se um pouco ao vê-la trabalhando em algo, embora não contribuísse com a casa. Se soubesse o motivo, talvez não ficasse tão alegre. Dona Solange não ia achar graça em Marília assediar o noivo da irmã falecida, ou qualquer outro homem. Sempre tinha achado assédio coisa de gente desesperada, e a filha sabia bem disso.

Mas ela não tirava o moço da cabeça, e logo que juntou um dinheirinho, comprou uma roupinha razoável, decotada, e foi ao serviço dele na intenção de conversar, apenas por amizade. Há quase dois meses não o via, certamente não estava mais bravo com ela, talvez tivesse até sentido falta! Fez o cabelo, maquiou--se, pôs salto alto e com o vestido justo e decotado saiu de casa, fazendo dona Solange franzir as sobrancelhas: a filha podia não ter o rosto bonito, mas tinha um corpo de chamar atenção – pensou ela– "talvez o vestido não devesse ser tão justo!".

Não disse para onde ia, mas como era final de tarde, imaginou que fosse ver algum pretendente ou sair com as amigas para um café. Não era tarde da noite, por isso não se preocupou. Marília provocava alguns comentários por onde passava, o que a deixou vaidosa e cada vez mais confiante de que conseguiria sucesso com Celso. Ergueu a cabeça e entrou no ônibus da comunidade para o centro da cidade decidida: "hoje ele vai me dar atenção!".

Era um dia desses de outono ainda quentes, a praça em frente ao banco estava um tanto agitada já que era sexta-feira, e as pessoas se apressavam ou para ir para casa, ou para as dezenas de bares e restaurantes ao redor. Ela olhou em volta para o ambiente bonito do centro, as luzes, as pessoas arrumadas, e pensou: "eu devia morar aqui, e não onde moro!". Não se conformava com a vida simples de seus pais, onde nada faltava, mas não havia luxo nem desperdício. Olhou o relógio que ficava no sinal e constatou que em poucos minutos Celso sairia, tirou da bolsa pequeno espelhinho, passou pó no rosto, sentada no banco da praça, um moço passou por ela e assoviou, vendo o decote. Ela lhe fez uma careta, e ele riu.

Súbito, a porta de vidro do banco se abre e Celso sai, bonito em seu terno bem cortado, atrás dele uma moça muito bem-vestida, sapatos caros, bem-penteada. Nada da beleza estontente de Antônia, mas, de beleza normal. Não bastasse estar ao lado dele, segurou-lhe o braço esquerdo para descer os degraus do banco. O coração de Marília quase foi à boca! Tanto tempo esperando para vê-lo novamente! Juntar moeda a moeda para comprar aquele vestido barato, e àquela lá chega, vestindo uma roupa que ela só conseguiria em sonhos! Quem era a moça? Tão cedo e ele já estava vendo outra mulher? Levantou-se, ajeitou o vestido ao corpo, e partiu em direção a ele tentando colocar um sorriso amistoso no rosto, ou ao menos, foi o que ela pensou fazer.

Ao ver Marília vindo na sua direção, trajando uma roupa decotada, e tão colada ao corpo que dava pouco trabalho à imaginação, Celso ficou meio constrangido. Lembrou-se de Antônia, que primava pela discrição, e só em seguida olhou para o rosto dela, que tentava sorrir, mas parecia não ter muito sucesso. Logo recordou a última briga que teve com ela, e o remorso que tinha tido por tê-la empurrado. Ele sempre tinha achado que não se empurra uma mulher, por mais inconveniente que ela seja. Logo, ele aproximou-se de Marília com um sorriso, estendendo-lhe a mão:

– Marília, que bom que está aqui. Devo-lhe desculpas pela última vez que nos encontramos! Como está?

Ela, que estava com medo de ser mal recebida por conta da briga da última vez, a essas palavras sorriu com alívio! Respondeu que estava bem, trabalhando ali mesmo, pelo centro, num salão de beleza. A moça, que estava com ele, interessou-se, para seu desespero, querendo saber em qual deles. Pega na mentira, Marília perguntou:

– E quem é a moça?

Celso respondeu:

– Uma colega de banco, muito amiga de Antônia. Seu nome é Celeste. Celeste, essa é Marília, irmã de Antônia.

A moça observou Marília com curiosidade, só então disse:

– Engraçado, pelo que sua irmã falava, eu tinha uma ideia diferente de você.

Disse isso e logo desviou a sua atenção para um belo rapaz que veio em sua direção sorrindo, e lhe deu um beijo nos lábios, para a surpresa de Marília. Celso, depois que ela se despediu, explicou que ela era casada há dois anos com aquele rapaz, muito apaixonados! Iriam ser padrinhos de seu casamento.

Mais aliviada, Marília olhava-o com adoração, mas não sabia mais o que dizer. Os homens que passavam por eles, olhavam-na com interesse, e ela se envaideceu com isso, e perguntou a Celso se não queria tomar algo para conversarem um pouco como amigos apenas. Ele não pareceu muito animado, mas concordou. Disse que aos poucos estava se sentindo melhor, perguntou pelos pais dela, em que lugar estava trabalhando... a tudo isso ela ia respondendo tentando se aproximar cada vez mais dele. Por fim disse que eles se veriam um pouco mais, agora que ela estava trabalhando no centro da cidade. Afinal, podiam ser amigos, não é mesmo?

A isso Celso sorriu, e respondeu:

– Amigos? Você já teve um amigo, Marília?

Ela não esperava a pergunta, olhou para ele como se esperasse que ele lhe desse a resposta, mas disse:

– Tive colegas. Mas amigo, assim... isso não. Você podia ser o primeiro.

– A amizade nasce naturalmente, Marília. Assim como o amor. Não se combina antes, nem se determina, simplesmente acontece! Vem junto com a sinceridade, o desinteresse, a solidariedade, a vontade de ver a outra pessoa feliz! Eu te desejo todo o bem do mundo, Marília, mas não acredito em lhe confiar os meus segredos. Sua irmã conseguiu ser a melhor amiga que já tive.

Os olhos de Marília encheram-se de lágrimas:

– Por quanto tempo se manterá fiel a uma morta? Não vê que Antônia morreu e estamos vivos?

Ele suspirou:

– É claro que ela se foi. Às vezes sonho com ela, e sabe o que ela me diz? Que sou moço, que devo me dar oportunidades na vida! Que um dia nos encontraremos de novo, mas que por enquanto, devo tornar a minha vida aqui o mais bonita possível, inclusive abrindo o meu coração para alguém. De início eu brigava com ela, agora finalmente estou aceitando. Há tantos solitários no mundo, ela me diz que eu não devo ficar só!

Marília ficou de boca aberta, nunca esperaria isso da irmã! "Só podia ser sonho mesmo", ela pensava, mas se ele acreditava naquilo...

– Pois então, nos dê uma chance! Se a própria Antônia lhe diz que não fique sozinho!

Ele a olhou já sem muita paciência:

– Ouça, Marília! Não temos nada em comum! Você é uma moça atraente, ache um homem que se agrade de você! Não vê que não teríamos nem do que conversar? Você gosta de um tipo de música, eu de outro. Não gosta de ler como sua irmã, eu vivo cercado de livros, abomina estudar, eu vivo fazendo cursos! Você adora lojas e compras, eu detesto. Que interesse em comum nós teríamos? E o que é pior, não existe amor entre nós! O que você sente por mim é atração e conveniência!

Ela o olhava aturdida: "para que um homem queria uma mulher que lesse livros, estudasse? Queria o quê, uma professora?".

Ele continuou:

– Você se dará melhor com um homem mais parecido com você, que goste de ter um carro bonito, sem as complicações que eu tenho! Um comerciante que leve você a fazer compras, como você deve gostar, que lhe dê sempre roupas novas, perfumes caros, enfim, a vida que merece. Eu não ligo para nada disso! Sua irmã também não ligava! Ela tinha porque trabalhava e sempre estudou muito, logo, ganhava bem para a idade dela! Não sou o que você pensa!

Marília perguntou:

– Então, você não é rico?

Celso riu:

– Perto da maior parte dos brasileiros, eu ganho bem. Vou bem no meu emprego, que é estável. Posso manter uma família com razoável conforto, tenho a minha casa, mas é só. Mas jamais me casaria com alguém que só quisesse me explorar! Gosto de mulher guerreira! Assim como eu!

A essas palavras Marília afastou-se da mesa. "Então não era rico? Queria que sua mulher trabalhasse? Deus me livre!", pensou ela. Despediu-se. Tinha que pensar melhor no que fazer, mas uma coisa ela sabia: ele realmente não a queria, e nem era tão interessante assim. Os homens a admiravam naquele vestido justo, certamente ela conseguiria coisa melhor que aquele bancário tão arrogante!

Viu Celso saindo do bar, tão bonito, ele sequer olhou para ela, e foi para o estacionamento do banco. Como podia ser tão inteligente e não ligar para as coisas boas da vida? Se tivesse o dinheiro dele, a essas horas estaria jantando de frente para o mar, tomando uma daquelas bebidas finas com uma bela companhia. Tolo! Não sabia nem viver! Deus dá carne a quem não tem dentes!

Ajeitou os cabelos presos com arte pela cabeleireira do bairro, checou novamente a maquiagem e fez a volta na praça. Para que ir para casa? Tinha vinte e dois anos, chamava a atenção dos homens, e ainda tinha um dinheirinho para gastar com uma ou duas cervejas. Apesar do calor, um vento fresco chegava por entre as árvores da praça e os bares começavam a ficar cheios, andou um pouco mais, sem medo, por entre as pessoas e os bancos da praça, até que ouviu:

– E então, princesa? Está livre hoje?

Ela olhou: era um senhor de meia-idade, bem-vestido, dentro de um carro caro, que lhe sorria sedutor. Quando ele lhe perguntou o preço, ela pediu o equivalente a três semanas fazendo unhas, sem parar sequer um dia. Ele estranhou, mas ela disse:

– É que nunca me deitei com ninguém antes...

Ele riu muito, não acreditou. Mas disse que se fosse assim, pagaria o dobro.

Marília entrou no carro, e nunca mais fez as unhas de ninguém na vida! Ah! Os caminhos que as pessoas escolhem em determinados momentos da existência!

Nesse ponto, Olívia desconectou-se de nós com um breve suspiro, e toda a imagem se desvaneceu. Eu e Clara olhamos aliviados para a mulher a quem já notávamos as feições com clareza, deitada à nossa frente, já bastante recuperada pelas artes de nossa pequena amiga. A curiosidade assaltou-nos: que tinha sido dela, afinal? A pequena nos olhou com seus olhos claros e nos disse:

– Não teve uma vida feliz, meus queridos. Aliás, para que ver coisas tão mundanas? Dedicou-se à prostituição, seus pais descobriram em menos de um ano e a colocaram para fora, já que o convívio ficou impossível. Viciou-se em bebida também, o gênio que já não era fácil, tornou a vida da mãe um inferno, a separação foi providencial para o sossego de todos.

Clara entristeceu-se um pouco, mas perguntou:

– As entidades de dona Chica contribuíram para os maus passos dela?

A menina olhou para a mulher deitada, ainda sem expressão, e respondeu:

– A verdade é que planta nenhuma cresce em terreno estéril. Se ela fosse boa e íntegra, as entidades não teriam nenhum poder ali. Ela sentiria até uma depressão, ou uma tristeza, mas não cairia no abismo em que caiu... Marília desencarnou aos trinta e três anos, já indo para uma vida muito difícil financeiramente, pois não se estabelecia em canto nenhum, tinha se viciado em outras drogas, arrumado inimigos e inimigas e ninguém a acolhia mais. Se não tivesse morrido de overdose de drogas, podia ter morrido de morte bem mais violenta na mão de um cliente ou de outra pessoa qualquer de suas relações. A família sequer soube que ela se foi, à exceção de Antônia que já a perdoou, mas de quem ela corre como se a irmã fosse um demônio.

– Medo de que ela se vingue? – perguntei eu.

Olívia riu baixinho:

– Não é engraçado? Antônia tentando ajudar, e a outra, cheia de culpa, corre dela!

Lembrei-me de algo, e quis perguntar:

– E Celso, nunca mais a viu?

A menina suspirou:

– Viu sim, uns três anos antes de ela morrer, quando ela já estava bem diferente, fazendo o meretrício na parte ruim da cidade. Ele vinha de carro, Deus sabe de onde, e ela abordou o carro às duas horas da manhã. Ela bateu na janela, que não conhecia o modelo do automóvel e ele já ia saindo com o carro, quando reconheceu o cabelo dela e algo o fez olhar o rosto da mulher.

Fiquei imaginando a cena, duas da manhã, numa cidade de médio tamanho, um homem sozinho, tornando à sua casa, abordado por uma pobre mulher da noite. Olívia continuou:

– Foi uma cena triste: ele arregalou os olhos quando a reconheceu, e fez uma careta de desaprovação. Nunca tinha pensado em achá-la em semelhante situação! Ela, por sua vez, sorriu meio sem graça, depois ergueu o queixo, meio orgulhosa, e saiu de perto do carro. Voltou-lhe à mente a mãe, Antônia, o pai, sempre tão honesto, e os últimos anos de sua vida, os caminhos que tinha tomado até então. Foi depois daquilo que começou a se viciar em uma droga mais forte, daquela que quase tira todos os sentidos, mas da qual não havia mais volta.

Clara olhou a moça novamente, e então disse:

– Sabe que não posso deixar de sentir uma imensa piedade dela? Que vida infeliz! Que escolhas mais tristes e perversas! Assassinar a irmã por pura inveja, querer manipular a vida das pessoas daquela forma, e terminar assim? Nesse pedaço de cama, sugada de todas as formas nesta espécie de morte dentro da morte? Que bom que aparecemos, Olívia! Ainda que Fabrício não aprecie nossos esforços, quem sabe esse espírito não tenha alguma chance de escapar, ao menos, dessa Vila?

Olívia observou:

– Aqui a chamam de assassina, prostituta e suicida. Para eles ela é um demônio dos piores, e lhe deram um "tratamento exemplar", por isso fiquei com ela um bom tempo. Na sua desencarnação, ficou um bom tempo presa ao seu corpo físico, e depois que conseguiu sair, algumas pessoas que a detestavam não cessaram de persegui-la. Com isso, para se esconder, acabou caindo nessa Vila! Como se diz por aí, saltou da frigideira para dentro do fogo, a nossa Marília!

Fiquei assustado com o destino que ela mesma tinha procurado! Pobre moça! Devia ter falado com a irmã que de tão bom grado a tinha vindo ajudar! Só então eu disse:

– Bom, ao menos agora ela dorme profundamente e descansa! E não vamos ser nós a julgá-la, não é mesmo? Temos que combinar o que fazer nos próximos dias, temos mais alguns doentes por aqui, vamos atender a todos eles?

Clara me entendeu perfeitamente. A exemplo das enfermarias que tínhamos na Colônia, devíamos organizar aquela ali para podermos traçar um plano e assim tratar melhor os pacientes. Olívia sorriu.

– É verdade. Consigo ajudar na cura, mas não tenho muito jeito de organizar essas coisas! Vocês que são mais ligados a esses procedimentos, o que sugerem?

Caminhamos os três para o corredor, Fabrício dormia a sono solto, resmungando algo que não entendíamos, fomos para bem longe dele e falamos em voz baixa. Combinamos em contar os pacientes e anotar o sexo deles. Eu fui pela esquerda e Clara pela direita, ao final nos encontramos.

Clara disse:

– Por aqui seis: três mulheres e três homens.

Já eu reportei:

– Por aqui mais cinco: três homens e duas mulheres.

Contando com Fabrício, eram doze os ali escravizados. Engraçado, eu achava que era mais. Clara sorriu:

– Lembra-se do primeiro dia, em que eu e Olívia ficamos como loucas andando de um lado para o outro enquanto você conversava com Fabrício?

– Sim – respondi.

– Pois é, – disse ela sem jeito – tinha duas moças aqui, mas em situação quase estável. Acho até que eles quase tinham se esquecido delas. Olívia fez uma sopa, eu fui dando e elas acordaram.

Olhei as duas muito interessado:

– E então, foram para a Colônia? Que aconteceu com elas?

Olívia olhava o chão, não muito confortável com a resposta:

– Na realidade, precisamos conversar melhor sobre esse "despertar" deles. Colocamos as duas juntas, para tratar delas de uma vez só, mas quando acordaram e nos viram, depois do "aperto" que passaram por aqui, ficaram um tanto assustadas.

Clara concordou:

– Não é para menos, eu também acordaria assustada!

Olívia continuou:

– Apesar de já mais "coradinhas", assim que deram por si, fugiram de nós como o diabo da cruz! Fiquei meio ofendida na hora, mas depois relevei. Espero que, ao menos, tenham ido para bem longe dessa Vila.

Veio-me uma lembrança que me deu um frio na espinha, e perguntei:

– E se derem pela falta delas? Não vão nos atrapalhar?

Olívia riu-se:

– Não se preocupe, Ariel. Não confia em mim? Será como se elas nunca tivessem estado por aqui, ao menos para esses cuidadores e quem der por falta delas! O resto da Vila nem se lembra mesmo! Mas os outros pacientes vão ter que ir todos quase que de uma só vez!

Fiquei olhando e pensando em como faríamos tal coisa, mas para ela parecia coisa mais do que resolvida. Então tínhamos sete homens e cinco mulheres. E uma Vila de pessoas que achava que ali estavam demônios que tinham que ser punidos para o regozijo de Deus. Era uma situação complicada.

Ah... as escolhas que fazemos todos os dias! As pessoas às vezes podem ser tão perversamente ingênuas. Como podem acreditar que desejando e fazendo o mal ao semelhante, colherão a felicidade, ou mesmo a satisfação duradoura? Gente tola! A falta de empatia, de preocupação com o outro, de solidariedade ou ao menos de ética pode ser a pior das chagas!

Enaltecendo o orgulho e a sua própria vaidade, colherá a solidão, o abandono! Semeando a injustiça perderá a paz de espírito! Como esperar o lindo e raro jasmim, se planta ervas daninhas?

Mas assim agem as pessoas, quando se deixam levar por seus maus instintos, na sua tolice eterna de ludibriar a elas mesmas, e quantos puderem enganar. Ao desencarnar, a verdade aparece, e não são poucos os perdidos por aqui, com estátuas na Terra, e farrapos no mundo espiritual. Oremos por eles também, Deus sabe se já não incorremos nos mesmos erros em nossas inúmeras reencarnações!

Ouvindo meus pensamentos, Clara observou em voz alta:

– Que bom que podemos mudar nossas atitudes a qualquer momento, não é mesmo, meu querido amigo? É fato que alguns seres precisam chegar ao limiar da dor e da loucura para acordarem para a luz divina, mas a verdade é que acordarão. Tão mais fácil aprender observando o próximo, escutando parábolas, histórias que nos chegam fáceis aos ouvidos para a reflexão. Nada por acaso, escolhemos os nossos dias e a forma como os desfrutamos, através de nossos atos e pensamentos.

Olívia sorriu para Clara:

– É verdade. Mesmo o mais miserável que sofre com a fome pode escolher entre a revolta, a fúria, ou a oração e tentar buscar soluções entre irmãos que lhe ofereçam trabalho, por humilde que seja, ainda que abaixo de suas qualificações, para suprir o tormento temporário. Não existe vergonha em labor honesto, mas ela está em explorar o trabalho alheio, quando as forças não faltam ao indivíduo.

Pensei comigo mesmo, se nossas escolhas moldam o nosso destino, nós também podemos moldá-las.

CAPÍTULO 13

# Um vazio aterrador...

Chegamos em nosso acampamento ao anoitecer, conversávamos sobre o que fazer com nossos pacientes. Não notamos na época, mas uma mudança significativa se operava em nós mesmos: eu e Clara nunca tínhamos passado tanto tempo no umbral e nos sentíamos bem! O comum era passar algumas horas em missão e chegar na Colônia geralmente um tanto exaustos pela "energia" reinante no ambiente. Tão dedicados estávamos a ajudar aqueles seres que lá estavam precisando de socorro, que a noite tomávamos nossa sopa (Clara estava aprendendo bem com Olívia), descansávamos no máximo um par de horas, (nós, pois desconfio que a menina cochilava no máximo alguns minutos), e já estávamos bem-dispostos. Por isso, resolvemos lá pelas três horas da manhã nos encaminhar para lá.

A Vila dormia no máximo às nove, dez horas da noite. Ficava tudo ou à luz da lua, ou das estrelas, o que, aliás, era raro também, dado o clima nublado do umbral. Nossa Olívia tinha o que se chama de "brilho próprio", bem maior que o nosso, o que facilitava imensamente a trilha. Todos dormindo, lá fomos nós, entrando pela frente, para não dar de cara com Fabrício, que estava nos fundos do casarão.

Tudo muito escuro, Olívia resolveu abrir a primeira porta que viu, e lá dentro eu vi outra figura encolhida, em posição fetal. Era um homem, mas não devia ter uma altura muito grande. Mesmo encolhido dava para ver a barriguinha avolumada, o crânio coberto por alguns cabelos negros (não muitos, ele era um tanto calvo), pele clara e um bigode negro. Estava bem desidratado, mas o aspecto não era o de uma uva passa, e a sua postura parecia ser de alguém que passou por muita dor, daquelas que a pessoa se encolhe para tentar minimizar a sensação.

As roupas pareciam de boa qualidade, embora estivesse sem sapatos e sem meias. Um terno de cor creme, parecendo coisa feita por alfaiate, camisa do que parecia ter sido seda, enfim, um sujeito abastado, eu e Clara nos entreolhamos, e ela então observou:

– Época da desencarnação: século XX, com certeza. Mas que década? Vinte, trinta, mil novecentos e quarenta? Há quanto será que ele veio para o mundo espiritual?

Olívia sorriu:

– Faz um bom tempo, está bem debilitado. Ariel, tem como pegar água na cozinha? Esse nosso amigo está muito desidratado!

Imediatamente concordei, só no meio do caminho lembrei-me de Fabrício, que podia estar acordado, já que tinha dormido a maior parte do dia. Fiz-me invisível para ele, naquela escuridão não me veria passar pela sua jaula, e com alguma sorte, não me notaria passando com a tigela de água. Chegando no salão dos fundos, o vi sentado no fundo de sua prisão, e tive, é claro, pena de sua situação. Pensei comigo mesmo: "não fosse tão orgulhoso, poderíamos ajudá-lo tanto!", e passei para a cozinha que ficava alguns passos atrás, coberta por uma meia-parede.

Tentei achar uma tigela ou qualquer outra vasilha com o tato, já que não tinha alternativa ou ele me veria brilhando na escuridão. Onde vasculhei primeiro só havia tampas de panelas, e logo uma delas veio estrondosamente ao chão, o que fez Fabrício pular de susto e gritar:

– Quem está aí? Quem está aí? Ariel, é você que voltou?

Maldisse a tampa em meus pensamentos, mas depois de tatear com mais cuidado, finalmente achei a tigela que mais parecia uma pequena bacia de barro. Feliz da vida a enchi de água, o que, é claro, também causou um barulho característico no silêncio da noite, e desesperou Fabrício:

– Sabia que estavam por aqui! Escuto o barulho de água, acha que não? Ariel, apareça! Quero sair dessa jaula! Clara, tire-me daqui!

Sei... nós tiramos o sujeito da jaula e ele conta a todo mundo na Vila o que estávamos fazendo. E então não poderíamos ajudar aos outros doentes. Fabrício que esperasse um pouco. Tinha que pensar a respeito. E contando com a escuridão, passei bem pelo canto das paredes até chegar ao corredor com a pequena bacia cheia de água para entregar a Olívia, e justo quando cheguei ao corredor, ouvi o grito dele:

– Misericórdia! A bacia está andando solta no ar! Que tipo de demônio faz isso?

Encolheu-se na jaula de tal forma dizendo coisas tão confusas que eu primeiro me assustei, depois me deu uma imensa vontade de rir. Que coisa, será que ele se esqueceu de que eu podia desaparecer quando queria? Vendo-me de bacia na mão, Olívia ria:

– Não é isso, é que na cabeça dele, tudo o que você toca, desaparece também! Está achando que a bacia ganhou vida! É melhor eu ir lá colocá-lo para dormir...

Olhei para ela pensativo: será? Que ideia mais esdrúxula. Bom, também eu já tinha visto algumas coisas estranhas no umbral, então, a dúvida dele era razoável. Olívia foi tomar suas providências com Fabrício, que provavelmente seria dar um passe nele, acalmando-o e trazendo a ele um sono tranquilo e reparador. Faria bem ao rapaz, que estava bastante agitado. Clara, por sua vez, assim que viu a pequena bacia cheia de água, pegou de um pano, dobrou-o e depois o mergulhou nas águas da bacia. Pôs então as brancas mãos em cima dela e começou a irradiar uma luz suave e clara, notada principalmente naquela noite escura, quando a menina chegou à porta, e do outro lado de Clara aproximou-se do vasilhame, e pôs as mãos sobre ele também, soltando uma luz clara e meio violeta, orando baixinho.

Soubessem os seres da Terra como a água recebe e guarda energia! Aquela água na bacia ficou repleta de luz, parecia "imantada", coisa que no claro quase não se percebia, e Clara sorriu:

– Que coisa mais bonita, não é?

Fiz que sim com a cabeça, admirado. Parecia coisa de encantamento, Olívia perguntou:

– Você passa, ou eu passo?

Clara sorriu:

– Pode deixar. Eu limpo ele, você tem coisa mais séria a fazer.

E eu sentei-me um pouco mais afastado, esperando ordens das duas, caso precisassem de mim. Olívia me disse em pensamento que não saísse dali, pois "nunca se sabe o que pode acontecer". Observei, então.

Clara começou a passar o pano molhado, torcido, pelo rosto do indivíduo, e como saiu sujeira dali! Uma espécie de poeira bem grossa, que se transformou numa lama, que ela ia lavando na bacia. Limpou o rosto e o pescoço, enquanto Olívia, com os passes, ia "deixando o sujeito mais reto", fazendo com que suas articulações relaxassem e ele ficasse finalmente mais ereto sobre a cama, embora ainda mantivesse os joelhos um tanto dobrados, e os cotovelos também. A coluna ao menos estava ereta, e víamos ali um homem que não chegava a um metro e setenta de altura, membros relativamente normais, barriga avantajada, nariz proeminente, bigode vasto e negro, um tanto calvo de cabelos também negros. Idade aproximada? Uns trinta e tantos anos, talvez mais perto dos quarenta.

Clara agora limpava, tal qual uma enfermeira, as mãos e os pés do homem (as mãos eram finas, unhas cortadas, não era um sujeito que tinha feito trabalho pesado na vida), enquanto Olívia posicionava suas mãos em cima da fronte do sujeito, que finalmente perdia a expressão de dor. Senti-me aliviado por ele, sinceramente, estava curioso por saber de sua história.

Terminado o trabalho de Clara, Olívia flutuou para o nosso lado, ajeitando seus pequenos cachos nas costas e virando a cabecinha:

– Este senhor é um tanto mais complicado...

Olhei para o senhor na mesa, e sinceramente, pareceu-me o mais comum dos homens. Um comerciante próspero? Um político? Um diretor de escola? Um ser urbano, desses que você passa por ele na rua e sequer nota, de tão insignificante. Por que mais complicado? Olívia, ouvindo meu pensamento, sorriu:

– Não achou ele "diferente", Clara?

Um tanto sem jeito, Clara respondeu:

– Sim. Tocar nele me deu certa repulsa, eu não sei bem o porquê, uma energia indefinível, de nível baixo, como eu não tinha sentido antes.

Olhei novamente para o homem, e resolvi me aproximar mais de perto, e ver o que sentia. Coloquei minhas mãos sobre a cabeça dele, agora limpa e comum como a de qualquer pessoa, e tentei absorver o que vinha dali. E foi então que senti...

Não era bom nem mau, nem medo ou felicidade, mas um vazio aterrador. Uma espécie de "nada", de falta de sentimento, de letargia... não entendi de início. Depois me veio um sentimento de desprezo, de desconforto, de inadequação. Como não gostei do que estava sentindo, tirei minhas mãos, e fiquei olhando o homem de olhos bem estreitados: que ser humano era aquele? Olívia me disse:

– Esse aqui é o Eurípedes, vamos conhecer a história dele.

E ela nos mostrou: começou com um menino franzino, no final do século XIX, vestido com roupas finas a observar meninos fortes jogando bola em frente ao seu casarão, numa rua elegante de uma cidade de médio porte. Ele não jogava, mas a bola era dele, então ele "patrocinava" também os times com camisetas e guloseimas para a hora do lanche. Eurípedes era pequeno, fraco, não gostava de se machucar, mas adorava escolher quem jogava ou não, adorava mandar esse ou aquele menino embora. Filho único, o pai que era juiz e ainda tinha uma pequena fábrica de confecções, lhe fazia todas as vontades, e com o "time", acabou sendo "respeitado" na escola. Ele podia ser pequeno, mas era inteligente. Ninguém nunca mais mexeu com ele por conta de seu tamanho desde que fez seu time e patrocinou as partidas de rua.

Tinha tudo o que queria: cachorrinhos novos, que às vezes desapareciam misteriosamente. A mãe dizia que era a inveja dos vizinhos que sumiam com os bichinhos... Eurípedes se calava. Tinha no casarão de seus pais, no porão, um laboratório onde dizia estudar química, e nunca deixava ninguém entrar lá, nem a faxineira de sua mãe. Dizia que tinha ácidos e que a moça podia se ferir... a mãe achou graça, e dizia que "contanto que não explodisse a casa, tudo estaria bem!". Eurípedes riu, jamais tinha pensado em explodir a casa, "ao menos por enquanto".

Na adolescência seu rosto encheu-se de espinhas, o que para ele foi um total desespero. Já não se achava grande coisa, magrelo, pequeno, e agora com o rosto lotado de pequenos "vulcões" ficou ainda mais retraído. Embora os colegas homens ainda gostassem dele por patrocinar as cervejas ou qualquer coisa que quisessem, com as garotas era diferente: elas zombavam dele. Nos bailes e passeios públicos, as meninas preferiam rapazes mais pobres, mas com melhor aparência: nenhuma delas ali estava passando fome.

Ali começou a revolta de Eurípedes com as moças: tudo o dinheiro tinha resolvido até então, mas o interesse verdadeiro de uma moça, isso não se comprava. Começou a se interessar principalmente por moças de baixa estatura, as que tivessem um metro e meio seriam perfeitas, mas moças dessa altura eram raras, e ainda mais raro que se interessassem por ele, tão desengonçado por natureza! Foi então que ele começou a notar as garotinhas, de dez, onze anos, que tinham no máximo um metro e dez centímetros... achou-as fáceis de controlar, sem maldade, ingênuas. Muito menos trabalho do que uma moça normal e bem mais bonitas também. Tinha achado, finalmente, um motivo de alegria na sua "vida tão sem graça".

Nesse ponto, ao ver descortinado o pensamento do então "rapaz Eurípedes", Clara não se conteve:

– Que tipo de criatura pode pensar em semelhante monstruosidade, sem sequer levar em conta o que vai sentir a criança em questão?

Eu, que tinha captado o raciocínio dele, respondi:

– Ele nunca se importou com o que sentia qualquer pessoa, Clara. Embora se soubesse fisicamente não atraente, acreditava-se intelectualmente superior e com todos os direitos de desfrutar do que quisesse. Em sua mente distorcida, o importante era sua própria satisfação... os outros estavam ali apenas para servi-lo, ou seriam descartáveis, sem interesse.

Notei minha querida amiga visivelmente irritada, já que sentia um vínculo expressivo com crianças. Imagens de sua vida adulta nos mostraram abusos com crianças pobres de diversas raças, algumas infelizmente, com a conivência dos pais, pagos generosamente. Horrorizada, Clara saiu do quarto para não mais voltar.

Enfim, notamos quando ele finalmente recebeu a herança dos pais, mortos em um desastre de automóvel suspeito, quando ele não tinha mais do que trinta e quatro anos. Brigavam muito nesta época, visto que ele não se firmava em nenhum trabalho, nem na empresa do pai. Os estudos tinham estacionado, a faculdade de direito abandonada, a "boa-vida" de Eurípedes estava incomodando seu pai, trabalhador desde a infância, de forma insustentável. Boêmio e manipulador com os poucos amigos, ele tentava seduzir o genitor que já não caía em seus truques como antes... a mãe se desesperava com ele, mas não deixava de protegê-lo. Um dia o pai ameaçou expulsá-lo de casa, e duas semanas depois, o carro perdeu o freio em uma viagem, falecendo os dois. Eis Eurípedes, de repente, rico e livre para gastar o patrimônio da família... foi ao enterro muito simples, sério. Manteve o decoro por uma semana, e depois voltou às farras habituais.

Os cabelos antes bastos começaram a cair e a barriga começou a ficar volumosa pelo excesso de álcool consumido a partir das cinco da tarde, todos os dias. Na fábrica do pai, colocou um administrador, mas começou a fazer saques vultosos para seus "pequenos luxos", como carros novos, entre outras coisas. A tudo isso eu e Olívia observávamos em questão de poucos minutos, em imagens sucessivas. Que vazio a alma desse homem! O prazer em humilhar os mais simples, a inveja eternamente presente, as pequenas artimanhas para denegrir reputações alheias, a dificuldade em sentir prazeres simples como realmente apreciar a companhia de um amigo, uma comida saborosa, uma bonita vista da janela... Nada disso lhe tocava o coração! Nada lhe emocionava, nem lhe fazia feliz!

Os sentimentos de que as pessoas lhe falavam pareciam um enorme fingimento, e a sua dificuldade em "sentir" algo, que não fosse a satisfação de "levar vantagem" sobre outro ser humano, cercearam sua vida de forma indelével e fria. Em volta dele, obsessores se divertiam, afundando-o na bebida e inflando o seu próprio senso de importância, mostrando um quadro triste de se ver. Os iguais se atraem em faixas energéticas, por isso é tão necessário cuidar do próprio pensamento e de nossas ações, pensar no bem, praticar boas ações, não julgar! Pobre de quem vive querendo prejudicar o próximo, não imagina o que atrai para si!

E então, numa tarde de sol, numa livraria no centro de sua cidade, eis que Eurípedes, acostumado a ter tudo o que queria, finalmente avista algo que está acima de suas posses, passeando pela praça: uma frágil e linda menininha loura, de seus dez a doze anos de idade, corpo de criança, sem curvas, beleza angelical. Pelas vestes vem de família rica, e está acompanhada de uma moça bem-vestida, mas que parece ser sua babá pela idade, uns vinte e poucos anos no máximo.

A menina tem a pele muito clara, os cabelos louros chegam ao meio das costas, com cachos largos. A silhueta é fina, o vestido é belo e de fino corte, os sapatinhos de verniz branco com as meias brancas, típicos da década de vinte, e na cabecinha, um bonito chapéu. A imagem da inocência num sorriso cor-de-rosa! A babá tem a imagem da moça comum, mas muito limpa, dedicada. Pode não ter os traços perfeitos, o nariz é um tanto longo, os lábios são finos, mas os olhos, apesar de pequenos, têm um lindo tom de azul, e ela é simpática e confiante. Conta com um corpo forte, sem ser gorda.

Entediado com a sua vida, Eurípedes chegou a prender a respiração quando viu a criança! Nunca tinha visto menina tão linda, tão delicada, de pele tão imaculada! E os cabelos, pareciam ouro pelas costas! Observou as roupas que mais pareciam véus de tão leves e deu um suspiro: devia ser rica... tão perfeita, tinha que ser inatingível?

Ia desviar os olhos, pois tinha as suas próprias regras, mas não conseguia: a menina o "puxava" irresistivelmente. Observou então quem a acompanhava, e notou a babá... pensamento funesto cruzou-lhe a mente, pois a moça, apesar de vestida com distinção, certamente parecia de origem humilde. Ali estava o caminho para a menina!

E assim fez. Aproximou-se, como se estivesse interessado na moça, de nome Elsie, aproximando-se assim da pequena Elisa. Ambas de família de descendência alemã, sendo o pai da menina dono de uma indústria de médio porte para a região, que já crescia bastante. Elsie tinha vindo do interior para tomar conta da menina, que era a mais velha de três crianças, sendo a única do sexo feminino, e a preferida do pai, por ser doce e obediente.

Olhando Elisa de perto, o infeliz ficou ainda mais impressionado: a menina tinha uma voz doce, apenas dez anos de idade, era muito educada, meiga e tímida. E, como toda criança, adorava confeitos e chocolates.

Elogiou bastante Elsie e não fez comentários sobre a menina. Disse que era um herdeiro, e que se dedicava a estudos sobre filosofia e história da humanidade, o que a moça achou extremamente atraente, já que nunca tinha conhecido alguém que pudesse se dar ao luxo de não trabalhar. Perguntou se passeavam sempre por ali, e em qual horário, ao que Elsie, acreditando que ele queria vê-la novamente, prontamente marcou os horários, e assim pôde ele ver a Elisa, como se estivesse a cortejar a babá.

É bom observar que os "amigos" dele jamais imaginaram seu lado pervertido. Já o tinham visto com adolescentes em prostíbulos, mas jamais com crianças. Isso era um segredo que ele guardava a sete chaves, pois sabia perfeitamente o que ocasionaria tal fato em seu meio social. Mas os amigos, quando o viram com a babá, que era uma moça simples e sem atrativos dignos de nota, acharam bastante graça dele, que suportou as caçoadas com valentia:

– Com que então, está agora saindo com serviçais?

Eurípedes corava feio, pois já tinha ficado com as prostitutas mais belas da sociedade, e não via como dar motivos a seus amigos para estar sentado na praça, com semelhante criatura, de beleza bastante simples e que não devia ter encantos intelectuais. Mas, saiu-se com essa:

– Trata-se de uma pesquisa que estou realizando. Apenas isso.

Mas começou a chatear-se de aparecer com Elsie em público. Tinha que saciar seu desejo o mais rápido possível!

Já a moça acreditava cegamente que estava namorando um rico herdeiro, que às vezes se mostrava um tanto cruel com ela. Embora lhe trouxesse presentes como pequenas joias e chocolates, era generoso e também trazia para a pequena Elisa. Apesar de tudo isso, recusava-se a lhe dar o braço em público, não lhe pedia em namoro, nem falava no futuro. Elsie havia passado pela casa dele, uma bonita mansão, e tentava imaginar-se lá dentro, dando ordens aos empregados, como uma verdadeira patroa, e isso lhe dava tanta satisfação que ela esquecia qualquer outra coisa. Tudo faria para alcançar tal posição!

Uma vez ele trouxe uma linda pulseira de ouro para Elisa, mas Elsie se recusou a aceitar. Eurípedes ficou muito raivoso, como assim ela aceitava presentes, mas não podia dar um para a menina? Era simples: a mãe notaria! Como explicar que um estranho tinha dado semelhante presente para a menina? Ele se conformou, mas ficou sentido com ela por dias!

Observando a alma simples de Elsie, que pena tive da moça! Sonhava com um enlace ditoso, um marido que lhe resolvesse os problemas e a quem pudesse servir, como a maioria das moças de então... tinha já quase desistido de seus sonhos de moça por se achar sem muitos atrativos, mas como Eurípedes também não os tinha, acreditou que finalmente alguém tinha se interessado verdadeiramente por ela. Mas que comportamento tinha o seu namorado! Não lhe fazia sequer um contato físico, apesar dos presentes caros. Às vezes afável, até gentil, noutras vezes mal--humorado, mas, em compensação, como gostava da pequena Elisa! Seria um bom pai para os seus filhos.

A verdade é que Eurípedes depois de quase um mês de conversas com a babá, e de ver de perto a formosura e meiguice de Elisa, não se continha mais. Paciência nunca tinha sido uma de suas virtudes e o sono, já raro, lhe faltava às noites. Se de início não tinha ideia de como realizar seu sonho de ficar com a menina, pensou logo num estratagema: não deveriam mais vê-lo junto a ela e à babá. Aquilo já estava gerando falatórios demais, e usando a desculpa de que sua família não estava aprovando a união dos dois, ele dirigiu-se à pobre Elsie dizendo que precisava de um tempo para convencer os parentes. A pobre moça chorou muito, mas disse que entendia. Ele prometeu que entraria em contato assim que possível, que ela mantivesse a fé, mas que dissesse, a quem sabia de seu relacionamento, que eles tinham terminado.

E Elsie assim fez, dizendo isso para suas amigas de serviço dentro da casa grande onde trabalhava. Agora ia passear sozinha com a menina, que se mostrava mais tranquila, já que não apreciava muito a companhia do "noivo" da babá, embora nunca tivesse contado nada à sua mãe a pedido dela. A pequena Elisa gostava muito de Elsie, que sempre tinha sido tão boa com ela, mas não conseguia gostar de seu pretendente, que achava "esquisito demais".

Crianças podem ser inocentes, mas às vezes intuem as coisas. Ao contrário da babá, moça adulta que se enganava com todas as promessas tolas de Eurípedes, a pequena Elisa se escondia atrás das saias dela toda vez que via o "distinto cavalheiro", trouxesse ele chocolates ou não. Chegava mesmo a rejeitar os seus doces, deixando Elsie um tanto chateada com sua reação, e saía de perto dos dois para ir "ver as vitrines" tão logo conseguia. Sentia perto dele um tamanho desconforto que a babá não sabia explicar, pois perto de outras pessoas ela era amável e mesmo muito simpática. "Vá se entender as crianças!", dizia.

Disso tudo Eurípedes se lembrava com um sorriso maldoso. Em breve não fugiria mais... deixou que se passassem três semanas sem falar com a moça, quando lhe mandou um bilhete pedindo que o encontrasse, às duas e meia da tarde, na praça que dava para a saída da cidade. Era menos frequentada e ele queria lhe falar ali. Pediu que levasse Elisa, pois tinha um presente para as duas, e que assim as pessoas não suspeitariam delas. Disse para avisar à mãe da menina que iam visitar uma amiga que tinha tido um bebê, e que Elisa ia gostar de ver o menininho.

Feliz com a ideia de encontrar novamente o seu "noivo", Elsie assim o fez: pediu a mãe de Elisa permissão para levar a menina visitar um seu sobrinho na tarde do dia seguinte, que tinha nascido há duas semanas. A mãe da menina consentiu imediatamente, e ainda deu a ela um dinheiro para comprarem um presente para o pequeno, fazendo a Elisa mil recomendações sobre como tratar um recém-nascido. Muito animada, que nunca tinha visto um bebê tão pequeno, Elisa dormiu feliz naquela noite.

Ah! A mãe da menina lembraria sempre da imagem de Elsie levando sua pequena menina pela mão, junto com um presente bem embrulhado na outra: uma manta bonita para um bebê que não existia. Recordaria o sorriso da filha, a expressão de felicidade da babá, e guardaria ódio e mágoa da infeliz moça, que também tinha sido enganada, mas que a logrou cruelmente quando levou sua menina ao encontro de Eurípedes!

Elas caminharam um pouco até a praça afastada, que dava para uma estrada de terra que saía do município. Estavam no início dos anos de 1920, o comum era por ali passarem carroças, e muito raramente um carro qualquer, coisa dos ricos e abastados da cidade. Elisa ia animada perguntando pelo bebê, se era louro ou moreno, quando é que ia ter dentes, e Elsie meio sem jeito ia respondendo. Ao ver Eurípedes ao lado do automóvel ela disse:

– Olha, Elisa, quem está ali! Nosso amigo!

Ela viu e não gostou. Apertou a mão da babá, que a levou na direção dele, como se não tivessem combinado de se encontrar ali.

– Como vai, senhor Eurípedes! Que surpresa o senhor por aqui...

Ao ver a menina, ele se desmanchou em sorrisos:

– Mas, veja só: a senhorita Elsie e Elisa! Para onde vão?

Elsie explicou, e ele então combinou em dar um passeio com as duas. Elisa disse que não, que tinham que visitar um recém-nascido, mas a babá disse que era bobagem, que passear de carro era muito melhor. Muito a contragosto a menina entrou no automóvel, sentindo-se presa e vulnerável. Não achou graça nenhuma de Elsie colocá-las naquela situação, nem achou que sua mãe aprovaria, mas, como eles eram os adultos, e ela era a criança, competia-lhe obedecer.

Feliz de finalmente ver-se dono da situação, ele começou a entabular uma conversa sem maiores consequências com Elsie, e levou-as para ver uma queda de águas da região, deserta naquele horário, visto que era um dia de semana comum. Elisa tinha estudado pela manhã, mas a maior parte das pessoas devia estar sob seus afazeres diários. A cachoeira ficava distante, árvores antigas ficavam nas margens do rio que ali começava, pedras também ornavam o lugar, fazendo tudo parecer um tanto idílico. Acreditando que o noivo queria ser romântico, Elsie corou de contentamento, e disse:

– Mas, que lugar mais lindo! Nunca me esquecerei desse passeio! Por que me trouxe Eurípedes? Tem algo a me dizer? Algo a me pedir?

Observei a moça corada, acreditando que ele a havia levado ali para uma proposta de casamento. Eurípedes sorriu, olhou primeiro para a pequena Elisa, que observava a cena, e achava sinceramente que ele ia pedir mesmo a babá em casamento, já que ela contava tanto com isso... foi então que ele disse:

– A pequena Elisa me dá licença por um minuto? Tenho que falar a sós com Elsie.

A menina fez um sinal afirmativo com a cabeça, e retirou-se para o carro para deixar o que ela imaginava ser um casal de noivos a sós. Ela depois o viu levar Elsie para trás de umas pedras altas, e ficou aguardando pacientemente eles voltarem, pensando em como seria a aliança de Elsie, se teria pedras preciosas como a de sua mãe. Pensava que teria gostado mais de ir ver o bebê, mas se a babá ficaria feliz, era melhor dessa forma.

Foi quando ela ouviu o som de um tiro, rasgando o espaço tal como se fosse um piado de araponga, rápido, entre o agudo e o seco, e se sentou no carro, assustada. "Seriam fogos?", pensou ela.

Começou a incomodar-se com o calor, e, talvez por intuição, sentiu medo. Olhou em volta preocupada e pensou que Elsie não tinha que ter aceitado aquele passeio, por mais que gostasse de "seu" Eurípedes. Se queria namorar com ele, que o fizesse no portão da casa de seus pais, como toda moça, que apresentasse a seus patrões, que aquilo não estava certo. Ali estavam as duas agora num canto ermo, longe de casa, com aquele senhor... se seu pai soubesse ia ficar bem irritado! Ela olhava para as pedras altas onde eles tinham ido, e nada deles voltarem!

Foi quando, depois de quase uma hora, ela avistou "seu" Eurípedes voltando, mas não Elsie. E o medo tomou conta de seu coração de menina, totalmente.

Na cidade as coisas foram acontecendo de forma triste: a mãe notou o atraso da babá, que já devia ter voltado há pelo menos duas horas, e mandou o motorista ao encalço dela, mas tinham visto-a com a menina para os lados da saída da cidade. Avisada disso, a mãe de Elisa pôs as mãos na cabeça: "que iam fazer nesse local? Para que iam para a saída da cidade, local ermo, distante de onde Elsie tinha dito que ia levar a menina?".

Chamou o marido, que contatou imediatamente a polícia, que indo ao local onde as duas foram vistas pela última vez, a caminho da praça, perderam ali qualquer pista do que pudesse ter acontecido. Sendo os pais da pequena Elisa ricos, pensaram logicamente em sequestro, e pediram que aguardassem em casa o pedido de resgate, que certamente chegaria. Não chegou. Da saída da cidade ia-se pelo menos a três bifurcações diferentes, para onde teriam levado a menina?

Eurípedes tinha sido esperto e precavido... o que não tinha em boa aparência, tinha em engenhosidade, e seus pais tinham um velho sítio, com uma bonita casa sede há uns bons cinquenta quilômetros da cidade onde ele e Elisa estavam. Mas ele não a instalou na casa sede: longe da casa principal, ficava a casa do caseiro, feita de alvenaria, rústica, mas de fortes janelas de madeira pintada de verde escuro, bem longe da estrada principal, perto do rio que cortava a propriedade. Lá sim, era o local perfeito para deixar a menina.

Quem conhecesse a propriedade iria logo ver a casa principal, agora também desabitada, mas a casa do caseiro ficava num barranco coberto por árvores antigas, e quem não soubesse dela, não a avistaria com facilidade, apenas se descesse o barranco íngreme pela pequena escadinha escavada na terra. A casinha de três cômodos, suja e com pouca luz, foi a morada de Elisa naqueles dias em que ele passava a tranca nas janelas e na única porta.

O desespero dos pais da menina crescia dia a dia, foi quando o pai dela pediu auxílio ao governador que mandou mais homens, e eles chegaram à beira da cachoeira que foi onde o último passeio de Elisa e Elsie se deu. Já não se falava mais em sequestro por dinheiro, e embora a mãe da menina se recusasse a acreditar em sua morte, o pai não descansaria até encontrá-la, viva ou morta. Lembrava-se da formosura da filha, e conhecia o coração negro de alguns homens, e embora nada dissesse para não desesperar a esposa, tinha seus receios de pai. Por isso tinha tanta proteção com a menina, mas acreditava que ela correria mais perigos quando moça, e não em tão tenra idade! Que tipo de monstro teria pego sua filha?

Os homens do governador não tardaram a encontrar uma coisa estranha: ao lado de umas pedras altas, viram um chão remexido, coberto por grama arrancada, e chamaram logo um sargento que estava por perto, mostrando a descoberta. O pai de Elisa, que estava por perto, segurou a respiração: "seria a filha, enterrada ali?". De pronto, ajoelhou-se no chão e pôs-se a cavar com as próprias mãos num desespero sem par, até que alguns dos guardas pediram que ele se sentasse, pois eles mesmos fariam o serviço.

Aos poucos, há apenas uns trinta centímetros do chão, em cova rasa, encontraram o cadáver de Elsie com um tiro na cabeça, na testa, de forma desoladora: ela tinha visto o seu assassino, e sua expressão, era de puro horror! O corpo já começava a entrar em estado de decomposição, mas o terror expresso em sua boca e em seus olhos ficaram na mente de todos, causando pena a quem a via. Embora tenha ficado aliviado de não ver ali sua menina, o pai de Elisa ficou ainda mais angustiado, pois quem tinha causado aquele medo, agora estava com sua garotinha...

Ao saber da morte da babá, a mãe de Elisa perdoou Elsie, acreditando que as duas teriam sido raptadas por algum malfeitor, mas o pai, devido o trajeto feito pela babá, tão diferente do que ela tinha comunicado à esposa, continuou desconfiando dela. Com quem Elsie havia se envolvido? Por que mentiu dizendo que ia visitar uma irmã que não existia? Contando isso ao delegado, ele resolveu conversar melhor com as outras duas empregadas da casa.

Já faziam seis dias do desaparecimento de Elisa, ao quarto dia tinham encontrado o corpo de Elsie, numa cova rasa "digna de um sujeito muito preguiçoso", como disse o delegado, que só não a jogou no rio por que era época de "seca". Elsie, de acordo com a patroa, parecia ser irrepreensível durante os anos que tinha trabalhado com eles, mas nunca se sabe. As empregadas restantes eram duas: dona Clotilde, uma senhora de seus quarenta anos, cozinheira, e uma moça de seus vinte anos, falante, mas medrosa, chamada Bernadete. Essa era a arrumadeira.

Bernadete era bonitinha, simpática, de inteligência limitada, mas boa de coração. Gostava muito de Elisa e se desmanchou em lágrimas falando com o delegado, este um sujeito bonachão, de seus quarenta anos, até "bem apanhado", de acordo com algumas moças locais. A arrumadeira logo confiou nos seus bonitos cabelos castanhos começando a ficar grisalhos. Não se conformava de ter perdido a amiga e da menina, "tão formosa", estar perdida. Mas, perguntada se Elsie tinha algum namorado, ela se viu meio perdida, sem saber se contava a verdade, pois não queria encrencas com o patrão. Ao lado dela, dona Clotilde, mais madura e muito franca, respondeu firmemente:

– Ora, não seja tola, não tem que ser fiel a quem está morta. Elsie tinha um pretendente, sim. Ou pelo menos achava que tinha!

O delegado ficou muito interessado. Finalmente descobria alguma coisa. Perguntou quem era, e a resposta veio da mesma dona Clotilde:

– Elsie queria que não falasse nada, pois o homem era rico. Era solteiro, mas era rico... mandava presentes para ela, e as vezes, até para a menina. Mas a Elisa não gostava dele. Encontravam-se sempre que a babá levava a menina para passear. Pura bobagem! Ela dizia que ele queria se casar com ela, mas já viu rico casando com uma babá? Eu acho que ele queria era passar o tempo... nem bonita a Elsie era!

O delegado empalideceu, e pensou: "mas a menina era linda!". E depois perguntou dos "presentes" que ele mandava para a menina. Nesse ponto, Bernadete foi precisa, pois tinha visto vários: "chocolates, brinquedos, queria mandar joias pequenas, mas a isso Elsie proibiu, a mãe da menina podia estranhar...". O delegado foi ficando pálido, quando fez a seguinte pergunta:

– Alguma vez ela foi encontrar-se com ele sem a menina?

Bernadete, que era quem dormia na casa com Elsie, franziu as sobrancelhas e disse:

– Claro que não! Imagine se ela ia sair sozinha com um homem!

O delegado sorriu triste. Se aceitava joias de um homem, era óbvio que estava apaixonada e sairia sozinha com ele... mas é claro que o homem em questão só a queria, se ela levasse a menina! Perguntou o nome do homem, ao que Clotilde disse com todas as letras. A isso, o delegado dispensou-as, ficou só em sua sala, e chorou.

Tantas vezes tinha ouvido histórias a respeito de Eurípedes! Relatos feios, de mães que vendiam as filhas ainda com onze ou doze anos para ficar com ele... Uma vez uma tia da criança denunciou, e ele mesmo foi apurar: a mãe jurou que era tudo inveja da irmã, porque ela tinha comprado uma casinha nova, a menina ficou quieta num canto, dizendo que era mentira da tia. Nada se provava nunca, e com a aprovação da família, o que se podia fazer? Eram famílias pobres, miseráveis, e a fome podia ser má conselheira. Olhando para aquelas meninas, que de atraente só tinham a pouca idade, e para Elisa, que mais parecia um anjo, ele tentou entender o fascínio que o biltre podia ter sentido. Tinha se revoltado pelas meninas pobres às quais as mães expunham, mas a pequena Elisa ele tinha conhecido pessoalmente desde bebê, na casa dos amigos. Em sua concepção, dessa vez Eurípedes tinha ido longe demais...

Contaria isso ao pai dela? Primeiro saiu à sua busca na cidade, e notou que ele estava "desaparecido", justamente no mesmo período da menina. Intimou os seus companheiros de bebedeiras, que não acreditaram que Eurípedes podia ter sequestrado uma criança, mas que tinham estranhado muito o interesse dele pela babá que julgavam tão sem atrativos, e principalmente, que parecia tão honesta. Nenhum deles tinha sequer ideia de onde poderia estar Eurípedes, e não, ele não tinha solicitado nenhuma propriedade de algum deles. Restaram então as propriedades do próprio, o que o delegado prontamente investigou no registro do Cartório de Imóveis.

O dono do cartório recebeu o delegado, que disse que por motivos de investigação precisava ver todos os imóveis registrados em nome de Eurípedes. Muito discreto, este acedeu, e foi com surpresa que ele constatou que alguns pequenos imóveis que a família possuía já tinham sido praticamente "doados" à famílias humildes. Eram casas de pequeno valor, mas eram mais de uma dezena, e o delegado olhou o dono do cartório, comentando:

– Não o sabia "tão generoso", o senhor Eurípedes.

O dono do cartório franziu o cenho:

– São famílias numerosas, com muitas crianças... certas coisas devem ficar nas mãos de Deus!

Dos inúmeros imóveis que a família possuía, restava agora um belo sítio, afastado da cidade, e a mansão, bem no centro, que todos conheciam. O delegado coçou a cabeça como se lembrasse de algo:

– Fui numa festa lá, quando moço. A casa principal era belíssima... deixe-me anotar o endereço.

O dono do cartório foi além, deu-lhe pontos de referência que deixava impossível não achar o local, e avisando seus homens que no dia seguinte bem cedo sairiam, foi para casa e decidiu só bem cedo avisar ao pai da menina as suas descobertas. De lá ele decidiria se iria junto ou não. Lembrou-se dele em desespero a escavar o chão, acreditando que a filha pudesse estar enterrada na sepultura rasa, onde tinham achado o cadáver de Elsie, e tinha dúvidas se o levava ou não. Outra tragédia poderia acontecer, conforme o que encontrariam no sítio.

Lembrava-se bem dos pais de Eurípedes: gente de educação e caráter esmerado, a mãe era uma dama muito gentil, sempre envolvida com a caridade local. Como podiam ter gerado tamanho monstro? As casinhas "doadas", a que preço? Mesmo a fábrica da família, já era a metade do que era. Se ele conseguisse "escapar" daquilo, em poucos anos estaria pobre e endividado. Encontraria Elisa por lá? Seria o demônio tão tolo a mantê-la presa em propriedade sua?

A noite foi longa para o delegado que imaginava a pequena em maus lençóis ou provavelmente morta. Se já tinha assassinado a babá, por que não mataria a menina? Às cinco da manhã já estava de pé, meia hora depois entrava na delegacia, tomando seu café e decidido, chamou a guarda e dirigiu-se, o mais rápido que podia, para o sítio. Quem sabe ainda havia o que se salvar naquela triste história?

CAPÍTULO 14

# O SÍTIO

DE DENTRO DO QUARTO de Eurípedes, com Clara trabalhando em outro aposento, senti outra presença, carregada de angústia e tristeza, que nos fazia ter aquela riqueza imensa de imagens, que Eurípedes jamais teria acesso: ali junto de nós estava, loura e bastante abatida, a sofrida Elsie.

Olívia abriu os olhos e deu a ela um sorriso de cumplicidade, já que a tinha percebido o tempo todo ali, e ela se encolheu um pouco, como se tivesse vergonha de todo o seu papel em tão triste drama. Felizmente não trazia as marcas da morte em si, o semblante era calmo, sem sangue nenhum, que Elsie não era materialista. Mas vinha envolta numa névoa de tristeza, culpa e mágoa que parecia ser cultivada a uma eternidade.

– Tem estado junto a Eurípedes há muito tempo, Elsie?

Ela deu de ombros, como se isso não importasse muito, mas respondeu:

– Desde que o colocaram para dormir, deixei-o sossegado. Mas então vocês chegaram... e eu quis que a história fosse bem contada. Ele é ardiloso. Esconde bem seus pecados, mas eu estava lá, desencarnei, mas vi tudo o que aconteceu. A morte tem suas vantagens, não é, meus amigos? Movimentamo-nos mais rápido, entramos no pensamento alheio, não nos enganamos mais...

Clara, ouvindo uma voz diferente, chegou na porta e deu com a nossa nova amiga. Apresentaram-se e ouvindo um resumo da situação, nossa querida Clara arregalou os olhos castanhos e perguntou:

– Então você o seguiu depois de sua morte? O tempo inteiro? Deve ter sido aterrador! Pobre moça...

Elsie sorriu com tristeza:

– Eu estava tomada de ódio e de culpa, dona Clara. Como proteger Elisa deste bárbaro que aí está? A única coisa que me aborrecia em minha morte, era a menina estar desprotegida! Que tola havia sido, que ódio cresceu em meu peito por semelhante canalha! Mas, algumas coisas eu consegui fazer...

E ela nos mostrou:

Voltamos à casa do caseiro, no sítio, na visão de Elsie que tanto já tinha nos mostrado. Vimo-lo entrando com uma Elisa muito contrafeita, olhando tudo em volta muito assustada, perguntando o que fariam ali, e onde estava a babá. Eurípedes, acostumado a crianças dóceis pelo poder do dinheiro e das surras dos pais que as ameaçavam, olhava a bela menina e dizia:

– Vamos passar uns dias aqui. Elsie teve que visitar a família, mas volta depois de um tempo. Não gostou da casa? Ela me pediu que cuidasse de você... nada vai lhe faltar, vê: comprei até alguns brinquedos!

Elisa olhou as caixas enfeitadas em cima da pobre cama que estava de lençóis sujos, paredes sujas, o chão sem varrer por Deus sabe quanto tempo. Observou as janelas verdes trancadas, sem as cortinas lindas do seu quarto, a falta de mobília, de seus brinquedos, numa casa quase sem móveis, com quase tudo quebrado, e sentando-se na beira da cama, chorou. Não quis saber de abrir embrulhos, nem de conversar com aquele homem que detestava, chorou a não mais poder. Algo dentro dela lhe dizia que aquele homem não ia mais devolvê-la para sua casa e para seus pais!

Sem saber o que fazer, Eurípedes perguntou por que ela chorava tão copiosamente, ao que Elsie, ao lado da menina, soprou-lhe ao ouvido: "diga-lhe que está tudo muito feio, que não está acostumada com casas assim!". A menina, em desespero, prontamente atendeu à sugestão, e com os olhos muito azuis, respondeu ao canalha:

– É que estou acostumada a dormir em cama limpa, chão bonito, com cortinas! O senhor também não é rico? Acha justo dormirmos assim?

Apaixonado pela menina há vários meses, ele ouviu sua queixa e a entendeu perfeitamente. Como colocar uma princesa como aquela a dormir sob trapos? Se ela aceitasse aquilo, não seria digna dele! Sem pensar duas vezes, a levou para a casa principal que, sem empregados, ainda assim mantinha a sua majestade, com móveis muito bem feitos, louça da mais fina qualidade, cortinas belíssimas. Ainda que morresse de medo, Elsie continuou influenciando Elisa: "viu como ele a atendeu? O segredo é não ter muito medo. Agora diga que está muito cansada e quer dormir".

Assim ela fez e ele a colocou para dormir. Ela não seria uma criança comum para ele, que tudo faria para conquistá-la. Não era uma prostituta, era uma "moça de família", em sua mente torpe e doentia. Talvez com isso ela conseguisse algum tempo.

Eurípedes, no entanto, sabia que não podia ficar na casa principal com Elisa, por isso arranjou um homem e uma mulher para limparem a casa do caseiro e transferirem para lá bonitos móveis, tapetes, louças e até cortinas para o quarto da menina. Reforçou as trancas nas janelas e nas portas, pintou as paredes de uma coloração creme bem clara e quando terminou, em dois dias, a casinha tinha virado um "bangalô" muito bonitinho, perfeitamente habitável para um casal, e bem escondido da sede do sítio. Elisa não teve outro jeito senão se mudar para lá, onde ele colocou, inclusive, uma estante com seus livros preferidos.

Em todo esse tempo ele não tocou na menina, comida ele já havia trazido antes, e agora, vendo-a instalada, saiu, trancando portas e janelas, para comprar novas roupas para ela em outra cidade, já que usava os mesmos trajes todos os dias, o que a incomodava bastante. Comprou quase que um enxoval completo para uma "sobrinha" com a ajuda de uma vendedora, que ficou encantada com o tio tão "generoso". Elisa tomava banho na casa da sede, e quando viu os vestidos, chorou em segredo: aquilo era sinal que ele não a deixaria ir embora tão cedo!

Proibida agora de ver a luz do sol ou as estrelas, a não ser quando ele estava em casa, ela começou a pensar em um jeito de fugir. Apenas um caseiro vigiava o lugar com a mulher, mas esses pareciam pagos "a peso de ouro", e estavam sempre por perto. Estava começando a ficar apavorada, pois ele a "cobiçava com os olhos" toda vez que ela passava por perto, e já fazia quatro dias que estava longe de casa. Sem falar na estranha mania que tinha de lhe alisar os cabelos, pegar suas mãos enquanto conversava, cheirá-la, dizendo que tinha "um cheiro bom". Não o queria por perto, onde estava Elsie que não voltava? Sua mãe devia estar *muito preocupada!*

Não fazia ideia da sorte que estava tendo perto das outras crianças, pobres, indefesas, pelas quais ele havia pago, e por isso, se sentido com o direito de deflorá-las. Devido à paixão que tinha pela menina, ele estava sendo até mesmo "gentil" com ela, pois não queria que tragédia nenhuma acontecesse, e acreditava cegamente que se a conquistasse, seria de muito mais proveito. Elisa, para ele, era "especial". Mas a paixão queimava em seu peito, e embora se sentisse razoavelmente tranquilo (quem desconfiaria de um rico herdeiro a sequestrar criancinhas?), certa pressa de satisfazer seus desejos começava a habitar seus pensamentos.

Já a pequena Elisa começou a dar sinais claros de desespero: não queria estar ali com aquele senhor, por mais gentil que ele se esforçasse em ser! Sem ter a menor ideia do real perigo que corria, caso irritasse realmente Eurípedes, já que não tinha como saber o que significava um estupro, ou coisa ainda pior em seus tempos dourados de menina do início do século XX, ela, que antes trancava o choro, começou a chorar por qualquer motivo, para o desespero de Elsie, que dividia seu tempo entre a cidadezinha e a pequena, na intenção de protegê-la. Ao vê-la chorar tão copiosamente e tendo agora a real noção de que o homem que ali estava, além de pedófilo era um assassino, ela ficava diante da menina a dizer: "não chora, Elisa! Ele pode se irritar, e isso não vai ser bom!". Mas, "intuindo" semelhantes frases, a menina se assustou e começou a chorar ainda mais, só que de medo!

Olhava as paredes recém-pintadas da casinha com pavor: tão pequeno ali! Se ele resolvesse avançar nela, não teria nem para onde correr, ao contrário da enorme casa onde tinha vivido toda a sua vida! Aquele jeito de olhar dele a assustava, tinha momentos em que parecia que ia engoli-la. Lembrou-se então da mãe, que sempre dizia que em momentos difíceis devia rezar, pedir a seu "anjo da guarda" que a protegesse, a guardasse de todo o mal, e assim sendo, ajoelhou-se à beira da cama, sozinha na pequena casa, e rezou com todo o fervor. Anoitecia lá fora, e o pequeno quarto, para surpresa de Elsie, viu-se tomado de luz e uma senhora de rosto bonito, clara como Elisa, postou-se ao lado dela, dando um passe na cabecinha da menina. Vendo a figura de luz ali, com tamanho carinho pela criança, Elsie pensou em perguntar quem ela era. Nem foi preciso, a senhora respondeu:

– Sou a avó materna dela. Não vê como somos parecidas?

Elsie se envergonhou. Tinha colocado Elisa junto a ser tão peçonhento por ser tão tola! A mulher a olhou bastante séria, e depois disse:

– Na realidade, não devia ter mentido à minha filha sobre o local do passeio e muito menos deixar se aproximar da menina, qualquer namorado seu. Não tinha seus dias de folga? Para isso eles serviam! Entendo as paixões, já fui jovem, mas veja onde tomar liberdades com os filhos alheios a levou!

Elsie baixou a cabeça, completamente envergonhada. E o que

ela dizia fazia todo sentido: por que ele não lhe visitava em seus dias de folga? Devia ter desconfiado disso. A menina finalmente parava de chorar, parecendo consolada. A bonita senhora disse:

– Vamos orar agora para que as coisas se desenrolem da melhor forma possível. O delegado deve chegar a esse sítio amanhã pela manhã, espero que não seja tarde demais. Eurípedes é imprevisível, mas saiba que Elisa nunca estará só.

E sorrindo para a menina, desapareceu. A isso, ouvimos a porta da pequena casa se abrir, e Elisa, muito assustada, sentou-se na cama abraçando os joelhos, encostando-se na parede como se quisesse se esgueirar o máximo possível de qualquer contato. Tinha os olhos vermelhos de chorar e o belo rostinho um tanto inchado. Enxugando o rosto com a manga do vestido, torceu para que a luz das velas que ele acendia, não denunciasse seu sofrimento, mas de pouco isso adiantou:

– Andou chorando, Elisa? Por quê? Algo lhe falta?

Ele perguntava com ironia, já que na casa não faltavam doces, brinquedos vários, biscoitos de todo o tipo, bolos, e a comida chegava sempre na hora certa. Mas ainda assim respondeu honestamente:

– Sinto falta de meus pais, de caminhar no meu jardim. Ficar numa casa com as janelas fechadas me deixa um pouco triste.

Ele franziu o cenho, como se isso o incomodasse, mas em seguida, foi até a cama dela e deu-lhe o braço:

– Por isso não, vamos já dar uma caminhada pela noite aqui no sítio. Tem toda razão, não quero que fique doente, nessa casa abafada!

E segurando o braço dele, lá foi ela ver o festival de estrelas pela noite no céu iluminado do sítio. Tremia de medo, o que ele achou ser frio, e colocou uma mantilha sobre seus ombros. Olhando para a noite, ele comunicou a ela:

– Quanto a seus pais, eu sinto informar, mas eles pediram que eu cuidasse de você por uns tempos. Seu pai parece que pegou uma doença contagiosa e foram para as montanhas, onde o clima é mais fresco. Não levaram você porque têm medo que adoeça também... não é ótimo que vamos passar uns tempos juntos?

O mundo parecia ter desabado para a menina, que não acreditando em suas palavras, disse:

– Meus pais viajaram e me deixaram com o senhor? Mas, por que fariam isso, sem me dizer nada? Tenho uma tia que fica há algumas horas de distância, por que não me deixariam com ela?

Eurípedes olhou a menina visivelmente irritado:

– Nunca lhe ensinaram a não contradizer os mais velhos? Seu pai não lhe disse nada para não lhe preocupar, o que ele tem é tuberculose, mocinha! Coisa muito séria, se não tratar, ele morre. Sua mãe foi junto para tratar dele. Quanto à sua tia, disse que está adoentada também, por isso seu pai pediu a mim que cuidasse de você. Não estou fazendo de tudo para que fique bem?

Elisa baixou a cabeça:

– Está... desculpe-me. É que são muitas notícias. Estranhei...

E começou a chorar novamente, causando em Eurípedes uma irritação sem tamanho, já que não suportava se sentir contrariado. Levou-a para dentro de casa, visivelmente aborrecido, disse que fosse para o seu quarto sem jantar, que queria ficar um pouco sozinho, para pensar. Vendo-se livre dele, a pequena correu para o seu quarto sem porta, e atirou-se na cama, tentando chorar sem fazer nenhum barulho. Deus a livrasse de deixá-lo ainda mais bravo! Finalmente entendia o tamanho de seu infortúnio: ele contaria qualquer mentira para mantê-la ali.

Como o pai tinha tuberculose, se nunca o tinha visto sequer dar uma tosse? Sua mãe morreria antes de deixá-la com um estranho, ainda mais um esquisito como aquele! E Elsie, que será que tinha acontecido? Não voltava mais... teria ele feito alguma coisa com ela? Não eram namorados e iam se casar? Se a babá voltasse, teria alguma esperança. Foi pensando nisso que ela secou novamente o rosto, ajeitou os louros cabelos e se dirigiu para a pequena sala, onde ele tomava já o quarto caneco de vinho do porto. Parou no umbral da porta e perguntou:

– Senhor Eurípedes, eu sei que o senhor era namorado da Elsie. Sabe onde ela está? Não a vemos desde aquele dia da cachoeira, que será que houve com ela?

Certas perguntas desencadeiam situações delicadas, mas não havia como a pequena Elisa saber disso... como saber que ele havia matado a sua babá para poder finalmente satisfazer seus desejos mais baixos? Eurípedes franziu a testa e fez uma expressão de quem tivesse levado um pequeno murro no estômago: quem aquela menina achava que era para lhe pedir conta de seus atos? Para que se lembrar de assunto tão funesto? Ia levantar-se com fúria e dizer alguns impropérios quando virou, e a viu no umbral da porta, iluminada por um castiçal de oito velas, doce e inocente com seus cabelos louros e longos, brilhando como se fosse um véu de noiva, até a cintura.

O rostinho era tão perfeito que lembrava alguém do mundo das fadas. Os olhos expressivos e grandes estavam azuis e refletiam a luz das velas, brilhantes pelas lágrimas vertidas. O narizinho afilado estava ainda um tanto corado e uma pequena lágrima ia pelo queixinho redondo.

Uma pessoa comum teria consolado a pequena menina, linda como um anjo, em sua inocência, as mãozinhas cruzadas na frente do vestidinho caro e cor-de-rosa. Teria lhe dado um belo prato de sopa quentinha e a colocado a dormir, contando, quem sabe, uma bonita história de fadas, mas não foi nisso que Eurípedes pensou. Ele começou respondendo a ela:

– Eu jamais me interessaria por uma moça feia como a Elsie. Sem graça, burra, gorda, velha! Não notou, minha querida, que eu ia para ficar perto de você? Você é que vai ser minha namorada, minha noiva, minha esposa! Por isso é que estamos aqui.

O horror estampado nos olhos de Elisa não tinha precedentes:

– Não tenho ainda idade para namorar, senhor Eurípedes! Acabo de completar dez anos! Meu pai jamais permitiria!

Eurípedes largou a grande caneca de vinho, e colocou vinho em uma taça, para a menina:

– Tome, é doce como o mel, você vai gostar! Quanto às meninas de sua idade namorarem, é tudo uma questão de costume... sabia que minha avó se casou aos doze anos? Então, é daqui a um ano e meio para você! Muitas jovens se casam cedo, e eu sou rico, darei um bom marido! Terá tudo o que desejar!

Apavorada, a menina correu para o quarto, jogando longe a taça de vinho. Ele riu muito, pegou outra taça, encheu, e encaminhou-se para o quarto dela.

Clara nos olhou um tanto raivosa naquele momento:

– Vai me dizer que "esse daí" desonrou a menina?

Elsie olhou para Eurípedes sem nenhuma expressão:

– O que Elisa passou naquela noite, não é necessário descrever, pois eu mesma não consegui ficar para ver. Voltei horas depois para ver uma menina com seu vestido rasgado, o cabelo em total desalinho, o rostinho muito machucado, e sangue pelos lençóis do quarto. A menina parecia desmaiada, estava semicoberta e a surra tinha sido feroz para que ele conseguisse o que queria. Elisa tinha lutado bravamente, mas perdido.

"Pelo chão, mechas de seu cabelo, vinho derramado, cacos de vidro. A cena me encheu de tal tristeza e a responsabilidade de tudo aquilo me exasperou de tal forma, que procurei por Eurípedes na pequena casa, mas não o achei. Ele a tinha trancado ali, mas devia estar na casa da sede, cercado de seu luxo familiar. Olhei para Elisa com uma preocupação redobrada: agora que ele tinha conseguido o que queria, o que faria com ela? E se tivesse perdido completamente o desejo?

"Fui para a casa da sede atrás dele e o vi deitado ainda de roupas, todo manchado de vinho, desalinhado, barba malfeita e fiquei imaginando o que aquilo deve ter causado à pele fina da menina, o horror e o nojo que ela deve ter sentido! O desgraçado tinha ainda sapato e meias, parte dos punhos e da calça sujas do sangue dela, mas roncava como um porco que tivesse satisfeito todas as suas vontades.

"Firmei-me de um ódio tão violento por semelhante criatura

que dei um grito que mais parecia um urro que ecoou no quarto vazio. Eu podia pagar as penas do inferno, mas aquele infeliz não teria mais paz! Podia perdoar a minha morte, que, aliás, eu achava até merecida. Quem mandou ser tão tola? Mas a tortura impingida à menina, a quem eu já tanto amava, essa ele pagaria dia após dia, não importa o tempo que levasse.

"Já sabia que o delegado estava para vir, acordei-o antes da hora, tanto gritei que ele chamou os soldados. Elisa ainda estava viva, quem sabe não a encontrariam com vida? Para meu desespero, eles não chamaram o pai da menina. Eu corri a influenciá-lo e o fiz ir à delegacia o mais cedo possível. Informado lá da ida do delegado ao sítio, ele para lá se encaminhou também.

"Com tudo isso, Eurípedes dormia a sono solto, e a pobre Elisa, permanecia desfalecida na pequena casa escondida pela vegetação, há apenas algumas dezenas de metros da casa principal. O delegado chegou ao sítio não eram ainda sete horas da manhã, e dando com tudo vazio, pois nem o caseiro ainda estava por ali, ele estacionou os três carros de polícia, saltou e veio à frente da casa da sede e bateu palmas, começando a chamar por Eurípedes.

"Chamou por um bom tempo, até que o caseiro e a sua mulher apareceram. Olharam desconfiadíssimos para os três carros de polícia estacionados e prontamente vieram saber o que eles desejavam. O homem e a mulher pagos por Eurípedes gostavam de dinheiro, mas prezavam ainda mais pela sua liberdade: ao verem homem tão rico, mas tão devasso com criança tão linda, e tão bem tratada, intuíram logo um grande problema. A menina não parecia ser filha de gente pobre, muito ao contrário, e eles não iriam se complicar por conta disso!

"Logo às primeiras perguntas dos policiais apontaram a casa em que Elisa estava, e eles desceram o pequeno barranco, descobrindo a pequena casa cercada pelas árvores e arbustos sem grande dificuldade. Dentro, a porta estava destrancada, que Eurípedes, bêbado, havia esquecido de trancar, e a menina, cruelmente machucada e com a roupa em farrapos, mal respirava em cima da cama. Cobriram a pequena Elisa com um lençol de algodão e iriam levá-la ao hospital, quando seu pai chegou ao local, tirando-a do colo dos policiais, em prantos... a menina não acordava!

"Esquecido de tudo mais, vendo o rosto ferido da filha, os cabelos desfeitos, a boca terrivelmente machucada, a pele esfolada, o pai a reteve nos braços com infinito carinho, enquanto outros invadiam a casa e acordavam Eurípedes, ainda com a roupa ensanguentada, assustado e um tanto ébrio. Os policiais, que já tinham ouvido a história contada pelos caseiros, não estavam com muita paciência com o rico pedófilo acostumado a ter sempre tudo o que queria, que finalmente esbarrava em alguém com um poder financeiro igual ou maior que o dele. Posto para fora da cama aos "safanões" e algemado, o pequeno Eurípedes esbravejava e tentou se fazer de inocente até ser levado para fora de casa, e dar de frente com o pai de Elisa, com ela nos braços, enrolada em alvo lençol.

"Se Eurípedes tinha baixa estatura, o pai de Elisa era um homem muito grande para a época, forte em seus quase cem quilos distribuídos em um metro e noventa de altura. Louro como a filha que ele carregava como uma pena, ele finalmente olhou para o crápula que tinha levado o tesouro de sua vida, sua única filha, que o recebia todos os dias em sua casa com beijos e abraços, e fazia a fortuna de sua mulher tão amada!

"Notou a respiração de sua pequena Elisa, frágil em seus braços, e a figura repulsiva do homem de trinta e tantos anos a sua frente, um tanto gordo, já iniciando a calvície, que nunca tinha trabalhado em toda a sua vida, pequeno, ébrio e imundo! Notou o sangue da menina em suas roupas, e delicadamente, deu Elisa ao delegado, pedindo que a acomodasse no carro para que fossem ao hospital, mas por um momento só, que esperasse.

"Mais de dez policiais observavam a cena do gigante louro indo ao encontro de Eurípedes, que se encolheu ante o tamanho e o olhar frio do homem. Vendo-se cercado pela lei, o maníaco tentou se valer dela:

"– Lembre-se que há lei, senhor! Não pode me matar aqui, perante todos! Pode me prender, mas tenho direito a defesa! Qualquer um tem!

"O pai de Elisa não disse uma palavra, abaixou-se um pouco, como que para ficar da altura dele, e atacou-o com uma quantidade de murros razoáveis, até que os guardas o conseguissem deter. Não durou mais do que um minuto, se é que durou tanto, mas resultou em alguns dentes perdidos, umas costelas quebradas, até que três guardas contiveram o homem, que saiu de lá finalmente dizendo:

"– Não ache que isso acabou!

"Erguido finalmente do chão, Eurípedes ainda saiu com esse comentário:

"– O senhor querendo, eu me caso com ela! Adoro sua filha!

"O homem entrou no carro com a menina, e seguiram para a cidade."

Olhei para Elsie, que olhava para Eurípedes, agora já mais recuperado, ainda com ódio e asco. Ela nos disse:

– Elisa sobreviveu alguns dias. Teve uma infecção feroz, a surra e a violação criaram feridas internas e externas. O demônio quebrou costelas, o braço, fraturou o queixo da menina. A cidade inteira foi ao enterro da pobrezinha, e Eurípedes ficou conhecido como o monstro que era.

Clara perguntou:

– Ficou preso por muito tempo?

Elsie deu um sorriso amargo:

– Na realidade, já não tinha uma fortuna tão vasta assim. Os advogados comeram o resto. A menina, por ter lutado tão bravamente por sua virtude, virou quase que uma "santa" na cidade, as pessoas se identificaram muito com ela, pela beleza sem par, a doçura. Elisa, além de linda, era uma criatura extremamente amável com todos, a mãe ficou inconsolável e com o tempo passou a dedicar-se às crianças carentes, pois não pôde mais ter filhos. Notando isso, a população criou ainda mais ódio por Eurípedes. O fim dele foi atroz.

Imaginei que pessoa que espalhou tanta violência e dor, poderia ter tido um fim tempestuoso. Mas nada era como o que pudesse imaginar.

CAPÍTULO 15

# O JULGAMENTO

Clara mostrou-se interessada, assim como eu mesmo:

– E como ele desencarnou, Elsie?

Ela suspirou:

– Desde o dia em que a população da cidade descobriu o que ele tinha feito, muitos se condoeram da situação da menina, principalmente os que tinham crianças em casa. Não foram poucos os que foram à porta da delegacia pedindo por linchamento. A delegacia era pequena, Eurípedes se encolhia dentro da cela, mas o delegado não deixou que a balbúrdia se instalasse. A revolta na cidade se instalou de tal forma, que muitos faziam uma vigília nas portas da delegacia gritando impropérios para que o assassino ouvisse, o que lhe enfraquecia os nervos, e fazia com que seu advogado tentasse tirá-lo dali de qualquer forma. Mas o juiz do caso, extremamente amigo dos pais da menina, negava qualquer favor ao meliante.

Tive que comentar:

– Acostumado aos favores que o dinheiro costuma comprar, Eurípedes agora enfrenta o outro lado da moeda.

Clara sorriu:

216 | Mônica Aguieiras Cortat | Ariel e Fabrício (espíritos)

– Verdade. O perseguidor vira o perseguido. E tudo na mesma existência... mas esse mereceu, não?

Elsie não sorria, e comentou:

– É complicado lidar com o ódio do povo. Principalmente quando entra em cena uma vítima, realmente inocente aos olhos da população, ainda uma criança como Elisa, e se sabe, ainda que nas entrelinhas, que ele já fez maldades a outras crianças, ainda que acobertadas pelos pais das mesmas. É uma teia de ódio que não termina. Eu sabia de minha culpa de colocar a menina em risco para alimentar um romance que na época não achava falso. Sabia da minha ambição de ter uma família, finalmente ter um namorado e assim coloquei em risco uma criança tão amada. Fiquei cega, a verdade foi essa! Mas soubesse eu do real interesse dele pela menina, teria continuado a vê-lo? Não! Jamais!

Ela respirou fundo, e continuou:

– Eu não era um ideal de beleza, mas não era feia! E Eurípedes estava longe de ser belo! Abusou de mim, eis tudo! Mas estivesse eu encarnada, não me veriam às portas de uma delegacia a querer ver a morte de quem quer que fosse como aquelas pessoas faziam. O ódio que sentiam por ele era palpável, e incentivado pela imprensa local. O pai de Elisa pressionou mesmo a imprensa nacional, e o julgamento foi marcado rapidamente, noticiado pelas rádios com grande tumulto, causando um grande "frisson" à época, com a foto da linda menina estampada. O que só concorreu para que mais ressentimento se espalhasse, inclusive dentro de meu peito.

Perguntei a ela:

– As pessoas falavam de você, Elsie?

Os olhos dela se encheram de lágrimas:

– Algumas achavam que eu era cúmplice dele, acredita? Se eu fosse cúmplice, por que ele me mataria? Minha culpa com isso se acentuou imensamente. Outras me achavam apenas uma tola, o que realmente eu fui. Mas, eram outros tempos, como intuir tamanha monstruosidade? Eu era uma pessoa simples, sem informação. Não se comentavam esses assuntos horríveis! O fato é que o julgamento se aproximava e o advogado dele começou a argumentar que ele não estava no seu juízo perfeito quando cometeu o crime. Começou a circular nos jornais a chance de ele escapar da prisão, por ser louco, e acabar em algum hospício, e depois de algum tempo ser solto, por ser rico.

Imaginei o que tais comentários poderiam ter causado na população, e perguntei a ela:

– Como a população reagiu a isso?

Ela suspirou relembrando:

– Todos sabem como funciona a justiça para os ricos. A população se revoltou, mas ficou quieta. Não houve mais manifestação na porta da cadeia, que ficava distante do Tribunal da cidade mais ou menos umas três quadras. O advogado de Eurípedes era competente, ele nunca tinha cometido nenhum crime de violência antes, era de família famosa por sua honradez. Podiam comprovar o crime contra Elisa, mas o meu assassinato ainda estava em aberto, ninguém ainda podia comprovar nada, e ele não tinha confessado. O que parecia indefensável, agora parecia envolto em um véu de loucura, plantado habilmente pelo profissional do direito. Eu sentia engulho ao ver a história habilmente distorcida, mas o júri tinha ouvido toda a cantilena. Assim como parte da população, e eu não estava nada feliz.

Ela olhou Eurípedes num misto de nojo e raiva:

– O fato é que não se falava no estupro da menina, o ato mais degradante de todo o processo! A pedido do pai, comentava-se apenas a surra cruel que tinha causado a sua morte, para não conspurcar a memória de Elisa. Mas a população certamente intuiu o fato, apenas insinuado pelos jornais. Durante o julgamento a expressão "desse aí" era um misto de medo, inocência e revolta quando as acusações choviam sobre ele. Disse estar apaixonado pela menina, que jamais quis seu mal, que queria se casar com ela, e que ia esperar pelo tempo certo. E, pasmem, que também era correspondido! Por isso o advogado o disse "tomado por loucura temporária"! Ainda disse que eu, a babá, sabia e apoiava o romance! Que outra pessoa tinha me feito mal... a tudo isso, uma audiência estarrecida, que já não sabia mais como agir com semelhante criatura.

Elsie continuou:

– Existem realmente pessoas que possuem o dom da dissimulação, se Eurípedes não o possuía completamente, contratou alguém competente para isso. Fiquei tão ensandecida de ódio que saí do Tribunal, indo para as ruas, onde vi grupos comentando em voz baixa sobre a "loucura" de Eurípedes, e o comentário geral era de que: "se fosse um pobre com uma loucura dessas, já tinham matado ele". Dentro de mim, concordei. Ele sempre soube o que fazia, e por que fazia. No dia seguinte o júri deliberaria e por todas as rodinhas de pessoas reunidas por onde passei, o comentário geral era o mesmo, achavam que Eurípedes conseguiria escapar como "louco", e em pouco tempo estaria solto novamente. Levado de volta à delegacia, que por ali não havia cadeia, e colocado na cela, Eurípedes pensou que uma temporada no hospício não era pior que uma vida na cadeia. Confiava no tempo, que as pessoas esqueceriam. Lamentava apenas o dinheiro gasto com tudo aquilo, pois já não sabia como estavam as suas finanças. Teve que vender sua parte nos negócios do pai para pagar seu último advogado, mas que fantástico ele era! Alegar insanidade temporária! Finalmente uma saída para toda essa confusão!

Elsie continuou narrando os pensamentos dele na época:

– Seu único erro tinha sido se envolver com criança rica. Tudo bem, era lindíssima, mas tinha sido um desvario! Tinha que tomar juízo dali por diante. Assim pensando observou que naquela noite não tinha a gritaria costumeira na porta da delegacia, ninguém mais lhe importunando... achou que era bom sinal. Tinha custado uma fortuna aquele advogado, mas era um bom sinal. Será que tinham acreditado que ele era louco mesmo? Bem, até ele acreditaria vendo aquele homem falar daquela forma. Sendo assim, dormiu razoavelmente tranquilo. Tinha já combinado com o pessoal da clínica aposentos particulares e adequados, não ia se misturar ao povo comum, Deus o livre!

Argumentei que seria melhor se víssemos as imagens, nossa menina assentiu e então Olívia nos deu as mãos e nós fomos transportados às cenas vistas por Elsie.

No dia em que o júri decidiria, amanheceu um lindo dia de sol, desses de céu azul, em que a gente fica achando que tudo acabará bem. Eurípedes nunca tinha gostado de acordar cedo, mas não tinha escolha por ali: o guarda trouxe seu café numa caneca de lata, o pão dormido com manteiga, um copo com água, e deixou no chão da cela que ele ocupava sozinho para segurança dele mesmo. Eurípedes olhou para a caneca de lata e pensou que, com sorte, logo estaria na clínica e seria melhor tratado. Naquele dia terminaria seu julgamento. Levou aos lábios ressequidos o café aguado e mordeu o pão amanhecido, sorrindo para si mesmo: enfim sairia daquele pesadelo! O guarda não gostou dele, tinha ouvido rumores sobre sua "loucura", e disse:

– Quer dizer que o senhor é "louco", não é? Sei...

Eurípedes fez que não ouviu. O guarda não simpatizava com ele. Que importava? Logo sairia dali. Na clínica ficaria melhor. Ao menos não tinha ficado com os outros presos, pelo menos tinham lhe respeitado a posição social nisso.

Olhando pela janela estranhou a praça em frente da delegacia vazia, pois sempre tinha gente por ali para dizer-lhe um impropério qualquer. Desocupado era o que não faltava naquela cidade! Estava ficando farto de tudo aquilo. Observei que não se sentia culpado por Elisa, nem por um minuto sequer pensava na menina, ou no que tinha lhe acontecido. Suas preocupações iam inteiramente agora para o dinheiro que já devia estar curto. A única coisa que havia lhe restado, depois de toda a confusão com os advogados, um que havia largado o caso e agora este último, tinha sido o sítio onde tinha escondido a menina, e este não valia grande coisa. Mesmo a bonita casa da cidade e os negócios do pai teve que vender às pressas para arcar com os custos de seus desvarios. Apenas disto se arrependia.

Mas, pensou ele, ainda tinha crédito. E com crédito se faz muita coisa. "Posso não ter mais quase nada, mas ninguém ainda sabe disso..." - pensou. E o advogado pago a preço de ouro lhe abriria algumas portas. Teria que estar no pequeno Tribunal às onze, então foi preparar-se barbeando-se e colocando uma camisa limpa, levada pelo causídico no dia anterior. Tinha de estar apresentável, ao menos aquele inferno estava perto de acabar!

Mal sabia ele que Elsie estava bem ali ao seu lado, observando cada gesto seu! Que tolos são os maus, soubessem da perseguição que passam a sofrer de algumas vítimas das suas maldades, quando estas desencarnam... Acreditando que com a morte tudo se finda, por pura comodidade, esquecem-se que Deus a tudo governa e nada fica sem retorno.

Além de Elsie ali estavam também outras vítimas que ela não conhecia, entre elas uma mocinha de quinze anos, que depois de usada por ele tinha sido abandonada pelos pais, e se suicidado em cruel desespero. Junto a ela os avós, que o olhavam com um sorriso cruel. Ao vê-los, Elsie interrogou à senhora:

– Ele fez mal à menina?

A senhora, que contava com os seus cinquenta e poucos anos, cabelos grisalhos, tinha a fúria no semblante:

– Esse maldito desonrou minha neta, tão amada, à força! Quando meu filho soube e foi tirar satisfação, pagou ao pai dela para que calasse a boca, e meu menino aceitou. Sabe o que ele fez depois? Deu uma surra na menina e a expulsou de casa! A menina ficou sem ter para onde ir, acabou no meretrício, onde por não suportar a vida se matou dois anos depois! Não perdoo nem a meu filho nem a ele, estuprar uma menina de treze anos! Mas hoje ele vai ter seu troco! O de meu filho vem depois!

Elsie ficou curiosa, o que será que aquela senhora sabia que ela ainda não sabia? Será que Eurípedes finalmente seria condenado? O senhor ao lado dela também sorria, cruel. Olhou com pena para a menina, pálida, olhos fundos, de que será que tinha morrido? Veneno? A expressão de sofrimento ainda era visível em seus olhos... "pobrezinha, que vida triste! E que pais malvados!" – pensava ela.

Eu, de minha parte, pensei na enormidade de erros que os seres humanos cometem por conta dos preconceitos e da pobreza extrema. Não deviam esses pais terem acolhido a pobre criança já tão traumatizada pela violência? Que culpa tem uma mocinha de treze anos por um estupro de um pedófilo? Tem ele menos culpa por ter pago em dinheiro? Nos dias de hoje já se pensa de forma diferente, o mundo evoluiu, com a graça do Senhor, ainda que outros pensem que ele apenas piora. Mas no início do século vinte, era esse o pensamento.

No relógio da delegacia marcavam dez e vinte, Eurípedes já estava impaciente na cela, mas o carro fechado que devia vir buscá-lo para levá-lo até o júri infelizmente não dava partida de jeito nenhum. O delegado se viu aborrecido, pois sabia que não era seguro levá-lo a pé, pois as pessoas podiam agredi-lo pelo meio da cidade, até que um guarda sugeriu:

– Podíamos levá-lo na carroça, sentamo-nos dois guardas de cada lado e ele vai no meio, assim, ninguém encosta nele.

Era o início da década de vinte, carros não eram comuns nem baratos, a delegacia só tinha aquele. O delegado olhou o relógio: dez e quarenta. Foi o jeito! Olhando a praça praticamente vazia, fez a carroça parar na frente da delegacia, e com Eurípedes esbravejando muito por sentar-se no centro da carroça, reclamando da humilhação de ir ao Tribunal daquela forma, colocou os guardas em volta do preso como a formar uma escolta humana, e ainda disse a ele:

– O carro quebrou, prefere ir a pé? Quer o risco de uma pedrada?

A esse comentário, Eurípedes se calou e abaixou-se o mais que pôde no centro da carroça. Passada a primeira quadra, deu-se a surpresa: uma pequena multidão de mais de cinquenta pessoas, escondida atrás de um prédio cercou a carroça, o cavalo quis empinar, mas foi logo contido pelo arreio. Os quatro guardas foram puxados pelas blusas e logo foram ao chão, arrastados por tantas mãos, que se não os machucaram, logo se viram sem as armas e inutilizados. Quanto ao prisioneiro...

Como tinha dito Elsie, além do crime ter sido revoltante, os jornais tinham plantado o ódio com eficácia. Não eram só homens que estavam ali, eram mulheres também, armadas de suas panelas, provavelmente mães. A carroça era pequena e Eurípedes foi puxado pelos dois lados pelas roupas, que rápido se fizeram em frangalhos. As unhas das mulheres fizeram arranhões feios na pele branca e um tanto flácida, cabelos foram arrancados em fúria, mas logo um lado venceu, e os gritos dele foram abafados pelos gritos da multidão enquanto os guardas, atônitos, observavam ele sumir num emaranhado de braços e torços enfurecidos.

Não havia o que fazer, foi rápido demais. A fúria há tanto tempo represada finalmente vinha à tona, as fofocas alimentadas pelos cantos da cidade, os fatos verdadeiros do suplício de Elisa, a antipatia do verdadeiro caráter de Eurípedes, os comentários sobre os malfeitos antigos dele, tudo isso desatando em minutos de revolta sobre apenas um corpo, que agora estava sendo dilacerado em público. Elsie tentava acompanhar o que estava acontecendo, finalmente entendendo o motivo da praça vazia dois dias antes! Eles planejavam o linchamento!

O carro quebrado, a carroça, tudo tão providencial! Observou o sorriso de satisfação nos rostos dos outros três espíritos, o senhor, a senhora e a menina, e então se aproximou deles:

– Vocês sabiam! Vocês sabiam que isso aconteceria!

Foi a vez do homem responder:

– Não só sabíamos, incentivamos! Esse demônio merece isso e muito mais! Pena que vai durar pouco... vê ali? Aquele lá leva um canivete!

De fato, um homem de semblante enlouquecido lutava para chegar até Eurípedes, portando um afiado canivete, com uma lâmina razoavelmente longa. Não tardou a ter sucesso, e depois de mais alguns poucos minutos, a turba ergueu um homem apenas usando as calças, de rosto deformado, peito ensanguentado que ainda respirava com dificuldade. Parecia ter inúmeras fraturas e diversas facadas no peito, outras nas pernas, e erguido assim, ao sol, eu não via uma parte do corpo que não tivesse sido atingida.

Levaram-no, em silêncio, até a porta do tribunal, e o depositaram na calçada. Só então um senhor disse:

– Pode internar no asilo de loucos agora! Não é tudo que o dinheiro compra!

O farrapo humano que se tornou Eurípedes ficou na calçada branca. O sangue perdido já era muito, não se viam os olhos dele, a boca esmagada e sem boa parte dos dentes, o nariz era um borrão. Unhas tinham cortado o torso, o pescoço, os braços, o direito, aliás, tinha duas fraturas expostas. Estava quase sem cabelos, devido à fúria de algumas mulheres, no peito nu, facadas brotavam sangue como flores. Um joelho parecia seriamente deslocado, e marcas de faca marcavam as pernas também. O chão tingia-se do resto de sangue que lhe restava. O juiz, à frente do Tribunal, mandou chamar a ambulância, mas intuiu que não daria tempo. Aproximou-se dele sinceramente penalizado de seu estado:

– Temíamos por algo parecido! Conheci o pai dele, era tão boa pessoa! Saber que o filho terminou dessa forma...

Eurípedes estava em um poço de dor, mas estava lúcido. Nunca tinha imaginado antes o inferno, só não devia ser pior do que aquilo que tinha passado nos seus últimos minutos! Que dizia aquele miserável aos seus ouvidos? Que ele iria morrer? Estava louco? Seu peito ardia com as chagas abertas, seu rosto estava dormente, não conseguia articular sequer uma palavra e estava sufocando com o sangue na garganta, porém nada sentia das pernas para baixo, a coluna fraturada cuidava disso. A visão começava a falhar, mas sentia-se vivo como nunca, e furioso como nunca tinha estado! Quem tinha dado o direito daquele populacho pobre e malcheiroso atacá-lo daquela forma?

Doía-lhe muito mais que os ferimentos, a humilhação imposta de ter sido tocado por gente que considerava tão inferior! Com que direito tinham arrancado-lhe as roupas com aquelas unhas imundas, despedaçando-lhe a pele, tirando-lhe os cabelos, os dentes tão bem tratados? Imundos! Esse era o pensamento que atormentava o menino que nunca tinha sido punido pelos pais, que jamais tinha levado além de reprimendas contidas, que nunca tinha sentido o peso de uma palmada sequer!

Mas que tinha abusado do poder do dinheiro, violentado vítimas indefesas, e que acabou por matar Elisa. Ali estava, em seus últimos momentos, aquele que tanto se julgou superior aos seus semelhantes: seminu, objeto da curiosidade pública, sem poder dizer sequer palavra que traduzisse sua revolta íntima. Presenciando agora a triste cena, pensei em como são enganosas as ilusões deste mundo! São tantos que tratam os seus irmãos de acordo com a famosa "posição social", coisa tão transitória, tão volátil! Há menos de um ano era um dos "príncipes" da cidadezinha, agora, ele não parecia nem digno de estar na pobre calçada!

Cada ser humano é uma parte de Deus sobre a Terra! Não nos esqueçamos disso! Orgulho e vaidade são chagas errôneas que nos afastam da verdade mais simples e só nos trazem sofrimento! Se aproximem das pessoas pelas ações que elas praticam, e não pelo que elas possuem: as riquezas passam, as ações são imorredouras, mostram o retrato verdadeiro, aquilo que realmente permanece! Lá estava o tolo, remoendo sua revolta, atingido por mãos também cheias de revolta e engano, que plantaram naquele dia um ódio difícil de ser suplantado.

Mas o suplício de Eurípedes apenas começava: a ambulância, apesar de ter vindo rápido, não chegou a tempo. Ele faleceu logo depois de colocado no chão, a multidão mal chegou na segunda esquina longe do tribunal, e dispersou-se, cada qual seguindo o seu caminho do jeito mais rápido possível, para evitar a prisão. O delegado, quando finalmente chegou, ordenou que fossem presos alguns "cabeças" que ele tinha reconhecido, mas depois disse, em voz baixa para o juiz, que em caso de linchamento seria realmente complicado dizer "quem fez o quê", eram facilmente mais de cinquenta pessoas, e Eurípedes, pelo caráter, não contava realmente com muitos amigos na cidade, além de nenhum parente, tirando uma tia distante, que não o via com bons olhos.

Eurípedes, ainda preso ao corpo, materialista convicto, ouviu perfeitamente quando um homem declarou a sua morte e riu-se por dentro a dizer: "doido de pedra! Estou vivo, paspalho! Pois se te escuto! Não nota que estou vivo? Ande! Leve-me ao hospital!".

Não obstante, Elsie aproximou-se dele, e disse-lhe ao ouvido, em bom e alto som:

– Não. Está agora entre os mortos, farsante! Não se lembra de mim? Abra os olhos, Eurípedes! O mundo dos mortos lhe espera!

O espírito, ainda ligado ao corpo por frágeis laços, ficou extremamente confuso, pois ouviu claramente a voz dela e a reconheceu. Mas ainda sentindo as dores do corpo, e julgando-se vivo, sentiu cruel agonia, e disse:

– Estou enlouquecendo! Deve ser um sonho cruel! Parece que escuto a voz daquela louca da Elsie me chamando de seu túmulo! Vade retro fantasma, que não vai me levar! Estou vivo, entende? Quase acabam comigo, mas sobrevivi!

Elsie sentou-se ao seu lado na calçada, enquanto os transeuntes, enojados com o cheiro de sangue coagulado, iam se afastando, e soltou sonora gargalhada:

– Minha morte foi triste, mas merecida! Um único tiro tirou a minha vida por eu ter sido tola de ter acreditado num "bicho" como você! Mas a sua, Eurípedes! Eu não podia ter pedido justiça mais bem feita. Finalmente seu corpo demonstra o monstro que é!

Com esse estímulo dela, ele finalmente acreditou em sua morte, e começou a deixar o corpo físico, olhando-o finalmente, deitado na calçada, ainda sem a cobertura de um lençol que estava finalmente sendo entregue. Ao ver-se tão disforme, ele deu um urro de dor e disse incrédulo:

– Não sou eu, não pode ser! Nem cabelos me deixaram! Eu ia para uma clínica, depois me levantaria novamente, tinha só trinta e poucos anos!

Elsie olhou-o com ódio:

– Eu tinha vinte e dois, Elisa tinha dez. Aquela menina ali, quando você desgraçou, tinha treze.

Ele olhou a mocinha, morena e pequena, e para o espanto dos avós, disse:

– Essa mocinha? Mentira! Nunca a vi! E depois, é velha demais, só gosto quando são mais novas!

O velho senhor adiantou-se:

– Olhe bem para ela, canalha. Ela se matou aos quinze anos, quando o senhor a desonrou, ela tinha treze. Nem moça ela era ainda!

Eurípedes nem conseguia se lembrar, tinham sido tantas! Com medo do homem, se afastou um pouco, mas ele sorriu:

– Saiba, no entanto, que eu não fui o único no seu encalço. Tem mais gente com dívida séria com o senhor, não é mesmo? E essa gente cobra, desgraçado! Aqui, o seu dinheiro não compra nada!

Desfizemos a imagem, e eu olhei para o corpo encolhido de Eurípedes na cama, felizmente, já sem os machucados, e imaginei o que ele já não devia ter passado nas suas longas décadas de umbral. Perguntei a Elsie:

– Ele nunca se arrependeu dos crimes?

Elsie deu de ombros:

– Não. Mas é um espírito inteligente, apesar da maldade. Com o tempo notou que as feridas eram apenas ilusões da mente, que tinham ficado para trás, na tumba feia de indigente que lhe sobrou no cemitério dos pobres. Mas sofreu nas mãos de suas vítimas, que não eram poucas... eu mesmo não lhe dei muito sossego, acusando-o de assassino sempre que via um ambiente propício de pessoas que o julgariam com severidade. E num dia não muito distante, escapou-se de mim, e veio parar aqui, se fazendo de "crente", para se proteger de seus algozes.

Clara ficou curiosa:

– E estava conseguindo? Tinha uma vida razoável aqui?

Elsie deu uma risada triste:

– Viu no pastor um aliado fácil de ser enganado, disse as frases certas, até que eu, seguindo o seu rastro, o descobri e revelei o seu passado. A vingança do pastor foi cruel e aí está o senhor Eurípedes, cópia do que era, até que vocês chegaram. Acham mesmo que vale a pena recuperar tal criatura?

Olhei para Elsie, pálida, de semblante frio e anguloso, nem sombra da meiga babá de Elisa! Tive que perguntar:

– E sua vingança, tem valido a pena, Elsie? Quase um século atormentando tal infeliz, em vez de estar aprendendo coisas novas, conhecendo a bondade do Senhor em outros locais, revendo amigos preciosos e tanta gente que gostou verdadeiramente de você. Valeu o preço agarrar-se a tal indivíduo para provocar-lhe a dor contínua e insistente, enquanto podia estar sendo feliz buscando a sua própria perfeição, e amparar inclusive algumas vítimas dele?

Os olhos fundos dela me olharam com desconfiança e mágoa, e só então ela me respondeu:

– Acha então, que eu devia deixar tal monstro livre para continuar com suas maldades? Onde nisso, há justiça de Deus?

A pequena Olívia sorriu conciliadora:

– Com que então a moça assiste a todos esses acontecimentos, e não notou ali a justiça do Senhor? O tempo de Deus é diferente do nosso, Elsie, mas o de Eurípedes veio numa velocidade! Os atos dele foram terríveis, mas em seu final desta jornada na Terra, alguma vez já tinha visto maior ódio expressado? E o abandono, a angústia, o medo represado! Poucas coisas existem mais atrozes que um linchamento público! É um crime covarde e feroz, que deve sempre merecer reprovação.

Elsie se calou. Realmente a cena tinha sido inesquecível em seu horror. Clara perguntou:

– Os participantes de um linchamento responderão por este tipo de crime?

O olhar de Olívia ficou triste:

– A cada um de acordo com os seus erros. O crime é duplamente covarde porque na Terra ele raramente é punido pela Justiça, pelo número de ofensores serem tão grande, que impossibilita qualquer defesa da vítima e pelos culpados que, mesmo apanhados no calor do momento, costumam ser desculpados depois pelo que chamam de "fúria ocasional". "Não julgai!", diz o Mestre, com sabedoria! Esse tipo de "desvario" traz à tona o pior do ser humano, e quando se dissipa a multidão, ainda ficam por ali durante décadas, o desespero, o ódio, a dor. É uma energia difícil de ser erradicada!

Olhei para Elsie, que parecia pensativa com tudo aquilo, e disse a ela:

– Não é preciso vingança, Elsie. Quem planta o mal, a ele colhe de qualquer forma. E quanto mais demorada essa colheita, de pior forma ela vem! Pense bem e me responda: algum dia viu Eurípedes feliz, realizado, em paz? O mau não se arrepende com frequência, mas também não tem paz!

Ela me olhou com seus olhos fundos:

– E acaso eu tive paz, senhor Ariel? Depois da morte que tive, da menina que vi destroçada por minha culpa, como posso ter paz?

Seus olhos finalmente começavam a entender os erros cometidos por ela mesma. Não era má, longe disso! Era apenas desesperada pela culpa e pelo ódio! Tentava resgatar sua culpa pelo acontecido com Elisa, não deixando que ele prejudicasse a mais ninguém, e com isso, tornou-se o seu verdugo!

– Desligue-se dele, mulher! – respondi– ore pela regeneração dele, e peça a Deus pela sua também! Esqueça essa sua culpa, foi enganada também. Quem nunca errou? É tempo de mudança, Elsie!

Ela chorava copiosamente, e Clara a levou para fora do quarto, enquanto Olívia e eu olhávamos para Eurípedes, um pouco melhor do que quando havíamos chegado por lá. Que história horripilante aquela! A menina olhava o perispírito dele, que já estava ereto na cama, mostrando-se quase restabelecido, sem dores, tranquilo. Sabíamos que acordaria em pouco tempo... então ela me disse:

– Que será que ele fará quando acordar? Será que foge daqui o mais rápido possível?

Eu tive que sorrir:

– Era o que eu faria. Que história mais feia, não é mesmo? Não gosto quando nos deparamos com gente que age dessa forma...

Ela me deu um olharzinho maroto:

– Ora, Ariel... você sabe muito bem como eram as coisas séculos atrás! O mundo anda melhorando, meu bom amigo! Hoje em dia, coisas como essa já são tidas como crime, e crime grave! Quantas crianças eram submetidas a selvagerias e tudo era "abafado" entre as paredes familiares? As coisas estão mudando, meu querido! Isso sem falar nas mulheres, que eram dadas em casamento como mercadorias pelos seus pais a seus maridos, que podiam matá-las em nome de uma "honra" qualquer. E não faz tanto tempo assim, lembra-se?

Eu me lembrava. Como me lembrava da escravidão, da discriminação feroz aos homossexuais, da perseguição a diversas raças. Sorri para ela... era verdade! As coisas estavam mudando!

O século vinte tinha sido muito interessante!

CAPÍTULO 16

# Muitas vidas vividas...

O CORAÇÃO MAVIOSO DE Clara fez uma nova amiga em Elsie, e quando saímos do local, ela estava embaixo de uma árvore consolando-a, braços em torno dela, amparando-a em seu choro convulsivo por décadas de ódio finalmente rompido! Eu sorri para Olívia: não sabia se havia alguma esperança para Eurípedes, mas para aquela loura criatura, presa há décadas no sofrimento, parecia haver alguma luz!

A menina disse, com sua voz doce:

– Olhe só como a doçura opera os seus milagres, Ariel!

Era verdade! Clara e sua intensa empatia fazia os seus milagres. Lá estava ela, agora em frente a Elsie, tomando de suas mãos, carinhosamente, e olhando-a nos olhos azuis sem o menor julgamento, como mandava o Cristo, cheia de amor e bondade por ela, a esclarecer coisas simples e verdadeiras, enquanto a penitente argumentava:

– Não tenho perdão, Clara! Atormentei esse homem por nem sei quanto tempo! Por ele tornei-me má, rancorosa, fiz ardis para que ele se prejudicasse! Nunca sairei desse purgatório sem fim!

A força de Clara estava nos pequenos gestos, nas palavras verdadeiras:

– Elsie, você estava cheia de dor e culpa! Viu coisas que fugiam ao seu controle e que acabaram acontecendo à pobre menina. Claro que o desespero de ter deixado Eurípedes se aproximar dela, consumiu-lhe. Sempre dizemos aos outros para perdoarem aos inimigos, e isso não é sem razão, mas dessa vez eu lhe digo: perdoa a si mesma, mulher! Escolheu caminhos errados desta vez, chora as suas lágrimas, mas escolhe agora o caminho certo: perdoa-se! Acredita que o Cristo que perdoou o assassino e o ladrão, não lhe perdoaria?

Elsie olhou para ela um tanto aturdida... sempre tinha ouvido falar em pecados na igreja, raramente em absolvição. Aquela moça simples e bela em sua forma brilhava uma luz acolhedora, como nunca tinha visto em nenhum representante de Deus na Terra, e ela lhe infundia esperança! Falava de um Cristo de amor e de acolhimento! Lendo seus pensamentos, Clara sorriu-lhe:

– Deus ama todos os Seus filhos, Elsie! Acha que se esqueceria de você? Espera pacientemente que retorne ao caminho do bem, minha querida! Errou ontem? Acerte hoje! Ao longo de tantas vidas vividas quem de nós nunca errou?

Ela olhou-a cheia de surpresa:

– Muitas vidas vividas? Como pode ser isso?

Observei Clara sorrir, pois também tinha sido criada pela santa igreja católica, que não acreditava em reencarnação.

– Sim, minha amiga! Também me espantei com isso, logo que cheguei! Mas não vivemos uma só vez... e que sentido faria? Uns nascem pobres, outros tão ricos! Uns belos, outros não, alguns cheios de talento, outros tolos... por que Deus, em Sua infinita bondade e sabedoria, nos daria apenas uma chance e em condições tão diferentes uns dos outros? São várias vidas em que o espírito se aprimora e vai se tornando puro e se aproximando d'Ele! Por isso o "não julgai"! Sabe você o que fez em sua vida anterior? E o Deus Altíssimo nos perdoa e nos manda seguir em frente.

Ela olhou-a um tanto confusa, parecia informação demais. Clara resolveu exemplificar, para que ela entendesse melhor:

– Nossa fé é consoladora, Elsie! Acreditamos num Deus justo e bom! Que justiça haveria numa criança que nasce sadia e em outra que nasce marcada com a síndrome de Down? A luz de muitas vidas explica, o que uma vida só não explicaria jamais... na realidade, neste caso, a missão pode ser mais dos pais do que da criança em questão, para desenvolver-lhes qualidades como o amor incondicional, a paciência, a falta de preconceitos. Pode estar ali preso, no corpo de uma criança limitada, um espírito de luz que vem passar sua última encarnação sobre a Terra, ou ainda um irmão que vem buscar aprendizado, como todos nós. Nada impede que este ser humano seja feliz, ou que dê felicidade. Deus não abandona, Elsie, a ninguém.

A moça loura pareceu compreender. Não compreendia mesmo tantas coisas que achava injustas na vida, e disse a Clara:

– Nunca consegui entender, por exemplo, o motivo de tantos pobres, sem o pão sequer, e outros tão ricos! Por que o Senhor privilegia tanto a alguns, enquanto parece esquecer-se de outros?

Clara deu um sorriso triste:

– Vim de família abastada, em minha última vida. Não foi o seu caso, não é mesmo?

Elsie fez que não com a cabeça e respondeu:

– Éramos de família humilde, mas trabalhadores. Nunca nos faltou o pão, nem a vontade de estudar! Minha mãe teve três filhos, todos nós criados para o trabalho duro, preguiçosos não eram tolerados!

Ela sorriu:

– Tínhamos o exemplo dentro de casa! Podíamos não ter coisas luxuosas, mas éramos asseados, religiosos, trabalhadores e honestos! Eu sentia realmente falta de ter um bom marido, mas não sentia falta de luxo. Sentia-me só, nunca tinha namorado, e era tola! Criada sempre para o serviço, sem ir a festas, ou sair de casa, fui a vítima perfeita para aquele pervertido!

Clara teve pena dela. Mas perguntou-lhe:

– E existiam famílias pobres, que vocês conheciam, que não eram muito "dedicadas" ao trabalho?

Elsie olhou-a como que se lembrando de alguns vizinhos do bairro pobre:

– E como não? Infelizmente, sim. Enquanto minha mãe nunca se envergonhou de aprender costura e trabalhar até altas horas da noite quando era preciso, não eram poucas as mulheres que nada faziam, e reclamavam da sua falta de sorte! Enquanto meu pai e meus irmãos labutavam sujando as mãos numa olaria a fazer tijolos, tendo dores nas costas, não eram poucos os homens a se dizerem "doentes" e recusarem serviços "pesados".

Clara sorriu, e perguntou:

– E como viviam esses?

Elsie não tinha boas lembranças deles:

– Geralmente se "encostavam" em casa de parentes, alguns viravam pedintes, outros se perdiam em vícios. Isso quando não caíam na criminalidade. A preguiça é uma coisa feia, dona Clara. Nem imagina o quanto!

Clara sorriu:

– Talvez, nesse seu pequeno exemplo, esteja um pouco da sua explicação para os ricos e os pobres. Existe o livre-arbítrio em cada ser humano, Elsie. Cada um de nós escolhe o que vai fazer em cada dia de sua vida, na Terra, ou aqui no plano espiritual, que é a vida verdadeira. Claro que na Terra há a limitação da fome, da doença, da pobreza... então, há muito mais chance para evoluir o espírito! Não são poucos os pobres que já foram ricos, ou muito bem remediados antes. Dessas encarnações eles podem ter trazido alguns vícios como a preguiça, por terem sido sempre sustentados por heranças, sempre servidos por empregados! E reencarnam em famílias com baixo recurso, justamente para aprenderem como o trabalho honesto é essencial! Tantos se perdem nesse caminho! Desperdiçam chance preciosa quando se dedicam a "parasitar" parentes ou estranhos, pois todo o mal que se faz, assim como todo o bem, acaba retornando. Mas a prova mais dura do ser humano, referente às condições financeiras, não é a da pobreza.

Elsie olhou-a realmente curiosa:

– Como não? A pobreza leva a tantas doenças, tantas humilhações! O que pode ser pior que a miséria, que a fome, que gera tantas indignidades?

Clara olhou-a com uma sabedoria de espírito antigo:

– A pobreza pode gerar muitas coisas, Elsie, mas em um ser de valores morais elevados, raramente levará a indignidades! Pode levar ao desespero pela fome, pelo abandono. Pode tirar momentaneamente a força de um ser humano, levá-lo a cometer erros de que se arrependa, mas ele dificilmente se prostituirá, tirará a vida de outro ser humano sem necessidade, ou prejudicará alguém se já não tiver tendência para tanto. Nenhuma atividade que prejudique, cause dano a você mesmo ou a outras pessoas, deve ser praticada. Mil vezes um trabalho honesto e cansativo, ainda que mal remunerado, a um que lese a outra pessoa! Pobre de quem acha que as coisas não têm preço! A única coisa que carregamos conosco, Elsie, são os nossos valores morais!

Elsie olhou para ela como se uma venda tivesse sido tirada de seus olhos, mas ainda assim inquiriu:

– E como ser rico, nada de material lhe faltar, pode ser uma prova pior do que a pobreza?

Vi minha amiga Clara olhar ao longe:

– Vim de família abastada, mas nunca tive controle sobre nenhum dinheiro. Tudo sempre esteve nas mãos de minha família ou de meu marido, e como mulher de minha época, na década de 1930, isso era comum. Mas fui criada no meio de gente cujo principal valor era o dinheiro, e uma coisa posso lhe dizer: ele pode custar caro em termos espirituais!

Ela teve despertada a curiosidade de sua ouvinte, e continuou:

– Enquanto em famílias simples pode-se muitas vezes aprender a humildade, em minha família cultivava-se o preconceito.

De raça e de classe social, principalmente. Existia a crença absurda de que os ricos eram uma classe privilegiada, inclusive, moralmente e espiritualmente: melhores lugares nas igrejas, onde faziam vultuosas doações. Encorajavam-nos em nossa soberba e em nossa vaidade, nomes de família eram cultivados, como se fôssemos melhores e até mesmo superiores a qualquer pessoa com quem encontrássemos na rua.

Elsie observou:

– É verdade. Meus pais sempre me ensinaram para que eu me mantivesse em meu lugar. Que "gente rica era diferente". Tinha toda razão, não vê o que aconteceu comigo?

Clara olhou-a com relativa pena:

– Tinham alguma razão, sim. Não queriam ver a filha magoada, ou humilhada por gente com valores tão falsos! Todos somos iguais, Elsie! A verdade é essa! Mas, na Terra, protegidos pelo poder do dinheiro, os ricos muitas vezes humilham, exploram e deturpam as leis em proveito próprio. Compram com o vil metal a corrupção dos menos ricos que eles, e assim se mantêm no poder. Claro que existem boas pessoas entre eles, que realmente se importam com o próximo, geram emprego sem explorar, mas são raros! Existem também os verdadeiros filantropos, que ajudam milhares de desfavorecidos pelo Globo! Mas os que conheci pessoalmente... Senhor! Não era simples a "vida em sociedade"!

Elsie olhou para ela com curiosidade:

– Do que fala realmente, Clara?

Clara suspirou:

– Não é bonito falar dos outros, não é mesmo? Mas a vida deles não era fácil como se supõe... o ambiente nas casas não era harmonioso, e olhe que não estou falando da minha casa, mesmo por que, fui filha única. Amava muito meus pais, embora nem sempre concordássemos em tudo! E eles me amaram também. Mas, nas casas das pessoas em que eu e meu marido nos relacionávamos, às vezes, ainda mais ricos do que nós, o ambiente era quase sempre tenso, apesar das belas roupas e da linda decoração. E quando a bebida começava a fazer efeito, notava-se a infelicidade reinante: traições, mágoas por heranças, uso de drogas, corrupção. Não gostava dessas reuniões sociais. Ia apenas para acompanhar Carlos, que precisava levar a esposa, e era o mais educada possível... mas nunca vi felicidade em nenhum desses lares. Passam seus dissabores, seus conflitos, como todos os outros!

Elsie lembrou-se dos pais de Elisa, sempre tão bem-educados. Seriam, com certeza, exceção à regra de que Clara falava.

Clara continuou:

– A prova da riqueza pode ser dura para o espírito, que é o que realmente importa. O que realmente permanece! Tantas vezes ela incentiva o egoísmo, os falsos valores, o egocentrismo, a falta de solidariedade! Não raro eles se acreditam superiores a outros seres humanos, ou que detêm privilégios por nascimento ou nome! Tolice! Nascemos tantas vezes com tantos nomes diferentes, de tantos níveis sociais, que sequer nos lembramos! E de repente, estamos numa família abastada, gastando um dinheiro que veio de gerações passadas e só por isso nos achamos merecedores de méritos que nunca conquistamos por nós mesmos! A prova da riqueza é desoladora, por que ela é enganadora! Somos todos iguais aos olhos de Deus!

Olívia e eu ouvíamos nossa amiga, orgulhosos dela. Que verdade havia em suas palavras! Quantas vezes tínhamos presenciado espíritos orgulhosos de sua riqueza na Terra a reclamarem de não serem mais "servidos" na vida espiritual, preguiçosos, quando não atormentados por seus antigos servidores no umbral? O orgulho e a vaidade os seguindo no além-túmulo como não poderia deixar de ser, pois a passagem para a vida verdadeira não muda ninguém, nem os tornaria santos! Como se acorrentavam aos nomes de família, muitas vezes por décadas sem fim, citando árvores genealógicas, buscando favores como faziam na Terra, tentando em vão alguma influência política de alguns que estavam ou em pior situação, ou com eles não se importavam mais!

Pensei em Fabrício e sua falsa sensação de superioridade! Meu coração condoeu-se de sua situação, pois me lembrei do sofrimento causado quando a verdade aparece a esses espíritos: não há pobres ou ricos no reino de Deus, há os que caminham para o bem, e os que insistem no erro e na infelicidade! Não seria a hora de olhar para Fabrício com mais simpatia, apesar de sermos tão diferentes?

Mas Elsie tinha mais perguntas, encantada que estava com Clara:

– Você me abre os olhos para certas coisas, minha boa amiga. Posso tratá-la assim? Parece que a conheço há anos. Só tenho a agradecer por ter nascido em família humilde, mas honesta, trabalhadora e boa! Havia amor em nossa casa. Meus pais podiam ser rígidos, mas sempre havia espaço para uma boa risada entre meus irmãos, e a hipocrisia sempre passou longe.

Clara sorriu:

– Então, minha querida, você foi realmente "rica"!

Vi Elsie lembrando-se da infância e juventude, e um sorriso nasceu em seu rosto abatido, mas ela perguntou em seguida:

– Mas, na minha família, sempre fomos católicos fervorosos! Eu rezava o terço sempre, ia à igreja todos os domingos, confessava! Por que a igreja não nos passava esses ensinamentos?

Clara sorriu:

– Minha querida, na nossa época a missa era inteira rezada em latim, lembra? Não sei de você, mas eu mal entendia o que o padre falava! Estive em um curso na nossa Colônia que falava sobre a importância das inúmeras religiões sobre a Terra, e dos estágios de compreensão do ser humano e suas culturas. Parece complicado, não é? Pois é simples!

A curiosidade de Elsie se tornou ainda mais acentuada:

– Você mora numa "colônia"?

– Sim. O local onde moro é cheio de espíritos que já erraram, mas se arrependeram e querem aprender as leis de Deus e auxiliar uns aos outros. Muito melhor que esse aqui! E bem mais bonito! Lá reina uma paz muito grande e lembra muito a Terra, só que sem crimes, uma luminosidade sem limites, o ar não tem esse peso. Quase todos trabalham em busca do bem comum. Digo quase todos, porque sempre existem aqueles mais renitentes. Mas são sempre incentivados a trabalhar também. Sabe aquela história de que "morreu, vai descansar...", pura ilusão!

Elsie riu! E perguntou:

– E por que não fui para lá?

Clara olhou-a triste:

– Escolha sua, optou por ficar e se vingar de seu assassino. Estava cheia de desespero e ódio, isso ofuscou qualquer comunicação com os seres que tentaram lhe acudir! Só conseguia enxergar Eurípedes na sua frente... não orou nem uma vez sequer, orou Elsie? Pediu por socorro?

Elsie abaixou a cabeça:

– Não. Meu ódio e minha culpa condenaram-me ao que eu achei ser um purgatório sem fim. Não me achei digna de perdão quando vi o que aconteceu com Elisa.

Clara suspirou:

– Essa é uma das crenças tristes! Mas mesmo o purgatório na igreja católica é transitório! E a igreja católica romana teve um papel fundamental no cristianismo. O amor puro difundido pelos primeiros cristãos, por trezentos anos, espalhou-se com tamanha força pelo mundo da época que o imperador Constantino adotou o cristianismo, e com isso alguns costumes romanos foram incorporados a ele. Claro que excessos foram cometidos, a humanidade da época era belicosa, adepta de batalhas, pequenos e grandes reinos ávidos por terras e aquisições. Ainda assim a palavra do Mestre foi espalhada através de quatro evangelhos aprovados pela igreja... estes foram passados aos padres que habitavam no meio de uma população por muitos séculos praticamente analfabeta, principalmente os mais pobres e as mulheres, e mais raros ainda eram os que sabiam o latim, língua adotada pela igreja para difundir a palavra do Mestre. Logo, sem saber ler e escrever, sem falar o latim, e sem a Bíblia impressa, o que tornava os manuscritos caríssimos e inacessíveis, ficava a população completamente dependente do que diziam os padres a respeito do que eram os ensinamentos cristãos.

Elsie a ouvia fascinada. Nunca tinha tido acesso a nada daquilo, sua educação tinha sido limitada há quatro anos numa escola de interior. Clara animou-se:

– Então, por volta de 1200, surge numa igreja católica muito forte, mas abalada pelas Cruzadas, uma luz tão brilhante que até hoje nos ilumina: um jovem de Assis, que ficou conhecido como São Francisco de Assis, na Itália medieval! E no meio da pompa e do luxo nos lembra da simplicidade e da caridade do Cristo! Vê, Elsie, que lindo exemplo, no meio do período mais negro da igreja católica? Em todas as religiões existem os bons e os maus exemplos. O de Francisco continua como pacificador e incentivador da caridade! Buscar a vida nos moldes do Cristo! Não é o que deve ser buscado?

Olhei para Clara admirado, o exemplo do humilde Francisco era realmente um baluarte para a igreja católica. Ela continuou:

– E quantos bons padres e freiras ajudaram pessoas ao longo da história, esquecidos pelo tempo, sem fama ou glória alguma? A Terra é um mundo estranho, onde os maus ganham fama e notoriedade, e quando uma alma boa presta algum serviço, sempre aparece alguém para desacreditar. Apesar disso os bons continuam silenciosos, em todas as religiões que falam de amor, de caridade ao próximo. Protestantes, evangélicos, católicos, espíritas, budistas, maometanos... os homens podem ser pequenos, mas Deus é imenso, e sempre acha um jeito de se aproximar deles!

Elsie lembrou-se de uma cena da desencarnação de Eurípedes, e contou a Clara:

– Sabe que Eurípedes se dizia católico, mas na verdade era ateu? Espantou-se muito com o pós-vida! Eu não sentia nenhuma dor física depois da morte, mas ele lutou muito tempo com as feridas! Como pode ser isso se era o corpo que estava ferido, e não o espírito?

Ela respondeu com propriedade:

– Materialista e extremamente vaidoso, Eurípedes ainda foi atacado com uma força de ódio incomum no linchamento. Seu perispírito cobriu-se então daquelas mesmas chagas, ainda que não tenha levado todos os ferimentos que o corpo portava. A sua fé de que ainda era corpo material também ajudou bastante, se tivesse se voltado para Deus, implorado perdão e ajuda, não teria sentido o que sentiu. Mas ele ainda não entende o amor de Deus, já que não ama. Não precisava se vingar dele, Elsie. Pessoas assim estão tão longe da felicidade, que ninguém precisa se vingar delas! Perdeu seu tempo, que podia ser tão melhor aproveitado, usa-o melhor daqui pra frente!

Clara suspirou:

– As pessoas podem achar que a dor que ele sofreu foi "castigo de Deus". Mas, na realidade foi consequência de tudo que ele mesmo plantou e acreditou durante toda a sua existência na Terra. Não tivesse sido tão perverso teria algo assim acontecido a ele? Claro que isso não desculpa os que o agrediram, também errados, mas a dor que ele sentiu no plano espiritual, se fosse uma pessoa boa, evoluída, não teria sentido jamais! Assim que os laços do corpo tivessem sido rompidos, ela cessaria! Assim acontece na maior parte dos casos. Não foi assim que aconteceu com você?

Ela concordou com a cabeça, e depois perguntou:

– Será que ele sentiu dores por ser ateu?

Clara riu:

– Elsie! Não simplifique as coisas! Existem pessoas que são crentes, mas que têm atitudes tão perniciosas, tão malvadas, que ainda vão ter muitas encarnações até tomarem algum juízo. Por outro lado, existem alguns ateus que são tão boas pessoas, têm tão bom caráter, que não consigo imaginá-los em lugar ruim, concorda? Costumam não demorar muito para "acordar"!

Ela sacudiu a cabeça:

– Não sei... o único ateu que conheci foi Eurípedes. Tinha um círculo de conhecidos muito limitado... mas ele era um péssimo exemplo de ateu!

Clara riu:

– Mas nunca conheceu alguém que se dizia muito religioso, mas cheio de defeitos?

Foi a vez de Elsie rir:

– Como não? É o que mais há, não é verdade? A mãe de Elisa e eu dávamos boas risadas às vezes comentando de certas pessoas que iam à paróquia e depois ficavam vigiando a vida alheia. A mãe dela era muito boa, simples, apesar de rica, gostava de ajudar... muito bonita! A menina tinha a quem puxar! As "conversinhas" e "pequenas brigas" nas quermesses nos mostravam alguma coisa da alma humana.

Clara ficou curiosa:

– Como assim?

Elsie lembrava-se:

– A madame, além de bonita, vestia-se bem, tinha lindas joias, assim, provocava inveja. Mas a pobre notava isso? Não. Boa como ela só, arrecadava fundos para a igreja com o marido e os amigos dele, doava roupas para a caridade, sapatos, roupa de cama... tanto dela, quanto do marido e da menina. Tudo tecido de boa qualidade, coisa fina, que era o que ela usava...

Clara sorriu, tantas vezes ela tinha feito coisa parecida quando encarnada. Elsie continuou:

– Mas era uma coisa estranha, pois quando chegava a quermesse, as roupas da madame nunca estavam entre as oferecidas aos pobres. A desculpa é que já tinham sido vendidas logo! Mas, chegávamos tão cedo! A mãe de Elisa estranhou, mas nada disse. Depois de uns dias começou a notar nas missas, algumas peças suas "reformadas"... saias com babados diferentes, blusas com punhos trocados, e aquilo realmente a irritou! As peças eram para os pobres! Aquelas senhoras não eram pobres! Não passou quatro meses, outra quermesse veio, mas desta vez madame disse que "ia ver o que tinha em casa". E foi conversar com o padre.

Clara interessou-se:

– Com o padre, é? E então?

– Fui com ela, que entrou na sala com o mesmo e eu fiquei do lado de fora com Elisa, esperando. Saiu de lá com um sorrisinho travesso, sombrinha debaixo do braço, muito contente. E só me disse: "Elsie, vamos para casa. Temos o que fazer!". Faltavam dois dias para a quermesse, e ela comprou mantimentos, que viraram docinhos nas mãos de nossa cozinheira: cocadas, doce-de-leite, coisas simples e gostosas. Ela separou uma quantidade razoável de roupas usadas e depois chegou da confecção uma quantidade razoável de casaquinhos de flanela, dos mais variados tamanhos, simples, mas bonitinhos e bem úteis para o frio que chegava.

Ela suspirou, lembrando-se:

– Disse que tinha conseguido o tecido de graça e que seu marido tinha fornecido a mão de obra por dois dias. Estavam ali, duas centenas deles, amarelos, azuis e rosas. Na quermesse foi montada uma barraca grande com o nome da firma do marido e da empresa doadora do tecido, e chegamos uma hora antes de abrir, cumprimentando as senhoras presentes e dizendo que tudo aquilo tinha sido ideia do marido de madame. Ao dizer isso, todas aprovaram! Afinal, empresas estavam apoiando a quermesse!

Clara riu-se:

– Que danada, hein? Colocando a ideia como se fosse do marido ninguém podia criticá-la!

Elsie riu-se:

– Clara, quem mais se divertiu com a coisa toda foi Elisa, que tinha na época uns sete anos. Colocamos os doces nas bandejas aos poucos, e ela ficou responsável por distribuí-los. Madame foi explícita com ela: "distribua principalmente entre os mais pobres, a quermesse é para eles!". A menina ficou encantada! Pegava de um pratinho, enchia de docinhos, e sempre que via um pobre aproximando-se, lá ia ela, num sorriso encantador: "Quer um docinho? Minha mãe tem umas roupas ali..." ao ver menina tão linda, dando doces de graça, e uma senhora tão formosa sorrindo amistosamente de uma barraca, lá iam eles. Os casaquinhos custavam quase que o preço de um doce barato, não pagava sequer o tecido, mas quando madame notava que a pessoa não tinha dinheiro sequer para isso, ela entregava de graça, dizendo baixinho: "esse aqui Jesus pagou para a senhora!". E assim foi com boa parte deles.

Clara observou:

– Adoraria ter conhecido essa senhora! E as roupas dela? Colocou à venda também?

Elsie deu um sorriso um tanto irônico:

– Ela colocou um imenso cabideiro de madeira com algumas peças expostas, cheirosas de lavanda, lindas. Mas não colocou preço em nenhuma delas... claro que algumas beatas e senhoras de sociedade logo esticaram os olhos, cobiçosas, principalmente em alguns chapéus de madame, europeus, muito bem trabalhados. As pessoas pobres chegavam, olhavam as roupas, mas as achavam tão finas que sequer perguntavam o preço. E todos nós estávamos tão ocupadas em "vender" os casaquinhos com o inverno próximo que não nos preocupamos com as roupas de madame, Elisa e do marido ali expostas. Deviam ser ao todo umas vinte peças, a maioria da mãe de Elisa. Passadas umas três horas do início da quermesse, os casaquinhos na sua maior parte vendidos, uma das senhoras perdeu finalmente a vergonha e veio olhar as roupas de madame com real interesse. Olhou, vasculhou, apalpou, viu os bordados e o tecido, quando enfim perguntou: "Quanto custa? Tenho uma sobrinha no interior que vai gostar dessa blusa!". Madame sorriu. Disse do tecido, do feitio, do quanto tinha pago e falou: "faço pela metade do preço, é 'tanto'...", era mais ou menos duas vezes o meu salário mensal.

Clara segurou a risada. Elsie continuou:

– A mulher arregalou os olhos castanhos e piscou muito. A boca aberta, sem saber o que dizer pelo preço pedido por minha patroa. Quando por fim recuperou-se, disse apenas: "isso não é preço de quermesse!". Madame sorriu, e disse conciliadoramente: "a quermesse, minha querida amiga, é para os pobres! Não podemos nos dizer pobres, podemos?".

Sem muita saída, queixo erguido e pisando duro, ela voltou para sua barraca e lá ficou.

Clara perguntou:

– Então as belas peças dela não foram vendidas?

– Claro que foram! Aos poucos as pessoas foram se aproximando e olhando as peças, realmente lindas, e quando ela simpatizava com a criatura, via uma da qual tinha realmente gostado, mas não tinha como levar, fazia um preço irresistível e a pessoa levava. Com isso cativou muitas senhoras simples, que nunca tinham tido a oportunidade de usar uma peça mais elaborada ou de um tecido melhor. Eu mesma arrematei um chapéu, e tinha um ciúme danado dele! Fez isso em várias quermesses! O povo simples, honesto e humilde da cidade adorava madame e a menina! Muita criança passou menos frio por conta dela. Não foi à toa que tanta gente se revoltou com o acontecido com a Elisa, a conheciam por distribuir os doces na quermesse da igreja ao menos cinco vezes por ano, sempre alegre e gentil, procurando justo pelos mais humildes.

Pensei comigo mesmo na bondade que não se esquece... no jeito que tinha a "madame" de não humilhar os mais pobres com a caridade, dizendo que "Jesus tinha pago" por eles, baixinho, para que ninguém escutasse. Na realidade, ela não mentia dizendo tal coisa: não foi o Mestre que nos ensinou a caridade?

Clara perguntou:

– Como era o nome de madame?

Elsie baixou os olhos envergonhada, e respondeu:

– Tenho tanta vergonha dela, que nem disse seu nome! Era dona Leocádia. Pai português, mãe alemã, linda senhora! Não me julgo digna nem de pedir perdão a ela, que me confiou seu bem mais precioso, e o que fiz?

Grossas lágrimas saíam de seus olhos, Clara segurou-lhe as mãos, dizendo-lhe:

– Ora, Elsie! Já conversamos sobre isso! Hora de se perdoar um pouco!

Olívia foi para junto delas, flutuando de seu modo habitual, brilhando com sua luz costumeira, tão maior que a nossa. A loura saiu de suas lágrimas e olhou-a com encantamento. Perguntou:

– E essa preciosidade aqui? É um anjo?

Clara riu-se com a expressão de enfado de Olívia, a quem todos perguntavam isso por conta da luz que ela emanava, e da aparência entre a infância e a juventude. Mas a menina respondeu de forma adequada:

– Não. Sou alguém que já teve "muitas vidas", e que se lembra de boa parte delas. E não sou anjo, quem sabe um dia, não é mesmo?

A resposta deixou Elsie de "queixo caído", olhando para Olívia sem saber o que dizer. "Se tinha tido muitas vidas não devia parecer velha?", pensou ela, desconfiada. Mas a menina sorriu para ela, enquanto eu segurava o riso com a confusão criada. Olívia respondeu graciosamente a uma Elsie meio confusa:

– Não se preocupe comigo: sua confusão é natural! Se pareço uma criança, devo ser uma, não é? Vamos dizer que "faz pouco tempo que renasci", está bem?

Clara apressou-se em dizer:

– Olívia é a luz de nossos dias! Nossa "protetora" e grande amiga!

Não era a primeira vez que seres que habitavam o umbral por muito tempo olhavam Olívia com certa desconfiança, e isso me irritava um pouco, por conhecer a pureza da menina. Olívia riu-se de meu pensamento e me respondeu mentalmente: "Ora, Ariel, acostumados a tanta escuridão, a tantos pensamentos nada edificantes, como quer que confiem em mim logo, depois de tanto sofrimento?".

Sorri de volta para ela... acostumados a sofrer, quando viam alguém como ela era justo que pensassem: "quando a esmola é demais, até o santo desconfia...".

Elsie envergonhou-se de sua ignorância, tudo era uma grande novidade para ela. Dirigimo-nos para o nosso local habitual, à beira do rio, debaixo das árvores, e Clara preparou um chá que bebemos e dormimos, deixando Elsie sob nossa proteção, muito admirada com a bebida que nossa amiga tinha preparado, que a acalmou de imediato. No dia seguinte perguntou se poderia continuar conosco, para aprender um pouco mais e ajudar se preciso fosse. Não me opus, nem Olívia. Clara ficou feliz... quem sabe se ao final de nossa estada por ali, Elsie não encontraria seu caminho?

A verdade é que a condição imposta, mais por mim que pelas moças, é que ela não interferisse muito, mas que poderia perguntar o que quisesse sempre que não estivéssemos muito ocupados. A nossa principal ocupação seria com os doentes.

Tínhamos ali várias mulheres. A nossa próxima foi uma triste prostituta, que vinha de família muito pobre, desencarnando nos anos de 1980, de HIV, muito mais uma vítima do que qualquer outra coisa. Carmem não tinha tido muita sorte na vida desde cedo, família abandonada pelo pai, a mãe tinha se entregado a diversos homens, gerando vários filhos de pais diferentes. História comum e triste, contada por crianças pobres, criadas ou por avós ou pela rua. Ela acabou criada pelos avós, mas também não foi bom.

A casa simples da avó não bastou a ela, nem a igreja que a matriarca frequentava. A vontade de ter roupas melhores, a vaidade, a cobiça e a sensualidade a levaram a atitudes que a fizeram se "perder", e logo estava ela no mesmo caminho da mãe, parecendo sina. Só que eram tempos modernos, e quando deu por si, estava doente aos trinta anos de idade. Abandonada pelos amantes ocasionais, já sem a avó que tinha falecido, seu triste fim foi o hospital público, só e em desespero, já que lhe faltava a fé consoladora.

Olhei para ela com infinita piedade, já que depois de anos de caminhada a esmo pelo umbral, ter vindo parar justamente naquela Vila, não tinha sido um bom destino! Carmem precisava de Deus como poucos, seu perispírito estava coberto de feridas, úlceras, e eu acreditava que eram ainda resultado de alguma maldade ou da doença que a tinha consumido pela falta de imunidade. Olívia pediu a mim uma bacia com água e um pano, que eu fui buscar na cozinha. Pensei em Fabrício lá, dentro de sua jaula, e fiquei curioso em como ele estaria. Mais sossegado, talvez?

Há dias que não o via, ocupado com os doentes. Tinha ficado irritado com seu comportamento, afinal, a criatura não era realmente das mais agradáveis. Nem em minha última encarnação me lembrava de ter conhecido pessoa mais egocêntrica, com tamanha certeza de que era "superior" ou "mais especial" que as pessoas em volta. Acreditar que nós tínhamos ido até ali porque ele era "extremamente valioso", e não notar que estávamos ali por pura caridade e vontade de ajudar a um semelhante, tinha me deixado um tanto enraivecido. Olívia não tinha ficado brava, aliás, parecia nada surpresa! Clara também não se irritou tanto, apenas lamentou pela tolice dele.

Já eu, tinha me pego de tais antipatias pelo rapaz porque tinha sentido minha honra um tanto atingida. Chamara-me de "interesseiro", de certa forma... justo eu, que no início, nem achava que aquela missão de procurar alguém que nem tinha pedido para ser achado, era uma coisa a ser pensada!

Tudo isso passou pela minha cabeça em alguns segundos enquanto eu me preparava para ir pegar a água, e eu senti o olhar de Olívia sobre mim, extremamente divertido. E ela me falou em pensamento, para que só eu ouvisse: "Por que tanta irritação com o moço, Ariel? Já conhecemos irmãos tão mais complicados, perversos mesmo... por que essa antipatia com esse pobre vaidoso, a quem tudo já foi tirado?".

Olhei para aqueles lindos olhos que estavam numa coloração de verde musgo, e tinham ali o fulgor dos séculos. A boquinha rosa me sorria levemente, e a energia que vinha dela era de pura compreensão:

"Se esqueceu, meu amigo, que às vezes o que nos irrita nos outros, são coisas que temos que corrigir em nós mesmos? Serão seus valores morais tão frágeis, sua honra de ser humano honesto tão pequena, que possa ser abalada pela observação de um outro que se encontra tão cego, a ponto de nem perceber o que acontece à sua própria volta? Como pode de fato, um homem perdido como Fabrício, dizer algo que lhe atinja, Ariel? Ele sequer sabe o que diz!"

Eu, que estava de pé, sentei-me diante da verdade das palavras dela! Era a mais pura realidade! Quantas vezes nos ofendemos por palavras ditas por pessoas que vivem uma realidade tão diferente da nossa, simplesmente porque nos igualamos a elas! Se sou honesto, íntegro, por que devo me importar se alguém me ofende dizendo que não sou? A verdade é minha, a ofensa é falsa! O problema pertence a quem me difama, e não a mim. Por isso ela não se irritou com as ofensas, achou graça, e se afastou. Já eu fiquei irritado até poucos momentos atrás, quando ela me acordou!

Olhei para ela e disse em voz alta:

– Você é mesmo abençoada, menina! E tem razão... ele sequer sabe o que faz, e se temos piedade com gente tão mais complicada, por que não teríamos com ele? O Mestre não amava sem distinção? Está certa... vou pegar a água.

E fui. Ia ver Fabrício com o coração mais aberto desta vez. Só não imaginava o que veria...

CAPÍTULO 17

# REVELAÇÕES

ERA MADRUGADA COMO SEMPRE, tudo vazio e sossegado, perfeito para tratarmos os doentes, e eu atravessei o corredor com a pequena bacia nas mãos, perfeitamente visível para qualquer um que estivesse ali. A luz da divina lua iluminava a cozinha e a jaula de Fabrício, que lá estava encolhido, coberto de sujeira e palha. Parecia um tanto mais abatido. Teria sofrido um novo "exorcismo" ou "tratamento de vampirização", que era o que eles na realidade faziam? Tiravam do espírito qualquer vontade de reagir e falar, sua energia parecia ser "sugada", até que se tornassem aqueles "vegetais" que tínhamos ali, naqueles pequenos quartos.

Encaminhei-me para a pia e abri a torneira. Ele, que não tinha ouvido os meus passos, finalmente ouviu a água batendo na vasilha e ergueu a cabeça assustado. Ao dar comigo na minha luminosidade habitual, olhou-me com esperança, e disse:

– Finalmente voltou! Não sabe o que passei hoje, que gente horrível... veio me buscar, não foi?

Meu coração condoeu-se dele! Estava realmente um farrapo humano! Desliguei a torneira, que a vasilha já estava cheia, e aproximei-me devagar, minha própria luz iluminando o que havia em volta: sujeira, palha seca... observei em seu rosto as olheiras já profundas, a pele se ressecando. Tão bonito era o Fabrício encarnado! As moças derretiam-se por ele em sua cidade! A pele perfeita, os cabelos castanhos-alourados pelo sol, sempre bem-vestido, perfumado!

Respondi a ele:

– Levá-lo para onde, Fabrício?

Ele soltou um riso rouco:

– Qualquer lugar longe daqui! Eu achei que já estivesse morto, mas vê, existe morte dentro da morte! Leve-me daqui, senhor Ariel! Vejo agora que agi mal contigo! Se os daqui são esses demônios, o senhor e os seus só podem ser anjos!

Olhei para ele com pena:

– Não somos anjos, Fabrício, mas jamais lhe faríamos mal. E realmente, numa coisa você tem razão, no início viemos aqui para tentar a possibilidade de levá-lo para a Colônia onde habitamos. É uma missão que nos foi confiada...

A desconfiança voltou aos olhos dele, assim como a velha vaidade de sempre:

– Então, se vieram exclusivamente para me resgatar de semelhante inferno, por que ainda não resgataram? Quanto tempo ainda tenho de aguentar essa gente infeliz que me causa tanto asco, dor e terror? Podem demorar o quanto queiram? Não há um prazo definido?

Olhei para ele, e resolvi falar a verdade:

– Na realidade, não há prazo. Ou ainda: o prazo é o senhor mesmo que o faz. Nessa atitude que anda tomando, pode ser a eternidade! Como posso levar para conviver na mesma Colônia que habito uma pessoa que se julga superior às outras, orgulhosa, que não se arrepende de seu suicídio, que só pensa em si mesmo e que acredita que nada tem a aprender? Seria um desperdício de tempo! O senhor não gostaria, nem se adaptaria na Colônia!

O olhar dele era de puro assombro! Podia ler seus pensamentos que passavam na velocidade de um raio, e ele me disse:

– Ao menos, então, tire-me daqui!

Olhei para ele com certa pena:

– Na realidade, o senhor é um espírito, devia ser livre para ir onde quisesse! O problema é que está em sintonia com aqueles que o prendem. Por mais que o senhor os julgue irracionais, ou com pouco grau de cultura, em algumas coisas vocês se parecem, e isso "une" vocês. Assim como eles, o senhor é materialista, dá grande valor à posição social que ocupa, julga-se muito acima da média, e acredita que é muito mais "especial" que os seus semelhantes! Não parou ainda para pensar nisso? Que eles lhe julgam muito pior do que eles?

Fabrício irritou-se dentro da jaula:

– São uns energúmenos! A maior parte deles nem leitura tem! Ficam me chamando de sujo, de pederasta, de suicida, como se eu fosse a escória do Universo! Gente sem classe, sem berço, que não recebeu sequer a educação que recebi na infância, mal sabe falar seu próprio idioma.

Eu sorri:

– Mas isso não faz com que sejam menos orgulhosos, não é verdade? Nem tira a força deles em cima do senhor! Não pense que estamos aqui para resgatá-lo por conta de seus méritos, que isso está longe de ser verdade. E se voltarmos sem o senhor, paciência. Só ficamos aqui pelos outros doentes que encontramos, esses bastante enfermos, como o senhor mesmo correm o risco de ficar. Estavam sem seu livre-arbítrio, e isso não é da vontade de Deus!

Fabrício prestou atenção às minhas palavras, e perguntou irritado:

– Se não estão aqui por mim, nem pelos meus "méritos" como diz, por que vieram me resgatar? Que tenho de especial?

Resolvi dizer a verdade pura e simples, embora soubesse que o relacionamento dele com a mãe, dona Cínthia, tinha sido desastroso sobre a Terra enquanto encarnados. Sabia que Fabrício desprezava a mãe.

– Estamos aqui por sua mãe, dona Cínthia, que pediu à Clara, aquela moça de cabelos lisos e castanhos, que eu viesse com ela para resgatar você. E Clara, que não resiste a um pedido de mãe, convenceu-me, conseguimos autorização, e cá estamos. Logo, não foi pelo senhor, mas para atender à sua mãe.

Ele me olhou como se tivesse sido atingido por um raio. De sentado que estava, levantou-se, a imagem da mãe tal qual se lembrava dela viva, aos cinquenta e poucos anos, na Terra junto a ele. Não era ódio que sentia pela mãe, era um desprezo sem fim!

Palavras ecoavam pela sua mente e não eram as melhores possíveis, todas direcionadas à sua genitora: "mulher vulgar, sem classe, sem medidas! Mesmo na morte deseja agarrar-se a mim? Não bastou o que já me fez em vida, as vergonhas que me fez passar? Desgraçada, que ainda pode querer comigo, depois de controlar-me sem descanso pela minha vida inteira, sufocando-me com suas frases tolas, seu 'lugar comum' constante?".

Ouvia esses pensamentos com tal força, que eles me pareciam gritos! Fiquei feliz de ter falado, era justo que ele soubesse quem tinha interferido por sua pessoa, fosse quem fosse! Tamanha ojeriza instalou-se em seu peito, que ele me olhou tomado de ódio, e perguntou:

– Minha mãe mora nessa Colônia de que fala?

Novamente não havia outra resposta a não ser a verdade:

– Sim. Ela está conosco, estava na casa de Clara. Na realidade, a Colônia é imensa! Se você fosse para lá, não precisaria ficar com ela, caso não desejasse.

Vi uma luz vindo do corredor até mim, e logo divisei o vulto de Clara, que notando Fabrício a me enxergar, se fez vista também, e deu-lhe um bonito sorriso:

– Como vai, 'seu' Fabrício? Ariel, você está demorando, vim pegar a água!

Ao ver Clara, de luz tão bonita, ele perguntou-lhe:

– Com que então, dona Cínthia mora em sua casa, agora? Sabe a cobra que colocou em sua casa?

Clara levantou as sobrancelhas em sinal de espanto, e perguntou-me em pensamento:

"Disse a ele da mãe e do pedido dela? Ele não ficou bravo? Disseram que ia ficar!"

Eu assenti com a cabeça: ele estava bastante irritado. Ela olhou para ele e disse:

– Realmente sua mãe estava em minha casa. Mas acho que foi para outro lugar agora. Sabe que ela ficou por aqui, por essas paragens, por umas boas décadas antes de ir para a Colônia? Sofreu, coitadinha! Mas agora já está bem melhor. Ainda não é muito amiga do trabalho, mas com o tempo, quem sabe?

Ele a ouvia um tanto embasbacado, ela continuou:

– Quanto a essa história de "colocar cobra dentro de casa", não se preocupe! Lá na Colônia o que a gente mais faz é "ler pensamento". Não tem cobra que se crie! Agora tenho que ir, Olívia está esperando faz um tempão!

Deu-nos um aceno e se foi, muito contente com a sua água nas mãos. Fabrício ficou olhando a figura feminina desaparecendo em uma das portas, fechada logo em seguida. Só então perguntou:

– Então minha mãe quando morreu veio para esse lugar de dor, não é? Ela merecia era o inferno, as chamas, os demônios mais ruins! Mulher falsa, dissimulada! O que tinha o meu pai de nobre, bom caráter, inteligente, tinha ela de tola, manipuladora, indecente! Nunca dizia um elogio que fosse a alguém, só palavras de críticas!

– Mas, se seu pai era tão bom, como foi acabar se casando com ela?

Ele sorriu:

– Meu pai não era um homem bonito. Mas minha mãe, na juventude, chegava a chamar atenção! Incrível como uma mulher pode chegar a perder os traços que antes carregavam tanta formosura. Eu brincava que a vulgaridade dela era tanta, que vazou pelos poros, e atingiu o exterior, transformando-a na bruxa que ela se tornou.

Lembrei-me de dona Cínthia: não era uma mulher deslumbrante, um tanto gordinha, pequena, comum. Mas não era nenhuma bruxa, tampouco. Talvez seu antigo temperamento a fizesse parecer desta forma, era fato que, às vezes, mesmo mulheres bonitas pareciam muito feias quando maldosas! Ele voltou a falar da mãe:

– Se eu fosse indiano e acreditasse em "karma", diria que minha mãe era o meu. Enquanto minha irmã saiu parecida com meu pai, para desespero dela, eu saí parecido fisicamente com ela, que me exibia sempre que podia. Mas, aceitava-me como eu era? Jamais! Notou minhas inclinações desde a minha adolescência, tornou minha vida um inferno, deixando muito claro que se eu demonstrasse alguma "fraqueza" aquilo "acabaria com a nossa família". Sendo assim, vigiou-me constantemente, desde os doze anos de idade. Corrigia minha postura, minha voz, meu jeito de olhar, de falar! Tornou-se minha sombra, e sinceramente, nem tão necessário isso era, pois meus pensamentos eram secretos, e nada em mim transparecia qualquer inclinação que eu tivesse.

Ele suspirou:

– Tive uma infância normal, mas a adolescência foi de enlouquecer qualquer cristão. De alguma forma, por mais que eu a chamasse de "louca" por desconfiar de minha sexualidade, ela sabia! E me torturava! Com minha irmã ela nem se preocupava direito, desgostosa de sua aparência, mas comigo estava sua esperança de brilhar na sociedade, as cobranças eram cruéis.

Olhei para ele um tanto triste. Esse tipo de perseguição costuma gerar um trauma profundo, principalmente se a criatura em questão é sensível e inteligente! Disse a ele:

– Não existia uma forma de impor limites? Conheci-o há pouco tempo, mas nada em seu comportamento denota alguma "anormalidade" que ela possa ter considerado! Sinceramente, o senhor tem uma aparência máscula, comum, em nenhum momento imaginei que pudesse ter o que chama de "desejos estranhos"...

Ele riu amargamente.

– Eu fui uma criança bonita, nascida de um pai já mais maduro, que me idolatrava, e a quem eu amava muito também! Sempre tive horror à vulgaridade, era instintivo, e se minha mãe era comum, meu pai não o era. Um cavalheiro em seus mínimos detalhes, falava um português impecável, sempre bem penteado, rígido com os empregados, mas justo! Generoso, na medida certa, recompensava os bons, abria mão dos maus. Nunca impôs nenhuma humilhação a nenhum empregado, nem faltou com o respeito a nenhuma funcionária, enfim, um homem digno! Minha mãe era bela na juventude, apaixonou-se, e quando a paixão acabou, estava casado e com filhos. Ainda assim, respeitava-a, e tentava colocar freios em sua ambição desmedida, em seus gastos exagerados!

O olhar dele voltava ao passado, lembrando provavelmente das brigas de seus pais. Ao que parecia, dona Cínthia não tinha sido uma mulher de gênio fácil. Ele continuou:

– Óbvio que busquei imitar meu pai, mais parecido comigo em inteligência e refinamento. Sempre me envergonhei de minha mãe, que por mais que convivesse com pessoas de fino trato, sempre acabava ou por fazer um comentário infeliz, que demonstrava sua falta de leitura, ou a falar mal de outras pessoas, sua prática preferida. Que língua ferina tinha dona Cínthia! E que medo tinha das línguas alheias!

Ele riu um riso amargo. Realmente, quem pensa muito mal dos outros deve temer o julgamento alheio, afinal, se só vê perfídia à sua volta, porque acreditaria que pensariam coisas boas a respeito dela mesma? Tentei imaginar o inferno particular de tais seres, mas não consegui.

– Era um inferno! – Fabrício continuou. – Meu pai que achava ter se casado com uma mocinha bela e meiga, aos poucos a viu transformada numa senhora na qual o semblante quase sempre era tomado por expressões de desprezo para conosco! Nunca uma palavra de incentivo, ou de bondade para com a família!

Com o meu pai, então, eram sempre cobranças e xingamentos, o que o fez tomar-se de uma aversão por ela, que eu notei desde os meus oito anos de idade. Bendigo o tamanho do casarão onde morávamos, se ela estava numa parte, ele logo ia para a outra! E meu pai logo avisou a ela, que se quisesse manter a ilusão de um casamento perante a sociedade, os quartos seriam separados, ele não queria vê-la sequer na hora das refeições. Assim viveram até o final da vida de meu pai, quando eu mal tinha entrado na vida adulta.

Fiquei curioso, e perguntei:

– E seu pai não quis mais nenhuma outra mulher, fora a sua mãe?

Fabrício sorriu:

– Meu pai era um homem discreto, e se assim o fez, não acredito em nada fixo. Mesmo porque ela teria descoberto... dormia as noites em casa, atencioso comigo e com minha irmã, tão parecida com ele fisicamente! Cuidou de minha educação com esmero, e sempre disse que nunca abandonaria a nossa casa, pois estávamos lá. Não posso dizer o quanto devo a meu pai em termos de amor e carinho, pois se minha mãe era um tormento, meu pai era o meu porto seguro. Se ao menos pudesse vê-lo eu ficaria imensamente feliz!

Eu sorri para ele:

– Pelo que me diz, ele deve estar num lugar mais adiantado do que este. Olhe-o menos como filho, e diga-me: com as outras pessoas, seu pai era bom?

Fabrício sorriu, envergonhado:

– Bem melhor do que eu fui. Honesto, direito... antes que ele falecesse, os convites para festas e batizados estavam sempre sobre a mesinha de nossa sala. Meu pai era um homem além de rico, respeitado. Depois de seu falecimento, os convites sumiram, quase todos. Minha mãe não era querida, as pessoas a suportavam por conta dele. Detestava os políticos de nossa região, os sabia aproveitadores, tratava-os com polidez, pois era educado, mas nunca com servidão, pois não queria nada com eles. Tinha boa relação com o padre de nossa paróquia, um bom homem, e incentivava minha mãe a participar das obras. Pena que ela nunca tenha se interessado! Não me lembro de meu pai prejudicando alguém. Mas lembro-me de seus amigos dizendo o quanto ele tinha sido generoso várias vezes!

Um rico no reino dos céus? Eu sorri. Parecia um bom homem, por tudo que ele me dizia, ao menos, tinha sido um bom pai. E pelo jeito, não tinha se envolvido em corrupções, outra coisa rara! Gostaria de conhecer esse senhor. Perguntei a ele:

– Como era o nome de seu pai, Fabrício?

Ele inchou o peito, orgulhoso, ao dizer:

– Meu pai se chamava Leopoldo. Era um homem de grande cultura, como seus pais foram. Pena que não dei prosseguimento ao seu nome! Meu pai, tanto que queria ter seguido o seu exemplo, mas não pude! Não consegui! Herdei a inteligência, mas não a força necessária!

Fabrício agora chorava lágrimas grossas, e continuou:

– Mas, que mãe me deu, meu pai! Não havia um gesto meu que ela não tentasse avaliar ou denegrir! Se antes da sua morte, ela já era um suplício, depois, ao sentir-se dona da situação, que verdugo implacável ela se tornou! Suportei pelo tempo que pude, meu pai!

Ah! Como o desespero cega as pessoas! Rapaz tão jovem, tão belo, pleno de vida! Não lhe ocorreu pegar a sua parte da herança e simplesmente sair de perto da mãe, ir para longe, viver a sua vida? Que tipo de teia foi tecida em torno dele, para que se cegasse dessa forma, para que visse apenas na morte o fim de seus tormentos? Sempre há uma saída que o suicida não enxerga, não vê! Na maior parte das vezes, várias saídas! Mas, a escuridão do desespero os envolve, impede o raciocínio, emperra a esperança e o pobre não vê o que está tão claro para o que está são: há jeito! Para tudo há jeito! Nem mesmo a morte é o fim!

Olhei para o homem à minha frente, depauperado, em lágrimas de arrependimento, com saudades do pai Leopoldo, tão amado, de quem tanto se orgulhava. Só pude dizer a ele:

– Fabrício, com certeza seu pai lhe entenderá! Quem nunca teve um momento de desespero? Não perca as esperanças de encontrá-lo! Mas, certamente ele não está por aqui... se era uma boa pessoa, não vai estar!

Ele me olhou desconfiado:

– E acha que ele estaria onde minha mãe está? Acha que conhece minha mãe, mas não conhece! Acredita ser ela uma boa mãezinha que pede pelo filho suicida?

Na realidade, na Colônia estão pessoas que se arrependem do que fizeram, não exatamente "santos". E dona Cínthia tinha tido umas boas décadas de umbral.

Respondi:

– Acredito que sua mãe deva ter tido seus pecados, como todos nós tivemos durante nossas vidas.

Ele sentou-se, cruzando as pernas confortavelmente, e encarou-me com seriedade:

– Pois, então, deixe-me contar-lhe os "pecados" de dona Cínthia. Meu pai achava que minha mãe tinha uma inteligência limitada, mas estava enganado. Ela era preguiçosa, sim, não gostava de ler, nem de informar-se, era fútil, não possuía um bom gosto natural e se vestia de forma um tanto espalhafatosa, o que o desgostava um pouco. Não tocava nenhum instrumento, o que era vital para as moças da época, nem tinha as prendas domésticas habituais. De família muito simples, mas linda, meu pai encantou-se assim mesmo. No namoro mostrou-se meiga e encantadora, desprotegida e inocente, cativando-o até o casamento. Logo, entre os talentos de minha mãe, entrava a manipulação.

Eu já tinha presenciado algumas moças agindo dessa forma, então, não me assustei. Tinha dado mesmo muita sorte com minha mulher, que era realmente encantadora! Fabrício continuou:

– E continuou doce até dar ao meu pai um menino e uma menina. Depois, já não era necessário. De forma tola, acreditou-o suficientemente preso, e então começou a ofendê-lo sem o menor motivo: desfazia de sua aparência física (meu pai não era um homem bonito de rosto, apesar de muito elegante), dizia que não lhe dava dinheiro o bastante, enfim, tudo era motivo para briga. Comigo a coisa foi aos poucos também: até os meus oito anos ela me mimava tanto que chegava a ser enjoativa, depois, por algum motivo que sei lá eu qual foi, ela "intuiu" que eu era "diferente". Talvez algum olhar que eu tenha dado a um menino sem perceber, uma atitude infantil qualquer, o fato é que ela "notou". Ali começou o meu calvário.

Aos oito anos? Tão cedo? O que dona Cínthia pode ter visto? Perguntei:

– Você brincava com meninas ou algo do gênero?

Ele me olhou escandalizado:

– Não. Imagine! Nem de brinquedos eu gostava muito, vivia grudado no meu pai! Mas tinha os coleguinhas de escola que vinham brincar em casa, coisa normal! No nosso jardim tínhamos muitos brinquedos, balanços... e um dia ela me viu brincando com um deles, animado, rindo. Dois molecotes! O menino era mais delicado, e nos tocávamos, mas tudo de forma infantil, e nada de lugares proibidos! Mas minha mãe saiu de onde estava e expulsou meus amiguinhos e colocou-me para dentro de casa, o que me deixou muito irritado! Por que parar minha brincadeira? Só na cabeça dela havia algo de errado!

Ele relembrava ainda irritado:

– Pois a partir daí minha vida virou um inferno. Ela vigiava minha postura dizendo: "sente-se como um homem!", se eu ensaiava um choro infantil era logo "homem não chora!", isso fora os castigos! E eu tinha oito anos!

Imaginei as cenas, por isso perguntei:

– Seu pai não estranhou o comportamento dela?

Ele riu amargamente:

– Acredita que ela faria tais observações na frente de meu pai, que me adorava? Nunca! Aliás, uma das coisas que usava para me coibir de qualquer comportamento era dizer: "já pensou na vergonha que seu pai vai sentir de ter um filho mariquinhas? Comporte-se!".

Imaginei o que tais palavras fariam a um menino em fase de crescimento, mas nada disse. Ele continuou:

– Eu amava meu pai, queria ser igual a ele em tudo! Mas a partir daí passei a policiar-me a cada minuto! No colégio tornei-me tímido e taciturno, falava com os rapazes apenas para manter o convívio social, e com as meninas o mínimo possível. Temia que me "descobrissem" a cada minuto! Com isso, dediquei-me aos estudos, e além de o mais rico da classe, tornei-me o melhor aluno, para o orgulho de meu pai. Passei por uma adolescência cheia de dúvidas, enquanto meus amigos corriam atrás das mocinhas nas quermesses e bailinhos, com os rostos cheios de acnes e todo tipo de inconveniências da puberdade. A minha pele, por incrível que parecesse, continuava limpa como a de um bebê, e as meninas corriam atrás de mim, para o meu desespero, que graças à minha mãe tinha todas as dúvidas possíveis quanto à minha sexualidade!

O bonito rapaz à minha frente deve com certeza ter passado seus "apuros" na cidade em que morava. Bom partido, deve ter tido algumas pretendentes ao seu encalço, mesmo evitando-as tanto quanto possível. Perguntei a ele:

– E você se atraiu por alguma moça, ou por algum rapaz?

Ele me sorriu, meio sem jeito:

– Para ser bem franco, estava tão apavorado, que sequer olhava os rapazes! Mas uma moça conseguiu aproximar-se de mim, como amiga, e eu gostei, realmente, muito dela! Chamava-se Martina, era pequena, muito inteligente, um rostinho bonito, mas sem nada que chamasse atenção. Estávamos num desses bailes de debutantes de sociedade, e ela acompanhava uma das moças aniversariantes. Era de família muito simples e estava para se tornar professora, como nos sentamos em mesas que estavam lado a lado, acabamos conversando, e nos tornamos bons amigos!

Ele lembrava-se da amiga com carinho!

– Que moça interessante aquela! E que ideias avançadas, encantadora mesmo! O vestido de baile era simples, mas ela o usava com um porte! Foi ela que começou a conversar comigo, já que da minha boca não sairia uma palavra, tímido demais. Fez um comentário engraçado sobre um garçom, eu ri, e começamos a nos falar. Quando vi, conversávamos sobre a Revolução Francesa, autores modernos e até Shakespeare! Encantei-me com a erudição dela!

Eu sorri, e comentei:

– Mulheres inteligentes são muito interessantes, não é?

Ele descontraiu um pouco:

– Ela era fora do comum! Amava história! Seus pais eram professores, tinham incentivado-a desde cedo, e a fortuna de sua casa humilde eram os livros! Era filha única de pais que, segundo ela, eram apaixonados até aquele dia! Invejei-a, tão diferente da minha rica casa, onde a mágoa e a discórdia reinavam no dia a dia. Ela era simples como um raio de sol, os cabelos castanhos, cacheados, presos num coque deixando alguns cachos soltos, estava encantadora. Os braços muito brancos, no vestido verde escuro, e as mãos longas como se feitas para dedilhar o piano. Olhos castanhos leais e puros, prontos a acreditar em tudo que se dissesse a eles. Achei Martina fascinante, diferente de tudo que havia em nosso meio. Enfim, algo honesto!

Olhei para ele um tanto admirado, e perguntei:

– Ficou interessado, então?

Ele riu, meio sem jeito:

– E como não ficaria? Inteligente, brilhante mesmo... bonita da sua forma, elegante naturalmente. As pessoas olhavam-nos e sorriam, e eu podia ver nos olhos delas a surpresa: finalmente eu tinha me interessado por alguém. E ela parecia interessada em mim também, o que demonstrava claramente, pela postura e o jeito de conversar. Já quase no final do baile, ofereci-me para levá-la em casa. Ela sorriu e disse que iria a pé mesmo, que sua casa ficava a poucos quarteirões dali. Eu me dispus a levá-la assim mesmo. Saímos pelo ar fresco da madrugada, ela me dando o braço, um xale verde em volta dos ombros, muito feminina e suave, indicando o caminho. Paramos diante de uma casa simples, mas bonitinha, com um jardim bem cuidado na frente, e um portãozinho de madeira num muro baixo. Deviam ser umas duas horas da manhã, e a luz da sala estava acesa.

Imaginei que os pais deviam estar esperando a moça. Ele continuou:

– Ao ver a luz acesa ela disse que era hora dela entrar para não preocupar os pais, e eu perguntei quando a veria novamente. Ela marcou o dia seguinte, na praça, e eu fui feliz com a sua receptividade. Era uma boa moça de família. Vi-a entrar e a mãe, nos seus quarenta anos, usando óculos, deu-me uma boa olhada e acenou. Era bonita também... que diferente da minha! Aliás, tudo ali era tão diferente da minha vida! Uma casinha limpa, simples e bonita. A minha era um imenso casarão, com vista para a cidade, luxuosa e imponente... por que ali parecia tão melhor de se viver? Por que a mãe dela era diferente da minha? Pensei eu...

Fabrício me contava o que eu já tinha observado tantas vezes no mundo físico da Terra. Onde mora a verdadeira fortuna? Onde há luxo, ou onde existe a paz? Claro que a miséria é péssima conselheira, mas tendo a família como existir dignamente, será que o luxo excessivo não pode atrair pessoas com maus sentimentos para o meio familiar? Pessoas interesseiras e de maus sentimentos azedam a vida de qualquer um. A prova da riqueza pode ser áspera aos de caráter fraco!

Mas nada me prepararia para o que ele me contaria em seguida!

CAPÍTULO 18

# DE MARTINA À PAULINA

ÀS VEZES, BASTA VOCÊ conhecer melhor o passado da pessoa, para olhá-lo com mais simpatia. Quando me contou de sua infância e juventude, pude entender melhor um pouco de seu comportamento arrogante e sempre na defensiva, desconfiado: fosse eu criado por uma mãe como dona Cínthia, sempre me incutindo valores errados, como ser superior aos outros, ao mesmo tempo obrigando-me e chantageando o tempo inteiro a ter a imagem que ela achava ser a certa, eu acho que o resultado também não seria muito satisfatório.

No mundo sempre divulgamos a imagem de mãe como ser abençoado, que só deseja o bem para seus filhos. Justiça seja feita, muitas delas são assim. Mas algumas realmente se transformam em carrascos da própria espécie, tornando a vida dos filhos em tamanho inferno e causando estragos difíceis de serem contornados. A essas só há um caminho: filhos, quando crescidos, afastem-se delas! Ao menos enquanto elas lhes prejudiquem, fiquem longe delas! Quando estiverem mais fortes, então pratiquem o vínculo do perdão, e se possível ajudem-nas em sua caminhada para a vida junto aos valores do Cristo, mas não as incentivem em suas maldades, nem cobrem delas o que não possuem para ofertar! O tempo é sábio: não as julguem! E nunca as prejudiquem.

Laços de família não vêm ao acaso, isso é certo, mas incentivar mágoas e malfeitos também é errado. Busquem por sua independência, pois se os pais não lhe deram o amor necessário, lhe deram a vida, só por isso, sejam gratos. No futuro, podendo, sejam caridosos, mas nada cobrem de quem nada possui, seria vexatório! Sigam antes o exemplo do Mestre, que se doou, sem exigir retorno, assim serão mais felizes. Criem suas próprias famílias, e façam por elas, o que não fizeram por vocês. O amor, visto no olhar de seus próprios filhos, e nos seus por eles, se verdadeiro e forte, curará as suas mágoas e fortalecerá o seu perdão.

Mas Fabrício optou por tirar a própria vida aos trinta e poucos anos, sem filhos! Imaginei que sua mãe, dona Cínthia, cheia de desconfianças com a sua sexualidade, ficaria feliz dele finalmente ter se interessado por uma moça. Perguntei:

– E então? Foi se encontrar com a moça na praça, no dia seguinte?

Ele sorriu mais relaxado com as lembranças:

– Fui. Gostei realmente dela! Sua inteligência e carisma eram inquestionáveis. Como combinado, ela estava sentada às seis horas da tarde, em frente ao cinema, num vestido simples, mas muito bem cortado e um chapeuzinho encantador! Sorriu assim que me viu, e nos pusemos a andar pelo passeio público, como era moda na época, a olhar as vitrines da cidade. Martina era honesta e sincera, sem nenhuma afetação. Assim que me viu, disse: "nossa! Que bonito está!", e eu ri. Ela dizia tudo que lhe vinha à cabeça, coisa que as outras moças nunca faziam. Respondi que ela também estava muito bonita, o que era verdade, e começamos a conversar dos mais diversos assuntos com facilidade.

Tive que perguntar:

– Apaixonou-se por ela?

Ele deu um olhar sonhador:

– Não sei se era uma "paixão", mas foi a pessoa com quem mais me senti bem em toda a minha vida! Ela era engraçada, tinha um bom gosto natural! Com ela eu podia ser eu mesmo, sem medo de nenhuma crítica, ou observação maldosa, e eu via em seus olhos que ela gostava de mim, tal qual eu era. Desarmou-me completamente! Íamos à biblioteca, ao cinema, e a levei à confeitaria, onde meus amigos discutiam política! Ela encantou todos eles! Sabia sobre os partidos, os integrantes, suas ideias, as futuras consequências para a indústria do país, enfim, um assombro! Ficou todo mundo de queixo caído!

Eu ri:

– Uma mulher contemporânea!

Ele riu mais ainda:

– E eu me enchi de orgulho! Mas essa moça tão moderna, lá pelo terceiro encontro me disse uma coisa bastante convencional: seus pais tinham sabido de nossos passeios, e queriam me conhecer formalmente.

– Nada mais natural. Estavam sendo vistos em público. Ela era uma moça solteira.

Ele abaixou a cabeça:

– Eu ainda não a tinha pedido em namoro, éramos apenas bons amigos. Martina tinha dezoito anos, mas nunca tinha tido nenhum namorado. Não que não tivesse tido pretendentes, mas assim que algum abria a boca e dizia algo que ela não concordava, ela se desinteressava! E não era de família abastada, o que limitava muito as suas escolhas!

Ele suspirou, lembrando-se da situação:

– Na época, homem e mulher serem amigos não era bem aceito! Olhei para ela quando me fez o convite, um tanto sem jeito: era uma mulher bonita, inteligente, engraçada! Eu tinha por ela um carinho além do imaginável. Nunca tinha me apaixonado por ninguém, mas amava ficar com ela! Seria aquilo amor? Se não fosse, o que seria? Gostávamos das mesmas coisas, tínhamos interesses em comum, ela estava longe de ser vulgar, tinha os sentimentos mais puros que eu já tinha conhecido, por isso não pensei mais e disse: "adoraria conhecer a sua família. Quer namorar comigo?".

Pensei comigo mesmo que muitos namoros surgiram por menos. Mas, ele continuou:

– Ela sorriu e disse: "por que não? Eu gosto muito de você!".
Marcamos então de conhecer a família dela. Foi num sábado à noite, arrumei-me de acordo, não disse nada em casa e fui, esperando não ser muito mal recebido. A casa era simples, mas a primeira coisa que avistei, na parede da sala, foi uma estante de bom tamanho forrada de livros, e na frente dela, a mãe de Martina. Muito parecida com ela, bonita, de óculos, cabelos presos, um vestido bem cortado e sapatos de couro calçando os pequenos pés. Ela sorriu-me de maneira simpática. Apresentei-me e ela convidou-me para sentar na sala, que não era grande, mas confortável com seus sofás de couro.

Perguntei:

– E o pai dela, como era?

– Ah, esse chegou logo em seguida! Era só um pouco mais alto que a mulher. Usava óculos também, um suéter meio gasto, mas muito limpo... olhou-me de cima a baixo, parecia um pouco espantado com a minha altura. Fumava um cachimbo bonito, tinha os cabelos já meio grisalhos e eu soube depois que lecionava contabilidade, mas sua paixão era filosofia. Tratou-me bem, e quando pedi sua filha em namoro, ergueu as sobrancelhas em sinal de surpresa, e perguntou a ela se estava de acordo. Vendo o "sim" discreto de Martina, ele acedeu, e disse os dias em que eu poderia vê-la. Seriam três dias por semana, e eu que não incomodasse muito!

– A mãe dela não disse nada?

– Disse. Era uma senhora suave, mas muito inteligente. Perguntou-me se minha família sabia da minha visita ali, na casa deles. Eu disse, que assim que chegasse em casa, comunicaria a meu pai. Queria ter certeza antes da aprovação dos pais de

Martina, para só depois dar a notícia, já que ela era a minha primeira namorada. A senhora sorriu, e depois disse: "não acredita que seus pais possam discordar de sua escolha? Afinal, somos gente simples, apesar de honestos. Não pertencemos à sua classe social".

Tive de concordar com a mãe de Martina, pelo que Fabrício tinha me contado de dona Cínthia, orgulhosa como ela só. Ele continuou com o relato:

– Tudo que me lembrei na hora foi de que minha mãe tinha tido uma origem bastante humilde, aliás, bem mais humilde do que a deles, e foi isso que disse em alto e bom som. E que naquela casa, que podia ser simples, eu via mostras de gente honesta e de bom gosto! O amor à cultura e ao conhecimento mostrado naquela sala era evidente! Meu pai, leitor ávido, gostaria muito de "passar os olhos" pela coleção de livros amealhados por aquele professor, que estava agora recebendo o seu filho.

Ele suspirou, relembrando a cena, e continuou:

– O pai de Martina apreciou a minha resposta, mas a mãe dela manteve a sua reserva, e disse: "meu bom Fabrício, confio em suas boas intenções, e conheço seu pai, pela filantropia e ideias avançadas. Mas não sei como se comportará sua mãe... ela, apesar da origem humilde que todos conhecem, se comporta de forma bastante tradicional. Não quero ver Martina magoada ou ofendida, pois coração mais puro não há... converse com seus pais, depois volte aqui, e diga-nos se está tudo bem". Olhei para ela um tanto contrariado, mas como ela era doce e gentil, só pude aquiescer, e seguir dali direto para minha casa, depois de beijar na testa a adorável Martina, que achou sua mãe extremamente exagerada em seus cuidados, que "ninguém mais tem tamanhos preconceitos de classe!".

Eu sorri da ingenuidade da moça, principalmente pela época, início do século XX, quando os preconceitos reinavam absolutos apesar do ar de modernidade! Ideias errôneas que reinariam ainda por muito, muito tempo!

– Abracei-a e senti um calor no meu peito que ainda não havia sentido! Como gostava dela! Entendia perfeitamente o receio da mãe de que alguém a magoasse. Eu mesmo ficaria furioso se algo acontecesse e humilhasse Martina! Disse que ainda naquela noite falaria com meus pais, e assim segui para o casarão, que estava como sempre, calmo e com poucas luzes acesas, meu pai em seu escritório, às oito horas da noite. Bati em sua porta e ele pediu que entrasse, ao que eu disse que precisava falar com ele, e que era assunto sério. Ele sorriu curioso, e eu disse, sem rodeios, que tinha pedido uma moça em namoro.

– E qual foi a reação dele?

– Ora, eu ia fazer dezenove anos! Nunca tinha tido um namorico sequer! Ele arregalou os olhos e me deu um largo sorriso! Tirou logo um charuto de sua escrivaninha e me serviu um vinho do porto, dizendo: "ora, ora! Quem sai aos seus não degenera! Mas, não está muito novo para compromissos? Ainda nem fez vinte anos!", respondi que era uma moça séria, que tinha família, e que nos dávamos muito bem. E depois, era só um namoro por enquanto. Mas tinha que comunicar a ele, pois os pais da moça deram permissão, desde que falasse com os meus pais. Então ele perguntou sobre a família da moça, ao que eu respondi, e ele disse que conhecia: ambos professores, bem conceituados, muito sérios e honestos. "Família sem fortuna, mas muito boa!" – disse-me ele. "E a menina, bonita como a mãe?", eu disse que sim, até mais... ele piscou o olho para mim, e disse para levá-la em casa, para que ele a conhecesse. Falei dos livros do professor, ele se interessou, disse que ia chamá-lo para ver os seus. Depois me olhou sério e disse: "o problema vai ser a sua mãe!".

Fabrício suspirou lembrando a cena:

– Olhei para ele um tanto desanimado e perguntei se ele achava que ia ser um problema mesmo. Ele coçou a cabeça, os cabelos já bem grisalhos: "não conhece? Parece que se acha a rainha da Inglaterra! Não sei se vai aceitar noiva pobre..., mas, vamos falar com ela!".

Ele sorriu ao se lembrar da cena:

– Devo dizer que a essa altura do casamento, meu pai já evitava ao máximo falar com a minha mãe, mas ele sabia que se não falasse, eu poderia ter problemas. Eu dei um suspiro de alívio quando o vi levantar-se e encaminhar-se para a sala, onde ela ouvia o rádio, junto com minha irmã, Carolina, e conversavam sobre amenidades vendo revistas da capital comentando os vestidos. Eu gostava de minha irmã, sempre espezinhada por minha mãe que desdenhava de sua aparência, por ela ser tão parecida com o meu pai. Ao vê-lo entrar na sala ela sorriu para ele, ao passo que minha mãe franziu as sobrancelhas, estranhando a presença do marido, que raramente aparecia para falar com ela.

– Seu pai se dava bem com sua irmã? – perguntei.

– Muito! Era a sua princesinha! Sempre tentou protegê-la também, e nunca lhe negou um pedido sequer, e ela pedia as coisas raramente! Carolina era tímida e introspectiva, ouvir que era "feia como o seu pai" a vida inteira, tinha feito os seus estragos, mas também era inteligente e boa. Meu pai orgulhava-se muito dela! Um dos meus arrependimentos é não lhe ter dado mais atenção, minha irmã merecia isso.

Fiquei pensando numa menina, para quem a beleza deve ser tão importante, a sensação de ser lembrada que a mãe a achava feia a todo instante. Não devia ter sido fácil!

Ele continuou:

– Assim que entrou na sala, meu pai disse que tinha boas notícias, e disparou a novidade: eu tinha arrumado uma linda namoradinha! Já tinha ido comunicar aos pais da moça, que era de família muito boa, e que eles, muito adequadamente, tinham pedido a ele que comunicassem aos próprios pais. Assim sendo, eu tinha comunicado, ele conhecia a família da menina, e ele estava agora pedindo a mim que eu trouxesse a moça para conhecer a sua família, no próximo almoço de domingo. E que os pais dela viessem também.

– E sua mãe, como reagiu?

Fabrício riu, ao lembrar-se:

– De início ficou encantada: com que então eu tinha arrumado uma namorada! E tinha arrumado uma de boa família! Ela chegou a levantar-se da cadeira de tão feliz, me deu um abraço, felicitando-me, mas depois me olhou séria e disse: "É muito novo ainda para casamento, mas já vai fazer dezenove anos! Está mesmo na hora de namorar!". E depois, de uma forma suave perguntou: "e de que família é?". Meu pai disse o sobrenome, ao que ela respondeu que não conhecia. Perguntou então: "são o quê? Fazendeiros? Empresários? De fora da cidade, não é? Se fossem daqui eu conheceria...".

Fabrício riu ainda mais...

– Não é bonito falar isso, mas meu pai se divertia com o esnobismo dela! Ele, que tinha realmente nascido em berço de ouro, sempre tinha sido um liberal, ao passo que ela, era um poço de preconceitos! Ele sorriu e disse: "não senhora, são daqui mesmo, família muito querida! São os dois, o pai e a mãe dela, professores. Lecionam na Escola Municipal, os dois muito cultos, muito respeitados! Intelectuais muito honrados! Conheço tanto o pai, quanto a mãe da moça, podem não ter fortuna, mas são gente muito honesta e de excelente qualidade! Estávamos mesmo precisando de pessoas assim na família, afinal, dinheiro nós temos. Fabrício fez uma excelente escolha, quero-os aqui no domingo que vem, e a senhora, capriche no almoço! Teremos gente 'pensante', e não os esnobes de sempre".

Fiquei pensando no que passaria pela cabeça de dona Cínthia, e perguntei:

– E qual foi a reação dela?

Fabrício riu:

– Ela calou-se. Franziu a testa e apertou os lábios, como sempre fazia quando estava profundamente irritada. Já eu, retirei-me da sala e fui para o meu quarto o mais rápido possível, ainda que no dia seguinte a ouvisse resmungar em voz baixa: "gente 'pensante'! Um bando de pobre-coitados, isso sim! E ainda tenho que receber bem...", independente disso, fui à casa de Martina, e convidei-os para o almoço de domingo, dizendo literalmente tudo o que meu pai tinha dito sobre eles, da honra que seria recebê-los em nossa casa. Dona Cláudia, mãe de Martina, sorriu mais tranquila, pois conhecia a fama de minha mãe, mas combinou logo com a filha de comprar uns tecidos para fazer uns vestidos novos. Finalmente entendi de onde vinham as roupas tão bem cortadas de minha namorada: a mãe costurava! Era uma artista a minha sogra.

– E sua mãe tratou-os bem? – perguntei.

Ele deu um sorriso triste:

– Claro. Na frente de meu pai minha mãe respeitava suas vontades. Minha irmã deu-se maravilhosamente bem com Martina, que a incentivava a vestir-se com real apuro, deixando Carolina muito apresentável! É incrível o que a roupa certa e o penteado adequado podem fazer a uma moça! Minha irmã, apesar de ter herdado o nariz "um tanto grande" de meu pai, tinha um belo corpo, esguio, uma pele linda, cabelos maravilhosos e uns olhos verdes muito belos. Minha mãe a enchia de babados, colocava nela uns sapatos grosseiros, mas com Martina ela desabrochou, e se não ficou "belíssima", ficou bastante interessante! Tinha uma elegância natural, que era dela, vinda também da família de meu pai. Tornou-se uma mulher bastante charmosa, para o orgulho de meu pai, e o meu também.

Ele suspirou:

– A única pessoa a quem isso não agradava era minha mãe, que de repente sentiu-se velha, ao ver a filha de dezessete anos resplandecer! Dona Cínthia estava em um mau humor constante, pois a filha, que vivia escondida do mundo, em casa com ela, agora vivia na casa da amiga e namorada do filho, Martina. Saíamos os três juntos com frequência, e eu as levava ao passeio público, ao cinema recém-inaugurado, aos cafés da moda, aos bailes da região. Os pais de Martina, ao ver Carolina indo junto, ficavam muito mais confortáveis. Ao fim de quase dois anos de namoro, eu a pedi em noivado, e foi quando tudo aconteceu.

Senti uma tristeza absurda no olhar dele, que completou:

– Meu pai, senhor Ariel, em viagem por uma das fazendas, teve um enfarte fulminante e se foi.

Ele olhou o relógio que trazia no pulso, ainda brilhante, presente do pai tão amado. O relógio que ele jamais tirava, que tinha sido manchado com o seu sangue na hora de sua passagem, a única joia que realmente tinha tido valor na sua vida!

– Não posso dizer o que representou aquela notícia, nem ver o carro trazendo o corpo dele! Ele parecia tão imenso em vida, e agora ali estava, um corpo que parecia pequeno, menor que o meu! Tinha eu vinte e um anos, ainda um menino mimado por ele! Ali estava a pessoa que mais tinha me amado em vida, meu exemplo, meu apoio, meu amparo. Observei minha mãe agarrar-se ao corpo como se o tivesse idolatrado a vida inteira, e senti um ódio subir ao meu peito! Mentira! Eles mal se falavam há mais de década... não me lembrava de ouvir dela sequer um elogio à pessoa dele, apenas admoestações, críticas e pedidos estapafúrdios. Agora aquele teatro na frente dos conhecidos! Conhecidos sim, que ela sequer tinha amigos verdadeiros!

– Veio muita gente ao funeral? – perguntei.

– Sim. Meu pai além de rico, era amado. Engraçado como se descobrem coisas nessas horas! Famílias humildes apareceram, ao menos umas cinco, tímidas, e abraçaram-me dizendo que tinham muito a agradecer a meu pai, que em momentos difíceis tinha evitado que eles passassem fome, deixando que eles pegassem o básico em um de seus armazéns. Era verdade, ele tinha alguns armazéns perto de suas fazendas e dois na cidade, que vendiam secos e molhados. Ainda bem que minha mãe não ouviu tais agradecimentos, ou teria criticado ainda mais o meu pai, que sempre fez essas doações em segredo. Aos vinte e um anos não tinha muita ideia do patrimônio por ele deixado, mesmo porque ele tomava conta de tudo com enorme competência: as fazendas produziam desde o café ao gado leiteiro e de corte. Existiam também as que se dedicavam à suinocultura, além de vários imóveis comerciais na cidade e arredores, casas de secos e molhados que contavam com gerentes, entre outras miudezas. Eu ia me formar em advocacia, conforme era sua vontade, e estava no segundo ano do curso, que na época se findava em três anos. Por isso mesmo nada sabia ainda de seus negócios e afazeres, dedicado ao estudo em cidade maior próxima à nossa, estando em casa apenas nos finais de semana.

– Imagino a confusão que se seguiu em seus pensamentos, de seu pai, amigo e benfeitor faltar-lhe justo nesta fase em sua vida!

Ele sorriu tristemente:

– Não... nem imagina, senhor Ariel! Uma morte repentina dessas, embora ele já contasse com mais de setenta anos e fosse considerado idoso o bastante para a época, era vigoroso e nada senil! Um tipo sanguíneo forte que eu imaginava durar ainda umas boas décadas! Nada tinha me preparado para o que eu suportaria com a morte de meu pai, que me teve aos cinquenta e poucos anos de idade! Muitos homens aos vinte e um anos já são donos de seu destino, eu era um garoto mimado e protegido por ele, sem a menor noção de como funcionava o mundo, crédulo, e que não prestava a menor atenção às aulas da faculdade. Logo, não foi difícil para minha mãe, me manobrar como quisesse!

Era uma época extremamente machista, a do início dos anos de mil novecentos e vinte no Brasil. Mulheres tinham raríssimos direitos, nem votar podiam, fiquei pensando em como a mãe poderia controlá-lo com a legislação da época, mas ele logo me esclareceu:

– Muito embora no testamento meu pai tenha me deixado na tutela dos bens a partir de minha maioridade, e eu já tivesse feito os vinte e um anos, havia uma cláusula que pedia uma de duas condições: ou que eu já tivesse terminado o curso superior que tivesse escolhido, ou que estivesse casado. Antes disso seria tudo gerido pela minha mãe. Faltava um ano para o término do curso, ou eu poderia casar-me com Martina a qualquer momento: dávamo-nos muito bem, estávamos noivos com a bênção das duas famílias. Terminado o período de luto de um mês, minha mãe pediu que eu não retornasse à faculdade, e que começasse a tomar conta dos negócios, que eram muitos, a maior parte das fazendas eram próximas, mas uma estava a quase um dia de viagem. E existiam os comércios, não era à toa que meu pai era tão ocupado!

– Então, deixou a faculdade?

– Sim, e concordei com ela! Não havia a menor condição dela tomar conta dos negócios existentes! Ela mal sabia fazer contas, e o prejuízo de um ano comigo longe, poderia ser desastroso! Dinheiro só cresce na mão do dono, senhor Ariel, e era muito para gerenciar! Com isso fui tendo cada vez menos tempo para Martina, e passei a vê-la apenas a cada quinze dias. Existia muita coisa para aprender! Não podia mais me dar ao luxo de ser apenas um estudante, a quem o pai bancava todas as contas!

Imaginei a amável e bonita Martina vendo o noivo apenas duas vezes por mês. Não deve ter ficado feliz com a mudança. Ele continuou:

– Ocorreu comigo uma mudança que só depois de muito tempo observei: quando se é dono das coisas, as pessoas mudam o tratamento com você – tratam-lhe como alguém superior – que merece toda a deferência! Nunca tinha tido todo esse tratamento antes... e eu gostei! Finalmente entendi o que minha mãe sempre tinha me dito, que éramos superiores aos outros, que merecíamos sempre o melhor. As pessoas se afastavam para que eu passasse, como se afastavam para o meu pai. Os homens na fazenda tiravam o chapéu para me cumprimentar e abaixavam a cabeça em sinal de respeito: eu era o dono da propriedade, quem dava as ordens, quem decidia quem ficava ou quem ia embora. E isso me encheu de vaidade, sem me lembrar da responsabilidade que vem com o cargo.

Tive que perguntar:

– E o que Martina achou de toda essa mudança em seu comportamento?

Ele abaixou a cabeça:

– Martina era uma alma independente, como seus pais. Tinha se apaixonado por um Fabrício culto, divertido, que gostava de discutir política liberal e agora ali estava como o mais ferrenho dos conservadores. Ela nunca valorizou a diferença entre classes sociais, e lá estava eu, dando muito valor a isso, o que é claro, a desgostou muito! Ao ver-me com valores tão diferentes dos dela, certa noite me chamou para conversar e disse claramente que, embora gostasse muito de mim, tínhamos ideias muito diferentes, e que era óbvio que eu me daria melhor com uma moça da mesma classe social que a minha. Fiquei irritadíssimo! Será que ela não via a chance que tinha de progredir socialmente ao casar-se comigo? Ao ouvir isso ela sorriu tristemente e respondeu que certamente eu merecia uma pessoa de melhor nível, e que não devia esperar por menos que isso! E que não me preocupasse, que ela seria feliz! E levantou-se, indo embora sozinha.

– Ficou triste com a resposta, Fabrício?

– Sendo franco, senhor Ariel, minha mãe já vinha resmungando em meus ouvidos há muito tempo sobre a inconveniência de meu casamento com uma moça pobre, apesar de brilhante. Na época ainda se usava o "dote", não que eu precisasse de algum, mas era o costume, e dona Cínthia não achava Martina adequada: "moderna demais!", dizia. Alegava também que eu deveria arrumar uma mulher mais subserviente, pois "aquela ali não vai lhe obedecer de jeito nenhum". E tinha certa razão: Martina era uma entusiasta dos direitos femininos! Não posso dizer que não senti falta dela, foi a mulher mais inteligente e mais doce que conheci durante toda a minha vida. E a única pela qual verdadeiramente me interessei.

– Então – disse eu – não se casou, nem se formou. Sua mãe, pelo testamento, continuou no comando dos negócios?

– Apenas até os meus vinte e cinco anos. Mesmo assim, nunca neguei a ela nenhum dinheiro que me pedisse! Tinha as roupas, joias e viagens que desejasse! Nada neguei também a minha irmã Carolina, que depois de meu término com Martina, já não andava tão bem arrumada como antes. Na realidade, minha mãe assinou alguns negócios até os meus vinte e cinco anos, depois, o próprio testamento me emancipava. Garantia a ela a casa em que morava e uma pensão vitalícia, a ela e a minha irmã, e ainda um dote milionário a Carolina, que ainda estava solteira quando eu parti. Mas dona Cínthia continuava a mesma controladora de sempre, vigiando-me sempre que podia, fazendo comentários mordazes agora sobre a minha demorada "solteirice", já que depois de Martina, nenhuma outra moça conseguiu chamar a minha atenção por anos a fio.

– Não se interessou por mais ninguém, Fabrício?

Ele riu:

– Ah, sim... por várias pessoas, principalmente nas viagens. Só não eram "moças", e tudo era feito "muito discretamente", principalmente quando eu ia à capital do nosso Estado, onde ninguém me conhecia. Não me envolvia emocionalmente, era procurado por ser bem-apessoado, educado, rico. Fui conhecer esses lugares uns dois anos depois que me separei de Martina, e acabei ficando viciado neles. Eram lugares elegantes, bem frequentados, onde ninguém de minha cidade jamais apareceria, e se aparecesse, não desconfiaria do se que tratava. Parecia um bar elegante comum, onde mulheres bem-vestidas circulavam, junto com homens também elegantes. Tudo na maior discrição. Era, inclusive, ponto de encontro no horário das seis da tarde de alguns intelectuais famosos da época.

Fiquei espantado, não sabia de lugares assim, requintados, em plena década de vinte, mas, quem era eu para saber, se nunca tinha procurado... perguntei, por curiosidade:

– Fez amizades por lá?

Ele riu-se:

– Do tipo que se pode fazer em lugares como esse! Não era ingênuo, nem tolo! Mas, ao menos pude ser eu mesmo. E nisso fiquei por longos anos solteiro, indo à capital, que ficava a umas seis horas de viagem, ao menos uma ou duas vezes por mês, até os meus vinte e nove anos. Na cidade acabei com fama de celibatário, o que irritou bastante As mocinhas "casadoiras" do local, afinal, eu era um bom partido. Se nunca tivesse sido noivo, estaria já na "boca do povo", mas minha mãe já tinha começado a ficar incomodada com o falatório, embora nada em mim denunciasse "algo suspeito".

Ele suspirou:

– Não tinha a menor disposição para o casamento! Meu único interesse pelo sexo feminino tinha sido Martina, pela inteligência brilhante, a graça nos movimentos, o bom gosto fora do comum! Sendo muito franco, ninguém tinha me encantado como ela! Depois, tinha cedido à minha atração pelo sexo oposto, e as outras mulheres que tinha conhecido, ou tinham sido vulgares, ou tolas! Eu sentia falta de uma mente criativa, brilhante, aventureira! Só tinha tido uma única paixão na vida, e tinha sido pela alma, e não pelo corpo! Pode ser possível isso? Esse fascínio pelo invulgar, pelo brilhante, pelo incomum! Martina, então casada com um médico, parecia imensamente feliz, e eu me sentia um tolo por não a ter mantido junto a mim.

Apaixonar-se pela alma... é, com certeza, mais raro que se apaixonar pela aparência física. Mas sem dúvida parece bem mais duradouro! Tantas encarnações vivemos, apaixonar-se por uma alma parece uma grande dádiva! Quem dera todos pudéssemos nos apaixonar assim... ele continuou:

– Talvez não fosse para a vida promíscua que escolhi, procurando o que nunca mais teria! Que coisa vazia, quando passa o prazer físico rápido como um raio e mais nada fica... nem mesmo uma risada de companheirismo, uma conversa amena, um olhar trocado. Apenas o embaraço e a tristeza de um ato vazio! E agora minha mãe me atormentava para que me casasse, que as pessoas já estavam comentando minhas idas "à capital", depois de mais de cinco anos de minhas idas lá. Eu disse a ela em alto e bom som: "diga-lhes que mantenho uma amante lá!", ao que ela me respondeu aos gritos: "antes fosse!". Olhei para ela espantado com o comentário ferino, e foi quando ela me respondeu: "acha que já não mandei lhe seguir, para ver onde passa as suas noites e com quem? Temos um patrimônio a manter, seu devasso! Se quer continuar mandando nele, é bom arranjar uma esposa, ou eu arranjo um novo marido! Não quero um pederasta mandando nas finanças de minha família!".

Perguntei a ele:

– Desculpe a indiscrição, Fabrício. Mas sua atração física era apenas por homens?

Ele riu:

– Não. Martina atraía-me bastante! A ponto de me fazer esquecer todo o resto. Tive atração por outras mulheres também, algumas mais velhas, bonitas, interessantes, mas casadas, infelizmente! Não me levavam a sério! É como lhe disse: a inteligência e a falta de vulgaridade me interessavam... são raras as mulheres, infelizmente, que gostam de conversar sobre política, literatura séria, fazer comentários pertinentes. As moças de minha época se interessavam no máximo a ler as enfadonhas "coleções para moças" e não se interessavam por nada além de seus próprios assuntos. Perdi Martina por ter me tornado excessivamente vaidoso, e ela, não estava disposta a "inchar-me" ainda mais a alma, já cheia de prepotência. Fui tolo!

Eu, por mim mesmo, não conseguia muito entender de determinadas preferências... desde muito masculino até a raiz dos cabelos, achava as mulheres extremamente interessantes, mesmo as que falavam apenas de amenidades femininas! Mas dei graças que ele não tivesse conhecido a minha querida esposa Esthefânia, essa sim, que além de bela e elegante, tinha um conhecimento bem acima da média em literatura! Se bem que nenhuma paciência com vaidosos... é, ia ser outra decepção para o nosso belo Fabrício! Ele continuou:

– O fato é que minha mãe, ao falar de colocar um padrasto para gerir os nossos negócios e tirar o meu "poder", expondo as minhas preferências mais secretas, assustou-me de fato. Não estava preparado para tal coisa, nem contava com isso nos meus piores pesadelos! Minha vida estava razoável, quem era ela para alterá-la dessa forma? E que sandice tinha sido aquela de mandar alguém seguir-me até a capital para descobrir o que eu andava fazendo? Expor-me dessa forma? Quem mais sabia de minha vida secreta? Tudo isso perguntei a ela, que furiosa, disse-me se tratar de alguém de sua confiança, regiamente pago para tal tarefa, já que eu não dava nenhuma satisfação a ela, minha mãe. Fiquei perdido e angustiado já que ela não me revelava o nome do detentor de meu segredo mais bem guardado, mas nem sob ameaça ela me quis revelar. Ao contrário, insistiu que um casamento rápido era a única forma de escapar de um possível falatório.

Olhei para ele tentando imaginar sua triste situação, para um homem na década de 1930, com todo o preconceito de uma época, que tanto valorizava seu poder e posição social. Perguntei:

– Ela já tinha alguém em vista?

Ele deu uma risada amarga:

– E como não? Tinha descoberto os meus "desvios de comportamento" há uns quinze dias, e a partir daí tomado algumas providências, sem sequer me comunicar, certa de minha aquiescência. Afinal, que escolha eu teria? Estava de fato nas mãos dela! E foi então, que ela me falou de Paulina...

CAPÍTULO 19

# Conversa de Mãe

Olhei meu amigo com alguma pena. Não que achasse a vida que andava levando muito adequada, afinal, frequentar casas de prostituição, por mais elegantes que sejam, raramente levam a coisas edificantes. Mas, ser forçado a se casar com quem quer que seja também não costuma ser uma receita de felicidade, principalmente quando se é chantageado para isto! Perguntei a ele:

– Acredita mesmo que sua mãe colocaria outra pessoa tomando conta dos negócios, e o exporia, caso você não aceitasse o que ela queria?

Ele abaixou a cabeça:

– É preciso que eu reconheça, senhor Ariel, que meu comportamento não era dos mais adequados, e que eu estava fazendo despesas vultosas na tal casa... isso começou a ser notado pela minha mãe, que se preocupou, não sem motivo, com as rendas da família. Em locais como aquele circulam drogas mais viciantes que o álcool, como o senhor pode imaginar, que já estavam deixando-me mais magro, e um tanto mais impaciente. Não que estivesse viciado, mas já estava mais desatento... nesse ponto, devo concordar com dona Cínthia: era preciso tirar-me de lá, antes que fosse tarde!

Entendi perfeitamente o que ele quis dizer. Um vício pode levar a vários vícios. Bom que ele reconheceu isso, afinal!

– É... hoje concordo com ela! A sorte é que eu ainda não tinha me viciado, não usava as drogas quando estava em minha cidade, por exemplo, e como só ia à capital uma ou duas vezes por mês, não adquiri dependência física. No entanto, ao ser forçado a permanecer na cidade, comecei a beber um pouco a mais, ficar ainda mais agressivo, e um tanto mais orgulhoso. Minha mãe anunciou que marcaria para dali a uma semana um jantar onde me apresentaria uma moça de boa família, junto com outros amigos, na intenção de comemorar o aniversário de minha irmã, que estava completando vinte e seis anos. Pensei em Carolina, tímida e elegante completando aquela idade sem um noivo ainda, e fiquei um tanto entristecido por minha irmã... estivesse ainda noivo de Martina, pediria que fizesse a ela um vestido que a deixasse ainda mais cativante, mas nas mãos de minha mãe, agora já roliça com a idade, não sei o que aconteceria.

Ele suspirou:

– Não consigo entender o que acontece entre algumas mães e filhas! Se Carolina não tinha um rosto comum, tinha um porte extremamente elegante, que sempre faltou à minha mãe, que tinha tido um rosto perfeito. Por que não ajudar a filha a se sobressair com o que tinha de belo? Lembro-me deste aniversário dela como um novo suplício, para mim que seria apresentado a uma noiva que não queria, e para ela, encolhida atrás de minha mãe, num vestido que não a valorizava em nada, e escondia as suas curvas perfeitas. Entramos na grande sala de nossa casa a receber os convidados, e eu ofereci-lhe um champagne, para que a noite fosse menos enfadonha, e ela sorriu timidamente, ao que eu lhe pisquei um olho, dizendo: "lembre-se que eu estou aqui!", e ela pareceu animar-se mais um pouco. Foi então que eu vi minha mãe animar-se um pouco mais, e cumprimentar efusivamente um casal da idade dela, talvez um pouco mais novo, e atrás deles eu vi uma moça de uns vinte e um ou vinte e dois anos, pequena, sem graça, morena clara, bem-vestida, como ditava a moda da época, mas que não chamaria a menor atenção. Faltava o famoso "charme", ou "carisma". Lá estava Paulina, e olhava-me cheia de interesse...

– Sua primeira impressão não foi positiva? – perguntei.

– Quando a minha mãe disse "moça de boa família" e não acrescentou mais nada, eu sabia já que a moça não era bonita, ou ela teria dito. Mas não era feia! Os traços do rosto eram regulares, mas sem vida! Magra, como era moda na época, quase sem curvas, mas não era elegante! Numa época em que as moças se casavam quando muito aos dezoito, entendi porque estava solteira, de família tão abastada, aos vinte e dois anos! Os pais eram muito simpáticos, e ela veio para o meu lado, olhando-me com tal adoração, que eu fiquei constrangido. Carolina escondeu o riso com o meu abatimento e pôs-se a olhar-me de longe, finalmente divertindo-se com o meu acanhamento, de ver a moça agarrando o meu braço como se fosse uma náufraga se pegando a uma boia, evitando se afogar! Não me soltou mais de jeito nenhum! Olhei para minha mãe profundamente irritado, que me deu outro olhar enviesado como quem diz: "trate-a bem!", e eu a levei para sentar em um sofá, pegando bebidas para que ela ocupasse as mãos, e solicitei imediatamente a companhia de Carolina, que trancou o riso e veio salvar-me.

Ri dele, quem nunca passou por um "aperto social"? Ele continuou:

– Não esperava por aquele "agarramento", para ser franco, nunca tinha acontecido comigo antes! Tinham falado com ela da possibilidade de casamento? Pelo visto, sim! Ao conhecer Carolina, disse logo que seriam as melhores amigas, demonstrando uma intimidade que estavam longe de ter. Minha irmã, muito gentil, sorria e tentou entretê-la enquanto eu sumia atrás de uma bebida mais forte, que realmente se fazia necessária. Achava que ia encontrar uma moça tímida, mas, qual o quê?! Falava, gesticulava, tomava champagne muito animada, e felizmente, fez Carolina rir um pouco, o que me fez desanuviar a mente. Mas os assuntos! Deus meu! Como sabia da vida alheia, e com detalhes... gente que eu nunca tinha ouvido falar! Minha irmã, que era discreta por natureza, arregalava os bonitos olhos e me olhava em seguida, admirada com os pormenores dos casos que ela descrevia, ao final de uma extensa narrativa de Paulina, disse à moça: "Olhe, você e minha mãe vão ser muito amigas! Incrível como se parecem!".

Fiquei imaginando a reação de Fabrício ao ouvir tal comentário da inteligente Carolina, e perguntei:

– Sua mãe tinha por hábito comentar a vida das pessoas alheias?

Ele riu amargamente:

– Era o seu passatempo preferido! Por isso o medo da língua alheia... quando minha irmã disse tal coisa, um frio arrepio percorreu-me a espinha, mas minha futura esposa só disse: "Acha que vou me dar bem com ela mesmo? Que bom! Tenho tanta admiração por dona Cínthia!". Senti-me num cadafalso! Caminhando literalmente para a forca! Por que, meu Deus, não tinha atentado para arrumar uma mulher antes e escolhido ao menos uma mais parecida comigo? E o pior, ela exibia-me tal qual minha mãe fazia, com orgulho de minha beleza física, de meu porte, de minha educação. Não tinha a menor ideia de quem eu realmente era, do que eu sentia ou pensava! Pois eu não tinha nenhum orgulho, nem da aparência das duas, nem do pensamento delas, nem do que falavam e causava-me profunda vergonha ser visto com semelhantes criaturas, vulgares até a raiz dos cabelos, tolas, ignorantes! Era preciso que eu casasse para manter minha estabilidade financeira? Pois eu me casaria... mas depois agiria do meu próprio jeito! Achavam que me domesticariam? Pois que marcassem o casamento para o mais cedo possível. Quem se divertiria no final seria eu. Segui até o fim do jantar sendo imensamente gentil, e assim agi, até o casamento, marcado para dali a dois meses.

– Então fingiu para todos que estava feliz com o casamento?

– Claro! Que escolha tinha? O que eu faria depois de toda a encenação seria problema meu! Quer me fazer crer que Paulina me amava? Nunca! Amava minha imagem de homem bonito, perfeito, rico, para exibir às amigas... sequer tinha conversado comigo antes! Minha mãe queria evitar um escândalo, pois bem! Estava evitado! Os pais dela queriam que a filha se casasse com alguém de posses, para evitar a vergonha da solteirice. Estava casada! E eu devia levar a vida que não tinha escolhido para agradar a todos eles? Não mesmo! Faria meu papel social, de resto, minha vida era problema meu.

Fiquei imaginando o que ele queria dizer com aquilo, mas não chegava nem perto do que o mesmo me contaria:

– Nossa lua de mel, por exemplo, foi na capital, a pedido meu. Fomos para um hotel luxuoso, chegamos cansados, jantamos, deitei um leve calmante em seu vinho e quando ela dormiu profundamente, fui à casa que tão bem conhecia, retornando quando o sol nascia, e deitando ao lado dela, tranquilamente, que de nada desconfiou. Apenas lamentou muito a minha tremenda dor de cabeça, que me acompanhou durante todo o dia seguinte, adiando a nossa "noite de núpcias" por dois dias inteiros, regada a muito álcool. Levei-a às compras, passamos mais dois dias em que ela dormiu sempre que me interessou, e voltamos à nossa cidade. Ela, bastante descansada. Eu, nem tanto. A verdade é que não tínhamos assunto para conversas, eu me entediava rapidamente e apelava para a leitura de jornais ou livros, enquanto ela se divertia com as revistas de moda feminina. Para deixá-la razoavelmente feliz, fui generoso, e deixei que ela gastasse bastante em futilidades. No fim, ela voltou contente para a casa onde eu sempre tinha morado a minha vida inteira, com presentes para a minha mãe e Carolina.

Foi então viver com a mãe e a irmã, medida inteligente, assim ela teria com quem se distrair, poupando-o da atenção que teria que dar a ela se vivessem sós. Melhor, Paulina sofreria menos!

– Na realidade, Paulina e minha mãe não se deram tão bem como ambas imaginaram... tinham mais pontos em comum do que supunham: ambas eram egoístas, gostavam de comandar, criticar, e, por que não dizer: um tanto esnobes com as pessoas. Conseguia entender Paulina. Que tinha nascido em berço de ouro, cercada de todos os mimos, mas dona Cínthia não tinha motivos para tal coisa. Verdade seja dita, depois de seu casamento minha mãe afastou-se de sua família como se eles tivessem uma doença contagiosa: nunca ouvíamos falar em meus avós, tios ou mesmo primos do lado de minha mãe. Não eram citados, ainda mais convidados a nos conhecer, e se tocássemos no assunto, minha mãe se irritava de tal forma, que era melhor esquecer o caso. Como ela conseguiu que "a parte humilde" da família não nos procurasse? Não faço ideia...

Estranhei um pouco também... claro que conhecia pessoas que fizeram ricos casamentos e tinham se desassociado de suas famílias, mas sempre aparecia um ou outro pedindo algum auxílio. Estranho isso não acontecer na família de Fabrício. Ele continuou:

– De forma que, se eu acreditava que teria um pouco de paz casando-me com a moça que minha mãe tinha escolhido, não foi bem isso que aconteceu. Além de ter que suportar Paulina com sua conversa irritante, tinha agora que ouvir queixas dos dois lados: dela e de minha mãe, pois viviam às turras pelos mais insignificantes motivos. Uma ou outra implicava com os criados, com o que seria servido no almoço, com as despesas que a outra fazia... enfim, um inferno! No meio de tudo isso, tentando apaziguar as diferenças, estava uma Carolina que parecia cada vez mais abatida e chateada, com o ambiente criado na casa. Acabou virando um hábito meu, chegar ao casarão e refugiar-me no escritório, antes a parte preferida de meu pai, para evitar aquelas duas mulheres que me davam nos nervos apenas de olhar para elas. Mas, quando minha mãe invadia o escritório para lamuriar--se, eu apenas dizia: "quem foi que escolheu a minha noiva, afinal? Fui eu?".

– Ela devia ficar bastante irritada com a sua observação – respondi.

– Era a única hora em que eu me divertia! Ficava roxa de raiva, e dizia que "se existe uma pessoa falsa, é essa sua esposa! Antes era um mimo de criatura, depois transformou-se nessa megera!", e eu sorria por dentro, lembrando-me que meu pai dizia praticamente a mesma coisa dela: que a moça meiga e gentil de antes do casamento tinha ficado para trás. Tratava dos negócios de meu pai durante o dia, viajava para as fazendas quando era preciso. Os negócios iam razoavelmente bem, enquanto eu mantinha meu casamento muito mais na base de pequenos presentes dispendiosos do que de atenção. A verdade é que já não suportava muito a presença de minha esposa, e menos ainda o gênio difícil que ela acabara por revelar. Vendo-me cada vez mais distante e com ar entediado, para o meu desespero ela achou que devia tentar me seduzir: valeram-me as gotas de calmante e os novos presentinhos!

Observei-lhe o semblante: hora nenhuma ele se arrependia de ter dopado a esposa com Deus sabe que tipo de calmante da época, e devo dizer aqui que eles eram fortíssimos, muitos feitos à base de ópio, que viciavam seriamente. Alguns eram vendidos quase que livremente, mas geravam efeitos colaterais bem danosos, como espasmos musculares, sudorese excessiva, falta de memória, nervosismo extremo no "efeito rebote"! Ele continuou:

– Comecei, então, a frequentar bares na cidade, com intelectuais, e não com pessoas abastadas da região. Gostava de uma boa prosa, com gente inteligente, que não ficasse impressionada com minha fortuna. Eram pessoas diferentes de minha classe social, que me olharam com certa desconfiança, afinal, o que um "representante da elite" fazia ali, entre professores, músicos, pintores e até mesmo certos membros do proletariado? Logo, quando eu entrei no bar fez-se um silêncio, que eu ignorei, sorri, e sentei-me numa mesa bem lá no fundo, onde pedi uma cerveja e uns petiscos, ficando para admirar o local.

– Não ficaram lhe encarando muito tempo?

– Sabe que não? Passados os três primeiros minutos ficaram em conversas animadas, um outro logo pegou de um violão, outro se sentou ao piano encostado à parede e começaram a cantar uma bela cantiga em italiano! E que comida boa vinha daquela cozinha! Linguiça frita, carnes, polenta... quando vi já batia palmas junto com a música, bastante animado! No bar só estavam duas mulheres: a mulher do dono do bar, que era quem ia para a cozinha, e a garçonete, boa garota de seus dezessete anos, bonitinha e alegre. O resto eram homens, querendo relaxar depois de um dia de labuta. Mas não podia haver ambiente mais familiar! Foi quando, lá pelo terceiro garrafão de vinho deles, veio uma enorme porção de batatas coradas e carne assada, e um dos moços, vendo-me sozinho e muito animado, veio até mim e gentilmente colocou um prato com um pouco de carne e batatas na minha mesa, e apresentou-se cordialmente: disse chamar-se Alécio, que era professor e ali estava com amigos, e convidou-me para sentar na mesa deles.

Ele suspirou lembrando-se da cena...

– Ah, senhor Ariel! Era um rapaz simpático, amistoso, de traços bonitos, moreno claro e mais ou menos a minha idade. Já meio inebriado, aceitei o convite, e seus amigos aceitaram-me à mesa, sorrindo, e oferecendo-me vinho também. Cheguei lá eram umas sete horas da noite, quando nos despedimos devia ser uma hora da manhã. Tentei de toda forma pagar pela conta toda do bar, e eles sentiram-se insultados de fato! Ninguém ali queria explorar ninguém! Mas a noite tinha sido tão boa, tão engraçada, que eu realmente só queria demonstrar minha gratidão! Era a primeira vez em anos que ninguém me pedia um favor, ou tentava tirar alguma vantagem... gostaram de mim apenas pelo que eu era, e não pelo que eu tinha! Aliás, eu nem sei se sabiam o que eu, de fato, possuía.

Imaginei o homem de vida refinada no meio de gente comum, nem rica e nem pobre, trabalhadores de educação mediana, alguns até bem acima da média, com valores tão diferentes dos seus e dos seus pares. O que viria disto? Pareciam gente honrada e sem interesse, trabalhadores urbanos, felizes com o que faziam, e Fabrício lidava mais com o meio rural em seus negócios. Na cidade possuía apenas imóveis, e seus negócios eram geridos por gerentes. Não havia como eles conhecê-lo, apenas se lessem as colunas sociais, o que não era o caso. Ele continuou:

– Alécio simpatizou comigo. Lecionava história no ginásio local, e era muito querido pelos alunos, era casado e tinha já dois filhos, um casalzinho de cinco e três anos, que segundo ele dizia, eram a paixão de sua vida, depois de sua mulher, Apolônia. Quando ele disse o nome dela na mesa, os amigos dele deram um sorriso de aprovação, que eu só entendi depois de conhecê-la, pois logo eu a conheci, numa visita à sua casa: era uma morena clara belíssima, com os cabelos longos e cacheados, bem ao contrário da moda da época, que fazia com que as mulheres os cortassem na altura da nuca, "à la garçonne", como se dizia. Se a moda também pedia mulheres quase esquálidas de tão magras, como a minha, Apolônia tinha todas as curvas femininas nos lugares certos, seios bastos, cintura fina, quadris generosos! E o sorriso? Dentes brancos numa boca larga e feminina. Aliás, era uma mulher alegre e sensual, uma mãe barulhenta e feliz, boa cozinheira, feliz espécime do sexo oposto, simples e clara como um riacho!

Eu sorri. Um bonito casal, e o marido devia morrer por ela, e talvez ser ciumento. Pensei comigo mesmo que, às vezes, mulheres lindíssimas costumam ser alvo de grandes tragédias, mas não me parecia o caso ali, conforme o que ele contou em seguida:

– Alécio gostava imensamente dela e dos filhos, o que não o impedia de sair à noite e ficar com os companheiros tomando seu vinho de vez em quando. Apolônia detestava política, mas recebia bem os amigos do marido em sua casa, e em sua simplicidade quase italiana, serviu-nos logo um bom pão, vinho e queijo, tudo saboroso e feito em casa. Devo dizer que fiquei encantado com a beleza física dela, exótica, de chamar a atenção, mas não gostava dela por perto. Infelizmente comecei a desenvolver sentimentos não muito puros por Alécio, que ingênuo, nada percebeu. Começou ali o meu suplício! Apaixonei-me pelo meu amigo, e ele, sem perceber, alimentou o meu sentimento...

– Como assim? Alimentou o seu sentimento, Fabrício?

Fabrício riu-se, desatinado:

– Em minha casa o ambiente era cada vez mais funesto: minha mãe e minha esposa faziam de minha vida um inferno com cobranças contínuas que eu não via como sanar. Como dar amor e atenção a pessoas que você despreza? Não suportava sequer olhar para as duas! Por outro lado, quando encontrava com Alécio, nos bares, mais me sentia envolvido por ele! Sua inteligência me cativava! Os valores morais dele, sempre tão elevados, sua preocupação com o lado social das coisas, sua solidariedade com os mais fracos, tudo me lembrava um pouco o meu pai, e seus bons sentimentos! Aquela alma parecia acrescentar algo ao meu espírito! De todas as formas tentei envolvê-lo, comecei a levar pequenas lembranças para os filhos, que ele não tinha como recusar, afinal, não eram presentes para ele, mas para os pequenos! Alécio ficava meio sem graça, mas acabava aceitando! Bonecas caras para a menina, cavalinhos para o menino, até para Apolônia levei uma joia de pequeno valor... queria sempre ser bem recebido em sua pequena casa. Como o senhor bem observou, nada em meu comportamento traía os meus desejos mais profundos, e com isso, ninguém desconfiava do que se passava em meus pensamentos.

Fiquei bastante preocupado ao imaginar o que poderia se passar nos pensamentos dele, e na reação de Alécio quando soubesse, mas nada perguntei. Ele continuou:

– Mas, a verdadeira paixão de Alécio era ensinar. Educador nato, ele condoía-se da situação dos antigos cativos e das pessoas mais pobres que não conseguiam frequentar as escolas, chegava a levar alguns para sua casa nos finais de semana para alfabetizá--los. Observando isso, vi como finalmente poderia agradá-lo e seduzi-lo: propus a ele a construção de uma escola para atender justamente essa população, tão abandonada pelo governo da época, e que eu custearia pelo menos três professores e mais o custo da escola. Fizemos as contas de quanto custaria isso mensalmente, e eu vi que a despesa estava longe de ser grande, e pouco me faria falta! Comprei então um terreno razoavelmente bem localizado, construí uma casa de cômodos largos para as classes e com uma vasta cozinha, e Alécio deixou o seu emprego no ginásio para dirigir a empreitada. Claro que não faltaram alunos e o prefeito conseguiu alguma verba para ajudar nas despesas, o que me facilitou ainda mais o projeto.

Fiquei preocupado por Alécio ter deixado o emprego, que lhe garantia a subsistência e a de sua família. Soubesse ele dos sentimentos de Fabrício, teria feito isso? Lembrei-me daquele velho ditado: "quando a esmola é demais, o santo desconfia".

– Na inauguração da escola, compareceram minha mãe, Paulina e Carolina, bem-vestidas, e muito solenes. Apolônia estava vestida de forma mais simples, mas estava um espetáculo como sempre, chamando a atenção costumeira, com seus dois filhos, também muito belos, tentando se comportar ao lado dela. Ao verem-me, sorriram e acenaram-me, felizes de ver o "tio Fabrício", que estava mudando a vida deles! Minha mãe sussurrou ao meu ouvido: "bonita a mulher do professor, hein? Um tanto vulgar, mas linda como ela só!". Concordei com ela, e disse, para acabar com qualquer dúvida que ela tivesse: "são profundamente apaixonados! Quem dera todo casal fosse assim". A essa resposta, minha mãe deu-me um olhar vazio, e puxou conversa com Paulina, que comentava sobre a vestimenta de um dos presentes. O fato é que numa cidade onde poucas coisas aconteciam, uma escola voltada para a caridade causou boa impressão, e muitos comerciantes se dispuseram a ajudar mensalmente. Alécio anotou os nomes e as contribuições, feliz de todos querem ajudar. No dia seguinte começaram as matrículas, e contamos com mais de trinta e cinco alunos, entre negros e brancos, sem discriminação.

– Enfim, uma obra que trouxe benefícios. A verdade é que sem educação formal, o ser humano fica muito limitado!

Fabrício me olhou mortificado com as lembranças:

– Como me envergonho de dizer, senhor Ariel, que na época, o que me movia, não era a caridade, mas sim aproximar-me cada vez mais de Alécio, e deixá-lo cada vez mais dependente de mim! E foi o que de fato aconteceu. Os comerciantes ajudaram com a merenda dos alunos, a prefeitura ajudou com a limpeza da escolinha, mas o grosso dos salários, esse ficou por minha conta. A sobrevivência da família de Alécio, agora, dependia exclusivamente de minha pessoa, e como eu me senti poderoso com isso! Ele estava muito feliz com a escola e com o seu salário, que era quase o dobro do que ganhava antes. A bela Apolônia já tinha vestidos novos, e ele até pensava em reformar sua bonita casinha, acrescentando alguns cômodos, para dar mais espaço à família. Contava que muitos alunos tinham certa dificuldade de aprender, mas que com ajuda e dedicação, estavam indo bem, e que a merenda oferecida tinha sido providencial, pois alguns deles tinham pouca comida em casa. Agradecia-me efusivamente pelo bem que eu estava fazendo a todos, e eu, como sempre, dizia que aquilo não era nada, que estava feliz em ajudar. Só que não era bem essa a minha intenção!

Ele suspirou lembrando-se:

– Com a desculpa de administrar a escolinha, passei a ficar cada vez mais tempo com ele, depois das aulas da parte da tarde, quando os outros professores e os alunos iam embora. A desculpa era rever as contas, discutir formas de ensino, como angariar mais fundos para ampliar as classes, enfim, qualquer coisa que nos fizesse ficar falando até mais tarde. Ele interessava-se realmente por isso, pois era grande o número de alunos querendo ingressar e poucas as vagas, pois além do conhecimento que eles adquiriam, havia a merenda que era saborosa, e muitos eram os que passavam por grandes dificuldades, querendo que ao menos os seus filhos tivessem duas boas refeições por dia! O coração de Alécio se condoía por eles, mas não tinha como, ao menos por enquanto, alimentar a todos, e vendo essas pessoas que o procuravam, às vezes, se entristecia. Disse-lhe que estávamos ajudando aqueles que lá entravam, e que isto, por enquanto, deveria bastar. A escolinha já estava com quase um ano de funcionamento, quando eu, conversando com mais alguns comerciantes, consegui aumentar o número de alunos para quase cinquenta.

– Alécio deve ter ficado muito feliz.

Fabrício deu um sorriso triste:

– De fato ficou. Ainda havia espaço físico na casa, que era grande, cômodos enormes! Mas eu já estava ficando cansado de tantas negociações e aborrecimentos! Alécio era solidário com as pessoas, mas eu, nunca havia sido! Para mim, era apenas uma forma de satisfazer o objeto de meu desejo! Então, numa noite em que conversávamos, tomando um vinho tinto nas dependências da escolinha, sozinhos como sempre, foi que ocorreu o inevitável: aproximei-me dele um tanto ébrio, e beijei-lhe os lábios!

Ele escondeu o rosto com as mãos, profundamente envergonhado. Perguntei:

– E como foi que ele reagiu?

– Ora, senhor Ariel, eu sou um homem forte! Segurei-o com força enquanto fazia o ato. Se ele foi pego de surpresa, foi por apenas um instante, depois me empurrou com tal força que eu caí sentado no chão, enquanto ele passava a camisa nos lábios tentando limpá-los de qualquer jeito. Depois, olhou-me cheio de asco, e perguntou: "enlouqueceu? Só pode estar bêbado demais! Que esquisitice é essa?".

Imaginei-me no lugar de Alécio, sendo dessa forma "atacado" por um homem grande e forte como Fabrício, e pensei que a minha reação provavelmente seria a mesma, já que era heterossexual e nem desconfiava das pretensões do amigo. Se tivesse apenas exposto os seus sentimentos, provavelmente teria recebido uma branda recusa e até alguma compreensão mesclada de constrangimento por parte do amigo, que amava a tão feminina Apolônia. Fabrício contou-me, então, o que se passou a seguir:

– Tonto com o que se passou, e com a agressividade dele, fiquei calado e ele continuou: "não sabe que sou homem, e que sou louco por minha mulher? Que isso não se repita nunca mais, não quero nem tocar no assunto, ou nossa amizade se rompe aqui!".

Ao lembrar-se dessas frases ele encolheu-se um pouco, e eu pude notar a fúria em seus olhos:

– Levantei-me então do chão, ergui-me e encarei-o de frente, sem nenhuma vergonha de meu ato. Se estava um pouco "alegre" por conta do vinho, o ódio que senti tornou-me sóbrio em apenas um segundo, e eu finalmente disse tudo o que me vinha à cabeça durante meses: "acha-se superior por ser um homem? Acha que deixo de ser homem por sentir-me atraído por você? Que sabe você sobre os meus sentimentos? É verdade que me apaixonei, e disfarcei minhas atitudes em forma de amizade... mas, nessa sociedade, quem não faria o mesmo? Não tenho esses valores altruístas que você possui de querer ajudar ao próximo, mas acreditei que tornando possível esse seu sonho, nos aproximaríamos e, quem sabe, você me enxergaria!".

Pobre rapaz, que havia buscado na caridade a forma de satisfazer a sua paixão! Pensei em Alécio, esse de fato caridoso e preocupado com o próximo, e na decepção que devia estar sentindo... Fabrício continuou:

– Ele me olhou tremendamente decepcionado, e perguntou: "então, criou a escola para me fazer feliz, achando que me seduziria? Mas, isso não faz sentido!". Eu sorri amargamente: "E o que faz sentido na mente de um apaixonado? O que faria para conquistar Apolônia, caso ela lhe fosse indiferente? O que fiz por você sequer foi difícil ou custou-me caro, mas, sinceramente, acho perda de tempo! Acredita mesmo que essas pessoas a quem ensina conseguirão ser algo na vida? São miseráveis! Assim nasceram e assim continuarão! Não vê como se vestem, como se portam? Acredita que ler e escrever fará diferença na vida deles?".

Olhei para Fabrício um tanto assustado, e perguntei:

– Pensava realmente dessa forma? Ainda pensa?

– De certa forma, sim. É verdade que alguns se sobressairiam, mas esses seriam raros. Ao ouvir a minha real opinião, o idealista Alécio sentou-se novamente na cadeira e deu-me um olhar raivoso, dizendo: "maldita a hora em que eu, por pura ingenuidade, o chamei para a nossa mesa no bar. Chamei uma cobra peçonhenta como amigo, e agora eis-me aqui: sem emprego, iludido por um homem que esperava de mim coisas contra a minha natureza! Entrou na casa de minha família na intenção de destroçá-la! Pobre e gentil Apolônia, que tantas vezes o serviu com um sorriso à mesa, achando se tratar de um amigo e benfeitor!".

Ele suspirou com a narrativa, mas Alécio estava coberto de razão. Fabrício explicou que tentou contemporizar:

– Expliquei a ele que nunca pediria que ele largasse a esposa, pois eu também tinha a minha. Poderíamos manter a nossa relação em segredo! E menos ainda perder seu emprego, afinal, eu não pensava em demiti-lo! Jamais pensaria em assumir nosso caso publicamente, isso nunca me passou pela cabeça. Ao ouvir minhas argumentações, ele primeiro arregalou os olhos, depois deu uma sonora e triste gargalhada, dizendo: "que vida triste você leva! Tudo é fingimento, falsidade e hipocrisia! Ajuda aos pobres, mas não acredita que está fazendo o bem, é casado, mas não gosta da esposa, engana a quem diz amar para satisfazer seus desejos! Pois bem, minha vida não será assim, Fabrício! É pena deixar esta escola, porque eu acreditava nesses pobres e na sua vontade de vencer, mas não posso mais ficar no mesmo ambiente que você! Não é mais bem-vindo em minha casa!". E saiu, sem nem olhar para trás.

Admirei-me da atitude do professor, que em nenhum momento levou em conta o dinheiro que recebia, nem nada parecido! É bom lembrar que o ambiente realmente não seria mais o mesmo, depois de tudo aquilo...

– Não preciso dizer do meu susto ao me deparar com a sala vazia. Estava acostumado a demitir pessoas, o país passava por um difícil momento logo após a crise de 1929, e os empregos estavam raros. Se minhas fazendas de gado não produzissem bem, eu mesmo estaria falido, por conta da quebra do mercado de café... ainda assim, Alécio tinha me virado as costas, isso tendo um salário muito acima da média na escolinha! Onde acharia trabalho? Talvez fosse aceito de volta no ginásio, mas eu mesmo não sabia se isso seria possível... achava que realmente o prenderia pelo dinheiro, como fazia com os outros, já que tinha mulher e dois filhos para sustentar, tinha me esquecido do caráter e dos valores morais de meu amigo, que ele sempre sustentava, e que eu suspeitava que não fossem assim tão fortes. Enganei-me enormemente!

– Ao contrário do que muitos pensam, não são todos que se vendem, Fabrício! – disse a ele.

Ele sorriu tristemente:

– Agora sei disso. A verdade é que fiquei amedrontado com a atitude dele! Que diria ele à esposa, sobre sua demissão? Provavelmente a verdade... não tinha motivo para dizer outra coisa. E Apolônia era mulher, mulheres falam umas com as outras, principalmente quando atingidas em sua subsistência! Imaginei que logo a cidade inteira estaria falando do acontecido, e isso me apavorou! Como lidar com a maledicência alheia? Tinha sido insensato e tolo ao abrir meu coração daquela forma, achando que sairia livre de qualquer reprimenda. As pessoas não tinham nenhuma paciência com "afeminados". Éramos os párias da sociedade!

Ele tinha razão. O homossexualismo, tabu em diversas sociedades ao longo dos milênios podia ser duramente combatido, inclusive com violência. Seu medo não era em vão, nada destruiria mais uma reputação. Ele continuou:

– Saí da escolinha desesperado, e chegando em casa, dei com minha mãe e minha esposa, sentadas na sala, folheando revistas francesas de moda. Vendo a minha expressão de desespero, minha mãe logo perguntou: "o que houve?", ao que eu respondi com azedume: "nada que lhe diga respeito!" e encaminhei-me para o escritório, buscando um pouco de paz. Eram nove e meia da noite! Mas, dona Cínthia não acreditou em minhas palavras e seguiu-me, dando comigo e um grande copo cheio de vodca, sem gelo, que eu usava para me anestesiar. Ela perguntou novamente: "já lhe vi aborrecido antes, mas desta vez, está transtornado! Em que encrenca se meteu? Ande, fale! Sou sua mãe e duas cabeças pensam melhor do que uma!". Tentei fugir de seu interrogatório, enquanto bebia a vodca, incessantemente. Por mais que eu tentasse sair dela, mais a teia se apertava ao meu redor, e foi então que, um tanto ébrio, contei a ela todo o acontecido: minha paixão por Alécio, a história da escolinha, o beijo roubado dele e sua reação. Tolo, nem reparei na reação dela, empalidecendo na medida em que eu contava a história.

– E como ela reagiu, Fabrício?

– Se eu não estivesse desesperado e um tanto bêbado, ela não arrancaria nada de mim, pois eu me lembraria com quem estava falando. Ela ficou em silêncio durante toda a minha narrativa, o que foi eficaz, pois assim eu me empolguei e contei realmente tudo! Precisava desesperadamente desabafar os meses de paixão recolhida, e nunca tinha tido um ouvinte! E ela sentou-se à minha frente, apenas ouvindo, como se fosse a mais paciente das mães!

– Não lhe fez nenhuma reprimenda?

– Durante uma boa meia hora, não... deixou-me falar tudo o que eu queria, apenas assentindo aqui e ali com a cabeça. Quando terminei, aos prantos, cheio de medo do falatório que se seguiria com a sociedade, foi que ela começou a falar, com tal calma e frieza que me deixaram chocado.

– E o que foi que ela lhe disse?

– Sentada numa poltrona da biblioteca, a matrona em seus cinquenta anos bem vividos, loura, de olhos claros, olhou para o vazio e disse-me: "enfim, conseguiu arruinar sua vida! Bem que desconfiei quando o vi metido em uma escolinha para negros e pobres, justo você, tão elitista! Nunca gostou de se misturar com gente simples! Não notou que o outro era bem casado, imbecil? A mulher dele mais parece uma pintura de tão linda! Não enxergou o óbvio?". Ela caminhou até a janela, visivelmente irritada: "nem todo casamento é de 'fachada' como o seu! E como me arrependo de tê-lo casado com essa moça que só me aborrece! Agora ainda isso... vai ser objeto de escárnio da cidade inteira, jogar o nome desta família na lama! Já imaginou como vou ficar perante os amigos? E os homens nas fazendas, acha que vão respeitá-lo depois disso? Porque uma notícia horrorosa destas chega logo nos lugares mais distantes, Fabrício, não se iluda! Quem vai respeitá-lo depois disso?".

Não eram palavras de consolo, muito menos de quem imaginava como resolver um problema. A mãe dele piorava em muito a situação. Ele continuou:

– Olhei para ela e tive que concordar com o que ela dizia, mas observei: "talvez se eu fosse procurá-lo pela manhã, dizer que ele pode ficar na escola, que eu não o incomodarei mais...". Dona Cínthia respondeu: "não seja tolo! Ele não deixou claro que você não é mais bem-vindo na casa dele? Imagine o que a mulher dele deve estar pensando? Vai expor-se ainda mais... que homem idiota você se tornou! Não o quero mais a frente de nossos negócios! Se fosse você, nem sairia mais de casa! Que vergonha, meu Deus... já imaginou o que vai ser falado na cidade quando descobrirem que o professor abriu mão de um alto salário para fugir aos seus ataques sexuais? Todos vão acreditar nele e apoiá-lo! Não conte mais comigo para protegê-lo! As pessoas vão lhe dar as costas! Nem pense mais em tomar conta de nosso dinheiro!".

Imaginei os sentimentos dele, com tudo o que ele mais prezava sendo-lhe tirado: a posição social, o respeito dos empregados, o dinheiro, enfim, tudo o que lhe era caro. Isso sem falar na perda do melhor amigo, que nunca mais veria. Fabrício continuou sua narrativa:

– Eu acreditei que ela tivesse terminado, mas não. Olhou para mim como se estivesse vendo um inseto e disse: "melhor seria se eu não o tivesse dado à luz! Quanto aborrecimento teria sido evitado! Para que serve um ser como você, que só me envergonha e aborrece? Que diferença faz no mundo? Não foi bom filho, não é bom marido, é só essa 'coisa' que nos mata de vergonha!", e com isso saiu da sala. Invadiu-me tal desespero, que eu me apoiei na mesa de meu pai e chorei até soluçar! Ela tinha razão! Minha vida seria um perfeito inferno dali para frente: não haveria mais lugar para mim, se minha própria mãe me virava as costas, que dirá os meus pretensos amigos, ou a esposa com quem eu mal falava? Meus empregados, que me tratavam com tanta distinção, ao saber de meus desejos secretos continuariam a me tratar da mesma forma? Não.

Seu olhar tornou-se sombrio ao se lembrar de seu ato:

– Lembrei-me então de meu pai... respirei aliviado dele não estar mais vivo para não passar por semelhante vergonha! Olhei meu relógio de pulso, herança dele que eu usava com tanto gosto! Tudo era cinza à minha volta, sem esperança! Lembrei-me das últimas palavras de minha mãe: melhor era se eu nunca tivesse nascido! E com isso, busquei nas gavetas, o pequeno revólver de meu pai, e depois de tomar mais um longo gole de vodca, quis resolver o problema atirando em minha têmpora.

E essa foi a última conversa que ele teve com sua mãe...

CAPÍTULO 20

# A COLHEITA

E EU ALI VIA ainda o resultado, os cabelos tampando um pouco o pequeno furo fatal. Uma vida tirada em plena juventude!

– Se culpo minha mãe pelo meu ato? Também. Não enxergou o meu desespero? Tinha que acentuá-lo? O fato é que ao entrar no escritório eu não pensava em morte, ao vê-la sair eu já me sentia como se este fosse o único caminho! Eu merecia uma reprimenda? Com certeza! Mas merecia perder toda a esperança? Acredito que não! Tomei-me de ódio justificado de minha mãe, e agora vocês me dizem que a pedido dela estão aqui. Vocês iriam para junto de semelhante criatura, que lhes causou tanto mal? Desde minha infância ela foi um duro castigo, por que agora, depois de morto, devo querer passar a eternidade junto a ela?

Óbvio que lhe entendi a repulsa, afinal dona Cínthia, de fato, não tinha sido a melhor das mães... devia ter se arrependido amargamente com o tempo, para preocupar-se tanto com o filho, mesmo por que tantas décadas tinham se passado! O tempo, que é o pai das mudanças, pode ter realizado algumas na mãe de Fabrício!

– Se passou muito tempo, ela pode ter mudado! É fato que se arrependeu, ou não estaria na Colônia...

Ele me olhou mais que desconfiado:

– Queria saber que lugar é esse que vocês habitam e se acolhem pessoas como minha mãe... não deve ser um bom lugar!

Ouvi nitidamente a voz de Olívia atrás de mim:

– É um lugar que acolhe os arrependidos, e os que chamam por Deus. Lá continuam seu aprendizado, com pessoas de maior grau de iluminação, com amor e paciência, muito diferente do que você encontra por aqui. Deus não abandona, Fabrício, nós é que nos esquecemos d'Ele!

Ao ver a menina de brilho incomum, ele calou-se, e Olívia continuou:

– Se só acolhêssemos por lá almas puras, que mérito teríamos? São tantos os que precisam de aconselhamento, de lenitivos para a sua dor! Deus é amor, e o amor acolhe, limpa, purifica, sana as dores... quem somos nós para julgar nossos semelhantes ao termos o conhecimento de tantas vidas vividas, tantos pecados praticados? Lembra-se o moço, das suas vidas passadas, ou mesmo da vida de sua mãe? Muito pode ser explicado, ou ao menos entendido quando olhamos através do viés do tempo...

Fabrício franziu as sobrancelhas, ao mesmo tempo curioso e descrente. Lia em seu pensamento as dúvidas sobre vidas passadas, mas ao mesmo tempo o assunto o fascinava! Quem sabe ali não encontraria uma resposta para ter nascido com "desejos" tão diferentes? Assim como eu, Olívia leu seus pensamentos, e sorriu:

– Na realidade, senhor Fabrício, pessoas com a sua característica sexual são em número muito maior do que se suspeita. A verdade é que o espírito não tem sexo, e encarna diversas vezes, como homem e como mulher, conforme as provas que deve enfrentar. Nos moldes mais antigos da sociedade, encarnava como mulher quando devia aprender a docilidade, a paciência, a sutileza, o amor pelos filhos e pela terra, a obediência. E como homem quando devia aprender a independência, o labor mais pesado, a coragem para a luta nas guerras, a proteção aos mais fracos. Por muitos séculos esse foi o papel dos sexos, hoje com o desenvolvimento humano, já questionado. Cada caso é diferente do outro, mas o que vejo no senhor, é uma encarnação anterior feminina muito forte, uma mulher de família abastada, boa aparência, alguns amantes e nada preocupada com os filhos.

Fabrício a olhou com os olhos assustados:

– Então, fui uma mulher em outra vida?

Olívia sorriu:

– Não tem facilidade em falar o italiano, sem nunca ter estudado a língua?

Assustado, Fabrício assentiu com a cabeça. Quando ouvia uma ópera cantada em italiano, entendia perfeitamente o que era dito, e se emocionava com as cenas. Ela continuou:

– Morava no norte da Itália, em Milão. Seu marido era um abastado comerciante, e sua família também tinha boas posses, desde a infância nada tinha lhe faltado. Educada, razoavelmente bonita, pele muito clara, cabelos negros, porte de fidalga e um bom gosto natural. Desde que se casou conheceu sua mãe, na época sua criada, um pouco mais jovem que você, mas que estabeleceu contigo uma relação de dependência que beirava ao desespero.

Fabrício achou graça:

– Então, a orgulhosa dona Cínthia tinha sido minha criada? Está explicado porque sempre a achei inferior e vulgar!

Olívia não achou muita graça. Séria, ela observou:

– Soubesse o moço quantas rainhas e condessas, arrependidas de seus crimes enquanto portavam tais títulos, suplicam por reencarnarem como simples criadas, não diria tamanha bobagem! A nobreza da alma não está no título social, como já deveria saber, mas nas atitudes tomadas pelo espírito durante a sua encarnação! Nunca notou em sua roda de "amigos" alguns ricos tão vulgares, que o senhor mesmo os desprezava? As aparências enganam, rapaz!

Ele calou-se, lembrando-se que no seu momento de maior

desespero não teve uma só alma a quem pudesse recorrer ou mesmo confiar, entre os que julgavam "seus iguais".

– Sua mãe, na época, não tinha a boa aparência que teve nessa última existência. Era pequena, morena, sem grandes atrativos, o que tornou a sua vida insípida e até um pouco cruel. Por outro lado, convivia com uma mulher bela, a quem nada faltava, e a quem tinha que servir sempre com um sorriso nos lábios... a inveja apossou-se dela, mas foi disfarçada no meio de lisonjas e subserviência, pois a vida na casa abastada não era ruim, e o serviço era fácil: apenas agradar à senhora. Mas, a senhora que de início parecia comum, gastando seu tempo apenas em compras, logo se sentiu entediada, pois o marido era bem mais velho do que ela, e não havia paixão entre eles. A despeito disso, cobrava-lhe um filho, e para isso, comparecia ao leito nupcial algumas vezes, mas sem muito sucesso, no que culpava a jovem esposa.

Fabrício ouvia interessado na própria história, pensando em como resolveria semelhante impasse, quando Olívia continuou:

– Pois na época você fez exatamente o que faria hoje: arrumou em segredo um amante jovem, com a ajuda de sua serviçal que levava e trazia bilhetes do mesmo, trazendo-o para dentro de seu próprio quarto, enquanto seu marido fazia curtas viagens. Assim nasceram seus dois filhos, que tanto agradaram seu marido! Dois filhos pelos quais você nunca teve o menor sentimento, nem cuidado... educados pelos criados da casa, e pelos internatos depois que seu marido faleceu. Como vê, seu papel como mãe, também não foi muito admirável...

Fabrício olhou-a um tanto sentido, mas perguntou:

– E como terminou minha vida, nessa encarnação? Meu pai não esteve comigo? Tivemos um vínculo tão forte!

Olívia sorriu:

– Seu pai é um espírito mais evoluído, e esteve contigo também nessa vida, tentando encaminhar-lhe para o bem! Quando seu marido faleceu, você contava com trinta e cinco anos, e via sua beleza ir se desfazendo aos poucos, já sem o viço de antes.

Seus gastos exagerados não tinham deixado o negócio da família em boa situação, e você pensou logo num outro casamento, mas não havia ninguém em vista, ou mesmo um pretendente. A fama de seus muitos amantes corria pela cidade, e o gerente de uma de suas lojas, era o homem que foi o seu pai nesta vida. Bom, inteligente e honesto, foi quem tentou aconselhá-la de todas as formas a moderar os gastos, ser previdente e não dilapidar o patrimônio tão duramente construído pelo marido. Mas, eram três os gerentes, e ele era o único a sugerir moderar as despesas, enquanto os outros saqueavam a viúva de modo a fechar as lojas futuramente.

Olívia suspirou:

– Sua mãe, assim como você, achou que o bom gerente estava querendo enganá-la, e o despediu. Seu fim foi triste, vivendo em uma casa menor, de pequena mesada dada pelos irmãos, sem as lojas, no mais completo abandono, inclusive pelos dois filhos, meninos a quem você nunca tinha dado atenção, e que agora, devido ao bom nome do pai, estavam começando a progredir na vida. Desencarnou aos quarenta e cinco anos, vítima de pneumonia, junto à empregada que a culpava a todo instante pela má sorte.

Fabrício olhava-a bastante admirado, mesmo porque muito do que ela disse voltava-lhe à memória na medida em que ela lhe contava: cenas da cidade na época da Renascença, os belos vestidos de brocado e veludo, o amor pelas joias caras... voltou-lhe também a lembrança do frio inverno de Milão, quando faleceu da doença pulmonar, assistida apenas pela pobre criada que mal cuidava dela, de tanto que reclamava do frio que entrava pela casa simples, que agora habitavam. Os amantes, e não tinham sido poucos, tinham-na abandonado à própria sorte, e seu medo da morte tinha sido imenso, pois temia o inferno pelos pecados cometidos.

Isso tudo relembrado, olhou para a menina com uma luz diferente nos olhos, cheio de curiosidade:

– Que fez para que eu me lembrasse dessa forma? Não tenho

como duvidar de suas palavras, mas, como sabe de todas essas coisas? Que bruxaria é essa que faz, desvendando assim o passado alheio?

Ela deu uma sonora risada de criança, e sentou-se ao meu lado, divertida como ela só, dizendo:

– Vê, Ariel! Gente complicada! Não entende as coisas e diz que é bruxaria! Eu simplesmente "vejo" você, como você também "enxergará" as pessoas depois de estudar muito, reencarnar muito, se aperfeiçoar bastante! Não sou diferente de você, só andei um pouco mais depressa, não fui tão teimosa! Esse "dom" de enxergar os outros vem com o tempo, e com a falta de julgamento alheio.

Olhei Olívia e tive que sorrir. Ia levar um bom tempo até que eu desenvolvesse esse "dom", afinal eu, às vezes, ainda ficava um tanto irritado com esse ou aquele semelhante que encontrava. Clara, por sua vez, era bem mais paciente, e surpreendia-me com seu discernimento quase sempre. Fabrício parecia começar a entender o desenvolvimento da menina.

– Com que então, os sentimentos de minha mãe por mim, não mudaram tanto. De certa forma, ela sempre me admirou pela minha cultura, porte físico, saber me portar em sociedade... já admirava isso na encarnação anterior! Mas também havia uma antipatia mútua difícil de digerir, a vontade dela de me comandar sempre, sua desconfiança de que eu não seria capaz de gerir as finanças da família. As coisas fazem mais sentido agora!

Lembrando-se de algo que sempre lhe foi um martírio, ele enfim perguntou:

– E por que não vim como mulher novamente? Por que o corpo masculino?

Olívia abaixou a cabecinha, preferindo não responder, mas me inspirou e eu respondi, vendo que ela preferia não se envolver em assuntos tão íntimos:

– Isso pode ter sido escolha sua, ou de seus mentores na hora de sua reencarnação. Na verdade, o melhor é que com o tempo você descubra isso, mas a verdade é que como homem, desenvolveu características que seu espírito antes não tinha: seu pai o encaminhou para amar o trabalho como ele mesmo amava, e o trabalho é importante no desenvolvimento espiritual! Como mulher na outra vida, dedicou-se ao ócio e ele não foi bom conselheiro. Já nessa vida trabalhou e foi até mesmo um bom patrão, não foi?

Ele sorriu um tanto sem jeito:

– De fato, a preguiça não foi minha companheira! O exemplo dado pelo meu pai, principalmente no trato com os empregados, sempre tentando ser justo com eles, pagando dignamente, mas escolhendo os melhores, sempre me guiou. Embora tenha vivido pouco, suas atitudes e seu amor forjaram o meu caráter. Talvez por isso, ver minhas atitudes desnudadas e perder o respeito deles, tenha me feito perder a cabeça um pouco mais...

O poder do exemplo de um bom pai que guia o seu filho com amor, às vezes pode realmente modificar um espírito! Continuei com ele:

– Como homem, também, desenvolveu responsabilidades, experimentou o poder como raras mulheres na época possuíam. Pena que não tenha se dedicado à caridade pelos motivos corretos! Nunca notou como Alécio ficava feliz ao ajudar crianças e até alguns adultos pobres a se alfabetizarem? A caridade faz um bem enorme a quem as pratica! O bem que você faz aos outros, acaba retornando para você!

Fabrício voltou os olhos ao passado distante, e lembrou-se da alegria do amigo quando via o progresso dos alunos, tantas vezes lento e difícil, principalmente em alguns adultos, e respondeu:

– Se o bem voltasse, não existiriam os alunos ingratos, que saíam reclamando do que lhes era dado de graça! Passamos também por muitos aborrecimentos, quando não tivemos mais vagas, teve gente que ameaçou Alécio, pois queria que os filhos tivessem onde comer! Como se ele fosse responsável pelos filhos alheios...

Ouvi suas reclamações, e perguntei:

– E como ele reagiu a isso?

Ele cruzou os braços:

– Conversou com os pais desesperados, disse a verdade: que estava fazendo o possível para abrir mais vagas, e as abriu realmente, com a minha ajuda e as dos comerciantes. Mas, era um povo difícil... eu tendo gado leiteiro, fornecia leite sem problemas, e tendo os armazéns, conseguia os grãos a preço de custo, não era realmente caro para mim. Mas era necessário o envolvimento da comunidade para que o projeto vigorasse, ou os alunos continuariam a ser desprezados como empregados pelo comércio e indústria local.

Admirei-me com a visão de Alécio, pensando no futuro de seus alunos, e perguntei:

– Sabe o que aconteceu após sua morte, com o projeto?

Ele abaixou a cabeça, envergonhado:

– Passei um bom tempo preso a meu corpo, sem atinar o que poderia fazer, já que não tinha fé, e acreditava firmemente que a morte seria o fim. Prefiro realmente nem me lembrar dessa época estranha e funesta, mas numa manhã eu comecei a ouvir vozes, e finalmente comecei a ver vultos à minha volta: estava no cemitério de minha cidade. Sozinho e vendo espíritos dos mais diversos modos, alguns de aparência doente, outros com machucados estranhos, olhei à minha volta e dei com a minha lápide, já um tanto envelhecida, com a data de meu nascimento e a da minha morte. Ao contrário de alguns suicidas pobres, eu tinha sido enterrado em campo santo, no cemitério comum... minha mãe não deixaria que fosse de outra forma!

Olhei para ele pensativo, quanto tempo teria se mantido preso ao corpo? O que teria se passado? Ele continuou:

– Sabia-me morto, finalmente. Era estranho, no entanto, a sensação de ter corpo! Tudo tal e qual como tinha enquanto encarnado! E não estava no inferno, nem no purgatório, ali estava eu, na mesma cidade em que sempre tinha vivido! A cabeça doía, mas já de forma aceitável, e eu não tive medo dos outros espíritos que lá estavam. Que podiam fazer comigo? Matarem-me? Conhecia tão pouco do mundo espiritual... observei a cidade que me parecia a mesma, apenas os carros tinham mudado um pouco o modelo, assim como as roupas das mulheres. Saí do cemitério, que ficava a poucas quadras do centro da cidade e caminhei pela rua: eu havia falecido em fevereiro de 1935, passando pela banca de jornal, notei com assombro que estávamos em junho de 1945! Dez anos tinham se passado! Dez anos naquela tumba infeliz, sem ter a menor ideia do que estava acontecendo à minha volta! Era esse o preço do suicídio?

Eu poderia explicar a ele tantas coisas, que a sua falta de fé tornou seus momentos ainda mais difíceis, que cada caso era diferente do outro! Mas, preferi ouvir o relato, de quem só agora entendia uma das consequências de seu ato desesperado.

– Na realidade aqueles dez anos tinham parecido uma eternidade! Agradeci intimamente a Deus ou a qualquer força maior que existisse por finalmente estar liberto! Preferia qualquer coisa, menos voltar para aquele martírio! O jornal falava em guerra e em fim de guerra, tínhamos entrado em guerra, então? Li rapidamente as notícias, e vi com algum alívio, que ela tinha se passado na Europa. Fui caminhando até a casa de Alécio, bonita, com uma grande varanda na frente, e vi seus filhos, já jovens, a sentarem-se com o pai na extensa varanda: era um domingo. A mesa do café ainda estava posta, com sucos e bolo de fubá, e eles conversavam sobre nazismo e a queda iminente de Hitler. Falavam animados, enquanto a bela Apolônia sentava-se sobre um bordado, discutindo sobre a "imensa besteira desses nazistas ficarem discriminando raças!". Estavam felizes, a mesa deles estava farta como sempre, e eu pensei em como estaria a escolinha, se ela ainda existiria. Para minha surpresa, a própria Apolônia foi quem dissipou minhas dúvidas dizendo: "imagine o que fariam com a sua escola na Alemanha? Mais de cem alunos, pobres, negros e de todas as raças! A gente já teria desaparecido ou qualquer coisa assim!". Alécio sorriu, e disse: "dizem que os primeiros desaparecidos lá, foram os professores contra o regime nazista... e dizer que aqui conseguimos até o apoio do prefeito!".

Eu sorri, satisfeito. Que bom que a escola tinha continuado, apesar da morte de um fundador, que era justo seu principal mantenedor! Perguntei:

– Sua mãe continuou ajudando a escola, depois de sua morte?

Fabrício me olhou num olhar triste, e comentou:

– Sinceramente, não sei. O prédio, onde estava a escola, eu tinha doado a Alécio para fins educacionais, então, ela não podia dispor dele. Minha mãe detestava escândalos, e deve ter detestado o meu suicídio, não creio que continuou contribuindo com o projeto. Mas o fato é que Alécio era bem-visto socialmente, bem-casado, professor afamado, honesto e muito carismático! E já tinha feito vários contatos sociais quando eu faleci. Se eu me julgava imprescindível, enganei-me redondamente! Depois de ver a linda família discutir sobre o fim da guerra, um tanto infeliz de não ter feito nenhuma falta em suas vidas, resolvi me dirigir para a casa de minha mãe, ver como estavam ela, minha irmã e talvez, se ainda estivesse por lá, minha esposa. Tinha realmente curiosidade, pois eu era hábil nos negócios, embora ela não admitisse. Como estaria ela?

Era interessante, pois dona Cínthia nunca tinha elogiado o filho nessa questão. Teria conseguido alguém que mantivesse os negócios de seu finado marido em perfeito funcionamento?

– Algo engraçado então aconteceu, achei que teria que caminhar até a minha casa, mas logo que pensei no local e veio-me a vontade de lá estar, vi-me transportado para lá, e num átimo de segundo, estava eu na imensa sala de visitas, ainda com os mesmos móveis, o mesmo tapete sobre as tábuas de madeira maciça! Um tanto surpreso, pensei que enfim havia vantagens em ser um espírito! A sala, no entanto, estava vazia e empoeirada, coisa que nunca acontecia antes, pois minha mãe era uma aficcionada por limpeza, passando as mãos nos móveis toda vez que entrava num lugar. O casarão era imenso, como eu me lembrava as velhas cortinas de veludo lá estavam, um pouco comidas pelo tempo, empoeiradas, e o jardim, para meu desgosto, demonstrava falta de cuidados. Passeei sobre ele, notando a grama por fazer, os canteiros cheios de mato... e só então vi sair da casa, uma mulher de cabelos grisalhos, magra, num vestido de bom tecido e sapatos de couro de salto baixo e óculos de aro de tartaruga. Cheguei mais perto para observá-la e meu coração se encheu de saudade: era Carolina, minha irmã! Como tinha envelhecido minha querida irmã! Vinha até o jardim com luvas de jardinagem, tentar tirar o mato de alguns canteiros de flores, e para isso, os regava antes, amolecendo a terra!

Ele sorriu, sempre tinha gostado da irmã!

– Que vontade tive de abraçá-la! Ela, provavelmente, tinha sentido a minha falta... chorei junto a ela, e pedi desculpas por tê-la deixado só! Como deviam ter sido difíceis aqueles dez anos para minha irmã, convivendo sozinha com minha mãe, de gênio tão difícil, sendo ela tão doce! Rugas já tinham tomado a sua testa e em volta de seus olhos. Quantos anos ela teria? Trinta e seis talvez? Teria se casado e ficado na casa? Observei-a tirar as ervas daninhas com afinco, e ir colocando-as num carrinho de mão, era vigorosa, tinha sucesso em sua empreitada, e sorria com o resultado. Mal tinha completado um lado do jardim, e ouviu minha mãe chamá-la de dentro da casa, ao que respondeu: "dê-me dez minutos, mãe... estou quase terminando esse lado!".

Pensei comigo mesmo, no motivo em que a mãe dele não chamava uma de suas empregadas, mas me calei. Fabrício disse em seguida:

– E assim ela fez, terminou o serviço que tinha começado, embora minha mãe esbravejasse lá de dentro. Carolina não se aborreceu, como se estivesse acostumada ao mau humor dela, sorriu com o resultado do trabalho, empurrou o carrinho de jardineiro sem pressa, tirou as luvas de jardineiro e entrou no quarto de minha mãe, que para minha surpresa, estava com os cabelos precisando ser pintados, coisa que nunca acontecia! Deitada na imensa cama com dossel, quarto bem limpo, numa camisola impecável e cercada de pequenos potes de remédios! Estaria enferma? Minha irmã não pareceu estar preocupada, e eu lembrei-me que minha mãe devia estar ao menos com sessenta anos agora! E realmente aparentava a idade! Como tinha engordado dona Cínthia! Mal Carolina entrou, começou com uma série de reclamações sobre a comida, o médico que não vinha mais vê-la, os empregados que a tinham deixado, e por aí ia! Minha irmã alisou as cobertas, tirou a bandeja, abriu as cortinas deixando o sol entrar, e deixou o sorriso de lado, olhando-a já sem muita paciência! Vendo a expressão da filha, dona Cínthia calou-se um pouco, o que me deixou curioso.

– Carolina então, começou finalmente a responder à mãe?

Fabrício sorriu:

– Nada como o tempo para mudar certas coisas, não é? Assim que minha mãe se calou, minha irmã disse: "e por acaso a senhora queria que os empregados trabalhassem, depois de meses sem serem pagos? Acha que estamos no tempo da escravatura? A cozinheira ficou porque é velha, coitada da Matilde, não tem para onde ir... mas a senhora, trate-a bem, pois senão ela vai embora também! E eu, mal sei fritar ovo!".

– Mas, ficaram sem dinheiro, então? – perguntei.

– Escute, a discussão entre as duas parecia rotineira, mas esclareceu-me muita coisa. Minha mãe retrucou: "não tenho culpa daqueles homens, aqueles gerentes, me roubarem!". Minha irmã então disse: "de confiança, tínhamos Fabrício, que só fazia trabalhar e aumentar nosso patrimônio, e como a senhora o tratava? Até obrigá-lo a se casar, obrigou! Pensa que me esqueço, que foi depois da sua conversa com ele que tudo aconteceu? Quem achou que cuidaria de nós, mãe? Acha que seu médico virá atendê-la de graça? Os dois aluguéis que sobraram, mal dão para nossa subsistência! Paulina está há anos sendo novamente sustentada pelos pais!".

Entendi que a senhora em questão não era boa com os negócios da família. Mas, Fabrício continuou:

– Mas, quanto a ser "roubada", minha mãe não tinha dito toda a verdade. Minha irmã esclareceu logo depois dizendo a ela: "tinha que vender as fazendas para viajar para a Europa? Tinha que comprar tanta quinquilharia, que estão agora no porão desta casa? Fez o que Fabrício não a deixaria fazer, esbanjou em três anos a fortuna amealhada por meu pai durante décadas! Perdulária! E agora se faz de doente! Terminou inclusive com a minha herança, devíamos era vender esta casa, e nos mudar para uma menor, administrando o que nos resta... mas a senhora quer 'descer de nível'? Não... então, aqui estamos! Há anos vivendo sofregamente, enquanto poderíamos ter algum conforto".

Ele olhava para o chão, com um sorriso amargo nos lábios, por fim disse:

– A tudo isso minha mãe resmungava, e a chamava de ingrata, coisa que Carolina nunca fora. Notei pelos pensamentos de minha irmã que ela pensava seriamente em lecionar, afinal tinha estudo para tanto, e incentivei-a para isso. Não era tão tarde assim, ela conheceria pessoas novas, teria outros horizontes! Vi no rosto dela um sorriso se abrindo ao ser finalmente incentivada a fazer algo com sua vida, procuraria uma escola de moças, ou algum ginásio, no dia seguinte. Era um emprego honesto, se dona Cínthia reclamasse, reclamaria sozinha. Então esse era o destino que minha própria mãe tinha criado para ela ao cuidar de seus próprios negócios: quase ficar na miséria! Acabei achando graça, tinha me espezinhado tanto durante a vida, com medo de que eu dilapidasse o patrimônio da família! Ei-la agora, numa velhice pobre, vítima de seus próprios atos!

Não tive pena de dona Cínthia, afinal, não passava por sérias privações como tantos na Terra! Quem sabe uma vida sem tantos luxos não tenha sido o que a levou a refletir sobre seus erros, afinal? Sabia que tinha um profundo pesar pelo que tinha ocorrido ao filho, e que finalmente se preocupava com ele. Fabrício, no entanto, parecia sentir-se vingado, e com certa alegria...

– Não minto que fiquei feliz em vê-la decadente! Atormentou-

-me a vida inteira! Voltei ao quarto, a tempo de notar que estava de pé, bem erguida, de frente à janela que vislumbrava o antes belo jardim. Doente? Não parecia! As cores do rosto eram boas, a postura firme, mas a expressão do rosto denotava a angústia que lhe corroía por dentro depois da conversa com a filha! Pude ler seus pensamentos e eles não eram bons... sentia falta dos tempos de meu pai vivo, quando ele lhe satisfazia os mimos, e bastava pedir, para ter os seus desejos atendidos! Tão mais simples eram aqueles tempos para ela! Sentou-se na cama, observando os móveis de excelente qualidade, os armários cheios de vestidos caros de outras épocas... quantos ainda serviriam nela? Tinha engordado, com a falta de exercício! Mas, exercitar-se para quê? Não tinha mais por que sair às ruas, nem visitar as amigas, que essas a tinham abandonado assim que a fortuna a deixou. Tinha tido alguma amiga de fato? Deitou-se na cama, enfadada, admitindo que nunca tinha tido amiga alguma na vida, e com exceção de sua filha, não tinha com quem conversar!

Fabrício observava a mãe, lendo em seus pensamentos, a amargura que tomou conta daquela senhora que durante a vida ocupara-se de futilidades, e de repente, via-se sem elas! Colhia agora o que tinha plantado durante sua existência: sem ter sido previdente, ou religiosa, sentia-se imensamente só e sem nenhum sentido em sua existência! Tão diferente da vida de tantas senhoras que se dedicam à família, e mesmo que estes não retribuam o amor dedicado, possuem amigos, a religião, boas lembranças de momentos passados! Sem falar naquelas que têm a felicidade de contar com os seus ao seu lado, ainda que nos pequenos problemas do dia a dia, auxiliando-os quando é preciso. Ah, como pode ser diferente a vida, quando vivida com amor! Olhei meu amigo, e disse:

– Entende agora quando dizemos, que tudo que se faz, volta para você mesmo?

Ele me olhou assustado:

– Como assim? Tanta gente faz o mal e nunca é castigado!

Eu sorri, e respondi, já que Olívia tinha sido chamada por Clara, para atender um paciente.

– Vamos olhar as pessoas que conhecemos, pode ser? E num espaço curto de tempo, apenas 10 anos! Às vezes, a resposta surge logo, em outras, leva muito tempo para aparecer. Quer um conselho? Torça para que venha logo, quanto mais demora, parece que pior fica... veja o caso de sua mãe: sempre foi um tanto egoísta, egocêntrica, nunca pensou no próximo, passou a vida pensando em si mesma e em como "tirar vantagem" da situação. Dez anos depois, olhe o que anda colhendo... na verdade, já vinha colhendo há um bom tempo, não é? Ressecada para o amor, não tem a admiração dos filhos, e o próprio marido, que era um bom homem, desencantou-se dela muito cedo!

Ele me olhou zangado:

– Mas agora está nessa colônia, com vocês! Enquanto eu estou aqui, preso com esses loucos!

Olhei para ele novamente, e respondi:

– Sua mãe penou por um bom tempo nessas regiões, mas se arrependeu, chamou por Deus. Foi acolhida por seu arrependimento e porque algo despertou a sua fé, que andava sendo esquecida. O senhor, ao que parece, de nada se arrepende, e está longe de ter fé, não é verdade? E isso depois de ter notado, pela sua própria experiência, que a vida está longe de terminar com a morte física, como supunha antes. Ainda está aqui, cheio de ódio, ressentimento, e tem uma firme convicção de quem está sempre correto em não acreditar em Deus. Somos o que, senhor Fabrício? Uma ilusão de seus sentidos?

Ele me olhou assustado, se dando conta da veracidade de minhas palavras. Perguntou-me:

– Quer dizer, então, que o lugar a que pertenço, é aqui? A justiça divina me quer aqui?

Olhei para ele de forma firme:

– O senhor, pelas suas atitudes, pelas suas crenças, pela sua vibração, pertence a este local. Não precisa ficar nesta Vila, é claro! Nisso podemos lhe ajudar! Mas quem o faz ficar no umbral, é o senhor mesmo! Deus não lhe quer aqui! É o senhor que insiste em ficar, dado o seu comportamento...

Os olhos dele não podiam estar mais surpresos, as sobrancelhas estavam erguidas quando me disse:

– Então, não estou condenado pela eternidade, pelos desejos sexuais que tinha, ou pelo suicídio? Imaginei-me no inferno eterno! A igreja era bem certa a respeito de tais assuntos!

Olhei para ele com um sorriso:

– Meu bom senhor, que seria da humanidade com um Deus que condena pela eternidade! Matou alguém? Cometeu algum crime grave que prejudicou os outros? Quanto aos desejos sexuais, só o bom Deus sabe o que se passa nos corações dos humanos! Se Ele acolhe mesmo ao assassino, por que não acolheria ao suicida, que em momento de desespero finda com a própria existência? O bom era que não se praticasse a promiscuidade, essa sim, tão prejudicial à natureza humana, desvalorizando tanto o sexo na sua própria integridade! Não devemos magoar o semelhante usando o sexo, eis tudo! É o elemento usado para celebrar o amor, garantir a reprodução, enaltecer o ser humano, nunca rebaixá-lo, mas quantos o usam assim? São muitos os que podem julgá-lo?

Ele ficou pensativo na minha resposta, um pouco menos culpado. Eu continuei:

– Quanto ao seu suicídio, este sim, é séria mácula! Abrir mão da vida que lhe deu o Criador é lamentável, mas nada que não se possa remediar ao longo do tempo! Sofreu já demasiadas ações por conta de seu suicídio, não foi? Dez anos preso ao corpo, por conta da sua falta de fé, ou da sua fé no nada! A sua crença é o que lhe move, Fabrício! Se anima com o sofrimento da sua mãe, e esquece como o seu é gigantesco! Chega a buscar o esquecimento novamente, mas isso de deixar de existir, meu bom amigo, não existe!

Ele calou-se por um minuto, olhando em volta para o ambiente triste e depauperado onde estávamos. Depois voltou para mim a bonita face ferida pelo pequeno tiro, e respondeu:

– Tem razão em muita coisa. Se existe um lugar assim, terrível como este que estou, por que não haveria um lugar como esta sua colônia de onde vem? Em tudo vocês são diferentes dos seres daqui: emanam paz, calma, e até certa alegria. A menina chamada Olívia, então, chega a irritar-me de tão pura! Tento entender e não consigo, ela, no entanto, desvenda os meus mínimos pensamentos e não me julga! Ficam por aqui, apesar de uma superioridade nata, a atender esses pobres coitados que eu sei bem, não têm um passado nada bom! Dão atenção, tentam curar e acredito mesmo, que irão conseguir! Superiores e caridosos! Nunca vi isso na Terra!

Eu achei graça, da mesma forma que Olívia:

– Não existe "superior" da forma que supõe, existe, vamos dizer, "mais adiantado", que "estudou mais". Não há ricos e pobres aqui, a coisa é diferente! A caridade nos enriquece! Ficamos felizes em servir! Com o tempo entenderá isso... e existem alguns exemplos na Terra também, só que eles não aparecem, fazem em silêncio, que é como deve ser feito!

Ele me olhou surpreso:

– A caridade enriquece?

Eu sorri:

– O bem que você faz, também volta para você! Existe riqueza maior do que a paz de espírito? Do que a alegria? Claro que às vezes temos momentos de tristeza e reflexão, mas vê em nós a desarmonia que reina por aqui? Nesse ponto, nos consideramos "ricos" do amor de Deus, Fabrício. E ele é generoso, existe para todos os seres!

Fabrício abaixou a cabeça, entristecido e desiludido:

– E por que nunca vi esse amor? Por que nunca me apareceu?

A voz de Olívia veio dentro de minha mente, e eu respondi:

– Esteve em sua vida muitas vezes, na figura de seu pai, de sua primeira namorada! Nos alunos que você ajudou pelos motivos errados, lá estava a presença de Deus, e você não O notou! No seu amigo Alécio, que tentou levá-lo pelos melhores caminhos, na sua irmã, que sempre o amou e o apoiou, que podia ter lhe acolhido no seu momento do desvario... e agora está aqui, nesta Vila onde você se achava esquecido! Vai continuar dando-lhe as costas, Fabrício, e adentrar novamente na escuridão mais profunda, do seu orgulho e da sua vaidade?

Ele me olhou profundamente constrangido, e chorou!

Será que finalmente eu conseguiria algum resultado com aquele espírito?

CAPÍTULO 21

# A REDENÇÃO

CLARA VEIO PELO CORREDOR, rápida como um raio, e sorriu dizendo:

— Ariel, vem ver o que Olívia andou conseguindo com Carmem, aquela moça que estava tão machucada! Até Elsie ficou admirada!

Olhei para Fabrício que se apressou em esconder suas lágrimas, e convidei-o com o olhar para ir comigo. No caminho expliquei que era uma moça que tinha morrido jovem, por um vírus que tinha assolado a humanidade nas últimas décadas, tirando a imunidade das pessoas. Ele arregalou os olhos muito assustado pensando: "não bastavam as doenças que já existiam?". Mas entramos no minúsculo quarto e encontramos a moça, antes coberta de úlceras e feridas, agora já com seu corpo espiritual bem refeito, e limpo! Era uma mulata de traços simpáticos, embora bastante abatida, vestida numa roupa de hospital, um tanto confusa, que agora olhava espantada para Olívia, e falava, com certa dificuldade:

— Quem os mandou aqui? Foi minha avó, não foi? Só pode ter sido ela, apenas minha avó gostou de mim durante a minha vida! Pediu para me tirar do inferno, foi?

Foi Clara quem respondeu:

– Com certeza sua avó deve ter rezado muito por você! Que bom que está melhor! Mas essa sua melhoras se deve ao amor de Deus, e à Providência Divina, que nos trouxe aqui!

Ela olhou Clara desconfiada:

– Então, não são os anjos enviados por minha avó? Não vou para o paraíso agora?

Olívia sorriu:

– O paraíso depende de você, Carmem! Está pronta para perdoar todos que lhe ofenderam, que lhe magoaram? A pedir perdão a todos a quem você fez mal? A compensar aqueles que enganou?

Ela olhou a menina com o olhar duro:

– Também me enganaram muito! Lutei com as armas que tinha!

Olívia baixou a cabecinha, pensativa, quando disse:

– Mesmo quando espalhou a doença que tinha? Não se arrepende?

O rosto de Carmem transformou-se, e nada mais tinha da mulata simpática que eu tinha visto há pouco. Tornou-se uma máscara de ódio e ressentimento:

– E não passaram para mim? Por que eu não passaria?

Olívia só pôde dizer:

– Ajudamos restituindo-lhe a saúde ao seu corpo espiritual, pois é justo que os filhos de Deus tenham seu livre-arbítrio. Mas nada pode "comprar" a sua evolução! Escolha então, se deseja sair dessa Vila, ou ficar aqui, enquanto os habitantes daqui não voltam. É o que podemos fazer por você.

Olívia retirou-se da sala, parecia cansada a nossa menina, e nós observamos Carmem um tanto confusa, olhando em volta, sem saber o que fazer por um segundo. Em seguida, ela olhou para Clara, colocando-se finalmente em pé, sem nenhuma dificuldade, e perguntou:

– Então, posso sair desse lugar?

Clara explicou como saíamos dali sempre ao amanhecer, pela mesma trilha de sempre. Agradecendo com um sinal de cabeça, Carmem logo cruzou o corredor e saiu, cuidadosamente, com medo de ser vista.

Vendo tudo aquilo, Fabrício perguntou:

– Também posso sair daqui, se quiser?

– Claro, – respondi – desde que tenha cuidado! Lá fora está o umbral que você tão bem conhece!

Ele baixou a cabeça, a lembrança do umbral não lhe trazia boas recordações tampouco! Elsie, que tinha acompanhado todo o processo de cura da moça, estava ao lado de Clara, comentando:

– Meu Deus, Clara! Curar uma moça que espalhou uma doença mortal! E que mal-educada! Acho que Olívia ficou entristecida...

Clara sorriu:

– Não conhece bem a Olívia... nunca fica triste por mais de um minuto! E depois, se curássemos só os bons, seria muito fácil, não é mesmo? Ela estava num cruel sofrimento, como evoluiria daquela forma? Era só dor, não tinha nem noção do que estava acontecendo... acha mesmo que o bom Deus deseja isso?

Elsie comentou:

– De fato! Tem razão, minha boa amiga!

Fabrício olhou Elsie curioso, não a tinha visto ainda, mas notou que ela era diferente do grupo. Perguntou-me:

– E essa moça, quem é? Parece de origem alemã, que olhos mais azuis...

Eu ri que a história era longa. Contei para ele, de forma reduzida, como tínhamos conhecido Elsie, sua história com Eurípedes, e ele arqueou as sobrancelhas:

– Nossa! Ficou perseguindo o bandido essas décadas todas? Que ódio, hein? E tem uma aparência tão doce... quem diria!

Aproveitei o comentário dele, para fazer uma reflexão:

– Pois veja você, meu amigo, como a mágoa e a revolta po-

dem atrasar um ser humano! Elsie é inteligente, boa por natureza, nunca tinha feito mal a quem quer que fosse! Imagine o quanto poderia ter aprendido no mundo espiritual, que é cheio de
oportunidades, muito mais que no mundo da Terra! Um mundo sem diferenças sociais, onde o tempo é dedicado a coisas tão
mais interessantes do que a preocupação com o materialismo,
a pobreza ou a fome! Onde podemos nos dedicar a coisas tão
mais importantes.

Ele me olhou muito admirado, como no umbral a situação
lembrava a Terra em muitas coisas, não conseguia vislumbrar
um local como esse de que eu falava! Ele me disse:

– Quando vim para cá, nesse lugar a que você chama de umbral, e que muitas vezes eu chamei de purgatório ou inferno,
senti-me a mais infeliz das criaturas! Se vivo eu tinha amigos
alegres, e até boas pessoas me cercando algumas vezes, aqui eles
parecem sempre ou angustiados, ou perdidos em maus sentimentos! Sempre julgando uns aos outros, preocupados em ferir,
em tornar a vida do outro pior do que poderia ser!

Eu tive que sorrir:

– E o nosso planeta não está cheio de pessoas assim, preocu-
padas sempre em mandar umas nas outras, julgar uns aos outros, controlar as vidas alheias? E a inveja, o ciúme, a mesquinhez? Onde moro, as pessoas estão longe da perfeição, mas nos
vigiamos para melhorar!

Ele ficou curioso:

– Como assim "nos vigiamos"?

– Na medida em que nos desenvolvemos como espíritos, sem
o corpo carnal, fica bem mais simples nos comunicarmos com
o pensamento. Por isso você logo que cessou a vida física, conseguia "ouvir" os pensamentos das pessoas na sua sala! Lá, da
mesma forma, muitos de nós ouvem os pensamentos alheios, ficando difícil esconder alguma perfídia ou maldade. E como todo
mundo tem falhas, pequenas ou grandes, ninguém tem muita
disposição de ficar julgando o próximo. Sabemos de nossas limi-

tações, por isso, tentamos ajudar, ou no máximo, nos afastamos dando tempo para a pessoa refletir sobre seus atos.

Ele me olhou, lembrando-se de meu afastamento:

– Por isso se afastou de mim? Realmente... julguei errado ao senhor e a suas amigas! Peço desculpas! Tenho muito a aprender ainda!

Olhei admirado para ele, quem diria! Fabrício pedindo desculpas! Fiquei tão contente que quase sorri, mas me contive, e disse:

– Ora, não estamos todos sempre aprendendo?

Pensei comigo mesmo, eu, inclusive! Que com a minha impaciência quase tinha desistido dele. A noite, no entanto, estava prestes a se findar, e uma das doentes já tinha conseguido sair da Vila, ao que parecia. Teria sucesso na fuga, a Carmem? Seguiria seu caminho, é certo... quem sabe um dia não se lembraria das palavras sábias de Olívia e não começaria a buscar o seu "paraíso"?

Vi Elsie vir em nossa direção, era hora de irmos. Teríamos que permanecer ali ao menos mais uma noite para terminar, talvez duas. Fabrício me olhou curioso:

– Eles não vão dar falta da moça que desapareceu?

Olívia explicou:

– Na realidade, eles apenas "passam" pelo corredor e espiam os doentes. Deixamos um "volume" na cama de Carmem, e um cheiro ruim no quarto, para espantar quem queira entrar lá. Depois que os colocam naquele estado, não se importam mais com eles!

Fabrício observou:

– Mas se eu sumir, eles darão por falta! Vigiam-me sempre quando entram aqui, e, pelo menos duas vezes por semana, gostam de me torturar, para me deixar como aqueles.

Olhei para ele, com pena de sua situação:

– Na realidade, como disse e você mesmo já notou, é livre para ir.

Ele me olhou de um jeito surpreendentemente calmo, quando disse:

– Não, senhor! Eu fico! Vocês precisam desse tempo para o tratamento dos outros. Já fiquei tanto tempo, que me custa ficar mais um ou dois dias? Ao menos, agora sei que tenho uma chance de sair daqui, coisa que não tinha antes.

Entrou na jaula decidido, passou a corrente pela porta e fechou o ferrolho:

– Tranque aqui, senhor Ariel. Não queremos que nada saia errado, não é mesmo?

Fui até a jaula com um sorriso, e tranquei-a, agradecendo-lhe o gesto. Sacrificava-se por gente que nem conhecia, e que ele sabia que não era exatamente santa! Intimamente agradeci a Deus pelo gesto dele, que me emocionou, foi quando vi Olívia ao meu lado, com uma caneca de barro, cheia de uma água energizada e brilhante. Ela olhou Fabrício e disse a ele:

– Quando se sentir meio desamparado, ou cansado, tome um gole! Mas não deixe que eles vejam!

Ele olhou a menina, curioso, e depois fitou a água, que tinha um leve brilho prateado. Olívia, lendo o pensamento dele, deu uma boa risada:

– Não é uma poção mágica, nem mesmo um vinho, como os que você tanto gostava! Mas vai lhe ajudar, garanto! É só a ajuda de uma amiga...

Ele sorriu e escondeu a caneca com cuidado, por trás do monte de trapos que estavam na jaula. Olhei para ela curioso, que tinha sido aquilo? Tinha sobrado um pouco? Eu podia experimentar?

Ela não perdeu tempo e me respondeu em pensamento: "Acaso está doente? Passou por algum perigo? Está sem energias ou sem fé?".

Olhei para ela assustado, pelo jeito quis proteger Fabrício de algum malefício que pudesse lhe ser feito dentro daquela jaula. Se era isso, fez mais do que bem! Seguimos pela trilha os quatro, quando os primeiros raios de sol saíam no umbral. Deus era mesmo maravilhoso, um amanhecer lilás e azul, iluminando aquele vale de espíritos que um dia também O enxergariam!

Ao nos deitarmos no chão frio, em cima apenas de nossos abrigos, disse para a nossa menina:

– Olívia, ainda são tantos! Alguns já estão adiantados, mas outros nem vimos ainda! Principalmente os homens!

Ela me disse:

– Ao menos alguns já se foram, Ariel. Carmem já está por sua conta e aquelas outras duas que eu e Clara acordamos, enquanto você falava com o moço, já devem estar longe daqui. Começamos pelos mais difíceis, os mais debilitados. Mas dentro de cada ser humano existe tanta história, não é verdade? Pensar que cada um deles carrega em si a chama da imortalidade de nosso Pai!

Pensei que só tínhamos visto três homens: Mateus, o jogador; Eurípedes, o assassino pedófilo e Fabrício. Será que nos depararíamos com mais algum crime sério? Ela me respondeu:

– Melhor esperar para ver...

O fato é que não consegui descansar muito tempo, inquieto que estava por algum motivo que não atinava em especial. Olhei as três dormindo com razoável tranquilidade e tentei fechar os olhos e conciliar o sono, quando vi a pequena Olívia levantar-se de seu abrigo, sentar-se em posição de lótus, com as pernas cruzadas, flutuando a um palmo do solo, parecendo meditar, de lado para mim, olhos fechados, em profunda concentração. O vento frio movia os cabelos levemente cacheados e os raios de sol batiam nela, emprestando-lhe um brilho especial.

Admirado com a imagem, sentei-me, apreciando a bela menina, com o rosto profundamente sereno, naquele ambiente que muitos chamariam de amaldiçoado! As vestes finas e leves cobrindo-lhe o corpo fariam encolher-me de frio no ambiente, e a pequena exalava um calor acolhedor, uma paz e um conforto que pareciam ser colhidos de outras eras, outros tempos, ou ainda absorvidos de algum lugar e que passavam através dela!

Olhei o ambiente em volta, a vegetação maltratada do lugar, as poucas árvores, a lavoura pobre, e vi o riacho que corria manso, tranquilo, onde eu pegava a água para as nossas sopas e chás. Como era bondoso o Criador, que mesmo nos recantos mais sombrios, provia a vida! Pensei se os habitantes do local não influiriam na aparência de onde moravam, e ela me respondeu em pensamento:

– E como não influiriam, Ariel? Mesmo na Terra, onde a matéria é tão mais densa, eles não influem? Imagine por aqui, onde tudo é tão mais fluido...

Observei que ela se mantinha na mesma posição, com a mesma expressão, se comunicando com o ambiente e comigo ao mesmo tempo! Conseguiria eu fazer isso algum dia? Ela sorriu levemente:

– Claro! É só uma questão de costume... mas, repare: não nota que este nosso pequeno esconderijo, onde ficamos durante o dia, está mais verde, mais florido? É a energia que passamos para ele! As pessoas aqui influem inclusive no clima, embora não notem! Estamos no mundo espiritual, meu amigo. Aqui tudo é mais sensível...

Era verdade! Isso explicaria o clima afável da Colônia, a vegetação de um brilho insuperável, a música de uma beleza indescritível! Flores que eu nunca tinha visto na Terra, mesmo nos jardins simples criados por Esthefânia, minha mulher, tinham um brilho diferente! Que saudades fiquei de casa...

A jornada tinha sido tão longa, e tanta coisa eu tinha aprendido, o que mais nos aguardaria? Nunca teria acreditado que passaria tanto tempo no umbral sem voltar para casa... sem a presença de Olívia isso não teria sido possível.

Recostei-me olhando para ela, que agora brilhava suavemente em sua "meditação", como se estivesse "recarregando" suas forças para o trabalho que teríamos. Dormia Olívia o mesmo tanto que eu e Clara dormíamos? Acredito que não... sabíamos por palestras e observação na própria Colônia, que quanto maior o desenvolvimento de um espírito, menos ele necessita de sono. Uma paz envolveu-me e finalmente o sono veio conciliador. Já tínhamos passado por tanta coisa, e Deus tinha nos protegido! Que continuássemos no caminho do bem, e Ele continuaria conosco!

E precisaríamos mesmo d'Ele para libertar todos aqueles espíritos! Sorri lembrando-me do milagre mais recente que tinha presenciado: a redenção de Fabrício! Um espírito egoísta e atormentado estava ali agora, a sacrificar-se por outros que sequer conhecia, e que antes julgaria como seus "inferiores". O Senhor é poderoso! Tenhamos fé n'Ele!

CAPÍTULO 22

# Uma caneca d'água

LEVANTEI-ME PERTO DAS DUAS da tarde com Clara na minha frente, sentada, com uma tigela de caldo esverdeado, sorrindo:

– Tome, vai lhe fazer bem! Espie a Elsie, já está com outra aparência!

Peguei do caldo sem fazer cerimônia, que adorava esses momentos, e só depois vi Elsie, mais ao longe, na beira do rio, com Olívia, bem mais corada, a dar risadas com a menina. Lembrando da moça angustiada que tinha conhecido, tive de sorrir entre um gole e outro, e disse:

– Realmente, está outra moça! Tem um sorriso bonito, não é?

Clara sorriu:

– E é inteligente como ela só. Pergunta sobre tudo, ávida por aprender! Que tempo perdeu aqui, atormentando aquele coitado!

Olhei para Clara admirado, algumas pessoas se refeririam a Eurípedes, pedófilo e assassino, mas como coitado... porém, ela estava coberta de razão: era digno de nossa piedade mesmo, ainda que muito perigoso! Notamos então um tráfego um pouco maior de pessoas em direção ao casarão, onde estavam os doentes e Fabrício, e vi Olívia se levantando no ar a espiar a movimentação. Terminando o caldo, dirigi-me a ela:

– Estou enganado ou tem gente indo para os lados do galpão? Descobriram a fuga de Carmem?

Ao ouvir-me, Olívia desceu ao nosso nível e respondeu:

– Não. Enquanto vocês dormiam, aconteceram coisas interessantes lá, pela manhã.

Lembrei-me da caneca que ela deixou com o líquido para Fabrício, e involuntariamente cocei a cabeça. Que será que tinha acontecido? Olhei para ela cheio de curiosidade, que me respondeu:

– Lembram-se de Nádia? Que vai lá fazer a limpeza dos corredores e da cozinha onde fica a jaula?

Claro que me lembrava, como esquecer a morena clara, de cabelos cacheados, forte como um touro, que tanto tinha nos impressionado. Ela e Fabrício eram como cão e gato, só esperava que não tivessem brigado novamente...

– Não, ao contrário – respondeu Olívia lendo meu pensamento – dormia ele profundamente lá pelas dez horas quando ela entrou, e vendo Fabrício dormindo, estranhou sua expressão sossegada, quase em paz. Ora, ele é um bonito homem apesar de tudo, e ela ficou lá a olhar para ele, vassoura na mão, embevecida com a beleza do rapaz que dormia profundamente.

Tive que perguntar a Olívia:

– Você estava lá?

Ela ergueu os ombros:

– Sim. Tive uma "intuição". Resolvi dar uma olhada... foi até uma cena bonita de se ver, a mulher olhando o rapaz, um tanto admirada da beleza do moço, apesar de todas as adversidades que ele tinha passado! Foi quando entrou um rapaz, que também trabalha por ali, como uma espécie de guarda, que cuida de outros afazeres no local e deu com ela naquela contemplação. Deu sonora risada e caçoou dela: "apaixonou-se pelo suicida, Nádia? Quer ir para o inferno também?".

Pensei em como Nádia deve ter ficado sem jeito ao ouvir semelhante comentário. Olívia continuou:

– Ela deu tamanho pulo para trás que a vassoura veio ao chão. Olhou para o rapaz com fúria, e disse: "estou apenas vigiando para ver se está tudo certo! Não diga asneiras, seu tolo! Vá fazer seu serviço, ou eu conto ao pastor que está vadiando!". Ao ouvir o nome do pastor, o homem retirou-se rindo, e ela começou a varrer o chão furiosamente, disfarçando seu embaraço. Mas, Fabrício tinha sido despertado, e sentado na cela, olhava Nádia surpreso, como a se perguntar o que tinha acontecido por ali. Provavelmente sentindo sede, viu então a caneca, e meio sem pensar, creio eu, tomou um gole do preparado que eu tinha lhe dado.

Fiquei olhando para Olívia, imaginando o que viria dali, daquele líquido que logo de início tinha um brilho indefinível e prateado, que tinha sido dado para que tomasse em momentos de aflição, e que ele agora tomava displicentemente, como quem acorda e mal sabe o que está fazendo. Ela me sorriu:

– Ora, ele tomou apenas um pequeno gole... e depois, eu não faço nenhum sonífero forte, como esses que fazem os desastrados farmacêuticos da Terra! Ali estava apenas um pouco de minha energia concentrada, para fins especiais! Mas o efeito foi singular!

Se a maior parte das pessoas soubesse da excelente condutora que é a água, quantos milagres não seriam feitos! Ela continuou:

– A verdade é que Fabrício, em sua essência, nunca foi mau, nem pensou, de fato, em prejudicar alguém. Um tanto egocêntrico, é certo, e faltava-lhe certa empatia, mas não de todo! É bom lembrar que sempre teve um amor verdadeiro pela irmã e pelo pai... ao tomar a água, veio-lhe um bem-estar infinito, e ele pela primeira vez olhou a pobre Nádia como realmente ela era, não como um demônio que vinha atormentá-lo todos os dias! Viu a mulher pobre, cheia de dúvidas e medos, que não tinha tido acesso à instrução, ao carinho de pais dedicados, ao afeto... não mais o desprezo que tinha antes, por ela ser grosseira com ele, e ofendê-lo sem razão. Então ela olhava-o admirada pela sua beleza quando ele dormia? Ele sorriu... pela primeira vez em muito tempo sem angústias ou dores físicas! Ele sorriu para ela, que muito sem jeito varria em torno da jaula, e espantou-se muito, quando viu um doce sorriso no rosto daquele que só fazia xingá-la diariamente. Não foi à toa que ela perguntou: "Está caçoando de mim, demônio?".

Só pude pensar comigo mesmo: agora ele briga com ela. Mas não foi o que aconteceu. Ele respondeu educadamente, como nunca tinha feito, segundo Olívia:

– "Bom dia, Nádia! Já trabalhando?", ao ouvi-lo tratando-a com civilidade, a boa criatura parou de varrer, e olhou-o com curiosidade.

Nesse ponto, Olívia achou melhor reproduzir a cena dando-nos as mãos.

Vimos, então, claramente, um Fabrício de ar tranquilo e Nádia, com lenço vermelho cobrindo os cabelos cacheados, braços ao longo do corpo, olhando-o com atenção, e logo ela disse:

– Que deu no senhor? Nunca foi gentil! Nunca me tratou direito!

Fabrício continuava sentado calmamente, e respondeu:

– É certo que nunca fui educado, mas como poderia, se me maltratam o tempo inteiro? Mas a moça não me parece ter tão maus sentimentos quanto os outros. Enganei-me?

Nádia pareceu pensar um pouco. De fato, ele tinha razão. Desde que tinha ele chegado ali, não tinha sido bem tratado! Mas o pastor o tinha definido como um demônio a ser combatido, como tratá-lo bem, então?

– O pastor nos disse que o senhor é um demônio.

Fabrício baixou a cabeça, parecia pensar na imensa injustiça de tudo aquilo. Lembrou finalmente da caneca e para que servia a água dentro dela, e sorveu outro pequeno gole, que iluminou o seu coração:

– Realmente, errei muito em minha vida quando me suicidei tão moço! E podia, de fato, ter feito muito mais pelos meus semelhantes enquanto estava vivo... não tinha essa fé que você tem de sobra, não fui encaminhado à religião desde cedo, e não me interessei por ela. Mas não fiz tantas maldades assim pela Terra! O mal que causei, foi mais a mim mesmo!

Ela observou-o, prestando atenção às suas palavras. Só então perguntou:

– Então nunca matou, roubou, estuprou ou levou alguém a fazer o mal?

Ele sorriu tristemente:

– Não. Na realidade, fui até mesmo um bom patrão. Pagava bem aos que me serviam, morri sem deixar uma dívida sequer, nunca humilhei ou maltratei alguém. Tive uma paixão que me fez cometer uma tolice, mas com a graça de Deus, ela não chegou a prejudicar ninguém. Casei-me com alguém que não amava, por conta das convenções sociais, mas ela também não me amava de fato, era apenas ilusão.

O raciocínio de Nádia podia não ser brilhante, mas ela sabia da importância que o pastor dava ao arrependimento, por isso, perguntou a ele:

– Então se arrepende de seu ato, do suicídio, e dos erros que tenha cometido contra os mandamentos de Deus?

Fabrício comentou:

– Arrependo-me de meu suicídio todos os momentos da minha existência! Pudesse eu voltar atrás, teria procurado minha irmã naquele momento de desatino! Ela sim teria me acolhido e amparado, evitando esse meu imenso passo em falso! Talvez pudesse, com o tempo, ter me tornado uma pessoa melhor, mais digna, e quem sabe, com essa fé que nunca entendi! Mas arrependimentos, atualmente, é o que mais tenho!

Os olhos de Nádia ficaram nublados de lágrimas verdadeiras! Ela exclamou emocionada:

– Então, o senhor arrependeu-se! Milagre! O Senhor tocou seu coração! Tenho que contar aos outros, ao nosso pastor! O senhor Fabrício confessou seu arrependimento! Milagre! Milagre!

E saiu porta afora, passando pelo corredor numa velocidade imensa, enquanto Fabrício olhava, um tanto confuso, o que tinha acabado de acontecer. Olívia se fez presente e ele olhou para a menina, um tanto amedrontado pela reação de Nádia, que certamente traria ali um número maior de pessoas para vê-lo. A menina disse-lhe:

– Não tenha medo, eu estou aqui.

Ele olhou Olívia como quem olha alguém que veio socorrê-lo:

– Fiz tudo errado. Não devia ter chamado a atenção! Ela provavelmente vai trazer aquele pastor aqui, e isso pode atrasar a cura daqueles coitados!

Olívia riu:

– Não fique preocupado com isso, para tudo tem jeito. Deixe-me ver sua caneca, ainda tem bastante água?

Ele mostrou, e ela sorriu:

– Sim. Ainda tem bastante.

Pegou para ele água normal, numa outra caneca, que ele tomou sofregamente, e depois perguntou:

– Que foi que colocou ali, naquela outra, de luz prateada?

– Um pouco da paz, do amor e da alegria que você bem anda precisando! Quando sentir medo, tome um pouco, que você melhora. Tenha fé! O que não teve em sua vida terrena, está tendo aqui e agora, demonstrado em sua frente! Deus não se esqueceu de você!

As palavras dela calaram fundo em seu peito, era verdade! Que importavam os trinta e poucos anos vividos na Terra, sem que ele buscasse a Deus, se nesse momento de tão grande precisão, o Senhor vinha em seu auxílio de tão linda forma? De súbito vi uma luz nos olhos dele, que imediatamente sararam o seu olho machucado pelo tiro, dando-lhe uma feição de rara beleza! Ele não se acreditava mais machucado, o tiro tinha finalmente desaparecido, e ali estava um Fabrício belo novamente, mas muito mais bonito do que tinha sido em vida! O brilho da fé, que finalmente chegava, iluminou-o.

Chorei pelo meu amigo, mas eram lágrimas de alegria! Será que finalmente ele havia enxergado Deus na enormidade do Universo? Na sua própria existência? O orgulho, a mágoa, a vaidade que antes o cegavam, pareciam finalmente dar lugar à simples constatação de que existe vida após a morte e que ela não passa de grosseira ilusão! Nada cessa com o fim do corpo, veste preciosa que nos dá a oportunidade de tantos ensinamentos, e com certeza, há um Deus, no além-túmulo!

Ele olhou Olívia num novo grau de entendimento, e disse:

– Se há décadas encontro-me em local tão desditoso, habitado por pessoas tão complicadas, não quer dizer que isso seja tudo que existe após a morte, não é? Vendo vocês, luminosos, preocupados com esses enfermos, de vida tão cheia de erros como a minha, felizes por ajudar, sem nenhum interesse escuso, percebo que deve existir um local onde habitem boas pessoas. Deus não pode ser mau, se existem seres como vocês!

Olívia sorriu de modo travesso, como uma menina de dez anos sorriria, e respondeu:

– Os homens ainda cultivam a maldade. Mas Deus, Fabrício, Deus é amor! Não O culpe pelos atos humanos, Ele nos deu o livre-arbítrio, e cada um colhe o que planta. Abriu seu coração com seu ato de bondade, escolhendo ficar na cela, quando podia fugir covardemente, para ajudar a estes desvalidos. E com seu ato, o amor de Deus começou a entrar...

Um barulho de passos chamou-lhes a atenção, e o mesmo rapaz que tinha caçoado de Nádia apareceu e deu com Fabrício, sem notar Olívia. Olhou-o admirado, pois notou a transformação de sua face, sem os machucados, iluminado por uma "luz interior". Já nosso amigo, que antes se encolhia no canto da jaula, apenas sentou-se tranquilamente, e olhou-o também. Sabia de seu feio costume de xingá-lo e tentar humilhá-lo o tempo inteiro, mas algo desta vez deteve o rapaz, que se afastou um pouco da cela, como que para ter segurança, e perguntou a ele:

– Que se passou com você? Alguma arte do demônio? Que houve que sarou as feridas? Por que Nádia saiu correndo daqui gritando "milagre"?

Fabrício olhou para Olívia, que ali estava sentada a curta distância dele, sorrindo, e notou que os demais não a viam. Isso lhe trouxe uma imensa paz, e ele respondeu ao moço:

– Não sou, nem nunca fui um demônio. Nunca fiz mal a quem quer que fosse! O "milagre" a que Nádia se referiu, é que finalmente me arrependi de meus erros, que não foram poucos também, e que agora, acredito em Deus. Por isso, seu amor curou minhas feridas.

O rapaz olhou-o meio desconfiado, mas a beleza no semblante de Fabrício era um fato indiscutível. Vimos Olívia colocar-se às costas dele, numa influência inequívoca, e, então, nosso amigo, de forma singular, ficou com as costas eretas, e pudemos observar nitidamente a menina a influenciar-lhe o pensamento.

Ele manteve-se perfeitamente lúcido, mas confortável, como se ela inspirasse-lhe ideias e mostrasse imagens, como se faz a um médium encarnado na Terra, mas apenas influenciando. Foi um fato inesquecível de se ver!

O rapaz que interpelava Fabrício estava bastante desconfiado. Instruído desde muito pelo pastor, que falava continuamente sobre as artes de determinados demônios, manteve a distância segura entre os dois, embora muito admirado das palavras deste. Perguntou a ele:

– E como sei que não é um demônio me pregando peças? Vocês demônios são ardilosos! Fazem de tudo para enganar os fiéis!

A influência de Olívia começou a valer, pelas costas de Fabrício, e as suas palavras foram impressionantes:

– Ora, Marcelino! Por que me julga tão ferozmente? Em minha vida eu nunca roubei, nunca tomei ninguém sexualmente à força, nunca cobicei os bens alheios! Tive uma natureza dúbia, mas tantos tiveram e a esconderam! Mas nunca machuquei nenhuma pessoa forçando-a ao sexo. Pode dizer o mesmo, Marcelino?

O rapaz encolheu-se ao ver seus pecados revelados, como se desejasse sumir. E depois respondeu:

– Mas, uma delas não era uma moça direita! E a outra, eu casei-me com ela!

Fabrício continuou:

– E a fez feliz? Foi fiel a ela, tratou-a bem? Ao menos, nunca ergui a mão para quem quer que seja. Nem abandonei à fome filhos pequenos! Tentou remediar os seus erros? Pediu perdão às suas vítimas?

Ele respondeu bastante irritado:

– Deus me perdoou! O pastor disse que fui perdoado de todos os meus pecados no meu batismo! Estou limpo! Sem pecados!

Fabrício olhou-o com um sorriso enigmático:

– E o pastor sabe mesmo de todos os seus pecados? Todos somos pecadores, Marcelino. E de Deus, ninguém esconde nada!

Marcelino ficou pálido como um lençol de linho ao sol. Que outros pecados seus saberia aquele moço? A culpa e o medo apareceram em seu rosto, assim como a vergonha. Sabia o que eles faziam com pecadores por ali... Fabrício estava naquela jaula, e não era à toa. O pavor levou-lhe a dizer:

– É mesmo um demônio se me diz essas coisas! Como pode saber de tudo isso? Mal me viu enquanto esteve por aqui! E agora está ameaçando-me... que quer? Que eu abra a jaula? Quer que eu o ajude a fugir?

Fabrício baixou a cabeça por um instante, e quando a ergueu, olhou firmemente nos olhos dele:

– Não consigo entender porque vocês acham que apenas no mal, em demônios, exista a sabedoria! Em Deus está a resposta para todas as coisas! Quem lhe disse que pretendo contar seus pecados a qualquer um, ou que lhe desejo o mal como você tem me desejado? Não é porque me deseja nessa jaula, que eu lhe desejo o mesmo fim! Nem preciso que me abra essa jaula, ela já não me prende mais!

E dito isso, ele levantou-se, abriu o cadeado fechado com um simples "puxão", e saiu na frente de um assustado Marcelino, para depois voltar, fechar novamente o cadeado, e sentar-se na mesma posição. Incrédulo, o homem colocou as mãos na cabeça, e perguntou:

– Se pode sair quando tiver vontade, que faz aí? Não vai mesmo contar meus maus-feitos a ninguém?

Fabrício olhou-o, um tanto cansado:

– Não. Mas quero que pense: ninguém é livre de pecados para ficar julgando os outros. O próprio Jesus pregava para não julgar o seu semelhante! Você não conta que eu posso sair da jaula, e eu me calo sobre o que sei de você. Antes de olhar os pecados alheios, pense nos seus! "Por que reparas tu o cisco no olho de teu irmão, mas não percebes a viga que está no teu próprio olho?", assim dizia o mestre Jesus de Nazaré!

Notei claramente Olívia na citação literal do evangelho de Mateus, mas, observando que Fabrício falava a verdade, Marcelino retirou-se, menos apavorado e mais pensativo.

Assim que ele saiu, o moço virou-se para Olívia, que o olhava com um sorriso brando, e perguntou:

– Que imagens foram essas que me fez ver, e que me inspiraram respostas tão certeiras? Fez-me citar o Evangelho do qual apenas ouvi falar! Que fenômeno é esse?

A menina apenas sorriu:

-As pessoas são como livros para mim, Fabrício. A descrição que lhe dou é pobre, mas é a única forma que tenho de lhe descrever. Eu apenas passei-lhe em pensamento o que eu via. Ajudou, não foi?

Ele continuava abismado, olhando para ela com assombro:

– E como pode não julgar um ser humano, que você viu ser violento com mulheres, ladrão, hipócrita! Não senti nenhum sentimento negativo por ele, apenas compreensão e certa piedade! Piedade pelo imenso caminho que ele ainda tem de trilhar para conseguir alguma paz! Você só pode ser um anjo de Deus, menina!

Olívia baixou a cabeça, e olhou-o com aquele olhar esverdeado, brilhante:

– Não sou um anjo, como canso de dizer. Anjos são criaturas bem mais velhas do que eu, com muito mais aprendizado, muito mais força, em missões muito mais difíceis! Soubessem vocês a força de um anjo, de um espírito realmente puro a serviço do Pai... Mas, sou feliz como sou, já não reencarno em mundos violentos, e já vi o bastante para saber que com esforço e amor contínuos, você um dia pode tornar-se como eu sou, assim como eu posso tornar-me um anjo.

Ao vê-lo ainda admirado, ela completou:

– Imagine que nós, seres humanos, estamos todos evoluindo, e assim, estamos subindo uma montanha, e subindo a montanha, vemos as coisas no todo, um pouco melhor. Eu apenas subi um pouco mais a montanha. Um dia, você vai estar onde eu estou.

Ele tentou compreender o que ela dizia, analisando o brilho dela, feliz finalmente de contar com a presença da menina ao seu lado. "Nada é realmente o que parece", pensou. "Em tão pequenino corpo, tamanha força e conhecimento...". Olívia continuou:

– Eu apenas tento servir a Deus, como Ariel e Clara. Cada dia é um novo aprendizado. Não tenha medo de nada do que pode acontecer aqui, vão aparecer pessoas, elas vão olhar para você admiradas, vão tecer comentários maldosos, mas acredito que tudo vai terminar bem.

Ele olhou em volta, assustado, e perguntou a ela:

– Vai me deixar sozinho, aqui?

Ela disse:

– Beba agora o resto da caneca. Vai manter-lhe calmo até o resto da tarde, que é quando vai chegar o pastor... nessa hora, eu voltarei.

E então desfez a imagem. Olhamos para a nossa menina admirados, já que não contávamos com tal desenrolar da história. Então aquelas pessoas estavam indo para lá para ver "o milagre" que estava ocorrendo com Fabrício? Já tinha passado um tanto de gente razoável, fazendo comentários entre eles, e eu realmente temi pelo rapaz, pois eles de fato não eram amistosos. Clara olhou com preocupação em direção ao galpão e depois para Olívia, pois o sol começava a se pôr no horizonte:

– E ele está sozinho lá, agora, com essas pessoas se amontoando em torno dele? Espero que o seu "preparado" na água tenha sido forte o suficiente. A energia dessas pessoas costuma ser pesada!

Elsie comentou:

– Se podem deixá-lo como aqueles doentes que temos atendido, ele deve estar bastante apreensivo...

Olhei para as três, e depois na direção do casarão, e enfim disse:

– Não era bom que fôssemos para lá de uma vez?

Olívia riu, e respondeu:

– Ora, por enquanto ele está seguro, senão eu não estaria aqui. Tinha que preparar vocês antes... mas vamos, em pouco tempo o pastor, que já se arruma em sua casa, e está bem irritado com essa história de "milagre" que não foi ele que produziu, vai chegar até lá.

Olhei para ela curioso:

– O pastor está contrariado?

Ela assentiu:

– Bastante. Em sua mente, qualquer bem que aconteça aqui, que não seja produzido por ele, só pode ser "obra de demônios". Sua vaidade é bem extensa! Está pensando seriamente em colocar Nádia na jaula, assim que terminar tudo isso!

Pensei na simplória Nádia, e um sentimento de culpa atingiu-me em cheio. Não desejaria isso para aquela simples mulher, em quem não conseguia ver maldades ou pactos com demônios! Veio-me à mente o período grotesco da Inquisição, onde padres e bispos torturavam e matavam qualquer um que os desagradassem, ou lhes ameaçassem o poder. O problema agora não seria apenas defender Fabrício, mas Nádia, que acreditava firmemente que a Vila era o seu lar!

Na entrada do casarão já tinha se formado uma pequena multidão, de pelo menos quinze pessoas esperando pelo pastor, mas dentro dele, na espaçosa área da cozinha e da jaula, já estavam ao menos umas vinte pessoas, incluindo Nádia, espiando um Fabrício adormecido, do qual emanava uma luz prateada, tal como tinha antes a bebida que Olívia tinha lhe dado. Além das feridas curadas, o que já lhe concedia certa beleza, estava deslumbrante o rapaz, com aquela luminosidade nova, nos trajes bem cortados, ainda que amarrotados e um tanto sujos. Os cabelos alourados descendo suavemente pela testa, os traços perfeitos num semblante de paz, por maior que fosse o burburinho em volta. Dormia em sono profundo, o que era desconcertante, pois se um ou outro dava um grito tentando acordá-lo, logo alguém pedia para que se calasse, tamanho sentimento de pureza que transmitia o moço!

A verdade é que não conseguiam tirar os olhos dele! Tentavam imaginar onde estava o rapaz que gritava xingamentos, sujo de sangue, com um tiro na cabeça, sempre louco de ódio e fúria a olhá-los com menosprezo. Aquele que ali estava mais parecia um anjo adormecido, puro, limpo e belo, imerso na mais cálida luz de Deus! Era mesmo um milagre! Nádia tinha razão! Algo tinha acontecido...

Ouvi a voz de Olívia a falar conosco:

– Não disse que ele estava bem?

Olhei para ela sorrindo. Ela e seus preparados! Na Inquisição certamente iria para a fogueira! Ela respondeu-me em pensamento: "quem sabe eu já não fui?", e sorriu-me um pequeno sorriso, meio cúmplice.

Súbito, começamos a ouvir uma movimentação lá fora, um burburinho, e as pessoas que estavam sentadas na terra, observando Fabrício em seu sono iluminado, levantaram-se e olharam para o longo corredor, como a esperar que alguém entrasse por ele. Não demorou muito e o pastor entrou, um homem alto, talvez o mais alto entre eles, magro, o mesmo terno negro e a camisa acinzentada, o cabelo grisalho impecavelmente penteado para trás, a pele marcada no rosto pelos anos, o nariz adunco, os lábios finos... chegava pisando forte e decidido, a Bíblia na mão.

Os fiéis abriram passagem para ele, que se encaminhou logo para diante da jaula e ao ver Fabrício, belo e envolto na luz, ergueu as peludas sobrancelhas por um instante, e contraiu os lábios em um esgar de assombro. Parou a certa distância, temeroso de se aproximar mais, pois sentiu ali algo de realmente sobrenatural, mas logo se recompôs, e fitando a plateia, que aguardava suas palavras ansiosamente, disse em voz alta e irada:

– Milagre? É este o milagre? Pobre do inculto que chama uma possessão demoníaca dessa natureza de milagre! Vejam bem! É o demônio agindo! Ele o faz brilhar!

Ah, o medo! O carismático homem lidava com o medo de seus fiéis com maestria, e eles se afastaram da jaula como se ali estivesse alguma luz radioativa, que pudesse empestar a todos! Nádia, por seu lado, encolheu-se, temerosa de ter espalhado a notícia do "milagre", mas ainda assim disse:

– Mas ele disse ter se arrependido de seus pecados, e ter fé em Deus!

O pastor olhou-a enfurecido, mas ao ver seu semblante realmente ingênuo, trazendo dúvidas às pessoas presentes, disse a ela em tom rígido:

– Mulher, o demônio tem seus truques! Dirá o que for preciso para convencer os incautos! Não vê que essa aparência dele não pode ser normal? Onde estão os seus ferimentos? Que luz diabólica é essa? Ilusão do maligno!

Olívia moveu-se para trás de Fabrício, como tinha feito antes, em atitude de franca proteção, enquanto Clara, Elsie e eu dávamos as mãos, em corrente positiva, para que as coisas corressem bem, e não se iniciasse um ataque ao nosso amigo, que ainda dormia profundamente.

Mas, apesar das palavras proferidas pelo pastor, uma coisa era inegável: as pessoas perto de Fabrício sentiam uma imensa sensação de paz, quebrada apenas pela presença do pastor. Por isso já olhavam para o moço adormecido, e para o clérigo em franca dúvida, sobre quem podia estar errado. Muito embora as pessoas mais afastadas não sentissem a energia emanada por ele, as da frente estavam em um silêncio comovedor, enquanto as de trás gritavam: "fora demônio!" e outras coisas parecidas.

Observamos Olívia passar a pequena mão sobre a cabeça de Fabrício como se fosse uma carícia, e ele finalmente acordou, dando com o rosto dela, que lhe disse:

– Não tenha medo, estamos aqui. Essas pessoas querem que você acorde, mas eu lhe digo que é hora de você me ajudar a acordar alguns deles!

Ainda sob o efeito calmante da água, e com Olívia atrás de si, Fabrício olhou a turba que o chamava de "demônio" com surpreendente calma, sentou-se confortavelmente, ajeitou os belos cabelos com as mãos, tirando-os do rosto, e encarou as pessoas demoradamente, até que fitou o pastor, imponente, sentado numa cadeira razoavelmente perto da jaula, para observá-lo melhor. Fabrício sorriu ao lembrar-se do pavor que tinha do pastor antes, figura extremamente negativa, que incitava o ódio dos demais contra ele o tempo todo! Agora parecia enxergá-lo de uma forma diferente: um homem caminhando para a velhice, orgulhoso, vaidoso e com medo de perder o seu poder sobre aqueles espíritos ali presentes!

O sorriso dele irritou o pastor como se fosse um murro no estômago, pareceu caçoar dele da forma mais irônica possível. "Com que então, esse desgraçado caça de mim na frente de minha congregação!", pensou irado. Por isso, suas palavras foram as seguintes:

– Vejam como ele zomba de nós com esse sorriso! Notem

como ele não teme a Deus! Acha que nos dominará, demônio? Pois nós o subjugaremos!

As pessoas ficaram irritadas ao ver o belo rapaz sorrindo, mas assim que ele começou a falar, por uma mágica qualquer, silenciaram. A voz dele soou alta e clara:

– Por que me chama de demônio, pastor? Algum mal lhe fiz, ou a alguma pessoa por aqui?

O pastor ficou espantado com a pergunta, pois o rapaz de antes, só fazia xingá-lo e dizer impropérios. Não esperava um questionamento inteligente vindo de Fabrício, mas ainda assim respondeu:

– Acha que não sei de seus crimes? Homossexual, suicida! Se isso ainda não bastasse, incrédulo, sem nenhuma fé! É um poço de pecados, meu senhor! Pasto perfeito para os demônios que agora o habitam!

Fabrício olhou-o sério, quando respondeu:

– É bem verdade. Na realidade, tive desejos tanto por homens, quanto por mulheres, mas nunca prejudiquei ou humilhei ninguém. E sim, cometi o erro imenso de me suicidar, pelo qual pago até hoje, e veja, ainda assim o bom Deus não se esqueceu de mim, e brindou-me com o perdão, e a fé! Deus ama Seus filhos, pastor! Deus é pai!

Notei o pastor pálido, não esperava por aquilo. Nunca ninguém o tinha enfrentado antes, admitindo erros e proclamando seu amor a Deus! As pessoas ali presentes conheciam Fabrício, sabiam o comportamento orgulhoso e vaidoso do rapaz, que frequentemente chamava-os de "ignorantes", "pobres coitados", "gente horrorosa", e agora o viam admitir que tinha errado, coisa que nunca tinha feito antes, e dizer que tinha fé em Deus. "Nádia tinha razão", pensavam alguns deles, embora nada dissessem. Algo tinha acontecido, o rapaz tinha mudado.

Mas, o pastor voltou à carga:

– O moço quer nos enganar? Acha que sabe mais do que eu sei, eu que estudo as escrituras há décadas? Suicidas e homossexuais não têm perdão, vão direto para o inferno! É esse o seu destino, são crimes que Deus não perdoa!

A essa informação, Fabrício levantou-se, claramente inspirado por Olívia, que flutuava por detrás dele, invisível para os demais, e encarou firmemente alguns membros da audiência, com uma expressão triste e séria. Só então disse:

– Em que Deus estranho você acredita, pastor! Será que anda lendo o Novo Testamento? Quem lhe deu tamanha autoridade de julgar o seu semelhante, e puni-lo? Está sem pecado para atirar a primeira pedra?

A luz prateada em torno de Fabrício brilhava suavemente, mas ali estava. O orgulho do pastor desdenhou dela.

– Deus me deu esse direito! Somos seus escolhidos, nossos pecados foram todos perdoados! Estamos limpando nossa Vila de todas as impurezas, para o dia do juízo final!

Fabrício tornou a perguntar:

– Então, o irmão se julga sem pecados?

O pastor, cheio de orgulho e empáfia, olhou-o sem medo, erguendo-se de sua cadeira e disse, com voz forte e alta:

– Sim. Há muito venho prestando serviços a Deus! Há muito Ele libertou-me de todos os meus pecados!

Fabrício abaixou a cabeça parecendo pensativo, e nós que enxergávamos perfeitamente Olívia por trás dele, pudemos notar que ali estava acontecendo algo que os demais não tinham como saber. Fabrício permaneceu de cabeça baixa por quase um minuto inteiro, alheio aos comentários que começavam a se formar à sua volta, quando finalmente ergueu a sua cabeça, e ficou perfeitamente ereto, a olhar o pastor de frente. Olívia, flutuando atrás dele, mantinha o rostinho sério, mas sem nenhuma expressão negativa: apenas prestava atenção. Notando Fabrício inexplicavelmente limpo, brilhante e olhando para ele com uma expressão tão serena, o pastor titubeou, e disse:

– Que se passa com você? Quem lhe deu banho ou limpou-

-lhe as feridas? Tem amigos escondidos por aqui? Quem ajudou esse moço contra as minhas ordens?

As pessoas procuraram Nádia com o olhar, que se encolheu o mais que pôde, dizendo com a voz tremida:

– Eu nunca o desobedeceria, pastor! Se alguém fez algo, com certeza não fui eu!

As pessoas começaram a se juntar em torno dela, que exclamou em voz alta:

– E depois, eu não teria como fazer um serviço tão bem feito! Como conseguiria fazer sumir o ferimento? Quem sou eu para tais poderes!?

O pastor assentiu com a cabeça:

– Lá isso é verdade. Poderia providenciar um banho, mas os ferimentos... não conseguiria dar conta disto! Mas, algo de estranho está acontecendo! E eu vou descobrir o que é!

Dito isso, aproximou-se mais de Fabrício, que o olhou na mesma serenidade de antes... justo ele, que sempre tinha tido tanto medo do pastor! Apertou os olhos diante do rapaz, e sentiu o cheiro de lavanda de Olívia no ar, afastando-se imediatamente. Fabrício não se impressionou, e perguntou em voz perfeitamente audível:

– E quem foi que lhe disse que seus pecados estavam todos perdoados, pastor? Alguns deles são bem graves, e muito bem escondidos...

O reverendo era um homem de tez clara, mas ficou da tonalidade de um mármore branco. As sobrancelhas grisalhas contrastando com os lábios roxos mal cobrindo os dentes amarelados pelo fumo constante... a insinuação sobre seus pecados desarmou-o por alguns momentos, pois ao que parece, nenhum de seus fiéis imaginava pecado algum tocando seu líder espiritual. Mas, ele reagiu logo:

– Deus perdoou-me de meus pequenos malfeitos, demônio dos infernos! Sou humano, quem nunca pecou antes? Acha que Deus falaria com algum criminoso grave? Que me faria pastor se não visse em mim arrependimento sincero?

A calma de Fabrício continuava intocável, e ele agora caminhava pelo pequeno espaço da jaula, encantando as pessoas com sua desenvoltura. A essa resposta do pastor, ele disse:

– É certo, pastor, que Deus perdoa aos arrependidos de seus crimes! Que o amor divino nos abraça a todos sem exceção e que o Criador espera todas as Suas criaturas. Mas por que condenar alguns, fazendo-os sofrer tão duramente nesse processo de lhes tirar a energia vital, enquanto outros são perdoados pelo senhor, de crimes que podem ser considerados, até perante a lei humana, muito mais graves?

O pastor calou-se momentaneamente. A plateia ficou um tanto confusa: a que crimes ele se referia? Porém, alguns membros presentes quase que se encolheram diante da fala de Fabrício, como se a carapuça lhes tivesse servido. O rapaz continuou:

– Não me cabe julgar, Deus bem sabe disso, mas será que o senhor, que se acha apto para tal papel, tem tido mesmo este discernimento? Algumas dessas pessoas acham que realmente estão agindo corretamente, sem se perguntarem se maltratarem esses espíritos é mesmo da vontade de Deus? Será que sabem realmente quem são as pessoas que vivem com elas, ao lado delas, nessa Vila?

Impossível descrever o burburinho que se espalhou... pequenos comentários, olhares desconfiados que o pastor tentou conter dizendo em alto e bom som:

– Agora tenta corromper meu rebanho, essas simples e boas pessoas, jogando-as umas contra as outras? São criaturas sem muito estudo, eu sei! Mas são tementes a Deus! Obedecem as Escrituras! Fazem tudo que eu digo ser certo fazer, são obedientes!

Fabrício deu um leve sorriso, e olhou as assustadas pessoas com um olhar terno:

– É verdade... ao menos tentam obedecê-lo em tudo que o senhor pede! Não sabem que não precisam *temer a Deus, mas sim amar a Deus*! Por que temer a um Pai que é amor infinito, que acolhe o arrependido? Um Pai que nos deu esse Universo imenso, que nos enviou Jesus com a sua mensagem de "ama teu próximo como a ti mesmo"! Lê para eles sempre o Novo Testamento, pastor? Fala da caridade? De "perdoar o seu inimigo"? É... acredito que não.

O pastor ficou sem jeito, mas respondeu:

– É claro que somos cristãos! Não viu a cruz na igreja?

Fabrício continuou calmo, mas apontou na direção dos doentes, nas baias onde eles estavam:

– E Jesus, que tanto curava doentes, apreciaria o que vocês estão fazendo a estas pessoas?

A plateia voltou imediatamente as cabeças para trás, em direção a qual a mão de Fabrício apontou, alguns de olhos arregalados. Depois encararam o pastor, visivelmente confusos, já que para existirem tantos espíritos doentes, a maior parte deles tinha responsabilidade, pois tinha contribuído com o pensamento do pastor. Notando isso, ele vociferou:

– Quem é você para me julgar? Um pederasta! Um suicida! E vem questionar a mim, um pastor! Ponha-se no seu lugar, figura imunda! Saiba que seu lugar é junto a eles, e não aqui, confundindo o meu povo, que aguarda por seu lugar no paraíso!

Fabrício sorriu, dessa vez divertido, e respondeu:

– "Deus dará a cada um segundo as suas obras", concorda com isso, pastor? Nosso mestre Jesus, nos iluminou com seus ensinamentos, não concorda?

O pastor assentiu com a cabeça, não podia fazer outra coisa, mas replicou:

– Não me venha distorcer as palavras do Mestre!

– De forma alguma! Só não consigo entender o seu critério de julgamento: o senhor maltratou muito aqui uma moça que sofreu um sério estupro (Paula), dizendo que ela provocou o mesmo, e que depois de sua morte perseguiu seus executores. No entanto, tem entre seus fiéis uma senhora que assassinou três de seus filhos, envenenando-os lentamente e escapando à justiça terrena, sendo que ainda a consolou, acobertando as mortes para que parecessem intoxicação ou disenteria. Qual das duas responde conforme as suas obras?

Ele olhou exclusivamente para o pastor enquanto citava o caso, em nenhum momento citou o nome de alguém presente na plateia, que fez um silêncio sepulcral. Entre eles, olhares curiosos se estendiam, como se procurassem pela assassina, e os sentimentos não eram nada cristãos. O pastor veio em socorro de sua fiel:

– É verdade que isso ocorreu, mas ela se confessou comigo, e Deus a perdoou! Está agora "limpa" de seus pecados! É uma irmã prestimosa, que muito ajuda a todos na comunidade!

– E acha o pecado dela menor que o da irmã que simplesmente sofreu um estupro covarde e não conseguiu se recuperar? Como pode acreditar que uma moça deseje ser morta de forma vil e cruel nas mãos de malfeitores? Não seria o seu papel apoiá-la como homem de Deus e tentar recuperá-la?

O pastor deu de ombros:

– Certos tipos não têm recuperação!

Fabrício respondeu-lhe sério:

– Acha que Jesus aprovaria sua atitude?

O pastor voltou-lhe as costas, mas o rapaz continuou com as suas palavras, Olívia, claramente guiando-o.

Mal sabia eu o que estava por vir...

CAPÍTULO 23

# GIDEÃO

Admirei-me da submissão de Fabrício à doce Olívia, pois era óbvio que estava consciente. Em nenhum momento vi os gestos da menina, ou mesmo sua voz suave e cristalina, sinais claros de que ele estava ali, ouvindo suas ideias, vendo as imagens que ela apresentava, e concordando com tudo que ela expunha, conscientemente. Em nenhum momento Olívia "comandou" suas palavras, seu livre-arbítrio esteve intocado durante toda a conversa, embora com informações passadas por ela.

Acredito firmemente que se Fabrício tivesse ofendido alguém até aquele momento, ou se mostrasse agressivo, Olívia teria simplesmente se afastado, ou dado-lhe uma séria reprimenda. Mas, até agora as coisas iam bem... talvez fosse a paz que vinha dela que influenciasse o moço, pois o olhar dele realmente denotava calma, mesmo com o burburinho em volta. Entretanto, era nítida a presença de Fabrício, não havia o que se chama de "incorporação" ali. Apenas "influência" de um espírito sobre o outro, perfeitamente consentida, e com um propósito maior.

Era óbvio que Fabrício antipatizava com o pastor, não tinha o menor motivo para gostar dele, mas ainda assim, sob a influência da menina, olhou para ele com certa pena, pois conseguia notar, o tamanho do engano que envolvia aquela alma, perdida em mentiras e ilusões. Disse a ele em alto e bom som, para que as pessoas presentes ouvissem:

– Tem aqui também uma outra moça, pastor, de nome Marília, lembra-se dela?

O pastor gargalhou alto, e respondeu:

– Vai querer defender essa também? Assassinou a própria irmã, se prostituiu! Em tudo descrente de Deus, e quer que tenha o perdão divino? É corrupta, dissimulada! Um demônio que merece ser extirpado do convívio dos bons!

Fabrício olhou-o sério, e revidou:

– Mas não é a ovelha perdida que deve ser reencaminhada? Amar o bom é tão fácil! Que chances o senhor deu a ela, assim que ela chegou aqui?

O pastor olhou-o enraivecido:

– Chegou aqui meio perdida, para tentar os homens! Não ia deixar que pervertesse o rebanho!

Fabrício respondeu calmamente:

– Então não tinha força para converter uma pobre mulher doente? Faltou-lhe fé? Muito mais fácil chamá-la de demônio e sugar-lhe as energias, não é fato?

A plateia ficou olhando admirada, esperando a reação do pastor ao ser acusado de falta de fé, mas Fabrício continuou:

– No entanto, como já disse, existem assassinos em sua congregação. E não apenas um. Posso citar também um jovem senhor que assassinou o pai, por não querer mais cuidar dele, que estava doente e dando muito trabalho. E o senhor o perdoou. Quanto à prostituição, existem duas senhoras aqui que já traíram os maridos, e permanecem caladas. No entanto, tiveram prazer em julgar Marília... seriam dois pesos e duas medidas? Acredita num Deus cego?

O pastor empalideceu seriamente. E em seguida perguntou:

– De onde tirou tais informações? Fica nesta jaula o tempo inteiro! Que demônio as passa para o senhor?

Fabrício cruzou os braços diante do peito:

– O senhor se esquece que também existem anjos! E que Deus a tudo vê! Tudo passa, pastor, que a verdade chegue para você!

O pastor se enfureceu:

– Eu sempre preguei a verdade! Não tenho medo dela! E a verdade é que está testando meu povo, demônio! Um homossexual, suicida, testando meu povo contra mim! Que moral tem para falar comigo dessa forma?

O moço sorriu com calma, e respondeu:

– A moral de um filho de Deus, assim como o senhor, e cada um dos que aqui estão. O senhor não é mais importante do que nenhum deles! Cada um deles carrega a chama de Deus dentro de si, assim como o senhor carrega! Não é prerrogativa sua falar com Deus, cada um deles pode falar com o Criador, que abre os braços para Seus filhos a cada momento, cheio de amor!

Ele virou-se para as pessoas, claramente deixando Olívia fluir:

– Se um mestre manda que vocês julguem, maltratem, virem as costas para outro ser humano, está pedindo que vocês façam isso a outro filho de Deus! Então, está longe de ser um mestre! É apenas outra alma sofredora que precisa de luz, e os arrasta à escuridão! Se guarda os seus segredos e os manipula em troca, é um ser que tem segredos também, e merece a solidão. Deus não necessita de intermediários, Ele vive em cada um de vocês, está em seus corações. Lembrem-se: vocês são feitos à imagem e semelhança d'Ele!

As pessoas estavam visivelmente confusas, vendo um Fabrício tomado pelo brilho de Olívia, e uma paz que parecia invadir o ambiente. O que o rapaz dizia ia contra tudo o que eles acreditaram por mais de cem anos, não parecia fácil de entender, mas o moço continuou:

– Acaso lhes parece lógico, ou cristão, maltratar outro filho de Deus? Quando Cristo maltratou alguém no Novo Testamento?

356 | Mônica Aguieiras Cortat | Ariel e Fabrício (espíritos)

Quando foi que julgou tão drasticamente uma prostituta ou um assassino? Seu único julgamento foi contra os hipócritas, os "túmulos caiados de branco por fora", sedentos de poder e de ouro, que fingiam amar a Deus e só se importavam com bens materiais e poder!

O pastor vociferou:

– O senhor me inclui entre estes?

Fabrício sorriu:

– Não cabe a mim julgá-lo, senhor. Não me julgo apto, tenho meus próprios pecados, aos quais devo me dedicar a sanar. Cada um com seus próprios problemas..., mas cita sempre o Cristo, em seus sermões?

Ele olhou-o com um ódio difícil de ser descrito, mas respondeu:

– Cito a Bíblia Sagrada. Isto basta! São os ensinamentos de Deus!

Um fiel, da plateia, respondeu:

– Ele prefere o Velho Testamento. Raramente cita Jesus... e como a maior parte de nós não sabe ler, e não tem acesso à Bíblia, pouco sabemos das palavras do Mestre.

Ouvindo aquilo, fiquei surpreso! Há quanto tempo estariam no umbral? Como tinham ido parar por lá? Que pastor era aquele, que mal citava Jesus, dando ênfase ao Velho Testamento? Poucos sabiam ler... aquilo me chamou a atenção: quanto maior a ignorância do povo, maior a facilidade de manipulá-lo. Tive realmente pena do povo daquela Vila. Talvez o que eu julguei ser perfídia, fosse falta de informação! Fabrício indagou ao senhor que o tinha respondido:

– Nenhum de vocês conheceu as palavras do Mestre com maior profundidade? Nenhum teve acesso ao Novo Testamento?

Notei um silêncio constrangedor entre aqueles espíritos, mas o mesmo senhor, aparentando uns cinquenta anos, branco, de olhos claros, respondeu:

– Havia Gideão, que conhecia o Novo Testamento. Era instruído, tinha sido professor em nossa Vila, gostava muito de ler e tinha ensinado as nossas crianças. Mas os demônios se apoderaram dele, que mostrou ser um homem muito malvado, e nós o domamos para esperar o juízo final.

Fabrício e todos nós olhamos para o pastor, que se sentiu um tanto incomodado, mas manteve o olhar firme e desafiador. Ele apenas perguntou:

– Então Gideão está aqui, no meio daqueles enfermos que se encontram aprisionados em seu próprio corpo espiritual?

O senhor baixou os olhos:

– Sim. Infelizmente desviou-se para o mau caminho!

Olhei para Clara e Elsie, tínhamos nos dedicado aos pacientes que pareciam em pior estado, e não tinha dado tempo de nos dedicarmos a todos. Qual seria Gideão? Notamos que não eram poucos os ali presentes que sentiam simpatia por ele, e que não se manifestavam por medo do pastor, talvez a nossa resposta estivesse no desditoso Gideão!

Vimos Olívia por detrás de Fabrício a olhar-nos com insistência, partilhando do mesmo pensamento, alegre de ver alguma esperança para a Vila! Mas, por enquanto, ao menos por enquanto, teríamos que ganhar tempo para que o pastor nos deixasse em paz, para que pudéssemos trabalhar um pouco mais com os doentes, para que tomassem o caminho que escolhessem e conseguíssemos entrar em contato com o professor Gideão.

Compartilhando desse pensamento, ouvimos o pastor esbravejar novamente, na direção de Fabrício:

– É realmente convincente, rapaz! Mas Gideão também era! No entanto, poucas vezes vi um homem capaz de tanta maldade como ele! Tinha a moral mais frouxa que já conheci! Por ele, tudo era perdoável, esquecido... como se Deus não olhasse Seus filhos a todo o momento, e não os vigiasse! Se fossemos seguir pela sua cartilha, estaríamos todos condenados às chamas eternas do inferno. Disciplina é a salvação de nossas almas, senhor Fabrício! Deus está nas regras de nossa igreja, sem elas não há salvação!

Fabrício calou-se, esperando para ouvir o que viria a seguir. E o pastor continuou:

– Imagine que questionou a minha autoridade, o meu contato direto com o Altíssimo. Justo a mim, tão reto em minhas atitudes e palavras! Que vivo dia e noite para o meu rebanho, que me esforço dia e noite para mantê-lo no rumo certo. Por que não é fácil manter essas ovelhas no caminho correto! Muitas delas são renitentes, teimosas, insistem no erro. E eu cá estou, para ouvi-las, aconselhá-las, mostrar o que acontece quando se embrenham pelo caminho do mal... e Gideão me caluniou, disse que eu os manipulava, enquanto tudo que eu tentava era levá-los ao paraíso no dia do juízo final, quando passasse esse nosso estágio por este purgatório.

Nesse ponto, Fabrício sentou-se. Senti que não responderia mais ao pastor. E curioso, pensei no quanto mais o outro falaria... o pastor lembrava-se de Gideão com mágoa e despeito, ele continuou:

– Pois imagine que Gideão se achava acima de nós! Dizia que não precisava que esperássemos pelo juízo final, que existia um lugar melhor para irmos agora mesmo, se aceitássemos Jesus! Como se não amássemos Jesus! Dizia que permaneceria na Vila até que todos fôssemos a lugares melhores! Como se fosse um Messias! Blasfêmia!

Entendi finalmente o que fazia um espírito como Gideão por ali. O pastor continuou sua cantilena por mais uma hora, seus crentes sentados, mas não tinham mais o mesmo interesse de antes em suas palavras. Fabrício, de cabeça baixa, parecia descansar suavemente, alheio a tudo no ambiente. Notamos quando Olívia lhe deu um suave passe e ele adormeceu profundamente, sentado na cadeira, e o pastor, cansado de falar sozinho, e crendo-se vitorioso no embate, finalmente saiu a cantar sua vitória sobre o "vencido".

De nossa parte, demos "graças" pelo final da confusão. O dia tinha sido "movimentado". Voltamos coisa de uma hora depois para começar nossos trabalhos e demos com Fabrício acordado, deitado sobre a palha da jaula, bem-disposto, como se não tivesse "duelado" com o pastor. Olívia logo foi falar com ele:

– Venho agradecer! Nossa interação foi perfeita, você foi um parceiro maravilhoso! Acredito que fizemos um bom trabalho hoje.

Fabrício corou:

– Ora, não diga isso fadinha! O privilégio foi todo meu! Essa sua paz é uma coisa contagiante, nunca tinha sentido nada parecido. Fosse apenas eu ali, teria dado tudo muito errado... seus ensinamentos foram para mim um farol na escuridão! Ficamos amigos, então?

Ela piscou um olho para ele:

– Eu nunca quis outra coisa!

Fabrício abriu a jaula sem nenhuma dificuldade, e olhou-nos curioso:

– Não seria a hora de achar Gideão?

Ele disse o que todos estávamos pensando. Saímos olhando os quartos pequenos e apertados, que mais pareciam baias com estreitas paredes, olhando os homens que ainda restavam, quando Clara nos chamou apontando um senhor de seus quarenta anos, com uma aparência quase que normal, dormindo profundamente. Olívia olhou e sorriu, respondendo para meu espanto:

– Tem toda razão, Clara! Este é Gideão!

Eu imaginava ver um ser quase que decomposto, pois sabia do ódio do pastor por ele. E olhe o que via! Um homem de aparência comum, cabelos castanhos, barba bem feita, pele branca, sobrancelhas escuras, nariz um tanto adunco, e enormes olhos. Era um homem de compleição magra, cabelos lisos, já um pouco grisalhos, mas não parecia doente, apenas um pouco desidratado, a pele um pouco ressecada. Então, esse é Gideão? Simpatizei com a sua figura! Era um sujeito alto, mais de um metro e oitenta e cinco... Esse não daria muito trabalho para despertar!

A pergunta seguinte foi de Elsie:

– Vai precisar de água?

Olívia virou a cabecinha, olhou de lado, e devo dizer que para mim ele não estava sujo... mas ainda assim ela disse:

– Traga-me água aqui, Elsie. Numa bacia e numa caneca! Ele merece um bom tratamento, não acha? Está "dormindo" há um bom tempo!

Obediente, Elsie trouxe a pequena bacia e a caneca cheia de água, com um pano limpo, que Olívia agradeceu. Para a nossa surpresa, assim que ela passou o tecido pela face de Gideão, ele saiu marrom como se fosse cheio de lama, e ela limpou tanto o seu rosto, como as suas mãos e pés. A aparência era mais ou menos a mesma de quando tínhamos entrado, parecia que a "lama" tinha se "impregnado" dentro dos poros dele, e agora saía, como que por milagre! Olhei para Clara, que também me olhava admirada! Pobre Gideão, quanta coisa não devia ter sofrido!

A menina continuava seus afazeres, tranquila e em paz como sempre, magnetizou a água e vimos por cima dela um tom de lilás claro com pequenas luzes douradas. Notamos dessa vez um esforço maior dela, como se fosse uma oração, para conseguir o que realmente queria. Só então, pediu a mim e a Clara para que juntos déssemos um passe vigoroso nesse nosso irmão, para que o convidássemos a acordar num ambiente repleto de amor, mentalizando a frase: "Deus não abandona".

Um halo de luz formou-se no recinto, e depois de um curto tempo, limpo da sujeira que obstruía qualquer comunicação exterior, eis Gideão abrindo os olhos e levando a destra direita a eles, espantado com a luz do ambiente! Disse com a voz muito rouca, de quem não falava há muito tempo:

– É verdade! Deus não abandona!

Olhou-nos bastante surpreendido, enquanto Elsie juntava as mãos em oração, e Fabrício sorria de seu canto. Olívia, encantadora como sempre, pegou da caneca e disse para ele:

– Tome um pequeno gole, há de lhe fazer bem!

Ao que Fabrício acrescentou:

– Só um gole, senhor! Não sabe como são essas poções dela!

Olhei Gideão admirado, o olhar era brilhante, os olhos castanhos muito vivos, simpático, inteligente. Engraçado como se nota a inteligência da pessoa às vezes em pequenos gestos e atitudes! Não nos olhou assustado, sorriu, e logo depois de tomar um pequeno gole da beberagem de Olívia disse:

– Deus! Que coisa boa! Parece que há séculos não ingiro nada tão bom assim!

O fato é que suas cores naturais começaram a voltar. Elsie, curiosa, comentou:

– Esse parecia estar apenas dormindo por um tempo... como pode? Encontramos pessoas tão debilitadas por aqui! Com o ódio que o pastor falou dele, achei que o encontraríamos em pedaços!

Ele riu:

– Está falando de Franz? O pastor? Ainda aprisionando essas pobres almas, como disse que faria? Não acredito... quanto tempo fiquei aprisionado em meu sono?

Elsie respondeu:

– Estou aqui acompanhando uma de suas vítimas há uns bons vinte anos, senhor. E quando cheguei, acredito que o senhor já estava aqui.

Ele abaixou a cabeça:

– Tivemos uma briga infernal quando ele começou a fazer suas "sessões" em cima de um pobre coitado que chegou aqui, e que tinha cometido um crime de assassinato contra sua mulher. Era alcoólatra também, e não sei bem o porquê, Franz acreditou que devia ser mais rígido com ele do que com os demais. Talvez porque se recusasse a trabalhar, construímos essa Vila com algum esforço, ele nunca tolerou a preguiça. O fato é que o homem também não comungava de suas crenças, então começou a perseguição.

Ele olhou ao longe, como se relembrando o tempo passado:

– Eu sugeri que simplesmente mandássemos o homem embora, mas ele afirmou que se fizéssemos isso, colocaríamos toda a Vila em risco, pois ele poderia atrair toda a sorte de malfeitores para cá. Que fazer, então? Inspirado por não sei qual "demônio", ele sugeriu que o prendessem e que fosse tirado dele qualquer resquício de vontade de deixar a Vila. Começou assim um processo de "vampirização" em torno do sujeito, que foi a coisa mais feia de que me lembro.

Olívia interveio:

– Na realidade, é um processo razoavelmente simples: eles se postam em torno do espírito em questão, num círculo para que a energia flua melhor, durante um bom tempo, e primeiro mandam-lhe uma forte carga de energia negativa, que só quem sofre com ela sabe explicar. Se num ser humano encarnado isso causaria fortes dores de cabeça, doenças, aparecimento de corpos estranhos, aqui, no plano espiritual, as consequências são muito mais graves: drena a energia do espírito, e se feita pouco a pouco, dia após dia, o resultado é o que vemos naqueles quartos. A prostração, *a morte dentro da morte*, e quanto mais frágil é o espírito, maior o efeito!

Gideão olhou Olívia, admirado:

– E como Franz tinha tal conhecimento? Onde aprendeu essas coisas?

A menina sorriu:

– Muitas vidas, meu amigo! Quem sabe do que ele se lembra ou intui? Esqueça essa história de "demônios"!

Gideão continuou sua história, depois de olhar meio desconfiado para ela:

– A verdade é que quando formaram o primeiro círculo em torno de mim, achei que fossem me dar uma surra ou algo parecido. Mas desataram a cantar hinos da igreja! Animei-me e cantei junto! Adorava os hinos da igreja, tinha sido criado com eles! Franz ficou uma fera, pediu então que se ajoelhassem, para expulsar o demônio em mim! Olhei bem assustado, que demônio? Foi então que comecei a receber uma carga de energia negativa que chegou a me deixar tonto. Deus! Senti ali a inveja, o medo, a rejeição... eram tantos os sentimentos. Afligiram o meu coração, e naquela noite construíram uma jaula, e colocaram-me lá. Era uma jaula até espaçosa, mas eu estava tão triste, que me deixei ficar.

Provavelmente era a jaula onde estava Fabrício. Tinha jeito de ser realmente bem antiga! Imaginei um Gideão triste, sentado naquela jaula, sem o menor estímulo nem para reclamar. Ele continuou:

– Eram pessoas a quem eu tinha ajudado durante toda a minha vida na Terra, e que depois da morte, eu tinha tentado ajudar também. E eram numerosos! Agora se reuniam em torno de mim, a desejar-me tanto mal! De início senti uma tristeza forte, eu era um crente fervoroso, acreditava em Jesus acima de todas as coisas, tentava passar o Evangelho, mas começava a achar que estava falhando miseravelmente!

Olhei para ele curioso, e perguntei:

– De onde vieram essas pessoas, Gideão? Foi um desencarne coletivo?

Ele me olhou com aqueles olhos inteligentes:

– Nos tempos do Império, Pedro II distribuiu terras no interior do sul do Brasil, e assim viemos nós. Um pequeno pedaço de terra, na beira de um frondoso rio, nos misturamos aos habitantes locais e construímos a nossa Vila. Dezenas de almas, agricultores pequenos, alemães, alguns portugueses que lá já estavam, alguns italianos. Era até parecida com essa que aqui está, as pessoas iam chegando, e ficando conforme lhes convinha. A Vila já estava lá há quase vinte anos quando sucedeu a tragédia.

– Que tragédia? – perguntei eu.

Era uma noite de verão, daquelas em que tinha feito um calor infernal, tudo muito parado. Como expliquei, as casas ficavam todas às margens do rio, pois não tínhamos os modernos encanamentos das cidades. E o rio, sempre tão dadivoso, que nos enchia de peixes e água pura, subiu mais de cinco metros em coisa de menos de duas horas, na primeira hora, subiu três metros. Isso a uma hora da manhã, no meio de selvagem temporal. Ninguém esperava... a Vila simplesmente desapareceu do mapa, mesmo a igrejinha, que ficava no meio das construções, ficou de lama grossa até o sino que veio ao chão dias depois. Ninguém se salvou.

Ficamos ouvindo o seu relato, pensando na imensa tristeza de tudo aquilo. Perguntei:

– Vocês tinham muitas crianças?

Ele sorriu:

– Eu era o professor delas! Tinha uma classe de mais de trinta pequenos alunos! Lindos! Tive a sorte de nascer em família abastada, extremamente cristã. Tínhamos uma bela fazenda bem perto da Vila, mas minha vocação sempre foi a de ensinar... meu pai teve outros filhos e outras fazendas, nos dávamos bem, uma ou outra briguinha, o que era normal, mas em nossa família sempre existiu o amor fraterno.

Ele sorriu lembrando-se dos irmãos.

– Como eu era muito voltado para a religião, em nossa casa chamavam-me de "o padre". Mas eu não servia para padre! Não podia ver um rabo de saia... motivo esse pelo qual acabei não me casando, volúvel demais, para que fazer sofrer as moças? Mas perto dos quarenta estava propenso a tomar juízo, afinal, eu sempre amei crianças, e vendo a Vila se formar, já tendo dado aulas em ginásio antes, resolvi montar com o meu próprio capital uma escolinha na Vila. O que não faltou foi aluno.

Ele suspirou:

– Muito embora eu fosse católico, e o pastor evangélico, disse a ele que não converteria ninguém ao catolicismo. Perguntei a ele se era cristão, ao que ele afirmou categoricamente que sim. E eu, claro, acreditei. Já se viu um pastor contra Cristo ou seus mandamentos? Aproveitei a escolinha para ver as condições do povo da Vila e ajudar no que fosse preciso, já que alguns passavam por dificuldades. Conforme os mandamentos do Mestre, ajudei-os a venderem melhor suas colheitas, acabaram por fazer uma pequena cooperativa, providenciava trigo e arroz quando a coisa apertava, e devo ser franco, fazia tudo isso com alegria! Só depois soube o quanto meu gesto despertou a inveja em muitos deles! Principalmente em Franz!

Era verdade! Quantas vezes não acontece isso de se fazer um bem a uma pessoa, e ela retribuir com maldade ou ingratidão? A inveja trava os seres humanos para a evolução! Muitos são os que não conseguem enxergar um gesto de ajuda como algo desinteressado, por que não fariam algo assim. Quer ajudar alguém, ajude, mas fique atento às consequências! Na maior parte das vezes é melhor que não saiba quem ajudou.

Olhei meu novo amigo e entendi sua incompreensão com a ingratidão alheia, que se acentuou depois que ele nos contou essa passagem:

– No momento da tragédia estava dormindo e fui acordado pela fúria das águas invadindo a minha cama, levantando-a, e fiquei em brutal confusão. Saí por uma janela, vendo os raios cruzarem os céus, parecia que o mundo estava acabando, mas eu nadava razoavelmente bem, e achei que além de ter a chance de escapar, poderia ajudar alguém. Qual! A correnteza vinha numa força e eu via o gado passando numa velocidade atroz, junto com árvores, tudo isso iluminado pela luz dos raios, que eram incessantes.

Tentei imaginar o pavor de tal cena. Ele continuou:

– Tudo numa rapidez estonteante! Vi passar por mim, então, uma porta de madeira, e agarrei-me nela, agradecendo a Deus aquele apoio improvisado. Seria o fim dos tempos de que o pastor sempre falava? Pensei logo nas crianças, onde estariam? Mas não tive tempo de pensar muito... um raio iluminou o ambiente, a tempo de mostrar-me uma imensa árvore vindo em minha direção velozmente, empurrada pela correnteza. Uma forte dor de cabeça atingiu-me na escuridão, senti-me boiando nas águas mornas do rio, sem a menor sensação de sufocamento. Acredito que minha morte tenha sido instantânea.

Pensei que era melhor do que morrer afogado, morte tão

difícil, penosa. Ele contou então de seu despertar no mundo espiritual:

– Fui acolhido prontamente no mundo espiritual por pessoas que me disseram ser amigos espirituais. Não sentia dores, apenas certo cansaço da passagem. O local onde me levaram era belo, tão diferente daqui! Disseram que eu tinha me saído bem durante a minha vida, mas eu não me sentia assim... estava preocupado com as minhas crianças! O que tinha acontecido com elas no meio de todo aquele pandemônio? Onde estavam? Um bondoso senhor me sorriu e disse que a maior parte delas estava ali mesmo, sendo muito bem cuidada! Feliz com a notícia, pedi para vê-las, no que fui atendido: realmente, a maior parte delas lá estava, e ao verem-me, pularam de alegria! Perguntei por duas que lá não estavam, o Pedro e o Albert, e eles disseram que assim que possível, eles viriam também.

Perguntei a ele:

– Eles não sentiam falta dos pais?

Gideão sorriu de forma triste:

– Conversei com eles por um bom tempo, eram boas crianças, amavam os pais. Mas sabiam que os pais estavam com o pastor em outro lugar, e não queriam ficar com o pastor. Estavam mais felizes ali, e sabiam que com o tempo, os pais viriam também.

Ele abaixou a cabeça, pensativo, e disse-nos:

– Percebi a saudade na voz deles, mas a maioria dos pais, incentivados pelo pastor, aplicava-lhes castigos muito rígidos, pelas menores infrações infantis. Por mais que eu conversasse com eles como educador, era raro o dia em que não aparecesse um pequeno com marcas de vara ou de correias na pele. Acreditavam que uma disciplina rígida e as surras os fariam dignos de Deus. Entendia perfeitamente eles não desejarem se aproximar da influência do pastor.

Ele suspirou:

– Eu sentia-me ligado ao povo da Vila, mal sabia o porquê, e os dois meninos perdidos, Pedro e Albert, será que estaria entre eles? Pedi permissão aos meus novos amigos para voltar e tentar ajudar o povo com quem tinha vivido antes. Fui seriamente advertido que coisas sérias podiam acontecer, mas nunca imaginei o que me aconteceria de fato. Ainda assim fui em direção a eles, e encontrei-os no umbral, na mesma região onde vocês os acharam. Alguns estavam ainda sobre a influência da morte por afogamento, outros confusos, Franz, o pastor, estava enfurecido buscando uma explicação para se encontrarem em lugar tão ermo, e eu resolvi não revelar para onde tinha ido. Ajudei todos eles a se acalmarem e se recuperarem do trauma da morte, inclusive o pastor, que criou suas próprias teorias... mas, não consegui achar Pedro nem Albert.

Olhei para Gideão admirando-lhe o caráter. Sua ligação com o povo da Vila era incrível... Olívia, lendo-me o pensamento, esclareceu-nos:

– Sabe de onde vem essa ligação sua com essas pessoas, Gideão? Da sua vida passada!

Gideão, católico convicto, olhou para ela muito admirado:

– Vida passada? Como assim?

Olívia riu:

– Na sua vida passada, já aqui no Brasil, você foi um padre jesuíta, de coração muito bom, que catequizou uma tribo indígena. Franz era o chefe dessa tribo, por isso o respeito deles. Claro que nem todos os habitantes da Vila eram silvícolas, mas boa parte, sim... como padre, seu único pecado era não conseguir manter a castidade! Fora isso, era muito bom com os índios...

Vi Gideão corar violentamente. Olívia arrematou:

– Não precisa ficar sem jeito! Pelo menos desta vez você não tomou a batina! Esse seu "ponto fraco" pelo sexo, é perfeitamente natural!

Eu concordava com ela. Nunca vi sentido em padre não poder se casar. São homens, e as mulheres são uma bênção! Em nada atrapalham a missão de espalhar a palavra de Deus! Mas, enfim, cada qual com a sua crença! Gideão continuava aturdido com as novas informações, e eu disse a ele, em particular:

– Não se preocupe, depois converse com Clara que ela lhe explica tudo sobre vidas passadas e reencarnação. Mas já aviso: ela é comprometida!

Ele deu um bonito sorriso para Clara, e continuou:

– Aos poucos eles foram reconstruindo a Vila, sob a minha orientação, e depois construímos a igreja, sob a orientação do pastor Franz. Pessoas entravam aqui ao acaso, algumas ficavam, outras seguiam, até que a Vila tomou essa forma que vocês veem hoje. Tão parecida com a Vila original, só que ao invés do grandioso rio, temos esse pequeno riacho. Ajudei todos eles recuperarem-se, construírem suas moradas, tentei alfabetizá-los, falava de Cristo, e o que fizeram comigo? Falhei miseravelmente!

Olhei para ele com simpatia, e disse:

– Não se julgue tão mal, meu amigo! Todos têm seu tempo para o entendimento, e o pastor é complicado. Eles têm uma mente simples, têm medo, e com o medo fica fácil a manipulação. Acostumados às intempéries, ao sofrimento, aos castigos, como acreditar num Deus que perdoa, acolhe, ensina?

Ele me olhou um tanto triste:

– A impressão que tenho é que plantei boas sementes em terreno estéril. E não consegui achar os meninos perdidos... imaginei que estariam com os pais, mas não estavam! Por todo canto os procurei e nada de Pedro nem de Albert...

Curiosa, Clara perguntou:

– Os pais sabem que estão perdidos? Que idade eles têm?

Gideão respondeu:

– Coisa de doze anos, não mais... eram calados, retraídos. Ficavam sempre distantes da turma, difíceis de deixar que eu me aproximasse. Não disse aos pais que estavam perdidos, para que preocupá-los? Todos eles acham que como as crianças são inocentes, já se encontram nos Jardins do Paraíso.

Olívia observou:

– Estranho não as termos visto ainda. Vou prestar mais atenção...

Gideão recuperou-se rápido, e quis ver os outros doentes que ali estavam. Ficou mortificado ao ver uma moça que tinha se suicidado ao descobrir que estava grávida e tinha sido abandonada pelo namorado! Amélia, esse era o nome dela, estava em posição fetal, bastante debilitada, pele muito seca, e precisou muito da energia de Clara que se compadeceu dela imediatamente. Tinha desencarnado na década de 1940, quando o preconceito contra as mães solteiras ainda era imenso, e vinda de família humilde, mas de valores muito tradicionais, achou que sua única saída seria o suicídio, quando se viu grávida e abandonada. Na medida em que foi se restabelecendo vimos uma bonita moça de cabelos castanhos, pele muito clara, e olhos esverdeados, que chorava convulsivamente. Sua maior culpa não era o suicídio, mas ter matado o filho que carregava!

Deixamos Clara a conversar com ela, depois de Olívia ter-lhe dado um passe. Pobre Amélia! Um pouco de amor podia ter evitado esse seu gesto tresloucado! Frágil como uma violeta, puseram-lhe a alcunha de assassina e suicida, dessa forma condenando-a a tão triste fim. Merecia sem dúvida sorte melhor... quem sabe não a levaríamos para a Colônia?

Gideão olhava os passes e a água fluidificada com muito interesse, assim como a Olívia, flutuando rápido por todo lado. Comentou:

– Onde eu fui não tinha pessoas como essa menina. Existiam pessoas iluminadas como vocês, mas como essa Olívia, eu nunca tinha visto!

Eu tive que sorrir:

– Ela vem de um nível superior. Um pouco mais adiantada do que nós, como pode ver.

Ele me olhou curioso:

– E têm muitos níveis?

– A casa de meu Pai tem diversas moradas, meu amigo. Muito mais do que podemos contar! – respondi.

Fomos ver os outros doentes, eu contente por ter ao meu lado

370 | Mônica Aguieiras Cortat | Ariel e Fabrício (espíritos)

um companheiro tão parecido comigo, e com quem me identifiquei de imediato. Fabrício nos acompanhou.

Chegamos a um quarto onde um homem ressonava alto, tinha uma cabeleira basta, de um castanho avermelhado, sem fios brancos. A pele estava ressecada como a dos outros, mas num tom meio esverdeado, o que me chamou a atenção, porém o estranho mesmo era a respiração entrecortada, alta, que era interrompida às vezes, como se ele parasse de respirar porque algo cortasse o fluxo de ar. Incomodado por aquilo, que parecia ser um sofrimento imenso, como se o pobre sujeito estivesse se afogando no seco continuamente, deitei minhas mãos acima da sua cabeça e do seu peito, e fiz uma oração pedindo que ele tivesse paz, que sua agonia fosse suspensa.

O pobre homem retorceu-se um pouco, abriu os olhos tentando entender o que estava acontecendo, mexeu os braços e as mãos como se tentasse agarrar alguma coisa, e por fim, deixou-os cair em repouso ao lado do corpo, finalmente com a respiração mais calma. Foi então que eu vi o motivo de tanta agonia!

Era um navio negreiro, desses que levavam almas ao "novo mundo" para serem escravizadas, e ali estava o capitão, homem jovem, pouco mais de trinta anos, dono de vistoso navio, inexperiente e orgulhoso! Trazendo carga já ilegal pelas normas do Brasil, contava ele com mais de oitenta negros em seus porões, a serem vendidos para fazendeiros sem escrúpulos, que já sabiam ser proibida a venda por navios negreiros no país na época. Assim sendo, vinha o capitão tentando passar desapercebido, quando se desviou da rota, e perdeu-se dela, ficando assim sem comida suficiente para alimentar os marinheiros e os negros que habitavam a embarcação.

Ah! O amor ao dinheiro! A total falta de empatia com o próximo! Envia, então, o desventurado, os negros ao mar, acorrentados, sem a menor chance de sobreviver! Caem aqueles seres do navio em desespero, mulheres, crianças, homens... afogam-se de mãos atadas, num crime que ficaria sem punição naquela terra sem lei, causando espanto a alguns marinheiros, que jamais se esqueceram da cena!

Ei-lo aqui agora, na impressão de um afogamento sem fim! Olhei meus amigos, que me encaravam com curiosidade, já que apenas eu tinha visto a medonha cena. Fabrício perguntou:

– Viu alguma coisa?

Ainda sob o impacto da visão respondi:

– Vi. Parecia que ele estava se afogando, não é?

Gideão meneou a cabeça, e respondeu:

– Engraçado, a impressão de sofrimento que me passou foi justo essa! Coitado! Que angústia!

Fabrício insistiu:

– E o que foi que viu, afinal?

– Foi afogamento mesmo... – respondi, e contei o que tinha visto.

A expressão dos dois ao final da história foi curiosa: Gideão olhou o sujeito horrorizado, pensando em como alguém podia fazer uma coisa daquelas! Já Fabrício, respondeu simplesmente:

– Pelo menos esse daí tem alguma culpa. Não podia, ao menos, ter providenciado uma embarcação para os negros? Incompetente, fazendo tráfico ilegal, desonesto! Já vi o pastor punir gente inocente, mas este aí, não é o caso.

Olhei para o homem com certa pena, isso de se afogar continuamente não ia trazer para ele nenhum progresso. Disse para os dois:

– Agora que já terminamos de julgar, temos que pensar que ele ficar nessa condição não o ajuda em nada. É um castigo sem fim e sem proveito! Vou chamar Olívia e ver o que podemos fazer.

Ela veio, chamou Elsie e pediu água e sua bacia. O trabalho ali ia ser grande! Fabrício, já acostumado com a menina, não estranhou a atitude dela, mas Gideão ficou olhando o processo de cura com admiração. Perguntou-me:

– Ela não se cansa disso? Parece desprender uma quantidade de energia enorme ajudando esses pecadores.

Eu respondi:

– Ela se renova rápido! E depois, Gideão, todos nós erramos! O caminho que esse sujeito vai seguir, depois que estiver mais sadio, depende dele! Não temos o poder de torná-lo bom, apenas de melhorar a saúde de seu perispírito. O caminho dele, quem escolhe, é ele mesmo! Fazer o bem sem olhar a quem, lembra?

Ele sorriu:

– É verdade! Que mérito eles teriam se pudéssemos interferir em seus caminhos?

Após quase uma hora, o senhor em questão estava sentado na cama, falando, e disse se chamar Luís. Contou-nos que o navio tinha naufragado algumas semanas depois, e que assim que desencarnou, alguns negros o estavam esperando. Que o perseguiram sem descanso pelo mundo espiritual, e que ele tinha entrado na Vila, décadas depois, para tentar escapar deles, e então, tinha conhecido o pastor. Tive que pensar na falta de sorte dele, escapar de perseguidores para cair na sanha de outro! Perguntei:

– Não pensou em pedir perdão aos seus algozes? Não pediu pela misericórdia divina?

Ele me olhou bastante irritado:

– Pedir perdão àqueles negros? Rebaixar-me diante daquela corja? Só pode estar louco! Que queria que eu fizesse? Deixá-los quase morrer de fome para que me comessem no navio?

Vi que ali não adiantava nenhuma discussão, então disse para ele:

– Se eu fosse o senhor, sairia daqui o mais rápido possível, enquanto eles dormem. Pense mais em Deus e na misericórdia divina, e considere que aqueles "negros", como o senhor chama, tinham tanto direito à vida quanto o senhor.

Ao ouvir falar que eles poderiam prendê-lo de novo, ele, sentindo-se bem finalmente, seguiu pelo caminho que indiquei e saiu da Vila o mais rápido possível. Menos um, pensei eu. Teria melhor sorte desta vez?

Ao ouvir minha indagação mental, Olívia sorriu, e disse:

– Sorte? Esqueceu-se que eles se atraem? Um ser com esse padrão de pensamento, enquanto se comportar dessa maneira, há de sempre atrair os seus iguais, e virar as costas para as boas chances que tem em sua existência. Mesmo na vida terrena não presenciou isso diversas vezes, meu bom Ariel?

Olhei para ela, e tive de dar-lhe razão. Quantas vezes no meio de uma boa família aparece uma pessoa que ainda precisa evoluir um pouco mais, e que com seu egoísmo, ou mesmo perfídia, causa dor e desesperança? Enquanto permanecem renitentes em más atitudes e a família teima em fazer "vistas grossas", em vez de corrigir os atos que os levarão à infelicidade, quanta dor é infligida! E então, muitas vezes, a família abandona-os... só então começam a ver as consequências reais de seus atos!

Quando vêm para o mundo espiritual, onde o dinheiro nada vale e os pensamentos são revelados sem a menor cerimônia, são atraídos pelos seus semelhantes... tem a menina toda razão! Não é "sorte", é colheita! O que devemos desejar é que se regenerem, que sofram menos, pois quanta infelicidade existe em quem abraça o egoísmo, a usura, o fazer sofrer um irmão!

E assim fomos "curando" a todos os que restavam, a maior parte deles quando se viu restabelecida, fugiu dali o mais rápido que pôde. A moça Amélia, ainda amedrontada e cheia de culpa, estava aos cuidados de Clara, que lhe acalmava e preparava-lhe para a Colônia, onde seria melhor tratada. Era religiosa, a Amélia, e o arrependimento sincero já fazia parte de seu coração há muito tempo. Apenas a culpa não a deixava pedir por ajuda, assim como a crença de que deveria permanecer a eternidade em algum tipo de "inferno"... e ali estava Clara, a contar-lhe de um Deus que era puro amor.

Uma coisa perturbava-me a mente: onde estariam os meninos Pedro e Albert?

CAPÍTULO 24

# A VERDADE NOS LIBERTARÁ...

Faltava pouco para o amanhecer. Levamos conosco Amélia, confusa demais para ser levada de imediato para a Colônia. Precisávamos nos refazer, Olívia foi à frente, rápida como um raio, e quando chegamos ao acampamento, já fazia um de seus preparados com ervas para que dormíssemos e descansássemos um pouco, tinha sido uma noite movimentada. Fabrício tinha permanecido na jaula, dormindo tranquilamente, a pedido de Olívia. Gideão estava conosco, também, observando nosso acampamento, abismado como as árvores vicejavam ao nosso redor enquanto no resto do local pareciam meio tristes... ao ver brotos e pequenas flores surgindo numa das plantas ele observou:

– Isso é o efeito de vocês na flora local?

Eu sorri:

– Acredito que sim, mas acho que a maior responsável é a Olívia! Se bem que Clara tem um efeito admirável com as plantas também... devia ver minha mulher, Esthefânia, é formidável! Conversa com ela, atrai pássaros...

Ele sorriu e me perguntou:

– Então é casado? Que maravilha! Sempre fui encantado com

as mulheres, mas não consegui "me prender" ainda! Pelo jeito, ama muito sua esposa.

A imagem dela veio-me à mente, límpida, os cabelos claros, o nariz afilado, um tantinho comprido, os olhos imensos... sorri com saudade. Respondi:

– Esthefânia é a melhor pessoa que conheço, e eu amo-a e respeito muito. É de fato uma linda mulher, que tenho a sorte de ter como esposa... sabe que nunca brigamos?

Ele me olhou espantado:

– Sério? Nunca?

Eu ri do espanto dele:

– Se eu magoá-la, é pior do que magoar a mim mesmo. E acho que ela sente da mesma forma... então, para que nos magoar? Seria tolice! Até de nossos pequenos ciúmes achamos graça!

Gideão me olhou admirado:

– Rapaz, os poucos relacionamentos que tive foram tão perturbados por conta de ciúmes ou bens materiais que eu não me animei a continuá-los. Sua mulher não tem uma irmã? Ou uma amiga parecida?

Pensei em algumas amigas de Esthefânia:

– Quem sabe? Pode ser... mas não vá "destruir" corações, caso decida ir para a Colônia, ouviu?

Ele riu-se com vontade, bonachão como ele só... tomamos da sopa de Olívia e logo o sono chegou, com uma sensação de plenitude. Quando acordei notei que estava só, vi Clara despedindo-se de Amélia e pelo sol no horizonte, deduzi que seriam umas quatro horas da tarde. Levantei-me sem dificuldade e fui ter com elas e com Olívia, que aguardava ao lado, um tanto impaciente:

– Despeça-se logo, Clara. Logo teremos que voltar para junto de Fabrício, e eu ainda tenho que levá-la para a Colônia!

Clara desculpou-se:

– Sei disso! Só quero dizer que ela não precisa ter medo! Ninguém vai julgá-la por lá, Amélia. Todos já tivemos os nossos pecados, vão recebê-la e você vai para um hospital, para se tratar por um pequeno tempo. Tenha fé!

A moça ainda tinha um semblante bem assustado, olhava Olívia, e depois Clara, a quem tinha se apegado muito. Só então a menina disse a ela:

– Se não gostar de lá, pode voltar para cá. Entendeu?

A essas palavras, Amélia arregalou muito os olhos, e respondeu:

– Voltar para cá? Não, dona Olívia. Pode me levar que eu estou pronta!

E sumiram das nossas vistas no mesmo segundo. Clara riu-se muito da situação:

– Foi só falar que ela ficaria aqui que Amélia foi no mesmo instante! Por que não pensei nisso antes?

Olhando em volta, não vi Gideão, nem Elsie. Perguntei a Clara:

– Onde estão nossos outros amigos? Parece que dormi demais!

Clara respondeu:

– Gideão não consegue tirar os dois meninos desaparecidos da cabeça. Resolveu procurar pelas cercanias para ver se os encontra, e Elsie foi junto. Espero que ninguém da Vila os veja, não sei se conseguem se manter em outra vibração para não serem vistos pelas pessoas daqui.

Era verdade. Gideão tinha uma forte ligação com aquelas pessoas durante séculos, era muito provável que eles o enxergassem como um deles. Pensei imediatamente em ir atrás dos dois, mas Clara advertiu:

– Sabe que Olívia não demora a voltar, e que Fabrício precisará de nós dentro daquela jaula. O melhor que podemos fazer é ir para o galpão e fazer companhia a ele antes que os outros apareçam por lá. Enquanto isso mantenha os seus olhos abertos, que eu manterei os meus, quem sabe não achamos em algum lugar uma face infantil escondida? Esses meninos podem estar precisando de ajuda!

Resolvemos, no entanto, passar pelo centro da Vila antes, em frente à igrejinha, para sondar o movimento. Realmente algumas pessoas estavam ali reunidas, e comentavam os acontecimentos do dia anterior. Principalmente o comportamento de Fabrício, tão diferente do usual, segundo eles parecendo "orientado" por alguma "força superior". Uma senhora chegou a comentar:

– O pastor diz que são demônios a atormentar o pecador, que agora se encontra em total estado de perdição. Mas chegando perto dele há um perfume suave, e uma paz que eu nunca havia sentido antes!

Um homem de idade avançada sorriu para ela:

– Se é um demônio, deve ser poderosíssimo, pois tirou o nosso pastor do sério com facilidade... mas, e se for um anjo? Deus não nos castigaria se tratássemos mal a um de seus anjos? O pastor já se enganou antes, como bem sabemos, e os demônios cheiram mal, não possuem esse cheiro de flor, como o rapaz exala!

A senhora voltou a dizer:

– Até hoje me arrependo do que fizemos a Gideão! Sempre tão bom conosco... que mal ele tinha feito? O pastor dizia que ele tinha pacto com o demônio, pois incentivava-nos ao pecado, dando-nos liberdade demais. Mas, ele nunca nos incentivou ao erro! Alguma vez o viu querendo que qualquer pessoa cometesse uma maldade sequer? Não. Incentivava o perdão, o amor ao semelhante, apenas isso. Foi disso que o rapaz falou ontem... os mandamentos do Cristo.

E assim foram se formando pequenos grupos, alguns defendiam o pastor e a sua "moralidade" junto com o castigo severo, mas outros já perdiam o medo e defendiam Fabrício, o que nos causou algum espanto, mas também uma alegria enorme! Perder o medo depois de mais de um século preso ao pastor, era um feito admirável, comentei com Clara:

– Olhe, não esperava por isso! Fabrício e Olívia causaram uma excelente impressão, imaginava que hoje teria por lá um bando feroz de pessoas prontas para investir contra nosso amigo novamente, mas parece que a doçura e a paz espalhadas por eles deram seus frutos!

Clara sorriu:

– Era uma terra seca de tantos castigos e admoestações, clamando por ser regada com um pouco de ternura e amor. Gideão também já havia plantado em seus corações, há muito tempo atrás, a doçura do amor de Cristo que, embora adormecido, continuava por lá. Não creio que vá ser fácil, Ariel, que muita maldade foi cometida, incentivada pelo pastor Franz, mas creio que há esperança aqui como há em todo lugar. Não foi por acaso que Gideão escolheu ficar por aqui, e que nós paramos neste lugar.

E existe acaso? Pensei eu... no início de nossa jornada não conseguia entender a lógica de vir ao umbral buscar por um ser que não tinha se arrependido, e que sequer desejava ir para a Colônia, e agora, trilhado o longo caminho, passando por Eulália, por Tobias, encontrando esta Vila, Gideão e o nosso Fabrício, lembrei-me de meu supervisor Serafim, que no início de nossa jornada, surpreendentemente acedeu ao pedido de Clara para buscar o filho suicida de uma mãe, sendo que ele não pedia por socorro!

Claro que atendemos a suicidas todos os dias, são filhos de Deus como todos os outros, e os tratamos com o carinho e a atenção merecidos! O problema com Fabrício é que ele não tinha fé, não pedia ajuda, não se arrependia, orgulhoso demais de seus atos, ficava praticamente impossível a sua localização. Se o espírito não entrar em sintonia com a Colônia, como levá-lo para lá? Ele não se adaptaria... ainda assim meu supervisor permitiu que fôssemos ao seu encalço, caminho incerto, Olívia a nos guiar pelo caminho. Acaso? Qual era a luz que Olívia avistava? Sim, pois alguma coisa a menina enxergava.

E eis que conhecemos Fabrício, pecador como todos nós, orgulhoso, que num momento de desvario tirou a própria vida. Inteligente, rápido, conseguiu me irritar mais de uma vez, mas quando nos tornamos amigos, foi verdadeiro. E agora lá estava o rapaz, sacrificando-se numa jaula até que o último doente fosse tirado de lá, e finalmente tínhamos conseguido isto. Era a hora da libertação dele.

Uma única coisa me incomodava em toda essa história, além de Fabrício ainda na jaula: as crianças. Minha mulher, na Colônia, trabalhava com as crianças de lá e junto com ela, eu amava-as de todo o coração. Espíritos que permanecem em estado infantil requerem o nosso cuidado e atenção pela sua sensibilidade, e Pedro e Albert, algo me dizia, não deviam estar longe... no ambiente assustador do umbral, prefeririam a Vila ao exterior dali. Por isso perguntei a Clara:

– Olhe ao redor, Clara, não vê escondido nenhum vulto infantil?

Percorremos as cercanias da praça, mas não vimos nenhum vulto de criança. Um tanto tristes, fomos para o galpão onde Fabrício, deitado na cela, mirava o teto alto, pensativo, o braço com o belo relógio do pai sobre a testa agora perfeita, sem nenhum resquício de sangue ou machucado. Os olhos brilhantes nos miraram assim que entramos, e sentando-se ele nos perguntou:

– Então, podemos ir?

Minha vontade foi dizer que sim, mas ouvi a voz de Olívia às minhas costas:

– Importa-se de ceder-me mais algumas poucas horas?

Olhando a menina cheia de luz, entre o dourado e a prata, ele sorriu:

– Como não, fadinha? Que quer dessa vez? Enlouquecer de vez o pastor? Tem minha total aprovação...

Ela sorriu:

– Na realidade o pastor já tem estado um tanto louco durante a sua existência, não acha? Na semeadura de tanta maldade existe certo pacto com a loucura. Só um louco pode querer ser tão infeliz e nem notar que é...

Fabrício e todos nós refletimos sobre as palavras dela. Era verdade. O pastor Franz era tudo, menos feliz! Vivia amargurado, tentando proteger-se de todas as maneiras, inventando demônios em todos os lugares, para proteger os seus próprios demônios, da sede de poder, do egoísmo, da inveja! Não gostaria de levar uma vida como aquela que ele lutava tanto para manter. Mas, lembrando-me de uma coisa, disse a ela:

– Olívia, eles logo estarão aqui, mas Gideão e Elsie estão procurando os dois meninos, Pedro e Albert. Temo que encontrem Gideão e o prendam novamente!

Ela me sorriu:

– Vamos ter um pouco de fé na "Providência Divina", Ariel. Uma coisa de cada vez. Já resolvemos coisas mais complicadas, não foi?

Eu sorri. De fato. E assim ela conseguiu tranquilizar-me um pouco...

Passou pela jaula como se ela não existisse, e no mesmo momento começaram a chegar as pessoas, encontrando um Fabrício sentado de forma muito ereta, de olhos fechados, muito belo e com uma luz translúcida em volta dele, o que provocou novamente exclamações. Sentaram e ficaram em silêncio, o que obrigou a mim e a Clara a nos afastarmos do centro e irmos mais para o fundo, tamanho era o número de pessoas desta vez, quase o dobro da noite anterior. Parecia que a Vila inteira estava ali, para ver o bonito moço que parecia ser tomado por um anjo, e que vinha "desafiar" o pastor.

Pela energia que reinou no ambiente, percebi que muitos dos presentes, embora tivessem medo, não simpatizavam com o religioso, ao contrário: as pequenas e grandes mágoas eram diversas! Franz tinha um jeito ríspido com seus fiéis, agia de forma grosseira na maior parte das vezes, sempre falando em castigos e danação eterna. O medo governa por algum tempo, mas não dura para sempre!

O cheiro que Olívia soltou no ar era a mesma lavanda de sempre, poderosa, calmante, pura! Inebriante frescor lilás dos campos... impossível de se descrever! A sensação de paz tomou conta do ambiente e acabados os bancos para se sentarem, eles sentaram-se no chão, pernas cruzadas, e eu lembrei-me que numa encarnação passada alguns deles tinham sido silvícolas, puros índios, ingênuos e selvagens. Sorri para Clara que tinha o mesmo pensamento! A eterna evolução humana, não importando a raça, o credo, todos nós humanos, filhos do mesmo Criador! Por que racismo? Acaso você se lembra de quem foi numa encarnação passada? Todas as raças carregam igualmente a beleza de Deus!

Foi só então que ouvi, depois de cessar a entrada de todos eles por um breve período, o farfalhar de roupas mais pesadas e vi, saindo do estreito corredor dos doentes, o pastor carregando a sua velha Bíblia. Vinha com a face vincada de irritação, fungando pelo cheiro que sentia, olhando para o rosto dos fiéis que, pela primeira vez, estavam calmos e quietos, e não xingando e avançando sobre o pecador que ali estava. Parando do lado da jaula, Fabrício imóvel, com os olhos fechados, ele vociferou:

– Com que então, estamos com a casa cheia hoje! Nem nas nossas missas eu tenho visto tanta gente! Fico feliz... vieram me ver expulsar o demônio de uma vez por todas!

Os olhos dos fiéis se voltaram dele para o calmo Fabrício, que não se manifestou, como se não fosse a ele que o pastor tivesse se referido. A isso, o religioso irritou-se mais um pouco:

– Sentem essa "catinga" no ar? É para inebriar os seus pensamentos! Tirar as suas vontades! São os truques que o demônio usa, para ludibriar os incautos! Mas esses aqui, satanás, são os meus filhos! São os filhos do Senhor, e não há lugar para você aqui...

Disse tudo isso carregando nos gestos, batendo no peito, erguendo as mãos aos céus, dando diferentes entonações à voz. Era um orador bastante razoável, se a plateia não fosse exigente! Claro que com pessoas mais experientes em oratória, elas virariam-lhe as costas, mas com um público mais simples, o efeito era bem razoável. Clara me olhou com um olhar que dizia: "vai começar"...

Fabrício, no entanto, continuava impassível, o que irritou sobremaneira o pastor Franz, que tinha a testa molhada de suor, incomodado pelo cheiro maravilhoso que tomava o ar, rodeava a pequena jaula a passos largos, como um leão rodeia a sua presa. O rapaz de antes encolher-se-ia de medo, mas o que ali estava, permanecia em perfeita paz, bonito, tranquilo, os cabelos alourados em perfeita ordem, a pele perfeita sem nenhuma mácula, e, ouso dizer, parecia até com um pequeno sorriso em seus lábios. De seu corpo parecia fluir uma luz calma e prateada, que eu e Clara sabíamos ser de Olívia, encostada nele, mãos em sua cabeça, em perfeito e poderoso passe de paz. O amor é poderoso... brilha!

A argúcia do pastor, no entanto, voltou à carga, e ele disse:

– Notam como ele nada diz? Encolhe-se de medo! Não reage! Não tem como combater as palavras do representante do Senhor Deus. A verdade prevalecerá!

A essa frase, finalmente Fabrício abriu os olhos, e respondeu em voz calma, mas surpreendentemente audível em todo o recinto:

– É fato. Ainda que décadas ou séculos sejam necessários, a verdade prevalecerá. O Senhor não se esquece dos Seus, principalmente quando eles clamam por Ele! E o seu rebanho, Franz, está clamando!

O pastor olhou para o rapaz, ainda sentado calmamente, e no seu olhar eu pude sentir o ódio e o medo. E o medo faz com que as pessoas fiquem perigosas...

– Acha que temo a verdade, demônio? Lutei por ela toda a minha vida, protegi o meu povo contra a iniquidade, contra os pecados que desagradam a Deus! Consegui que para eles fossem guardados lugares junto ao Altíssimo quando chegar a hora do juízo final. Eles me devem a salvação de suas almas!

Fabrício levantou-se e olhou os fiéis, há tanto tempo por ali, junto àquele homem, temendo seus castigos, acreditando em suas palavras, acreditando em um Deus cruel e vingativo, que os atiraria a um inferno cheio de chamas e perversões caso eles não O obedecessem. Seu coração encheu-se de piedade, assim como o meu e o de Clara, orientados para a vingança e a crueldade para com o próximo, ameaçados com a punição eterna, a maior parte analfabeta e sem acesso à informação, que real escolha teriam? Nos olhos de muitos deles agora estava a dúvida, tinham agido corretamente? Deus aprovaria os seus atos?

Fabrício disse:

– Quanto maior o poder, maior a responsabilidade, Franz. Tendo as escrituras nas mãos, dizendo-se cristão, escolheu o evangelho do Cristo? Perdoou setenta vezes sete? Amou o seu inimigo? Acolheu o perdido? Ou, ao invés disso, julgou e condenou sem piedade os seus irmãos pecadores a sofrimentos sem tamanho, a dores intermináveis, como se fosse o próprio Deus, envolvendo nisso os seus fiéis? Iludindo-os de que praticavam o bem, prejudicando a outras criaturas, infundindo-lhes o medo de ter um futuro parecido com o das suas vítimas?

O pastor empalideceu, os fiéis olharam para ele boquiabertos, pois jamais consideraram a hipótese de estarem agindo errado, mas sabiam do medo que tinham de terminarem como os doentes do galpão. Fabrício olhou para eles e perguntou:

– Nenhum de vocês nunca teve medo de terminar como Gideão?

Um silêncio claro se desenhou no recinto, até que uma voz de um moço se fez ouvir:

– Não posso dizer pelos outros, moço. Mas eu tive. Já vim aqui algumas vezes, vi os doentes e fiquei com pavor do que vi. Parecia a morte dentro da morte... por isso deixei de frequentar tanto a igreja, só ia quando era necessário.

A partir daí não foram poucos os que se manifestaram, falando do medo que sentiam, outros se calaram, e um burburinho se instalou. O pastor, vendo a confusão que poderia iniciar, gritou de seu lugar:

– É assim que me agradecem? Anos protegendo essa Vila do

mal, não deixando que a invadissem, e vocês me agradecem dessa forma? Acreditam que o pecado não deve ser punido? Que eu devia deixar que esses pecadores infestassem o meu rebanho com suas impurezas?

Os fiéis olharam para ele um tanto confusos, ele continuou:

– Eu os protegi, foi isso que fiz! Mantive-os puros para o Senhor! Eram assassinos, prostitutas, mulheres que abortaram, pederastas, suicidas! Não mereciam estar entre as minhas ovelhas, tão puras, disseminando seus pecados! Vocês são os escolhidos, filhos de Deus!

Fabrício ergueu os ombros e olhou-o diretamente nos olhos, quando disse:

– Pois seus "condenados" pela eternidade estão livres, pastor. Foram libertados por entidades superiores a você, com dons de cura cedidos por Deus. Um Deus que ama Seus filhos e que lhes dá o livre-arbítrio, e o tempo da eternidade para que se regenerem! O Deus que é amor e perdão, que acolhe, que dá uma nova chance. Segue e olha o seu calabouço de dor: está vazio! O Senhor não concorda com você, homem. A verdade começa a aparecer.

Olhei para Clara um tanto surpreendido: eles estavam todos livres? Ela sorriu:

– Eu não preciso tanto de sono como você, meu amigo. Vim cedo, com Olívia, para soltá-los. Infelizmente, só Amélia estava pronta para a Colônia... e não podíamos deixá-la sozinha no acampamento, não é?

Fiquei de boca aberta. Todos livres, inclusive Eurípedes? Clara riu-se:

– Esse foi o que saiu mais rápido!

Ao ouvir a informação proferida por Fabrício, o pastor vociferou "maldito!", e correu até os pequenos quartos, abrindo um por um, dando com as pequenas camas, antes infestadas por dejetos e corpos em estado lastimável, agora limpas e totalmente desertas. Os fiéis entravam e saíam junto com ele, numa confusão digna de ser vista, tamanho o emaranhado de gente a querer ver se realmente nenhum enfermo tinha ficado. Franz a empurrá-los, cada vez mais furioso, até que passados alguns minutos voltaram para inquirir Fabrício, que continuava dentro de sua jaula.

Ah! as artes de Olívia e Clara, acordando aos que restaram com sua prece e força! Tudo isso enquanto eu dormia profundamente, em cima de meu abrigo, em nosso esconderijo com a meiga Amélia! Franz olhou para ele enfurecido, pasmo, a face pálida de ódio, e perguntou:

– Onde está Gideão?

Fabrício sorriu:

– Para ser bem franco, nesse exato momento, eu não sei. Mas foi o mais fácil de ser curado... que pessoa admirável, não? Cheio de amor ao próximo no coração, gosta tanto das pessoas desta Vila que mesmo não precisando ficar por aqui, ficou para ajudar. Admirável Gideão!

Fabrício olhou para os fiéis, que aos poucos já tinham voltado da "excursão" aos quartos:

– O que é um grande espírito! Gideão nunca guardou mágoa do tratamento que lhe deram... o amor em seu coração sempre foi maior que isso. Se o pastor tivesse sofrido o que ele sofreu, como se comportaria? Como age um líder religioso? Vocês deviam pensar nisso!

O pastor não se conformava:

– Agiram na surdina, escondido! Deus não age escondido! Isso não é coisa de Deus!

Fabrício sorriu:

– Podia ter sido feito às claras? Claro... mas ia causar revolta, pessoas podiam se aborrecer, e acredite, não estou falando das pessoas que, em poucas horas, desfizeram o que vocês levaram décadas para fazer. Para que causar desconforto a seus fiéis, pastor, ou ainda, tornar a cura daqueles condenados mais dolorida? Se pode ser feito sem dor, que se faça assim. É o mais sábio. Não temos interesse em confrontá-lo, mas em liberar da dor aqueles seres! O que o senhor sentia, não era importante.

A essa resposta, o religioso ficou ainda mais descontente, mas os fiéis entenderam que ele não tinha o poder que dizia ter. Algo de grande estava sendo feito por ali, como nunca tinha acontecido antes, e se Gideão tinha sido acordado, talvez mudanças acontecessem. Eu e Clara ficamos surpresos com a alegria de muitos deles com a volta de Gideão: alguns estavam um tanto receosos, provavelmente aqueles que o tinham aprisionado, mas a maior parte das pessoas tinha muita saudade dele, que era realmente amado na comunidade. Olhamos um para o outro e sorrimos, tínhamos tido tanto medo que alguém prendesse Gideão, caso o visse! Quem sabe não o ajudariam?

O pastor respondeu a Fabrício:

– Então, eu não sou importante? O que eu sinto ou penso não é importante? E causariam dor a meus fiéis para libertar aqueles pecadores?

Fabrício sorriu ante a deturpação das palavras:

– Nós os impediríamos de continuar fazendo o mal, quanto à dor, não acredite nisso. Não combatemos a violência com violência, ou tudo estaria perdido... existem outras formas, mais eficientes. O senhor acredita em impingir dor, eles não.

Surpreso com o desaparecimento de suas vítimas e com o poder de chantagear os seus fiéis com o medo de antes, o pastor Franz se viu um tanto perdido, e perguntou:

– Vieram aqui, então, para libertar esses doentes, não foi? Já libertaram! Quando vão embora?

Eu sorri com certa tristeza e pensei comigo mesmo: é óbvio que queria que fôssemos embora... depois diria aos fiéis que os demônios tinham invadido a Vila e libertado os seus iguais, e continuaria no mesmo comportamento de sempre com aquelas pessoas, o mesmo domínio. Sem saber como nos expulsar, assustado com a fuga de seus "prisioneiros" tão duramente conquistados, ele esperava pela resposta de Fabrício, que não tardou:

– Ainda existe verdade para ser dita, pastor Franz. Ainda existem fatos para serem esclarecidos... não é o senhor que diz que ama a verdade?

O pastor empalideceu, mas empertigou-se ao responder:

– A verdade nos libertará, assim disse o livro sagrado! Nada tenho a temer, se estou com a verdade!

Fabrício abaixou a cabeça, pensativo, deu dois passos dentro da cela, e quando ergueu a fronte olhou diretamente para os olhos do religioso:

– Onde estão as crianças, pastor? Não as vi desde que cheguei a esta Vila... não há crianças por aqui?

Ele sorriu com escárnio e alívio, aquela era uma questão fácil de resolver:

– Crianças são seres puros e sem pecados aos olhos de Deus, nada têm a fazer neste purgatório onde estamos agora! O Altíssimo as tem em Seus braços, aguardando seus pais no dia do juízo final, quando nos uniremos a elas!

Fabrício não tirou o olhar dele por um segundo sequer, e respondeu:

– É bem verdade que a maior parte das crianças está bem assistida, num lugar melhor que este, e que estão bem. Mas insiste em dizer que não há crianças nesta Vila?

Senti nos fiéis uma curiosidade crescente com a pergunta do moço, pois sempre tinham acreditado que todas as crianças estavam no céu, com o Criador. Como poderiam existir crianças na Vila? Filhos de quem estariam na Vila? O pastor titubeou ao responder:

– Nunca vi criança nenhuma nesta Vila. Nem eu, nem nenhum de meus fiéis. Algum de vocês viu alguma criança neste lugar?

Um burburinho espalhou-se sobre eles, principalmente sobre as mães do local, aflitas sobre seus filhos, que poderiam estar perdidos durante todas aquelas décadas! Uma delas perguntou a Fabrício:

– Como pode uma criança ficar por aqui? São seres puros, pertencem a Deus! O Senhor não permitiria...

Fabrício deu a ela um olhar cheio de compaixão:

– Infelizmente, senhora, algumas crianças podem ser tão maltratadas, tão ofendidas, amedrontadas, que se sentem presas a seus algozes. Existem seres muito maus neste Universo... mas a verdade também aparece para eles!

O pastor, ao ouvir isso, desesperou-se:

– Deus não permitiria algo assim! Isso seria duvidar da força divina!

Fabrício respondeu:

– Não foi o Senhor Deus que maltratou essas crianças, nem que as aprisionou com ameaças e o cárcere. Mas foi um de seus filhos, perdido nas trevas de um coração amargurado, cheio de egoísmo e maldade. Não se lembra de Eurípedes, seu prisioneiro, que matou a menina Elisa, depois de abusar da inocência dela? Esse fez ainda pior: os perseguiu depois da vida, usando de sua influência, e de sua maldade. E os persegue desde sua vida anterior.

O pastor arregalou os olhos, e perguntou:

– Vida anterior? Que tipo de bruxaria é essa? Não existe isso de vida anterior...

Fabrício continuava sério, e respondeu:

– Nesta vida, eram crianças que dependiam de educação e cuidado! Nada justifica o acontecido com elas! Mas alguém já as está trazendo, e logo as veremos, aqui, entrando neste recinto. Veja, Franz: a verdade nos libertará!

Impossível dizer da reação que teve o pastor Franz, ficou lívido, como se a "verdade" não fosse nem um pouco sua amiga, aliás, era sua inimiga ferrenha!

Ante seus fiéis um tanto aturdidos, ele começou a perguntar:

– Como assim? Acharam os meninos? Quem achou os meninos? Como conseguiram achar? Estão vindo para cá?

Uma voz masculina e forte do público perguntou:

– Que meninos, pastor? Quais deles? É do meu filho que está falando?

A essa voz, outras se juntaram, de mães muito aflitas, tentando entender o que havia acontecido. Crianças presas, filhos delas, ali naquela Vila? Começaram a se mover em torno do pastor, que ao se ver um tanto acuado, escapou pelo fundo do galpão, enquanto Gideão realmente entrava no recinto com dois meninos, que apesar de sabermos ter onze e doze anos, pareciam ter menos. Ali estavam, finalmente, Albert e Pedro!

Clara sorriu! Gideão vinha com as mãos nos ombros dos meninos, protetoramente, e Elsie ao seu lado, com um jeito bonachão, que há muito tempo não se via. Parecia um tanto "descabelada", mas de muito bom humor, e acenou para Clara como quem dizia: "achamos!".

O povo da Vila, preocupado em ir atrás do pastor, nem tinha se dado conta da entrada dos meninos com Gideão e Elsie, quando Fabrício saiu da jaula com facilidade e disse em voz alta:

– As crianças chegaram!

Eles se viraram e deram com os meninos cabisbaixos, envergonhados, sujos e chorosos, sob os braços ternos de Gideão, que disse a eles em voz baixa:

– Não há do que se envergonhar! O pastor deve ter vergonha, e não vocês. Estou aqui e os protegerei.

O silêncio foi constrangedor, e duas mães vieram ao encontro de seus filhos, com os respectivos pais logo atrás. Alguns, ao ver Gideão, baixaram a cabeça, envergonhados, outros sorriram para ele. Ao verem os pais, os meninos se refugiaram nos braços do antigo professor, em busca de proteção. Não confiavam mais nos genitores.

Diante do choro das mães, Gideão levou-os para fora do galpão, e num lugar mais reservado contou que o pastor tinha dito às crianças que seus pais as tinham dado a ele, e que não as queriam mais. Uma das mães, serva fiel do religioso, chorou grossas lágrimas pelo seu engano de décadas, por não suspeitar de tamanha perfídia. Havia ali certa culpa: sempre tinha sido rígida demais com o menino por conta das orientações que recebia, sempre reclamavam dele por ser agressivo, calado, inquieto, principalmente o pastor. Ela olhou Gideão e perguntou:

– O pastor Franz colocou-o de castigo todo esse tempo? Mas, por que não nos disse? Somos os pais dele, Albert é nossa responsabilidade!

Gideão olhou a mulher e não soube se sentia pena ou outra coisa qualquer. O povo da aldeia tinha sido bem menos ingênuo quanto às intenções de Franz com as crianças, mas para aquela mãe, como compreender a cruel verdade? O abuso infantil é um segredo feio, mas muito mais comum do que se imagina...

Curioso, perguntei a ele como finalmente tinha descoberto os meninos, depois de despachar os pais, muito abalados com tudo aquilo. Ele caminhou conosco pela Vila, mostrando-nos uma casinha triste e abandonada, onde tinha morado antes, e disse:

– Veja, Ariel, aqui era a minha casa. Cresceu mato por dentro dela toda! Mas, olhe, ainda tem o poço aqui perto... vamos nos sentar aqui debaixo desse telhado, que já foi uma varanda, e eu conto como achei as crianças...

CAPÍTULO 25

# AMORES ESPIRITUAIS

OLHEI CLARA, ELSIE, E os outros que estavam a uma curta distância, a casa de Gideão não ficava tão longe da igrejinha da Vila. Sentados numa mureta como dois bons velhos amigos, embora tivéssemos nos conhecido há tão pouco tempo, lembrei-me de alguém que tinha me dito que "a gente conhece melhor os amigos nos primeiros minutos, do que os conhecidos durante anos!". Tinha certa razão... minha simpatia por Gideão e a dele por mim era natural, como a de dois irmãos deveria ser.

Ele confidenciou-me sobre a loura Elsie:

– Mulheres são seres mágicos, meu bom Ariel! A nossa boa Elsie, ali! Não fosse por ela, eu não teria achado os meninos! Calada, não é? Pois eu já estava meio desesperado de angústia, andando de cima para baixo, sem muita noção do que fazer, quando ela sugeriu que sentássemos à beira do riacho e saiu com uma frase: "pois esse pastor Franz, senhor Gideão, não sei bem o porquê, lembra-me muito alguém de conheci, assim, na empáfia, no jeito de se achar melhor que os outros, no gosto de humilhar os mais simples".

Olhei para ele já me lembrando que Elsie devia estar falando de Eurípedes, que era a vaidade em pessoa. Triste fim teve ele, alcançado por uma multidão no plano físico... estremeci agora lembrando que Franz estava sendo caçado por outra multidão no plano espiritual. Perguntei a ele:

– E então? Que mais ela lhe disse?

Gideão baixou a cabeça, tentando lembrar-se das palavras exatas dela por um instante, e depois me contou:

– Perguntei a ela quem era o sujeito, e ela contou-me a história aterrorizante de seu assassinato e o da pequena Elisa. Não contente com isso, disse que os dois tinham características comuns além da vaidade: eram manipuladores, convenciam as pessoas de suas próprias ideias quando lhes era conveniente, abusavam do poder, a única diferença que ela via nos dois, é que o pastor não se interessava por crianças.

Eu fitei-o curioso, quando ele me disse:

– Mas, isso não era verdade! O pastor Franz sempre tinha se interessado muito pelas crianças! Eu ministrava as aulas de português, matemática, conhecimentos gerais, mas ele fazia questão de dar as aulas religiosas! As crianças morriam de medo dele, e se me lembro bem, Pedro e Albert, chegaram a ajudá-lo na igreja. Esses meninos eram bons meninos e, de repente, mudaram de comportamento, ficando arredios, calados, agressivos. Começaram inclusive a faltar nas minhas aulas...

Ele levantou-se com as mãos na cabeça, e disse:

– Elsie abriu meus olhos como ninguém tinha feito antes! Já tinha ouvido falar de casos assim na época da escravidão, com crianças negras, e sempre achei a maior das crueldades. Mas, não me passou pela cabeça um religioso abusar de crianças brancas, principalmente com pais tão apegados a elas, e que poderiam ficar violentos!

Realmente, pensei comigo, Franz tinha corrido sério risco. Ou seria um risco calculado? Se os meninos contassem, os pais acreditariam neles? Tinha ele tanto poder sobre os colonos, que tipo de ameaça não teria feito? Eu tinha visto as crianças, e sabia que a recuperação seria lenta e dolorosa. Perguntei a ele:

– E o que fez, então?

Ele riu:

– Abracei Elsie com força, ela tinha me dado um caminho! O monstro que tinha aprisionado as crianças estava ali mesmo, na Vila, então eles só podiam estar por perto, num local em que ele os pudesse ver com frequência! Encaminhamo-nos para a igreja e os aposentos do pastor, que ficavam logo atrás da mesma, construído pelos fiéis ao longo dos anos. Tratava-se de comprida casa, onde às vezes recebia doentes ou pessoas que iam fazer estudos sobre o evangelho, que o religioso ordenava. Assustei-me com o tamanho da mesma, que de início era pequena choupana, e agora se estendia até o início de pequeno amontoado de vegetação. Olhei para Elsie e fomos verificar o imóvel, fechado a rústicos fechos de madeira por fora. O que tinha lá dentro que devia ficar preso?

Ele olhou para mim tomando fôlego, relembrando, tirando um pouco o suor da testa. E só então disse:

– Esperamos pacientemente o pastor sair pela porta da frente da casa, assim como alguns fiéis. Falavam de Fabrício, coisas bem pouco louváveis, e já se encaminhavam para o galpão. Vendo finalmente a casa vazia, eu e Elsie tiramos a tranca de fora de uma das portas e entramos, e, Deus do céu, o que vimos! Era uma das salas dos fundos da casa, sem janelas, como se fosse um pequeno porão ou algo assim. Entramos lá por não termos as chaves da frente! E vimos justo os dois meninos, num pequeno quarto sem ventilação, sem porta que os ligasse à casa, cada qual em uma pequena cama, com porções de comida e água em tigelas já bem gastas...

– Presos? Num quarto sem janelas, sem porta de comunicação com a casa?

Ele afirmou com a cabeça:

– Quem entrava na casa, ao vê-la tão comprida, achava que terminava com a parede... não imaginaria um quarto a mais justo ali, sem comunicação. Ali estavam as crianças! Ele manteve-as lá! Não que abusasse delas fisicamente no plano espiritual, mas não queria o seu segredo revelado! O abuso continuou emocionalmente, de forma cruel e contínua. Ao ver-nos, eles queriam esconder-se continuamente! Acreditavam que iríamos atacá-los ou coisa parecida. Foi triste! Demoraram a reconhecer-me.

Ele me disse que a partir de seu reconhecimento, as coisas ficaram um pouco mais fáceis. De forma confusa, sentiam-se culpados e cheios de pecado, não dignos de conviver com as pessoas. O ataque contínuo que tinham sofrido causou muitos estragos. Ao ouvir tudo aquilo, perguntei:

– Mas, não pensaram em fugir, ao longo desses anos?

Gideão deu um sorriso triste:

– Ao desencarnarem, estavam cheios de ódio, ressentimento e medo, vieram dar aqui, neste local, e Franz achou-os. Escondeu-os de diversas formas desde então. São espíritos milenares, como você bem sabe, mas estão crianças neste momento, merecem todo o nosso apoio. Viram tanta coisa espalhada por este umbral, que ao encontrarem um quarto protegido, e ao não sofrerem mais sevícias físicas, foram ficando por lá. Disseram-me que à noite podiam andar pela casa com o pastor, mas muitas vezes preferiam estar sós.

– Não duvido – respondi – e Elsie? Não se assustou?

Gideão riu:

– Ficou foi muito zangada, furiosa mesmo! Elsie gosta muito de crianças, sempre foram a sua paixão. Diz ter combinado com Clara de ir para a Colônia e ver se sua mulher a aceita lá, a cuidar dos pequenos... por mim, eu gostaria dela comigo por aqui. Há tanto a ser feito! Esse povo da Vila não é mau, Ariel! Só meio perdido!

Olhei para ele contendo o riso:

– Interessou-se por Elsie, então? É... de fato é uma excelente moça! Sofreu muito, perdeu um tempo valioso com uma vingança tola, mas tem um ótimo coração. Não há dúvida que pode ajudá-lo aqui. Já falou com ela?

Ele levantou-se, endireitou a coluna, olhou-a de longe:

– É uma bonita mulher! E corajosa! Pode ensinar muito às mulheres daqui, e junto comigo, estudar o Novo Testamento, passar isso às pessoas! Não seria um nobre trabalho?

Tive que sorrir:

– Você é um abnegado, Gideão. Vou torcer para que ela concorde... falar de Jesus no umbral, espalhar amor e caridade, por que não? O Universo pertence a Deus, e Deus é amor. Louvo a sua coragem, quem sabe com o tempo não surgem novas Vilas como esta?

Ele balançou a cabeça:

– Não me custa tentar de novo... um amigo, chamado Serafim, sempre me disse que o Senhor tem seus mistérios, mas que Ele nos deixa em lugares onde O servimos melhor. Acredito que aqui precisam mais de mim, sei da maldade, da ingratidão, de tudo isso que às vezes nos cerca... eles estão aprendendo! Se acreditar que eles ainda não estão no tempo certo, retirar-me-ei, mas por enquanto, quero tentar novamente! Eles vão reencarnar, não vão?

Olívia chegou-se até nós, e disse:

– Na realidade, durante o seu sono meu amigo, alguns já reencarnaram. Os que aqui estão acham que eles se perderam "no purgatório", mas a verdade é que estão pela nossa querida Terra, enfrentando suas provas, tendo as suas vitórias e as suas perdas. Mas sempre chega gente nova por essa Vila... sem o pastor para "exterminá-las", talvez alguém possa lhes falar do Cristo, não acha? Também louvo sua intenção. E o sonho de Elsie, sempre foi ter um companheiro que a amasse... não me vá falhar com ela, ouviu?

Ao ouvir isso da menina, ele partiu bem mais encorajado para falar com a moça, que abriu um sorriso ao notar sua aproximação. Não duvidei de Olívia: nada mais caro a um ser humano que um companheiro para dividir os acertos, corrigir os erros, aprender, dividir as pequenas e grandes alegrias e tristezas da vida! Sorri de alegria ao pensar que nossa missão chegava ao fim, e que logo veria minha Esthefânia! Saudades dos cabelos cacheados e aloirados, da covinha quando sorria, do jeito de olhar... que abençoado eu era de ter a minha companheira a meu lado!

Olhei para Clara, que vinha em minha direção, e lembrei-me de que o companheiro dela, Marcos, estava encarnado na Terra. Tinha conhecido o simpático rapaz na Colônia, e o relacionamento dos dois era de uma harmonia rara, difícil de ser encontrada! Disse a ela:

– Parece que um casal vai se formar aqui.

Ela viu Gideão se encaminhando para Elsie, e sorriu contente:

– Jura? Bem que notei uns olhares! Ele vai falar com ela? Por que se depender dela, com aquela timidez, nada acontece...

Assenti com a cabeça, e ela juntou as mãos em contentamento! Clara adorava ver casais se formando, era uma romântica incurável... não era raro ver ela e minha esposa a discutir romances, comentar casos, de maneira muito feminina, a deixar-me de lado com as suas opiniões muito mais certeiras do que as minhas.

Comentei com ela:

– Quer dizer que já tinha notado? Pois eu não... achei que ficaria triste de não levar Elsie para a Colônia...

Clara riu:

– Quer dizer que não tinha notado? Homens... o lugar de Elsie é onde seu coração fica mais feliz. Gideão tem uma linda missão aqui, e ela vai evoluir muito com ele, além de ajudar! Pode querer coisa mais perfeita?

Fiquei olhando para ela meio chateado por não ser tão "intuitivo", mas lembrando de seu próprio caso, perguntei:

– E você, minha querida amiga, não sente falta do seu companheiro, já distante há tantos anos? Com quantos anos ele está agora, na Terra?

Ela sorriu, lembrando:

– É um bonito menino de doze anos. Eu o visito, às vezes,

sabe, tenho permissão para isso, e o inspiro para suplantar as suas dificuldades, que existirão, como em qualquer vida humana.

Lembrando-me de meu amigo, perguntei:

– E como está essa sua reencarnação?

Ela me olhou, um tanto pensativa:

– Como você sabe, Marcos foi um suicida em vidas passadas. Em minha última vida eu acolhi-o como meu filho adotivo, Lúcio, e ele se foi em tenra idade, nos meus braços e nos de Nana. Reencontramo-nos quando desencarnei e que alegria tive ao saber que tinha acolhido e protegido o meu companheiro, de muitas vidas, de uma sorte terrível! Às vezes somos impelidos a fazer o bem a uma pessoa estranha e lá está um ser que muito amamos pela eternidade!

Lembrei-me de sua história com Marcos, a atitude dela ao recolher o filho da amante do marido, contra toda a família, tinha sido motivo de aborrecimentos. Mas o que seria do pobre menino, doente, sem a mãe que morrera no parto, abandonado por todos, não fosse a bondade de Clara? Com isso ela ajudou-o a sanar um de seus débitos com o suicídio cometido, e voltava agora Marcos à Terra, para continuar seu aprendizado!

Perguntei a ela:

– Ele foi acolhido por uma boa família?

Ela sorriu:

– Sim, de certa forma. Todos temos os nossos defeitos, não é, Ariel? Marcos em vidas passadas, apesar de ser bom com a família e amigos, tinha um engano em seu caráter que o fez cometer algumas injustiças. Tanto ele como toda a sua família traziam em si o germe triste do racismo, como, aliás, era comum na época... era o tempo da escravidão no Brasil, e as injustiças cometidas foram graves. Marcos e alguns dos seus antigos parentes, com seus erros e acertos, reencarnaram agora nesta raça abençoada por Deus como todas as outras, para um aprendizado maravilhoso de que todos os homens são iguais, e merecem chances iguais.

Imaginei a nova aparência de meu amigo, e sorri. Tinha tantos amigos negros, e brigado tanto tempo na Terra pela abolição da escravatura! Minha mulher dava aulas a negros e mulatos para que eles tivessem uma chance melhor na sociedade, sorri e disse para a minha amiga:

– Ao menos a família tem boa situação financeira?

Clara sorriu:

– Eles sempre foram honestos e trabalhadores. Continuam assim, e agora os tempos são outros! Claro que enfrentam o preconceito, como todos no país, mas têm se saído muito bem... o engraçado é que um dos irmãos de Marcos continua racista, mesmo negro! Mas, sabe de uma coisa? Há mais alegria naquela casa, agora, do que no tempo em que eu e Marcos éramos casados... será por conta da raça? São bem mais afetivos agora! Antes eram mais sisudos, achavam-se mais "importantes"...

Eu ri do jeito dela, e respondi:

– A verdade é que evoluíram! São espíritos, evoluem! Independente da raça que habitem... e se ele se casar, Clara?

Ela deu de ombros:

– Está se tornando um belo rapaz... estudioso como sempre foi, não creio que irão faltar candidatas para o meu querido! Não sei quanto tempo ficará encarnado desta vez, logo que encarnou fiquei triste com a separação, mas sabendo da importância disso para o aprendizado dele, claro que me conformei. Também não quero que fique sentindo-se "eternamente solitário", como me senti quando encarnada, é tão triste! Tantos se sentem assim... o meu amor por ele permanece imutável, mas amar é querer que o outro seja feliz! Se notar que não encontrou alguém que lhe faça bem como eu lhe fazia, continuo aqui, esperando por ele. Mesmo por que me sinto bem assim!

Olhei para ela admirado:

– E se achar alguém que lhe faça mais bem?

Ela sorriu:

– Mais do que Marcos? Acho difícil... mas não se preocupe

comigo, Ariel. Estou feliz com esse trabalho, com os amigos, com minha filha! Por enquanto, isso me basta.

E era verdade. Nunca surpreendi nela um ar de tristeza que fosse, ou de revolta. Também, tanto tempo já havia se passado! A beleza simples de Clara certamente já devia ter atraído pessoas para ela, mas ela continuava tranquila como sempre, atenta ao trabalho, sentindo-se segura com esse velho amigo aqui, apaixonado pela esposa. Sim, nós espíritos também amamos!

Vi então Olívia com Fabrício, a acenar para nós dois, e senti que era hora de voltarmos para casa. O moço estava um pouco nervoso, e olhava a menina ansioso como um menino que vai ser levado a um lugar mágico, mas que tem um pequeno problema.

Olívia disse a ele:

– Já lhe disse que não precisa morar com a sua mãe! Aliás, nem sei onde ela está morando... estava com Nana, mas parece que se desentenderam. Ela tem um gênio meio complicado, e Nana não tem muita paciência com preguiça alheia.

Clara sorriu:

– É verdade... aturou muito disso enquanto encarnada, agora que não é mais empregada de ninguém, não aceita desaforo.

Fabrício coçava a cabeça:

– E para onde eu vou quando chegar lá?

Resolvi responder a ele:

– As pessoas que vão para a Colônia, costumam ir para o hospital assim que chegam, para se curar de enfermidades ou restaurar as energias. Mas você não precisa mais disso, está curado! Vai para a minha casa, que é simples, mas bem bonitinha. Um chalé com uma vista bem bonita, afastado do centro, e só verá a sua mãe quando tiver vontade, ouviu? Minha mulher já preparou um quarto para você, caso conseguíssemos achá-lo e você quisesse ir.

Fabrício me olhou muito admirado:

– É mesmo? Um chalé? Com vista e tudo mais?

– Um chalé simples! Mas nada há de lhe faltar por ali – respondi.

Depois de passar tanto tempo naquela Vila, sofrendo humilhações, falta de espaço, comida, e tudo o que podia pensar, aquilo lhe parecia um paraíso. Para virmos precisamos de um trem, como não sabíamos o caminho, não pudemos nos transportar em pensamento. Mas para voltarmos, foi só darmos as mãos a Fabrício, fixarmos os pensamentos, e eis-nos às portas dos muros da Colônia. A primeira coisa que fizemos foi tirar os mantos de frio, há tanto tempo usados, e respirarmos o ar puro e o clima moderado! Entramos felizes, que bom era estar em casa!

O ar translúcido, os pássaros lindos e coloridos no ar, as flores várias e de diversos tamanhos, a relva verde como um tapete que parecia aparado por Deus! Como pude ficar tanto tempo longe da minha casa? As pessoas limpas, com a aparência normal, algumas mais brilhantes do que outras, os sorrisos que recebíamos ao passar... e os prédios! Os diversos estilos arquitetônicos, banhados pelo sol, num céu azul difícil de explicar! Fabrício quedou-se maravilhado diante de tudo o que viu!

– Meu Deus! É o paraíso! Que ar é esse, tão puro... e os raios de sol, que aquecem sem ferir! E essas flores, de espécies tão diferentes? Queriam trazer-me para cá, e eu, o tolo, não queria vir?

Respondi a ele:

– É o mesmo sol que aquece a nossa Terra, Fabrício. Só que nós não somos mais feitos da mesma matéria do corpo! A energia que circunda a Colônia também é diferente, pois emana dos espíritos que aqui habitam, e de outros muito mais avançados, que zelam por nós e por nosso aprendizado. E o pagamento que recebemos, é a alegria de fazer-lhe o bem... claro que nos são creditados os trabalhos que fazemos, e viesse você, ou não, teríamos esses créditos igualmente por nossa tentativa e nossa boa-fé.

Ele me olhou espantado:

– Então era indiferente se eu viesse ou não?

Olhei para ele com afeição, e respondi:

– Não faz ideia de como é bom ter-lhe por aqui, do amigo que você se tornou e do presente que vai ser tê-lo em minha casa, mas a verdade é que, se você não tivesse caído em si, e voltássemos sem você, não teríamos sido punidos ou algo assim. Nosso esforço teria sido creditado, e o mundo espiritual continuaria esperando que você caísse em si, pedisse por ajuda, ou se arrependesse. E isso podia levar muito tempo... Deus não desiste de Seus filhos, Fabrício. Ele espera por eles!

Ele abaixou a cabeça:

– É verdade. Com isso você ensina-me dolorosa lição, meu amigo! Ainda que tenha me feito muito mal, minha mãe, com seu pedido, livrou-me, talvez, de muito sofrimento no umbral! Com o tempo, alguns dias, conversarei com ela para aliviar a sua culpa!

Fiquei orgulhoso dele! Sua inteligência realmente dava mostras novamente, e levei-o para minha casa depois de despedir-me de Clara e de Olívia, que queria ir "para a sua casa", que também tinha saudades de lá. Ficava perguntando-me como seria a "casa de Olívia", nessas muitas moradas de meu pai, e antes dela ir, pedi, muito sem jeito, uma coisa a ela:

– Acha muito ruim dar-me um abraço? Queria agradecer tanta dedicação, carinho e aprendizado que você nos proporcionou! Seria impossível tanto tempo de umbral sem ter-lhe por perto, querida menina!

Ela me olhou, franzindo o narizinho:

– Abraço? Precisa mesmo? Não vai me apertar, vai?

E veio para o meu lado, de bracinhos abertos. E eu abracei um anjo pela primeira vez em minha existência, pequena, simples, quentinha, cheirando a lavanda... de uma fragilidade etérea, que dava até medo de quebrar! E senti uma paz e uma felicidade como nunca tinha sentido antes! Foi quando a senti remexendo-se debaixo do meu abraço de urso:

– Cheeegaaa! Você é muito pesado, Ariel!

Ri dela, que em seguida, para espanto de todos, deu um longo abraço em Clara, que não esperava, e quase desfaleceu, envolvida pelos pequenos braços dela, prendendo os braços de minha amiga, impossibilitada de abraçá-la também. Virou-se para mim e disse:

– Da próxima vez vamos fazer assim: *eu abraço!!!!*

E sumiu!

Ficamos, eu, Clara e Fabrício, a olhar em volta, um tanto estáticos, até que o moço disse:

– Foi embora? E eu, não tenho abraço?

Clara riu-se:

– Conforme-se! Levamos décadas para ganhar esse e foi o primeiro!

Levei Fabrício para casa e lá chegando, apresentei-o a Esthefânia, que depois de me receber com a festa costumeira, atendeu o convidado. Quando o colocou em seu quarto, segredou comigo:

– Bonito, hein? Suicida, foi? Que pena!!! Pode deixar que vamos tratar bem do moço por aqui. E Clara, está bem? Demoraram muito desta vez... deixa-me contar o que aconteceu com a mãe do moço e a Nana...

E assim foi colocando-me a par das últimas novidades da Colônia, alegre e jovial como sempre, querendo saber de minhas viagens e de tudo o que tinha acontecido. Claro que me deleitei com ela, e à noite, com Fabrício já instalado e de banho tomado, nos sentamos na nossa varanda e eu contei a ele de minha conversa com Serafim e de como tudo tinha começado...

Se eu tinha algum receio de como minha mulher e Fabrício se relacionariam, devo dizer que não levei em conta o imenso carisma de Esthefânia e seu amável coração! Ela tinha ao mesmo tempo um porte elegante e uma simplicidade difíceis de serem explicados, e o rapaz encantou-se com ela, claro que no maior respeito. Virou uma "tutora" natural, e foi ela que o convenceu a se encontrar com a mãe, muitos quilos mais magra do que quando tinha desencarnado. Ao vê-la à distância, Fabrício comentou:

– Que houve com ela? Parece tão frágil... a dona Cínthia que conheci era uma leoa, forte, mais cheinha, orgulhosa. Agora vejo uma senhorinha andando de cabeça meio baixa, parece até humilde!

Esthefânia sorriu:

– Algumas décadas de umbral podem fazer esse efeito, Fabrício. Sem o poder e o dinheiro a protegê-la, ela teve que contar apenas com as suas próprias virtudes e acabou sofrendo muito. Aprendeu a duras penas que o importante são os valores morais, e que levamos apenas o que aprendemos e o que fazemos de bem, e de mal!

Ele olhou para minha mulher cheio de esperança:

– E meu pai? Daria tudo para ver meu pai!

Esthefânia respondeu:

– É um homem de muito valor! Está reencarnado, tem uma missão na Terra, na área de educação, há de fazer um bom trabalho por lá! Deve contar agora com uns vinte anos. Sabendo que Ariel poderia trazê-lo, fui investigar onde estaria seu pai e sua irmã. Ela, no entanto, está por aqui. De início não se mostrou para sua mãe, o engraçado é que as duas não se reconheceram, já que Carolina desencarnou tarde, e está com outra aparência. Mas que bonita ela está!

Ele sorriu ao se lembrar da irmã, inteligente, que tanto tinha sofrido nas mãos da mãe... perguntou:

– Esthefânia, minha irmã era encantadora, mas bonita ela nunca foi! Melhorou com a idade, é isso?

Minha mulher riu:

– Não. Ela voltou à forma da encarnação que tinha anteriormente. Por conta do amor que deixou aqui, ele esperou por uma vida terrena inteira, até que ela voltasse. Reencontrou-se com um amor de outras épocas, apaixonadíssimo por ela, e que aguardava seu retorno, pacientemente.

Fabrício ficou impressionado:

– É mesmo? Então minha irmã, tão solitária, tinha um amor esperando por ela aqui?

Esthefânia riu:

– Isso mesmo! Amor de muitas vidas, um intelectual, como ela! Foi buscá-la na sua desencarnação.

O moço não se conformava:

– E por que não reencarnaram juntos?

– Porque ela tinha coisas a aprender, provas a passar, e ele não. Seu trabalho era necessário aqui. Aliás, ela passou pelas suas provas admiravelmente! E agora, abriga a sua mãe em sua casa. Tinha que ver a expressão de sua mãe ao ver a filha tão bela, com o marido tão educado!

– Carolina tem casa por aqui?

Minha mulher sorriu:

– É uma trabalhadora incansável, como o marido. Já conseguiram sua casinha, que é muito aprazível! Tem também muitas saudades de você! Quem sabe você não faz uma visita a eles?

Animado de também ver a irmã em sua nova aparência, Fabrício foi e nos contou depois a visita. Admirou-se muito ao ver a irmã belíssima, e feliz ao lado do marido, muito educado, que lhe mostrou uma biblioteca nos moldes antigos da Terra. A mãe, ao vê-lo, verteu lágrimas verdadeiras de alegria, e agradeceu aos céus por ver o filho ali, na Colônia, finalmente recuperado!

Fiquei feliz de ver que o ódio que ele sentia pela mãe, tinha se transformado numa certa piedade... ela também tinha sofrido demais! Animado, ele queria trabalhar, fazer algo, e para isso, pediu-me que procurasse Serafim, para que ele lhe indicasse algum serviço, por humilde que fosse, para que ele pudesse fazer algo pelo bem comum. Exultei! Tinha mesmo que falar com Serafim, certas coisas ainda me assombravam a mente e eu gostaria que o meu estimado amigo, tão desenvolvido e bom, sanasse-me algumas dúvidas depois de tão longa viagem! Disse que ia vê-lo sim. E fui.

EPÍLOGO

# Subindo a montanha...

Que sabemos nós dos caminhos traçados por Deus? Existem regras nos caminhos traçados por Ele? Quão vaidosos somos a ponto de achar que O entendemos? No fim de tão longa caminhada em busca de um suicida que não demonstrava arrependimento, a única certeza que posso ter é que *Deus é Amor*, e que nós, tão pequenos, às vezes tentamos pôr regras no amor!

Entrei na sala de meu amigo e superior, Serafim, depois de esperar um pouco... sempre tanta gente querendo falar com ele, sempre tão ocupado! Não lhe invejo a função, ao contrário de tanta gente na Terra que inveja as chefias das grandes repartições do Governo, ou das empresas!

No mundo espiritual, onde a leitura dos pensamentos é uma constante, onde não há o consumismo desenfreado, e essas funções são naturalmente conquistadas por espíritos de moral elevadíssima e grande conhecimento, Serafim dormia pouquíssimo, e realmente precisava de muito pouco sono. Recebia diversos comunicados de diversas fontes apenas por via mental, sem necessidade de aparelhos complicadíssimos, e lia as nossas mentes numa velocidade estonteante. Apesar disso, sua maior virtude continuava sendo a sua bondade e a sua paciência para seres em contínuo aprendizado, como eu.

Ao me ver entrar, ele deu um sorriso franco e amigo:

– Trabalho para Fabrício? Acho que seria melhor ele se instruir antes... separei aqui alguns cursos que são bem interessantes para ele, tem uma inteligência rápida, deve se informar melhor. Como sabe, suicidas costumam reencarnar assim que possível.

Sim, pensei... e ele já tinha ficado muito tempo no umbral. Os cursos seriam benéficos para meu novo amigo. Ele continuou:

– Muitas perguntas, meu bom Ariel? Sabia que vinha me procurar... estranho seria se não viesse!

Baixei a cabeça, um tanto envergonhado. Queria ser como ele, às vezes, não ter dúvidas, mas ele prontamente me respondeu:

– Ora, vamos, rapaz! Todos temos dúvidas às vezes! Faz parte de ser inteligente. Que achou de sua missão pelo umbral?

Olhei para o meu amigo e, francamente, agradeci:

– Só tenho a agradecer. Foi uma experiência das mais enriquecedoras que já tive... principalmente por ter mandado conosco a menina Olívia, sem ela, seria difícil, senão impossível, termos permanecido tanto tempo sem danos sérios. Eu e Clara já estávamos acostumados a pequenas incursões por períodos limitados de tempo, mas dormir lá, passar por tantos dias, e no final ainda conhecer aquela Vila e Gideão, que planeja permanecer lá para ajudar àqueles sofredores, foi profundamente transformador.

Serafim sorriu:

– Gideão é um espírito que há muito conduz outras almas para o convívio de Cristo. A luz que Olívia via, não era de Fabrício, era a dele! Sabíamos, porém, que onde estava o moço, estava Gideão... só que como ele estava "adormecido", sua luz não brilhava sempre!

Admirei-me muito daquilo:

– Então era a luz de Gideão que a menina via?

Serafim riu:

– Sim! Se ele estivesse bem, brilharia como um sol!

Meu amigo suspirou:

– Quando a mãe de Fabrício fez o pedido, entendi como uma oportunidade divina. Não importa de quem vem o pedido, mas a essência do mesmo! E chegando ao umbral, Olívia captou de imediato a solidão e a tristeza da menina Eulália, e as preces da tia em intenção dela. Uma luz brilhou, e vocês atenderam!

Como esquecer Eulália? Lembrei-me de Olívia na pequena árvore olhando adiante, certamente captando luzes ao redor, antes de convencer a medrosa menina a seguir com ela para dias melhores...

Serafim continuou:

– Assim como nunca faltou amor, fé ou abnegação em Tobias. Outra luz brilhante no meio da escuridão do umbral, a ponto de proteger seu mais feroz inimigo de seus algozes, de abdicar de qualquer felicidade por conta de seu filho, por entender que não existia alegria longe dele. Outra luz, que vocês atenderam!

Era verdade! Mesmo no umbral, provas de amor e generosidade além de qualquer propósito humano! Deus em cada parte do caminho, os ensinamentos de Jesus aplicados, ainda que imperfeitos, mas belos em sua essência.

– E então – continuou Serafim – vocês chegam a essa Vila. E existem tantas dessas aglomerações pelo umbral! São pessoas simples, sem estudo, de fácil manipulação, sofrida... e no meio deles um pastor, que lhes infunde um medo do inferno que há de vir no dia do juízo final. Diz-lhes que estão no purgatório, já que não há fogo por todos os lados, mas que o juízo final não tarda, e eles acreditam, afinal, ele foi o seu pastor por toda a vida!

Lembrei-me do pastor Franz, e não tive um bom sentimento, disse:

– Era um sujeito cruel, Serafim. Ainda por cima, pedófilo!

Meu amigo deu um sorriso triste:

– Tem agora a sua colheita. Os meninos contaram o que ele lhes fez em vida, e embora ele tenha escapado para fora da Vila, vaga pelo umbral com medo de tudo, sem a proteção de seus fiéis. Não leva uma existência fácil o nosso Franz. Por onde passa acusam-lhe de seus crimes! Já Gideão, tem feito transformações pela Vila, a igrejinha anda outra, e ele prega o Novo Testamento com muita alegria.

Fiquei contente, e perguntei:

– Mesmo? E vai continuar por lá?

Serafim fez que sim com a cabeça:

– É tempo de mudanças, Ariel! Na Terra e fora dela! Nosso umbral está sendo cada vez mais "invadido" por almas generosas como Gideão. A generosidade de Deus lá estava presente, também, na pequena Vila do umbral.

Eu sorri. Era verdade! As boas novas estavam vindo, eram tempos de mudança, a Terra estava entrando numa época de evolução! E eu tinha sentido isso no umbral! Todo o Universo pertence a Deus em sua constante mudança, quem somos nós para dizer que qualquer canto dele é abandonado pelo Ser Supremo?

Lembrei-me da história que Olívia contou sobre estar apenas um pouco mais acima da montanha, e que todos estávamos subindo esta montanha. Meu coração mais do que nunca se encheu de fé e alegria! Se mesmo o território que todos julgavam ser apenas de dor e expiação pode ser de aprendizado e luz, como não vai ser na nossa Terra, que mistura as duas espécies de seres, da Colônia e do umbral, dentro de algumas décadas? A mudança está acontecendo...

Estamos subindo a montanha, Olívia, nos aguarde...

**Ariel**

# FIM

# CONHEÇA TAMBÉM OS OUTROS VOLUMES DA TRILOGIA:

**UMA JORNADA CHEIA DE SURPRESAS, REVIRAVOLTAS...**

**...E MUITO APRENDIZADO!**

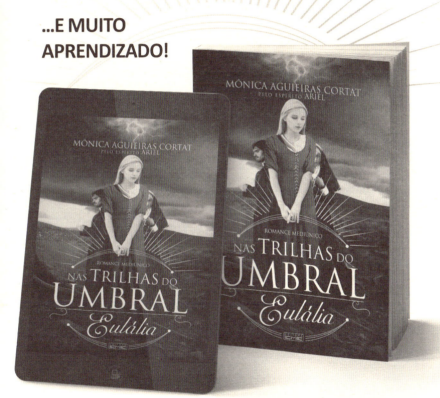

Em *Nas trilhas do umbral – Eulália*, um time de espíritos encarnados e desencarnados vai nos contar histórias de resgates ocorridos naquela região – e cheios de ensinamentos –, como o da mãe aflita que pede ajuda para resgatar seu filho suicida que se encontra sofrendo nos mais sombrios recantos do umbral.

**Romance mediúnico | 14x21 cm | 200 páginas**

# CONHEÇA TAMBÉM OS OUTROS VOLUMES DA TRILOGIA:

## A BUSCA CONTINUA...

## ...E AINDA MUITO MAIS IMPREVISÍVEL!

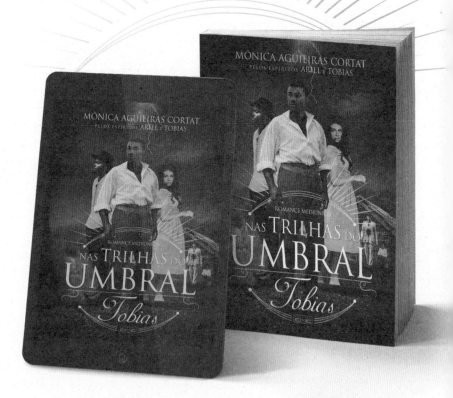

Após o resgate de Eulália, o grupo retorna à trilha em busca de Fabrício. Porém, uma cena chama a atenção: três homens e um menino vivendo em uma cabana em uma clareira!

Por que estariam ali? Entenda esta história lendo *Nas trilhas do umbral - Tobias*.

Romance mediúnico | 14x21 cm | 200 páginas

# CONHEÇA TAMBÉM

### A última dança
Mônica Aguieiras Cortat • Edite (espírito)
Romance mediúnico • 16x22,5 cm • 384 pp.

Paris, século 18. Edite trabalha para Cristine, dançarina famosa que não é uma cortesã comum... Muito próximas, um profundo laço de afeto une estas duas almas em uma saga feminina bastante interessante, abordando temas como drogas, preconceito, aborto, influência dos espíritos entre outros.

### Chico Xavier - histórias e lições
Ricardo Orestes Forni
Relatos • 14x21 • 240 páginas

Repleta de lições e ensinamentos, a vida de Chico Xavier já foi contada e recontada por muitos autores. A diferença, aqui, é a maneira de contar e o acréscimo de comentários de Ricardo Orestes Forni, colocando sua vivência e sua própria emoção em relação aos acontecimentos envolvendo a maior antena mediúnica já reencarnada na face da Terra.

### Memórias do padre Germano
Amália Domingo Sóler (organizadora)
Romance mediúnico • 15,5x22,5 cm • 368 pp.

Inspirador e comovente, *Memórias do padre Germano* é o inestimável diário de um sacerdote que soube honrar sua missão na Terra, servindo, em nome de Deus, a todos aqueles que cruzaram seu caminho.

# CONHEÇA TAMBÉM

### Lições doutrinárias da obra de Yvonne A. Pereira
Luiz Gonzaga Pinheiro
Estudo • 14x21 • 208 páginas

(...) Então, pouco a pouco, os meus sentidos espirituais, poderosos porque revigorados pela ação da vontade, se movimentaram, e um panorama extenso descortinou-se aos meus olhos.

### Elos de ódio
Ricardo Orestes Forni
Romance espírita • 14x21 cm • 240 pp.

Baseado em história real narrada por Divaldo Franco, *Elos de ódio* é um romance intenso sobre Ritinha, que renasce com uma enorme deformidade em seu corpo físico e é rejeitada pela própria mãe. Acompanhando esta emocionante trama, vamos entender como funciona a lei de ação e reação.

### Mensageiros de luz
Zélia Carneiro Baruffi • Celmo Robel (espírito)
Romance mediúnico • 14x21 cm • 144 pp.

Victor, Narciso e Ruy decidiram fundar uma casa de apoio a espíritos desencarnados que não se davam conta de que estavam mortos e desconheciam a continuidade da vida além-túmulo. Por isso, os três amigos eram conhecidos como *os mensageiros*.

# CONHEÇA TAMBÉM

### O cristianismo nos romances de Emmanuel
Donizete Pinheiro
Estudo • 15,5x22,5 cm • 320 pp.

Donizete Pinheiro reúne as informações de Emmanuel colhidas na espiritualidade e acrescidas de suas próprias experiências narradas em seus romances históricos, permitindo uma ampla compreensão das origens do cristianismo, bem como as lutas dos cristãos primitivos que garantiram a subsistência da Boa Nova até a chegada do espiritismo.

### Às portas da regeneração
Juliano P. Fagundes
Estudo • 15x22,5 cm • 272 páginas

Os assuntos sobre o nosso futuro apresentados neste livro falam de possibilidades, já que a humanidade ainda tem diversos problemas a resolver. O que significa que ainda podemos todos ser parte da solução.

### O Evangelho de Maria Madalena
José Lázaro Boberg
Estudo • 14x21 cm • 256 pp.

Neste livro, José Lázaro Boberg busca reconstruir a verdade sobre Maria Madalena, uma das personagens femininas mais fortes da literatura antiga e que está presente nas reflexões espíritas. O que dizem os outros evangelhos? Ela foi esposa de Jesus? Foi prostituta? Foi a verdadeira fundadora do cristianismo?

# CONHEÇA TAMBÉM

### Peça e receba – o Universo conspira a seu favor
José Lázaro Boberg
Estudo • 16x22,5 cm • 248 pp.

José Lázaro Boberg reflete sobre a força do pensamento, com base nos estudos desenvolvidos pelos físicos quânticos, que trouxeram um volume extraordinário de ensinamentos a respeito da capacidade que cada ser tem de construir sua própria vida, amparando-se nas Leis do Universo.

### Getúlio Vargas em dois mundos
Wanda A. Canutti • Eça de Queirós (espírito)
Romance mediúnico • 16x22,5 cm • 344 pp.

Getúlio Vargas realmente suicidou-se? Como foi sua recepção no mundo espiritual? Qual o conteúdo da nova carta à nação, escrita após sua desencarnação? Saiba as respostas para estas e outras perguntas, agora em uma nova edição, com nova capa, novo formato e novo projeto gráfico.

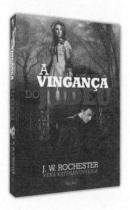

### A vingança do judeu
Vera Kryzhanovskaia • J. W. Rochester (espírito)
Romance mediúnico • 16x22,5 cm • 424 pp.

O clássico romance de Rochester agora pela EME, com nova tradução, retrata em cativante história de amor e ódio, os terríveis fatos causados pelos preconceitos de raça, classe social e fortuna e mostra ao leitor a influência benéfica exercida pelo espiritismo sobre a sociedade.

---

Não encontrando os livros da **EME** na livraria de sua preferência, solicite o endereço de nosso distribuidor mais próximo de você através de
Fones: (19) 3491-7000 / 3491-5449
(claro) 9 9317-2800 (vivo) 9 9983-2575
E-mail: vendas@editoraeme.com.br – Site: www.editoraeme.com.br